在这里，看见新世界

19—21 世纪

HISTOIRE DE LA SYRIE (XIXe-XXIe SIÈCLE)

叙利亚

权力交汇下的破碎之地

[法] 马修·雷伊 著

李建勇 译

浙江人民出版社

图书在版编目（CIP）数据

叙利亚 ：权力交汇下的破碎之地 /（法）马修·雷伊著 ；李建勇译．— 杭州 ：浙江人民出版社，2024.6. — ISBN 978-7-213-11518-9

Ⅰ．K376

中国国家版本馆CIP数据核字第2024RZ3713号

审图号：GS浙（2024）65号

叙利亚：权力交汇下的破碎之地

［法］马修·雷伊　著　李建勇　译

出版发行：浙江人民出版社（杭州市环城北路177号　邮编　310006）
市场部电话：(0571)85061682　85176516
责任编辑：金将将　营销编辑：陈雯怡　张紫懿
责任印务：程　琳　责任校对：马　玉　姚建国
封面设计：张庆锋
电脑制版：杭州天一图文制作有限公司
印　　刷：杭州钱江彩色印务有限公司
开　　本：880毫米×1230毫米　1/32　印　　张：15.375
字　　数：356千字　插　　页：6
版　　次：2024年6月第1版　印　　次：2024年6月第1次印刷
书　　号：ISBN 978-7-213-11518-9
定　　价：118.00元

出版者言

当今的世界与中国正在经历巨大的转型与变迁，她们过去经历了什么、正在面对什么、将会走向哪里，是每一个活在当下的思考者都需要追问的问题，也是我们作为出版者应该努力回应、解答的问题。出版者应该成为文明的瞭望者和传播者，面对生活，应该永远在场，永远开放，永远创新。出版“好望角”书系，正是我们回应时代之问、历史之问，解答读者灵魂之惑、精神之惑、道路之惑的尝试和努力。

本书系所选书目经专家团队和出版者反复商讨、比较后确定。作者来自不同的文化背景，拥有不同的思维方式，我们希望通过“好望角”，让读者看见一个新的世界，打开新的视野，突破一隅之见。当然，书中的局限和偏见在所难免，相信读者自有判断。

非洲南部“好望角”本名“风暴角”，海浪汹涌，风暴不断。1488年2月，当葡萄牙航海家迪亚士的船队抵达这片海域时，恰风和日丽，船员们惊异地凝望着这个隐藏了许多个世纪的壮美岬角，随船历史学家巴若斯记录了这一时刻：

“我们看见的不仅是一个海角，而且是一个新的世界！”

浙江人民出版社

佳评推荐

马修·雷伊执行了一项繁重的项目，他在相对有限的篇幅内向非专业人士介绍了叙利亚200多年（1780—2013）的历史。这本书的内容丰富而详细，不仅有社会学角度的审视，也将政治历史叙事与人物形象、关键情节的特写镜头和轶事联系起来，向我们展示了在2011年前夕人们所知道的叙利亚是如何形成的。

——伊丽莎白·皮卡德（著名中东学者和黎巴嫩问题专家）

马修·雷伊利用英国和法国的领事通讯、人物自传、阿拉伯媒体报道、大马士革和巴格达的档案以及外交文件，为读者提供了叙利亚历史上重大事件的历史和政治叙述。事实上，他一丝不苟地叙述了这段历史。

——《中东之钥》

马修·雷伊在这里对当今阿拉伯叙利亚共和国境内两个多世纪以来相继出现的权力和社会生活形式进行了详尽而丰富的描述。此外，这部作品的范围远远超出了这个国家，因为它追溯了“不同人类群体的希望、冲突、考验、期望、斗争和暴力的历史”。

——《国际评论》

这本书揭穿了关于当代叙利亚的两个陈词滥调，展示了一场“定期重生的公民运动，以及再次要求实现19世纪末形成的宪政梦想”的持久性。

——《外交世界》

马修·雷伊在他的新书中，通过对叙利亚动荡历史的分析，揭示了当代叙利亚的基础。

——《东方日报》

目　录

前　言

1947年4月17日，代尔祖尔（Deir ez-Zor）市[1]，一群士兵和 7
贝都因人正一起庆祝叙利亚获得国家独立，这一令人难忘的庆祝节日的照片被刊登在《国家地理》杂志上。照片呈现了叙利亚现代城市和传统部落世界的相遇，突出反映了这个新国家的建立是经历了漫长的人口、社会经济和政治演变发展的结果。然而，获得独立一年之后，叙利亚仍百废待兴。

2011年3月15日，人群聚集在叙利亚南部小城德拉（Derra），要求为遭受酷刑的孩子们伸张正义。

几年之后，叙利亚经历了20世纪以来最为血腥的内战，国家饱受蹂躏，这个在此之前鲜为人知的国家，突然置身于世界的聚光灯之下。

叙利亚指的是什么？它存在多久了？柯里叙利亚（La Coelé-Syrie），亦称叙利亚谷地，这个名称最早出现在希腊语中，原是用来指称托勒密（Lagide）和塞琉古（Séleucide）王朝之间存在归属争议的一个省份，这两个帝国都是亚历山大大帝征服事业成果的继承者。在公元前最初的几个世纪里，这块土地包括从现今大马士革南部到西奈半岛，从沙漠边缘到地中海的范围。但这个名字在罗马帝国时代之后就被弃用了。随着7世纪伊斯兰阿拉伯帝国的征服运动，该地区开始被称为“比拉德·沙姆”（le Bilâd al-shâm）、“黎凡特”（le Devant）或者“左手之地”（de la Gauche），指的是位于托罗斯山（Taurus）和西奈半岛之间的地区。直到19世纪末，这个称呼依然存在，甚至到今天，大马士革的居民依然沿用“沙姆人”来称呼自己。

8 18世纪的最后几十年里，“叙利亚”这个名称重新出现在前往东方的欧洲旅行者绘制的圣地地图中，并被欧洲作家们重新使用。[2] 在19世纪的行政语言中，这个词也被沃尔尼（Volney）等人推广开来。奥斯曼帝国驻埃及总督穆罕默德·阿里[3] 的儿子易卜拉欣帕夏（Ibrahim Pasha），在大马士革周围建立了名叫叙利亚的省。无论是在奥斯曼帝国的政治词汇中，还是在同西方来往的外交词汇中，这个词的使用都变得更加频繁。随着人类历史进入现代史，一些关于叙利亚名称的使用习惯最终形成并固定下来。[4]

叙利亚的历史始于何时？从埃德娜（Edna）到马里（Mari）宏伟的建筑来看，我们需要回溯到几千年之前。早在公元前3000年，这片土地上就已经存在着一些政治组织。在古代帝国构建的以城市为中心的统治网络形成之前，叙利亚地区已经有了一些从人类定居点基础上发展起来并掌握了社会组织方法和农业技术的城市国家。作为对帕提亚帝国建立事实的承认，罗马帝国的行省在多拉·埃乌洛波司（Doura Europos）东部地区划定了边界，后来，帕提亚帝国又在距离现在的叙利亚和伊拉克边境几千米的地方重新划定了边界。从7世纪开始，先后创建的阿拉伯帝国倭马亚王朝和阿巴斯王朝及其继任者们给当地社会带去了伊斯兰文化元素。1516年，奥斯曼帝国占据了这片土地，在这里建立起了一个全新的和持久的社会、经济、政治组织系统。

鉴于叙利亚这片土地的历史如此漫长，您可能想问我，为何不把本书的叙事时间延伸到久远的古代时期呢？这是因为构成当今叙利亚国家典型特征的一系列进程实际上始于19世纪之初。由于生态原因而被废弃的人类定居点的人口变化、城市和乡村两个空间社会平衡状态的转变以及地区内权力的重组，叙利亚这片自19世纪以来不断扩大的土地发生了巨大变革。由这些变化铺砌起来的社会组织，以及第一次世界大战期间因叙利亚本土诞生的新的政治团体
影响而产生的各教派及种族团体的互相作用，在很大程度上决定了 9
这个受制于法国的国家在走向独立之前的发展轨迹。

同时，本书也想要做一个冒险的尝试：那就是我们在叙述叙利亚历史时，指出叙利亚在19世纪时并不存在一个真正意义上的国家实体，通过追溯其20和21世纪纷乱的历史，去了解人类群体如何在这片土地上定居与组织、塑造他们自身，试图去追随和预见这个仅将人口聚集在一起的政治实体充满不确定的未来。这是一段以牺牲游牧世界为代价的城市周围乡村组织复兴的历史，一段德鲁兹人（les Deruzes）从黎巴嫩向叙利亚迁移的历史，一段山地向平原、乡村向城市的人口迁移史。这是一个被革命和战争打击而产生国家实体的政治叙事。2011年，这个国家遭遇了关键性时刻，它在革命危机中重新站起来，并诞生出一些新的东西。这就是为何本书的历史叙事到2011—2012年就结束了，2011—2012年对叙利亚来说，是其既有的政治组织和人类定居点之间的共存模式被政府打破的时期。

本书的历史叙事依托于大量的档案材料。在早期，当地的报纸专栏记载了每个省的详细信息。同时，英国和法国的领事电报记录又为这些报纸专栏记载提供了有益的补充。19世纪末出现的自传体文学作品和阿拉伯语刊物，使得他们对叙利亚国家历史的看法变得更为完整。所有这些都为进行叙利亚国家的历史叙事，以及我们在进行历史叙事的过程中，让当地新闻记者记录历史的作用能够发挥提供了切入点，特别是大马士革和巴格达的档案材料为许多历史事实提供了新的研究视角。除了大量的阿拉伯语资料外，在南特（Nantes）保存的委托人文件，以及美国、英国和法国的外交文件都展现了叙利亚政治及经济生活的许多方面；1994年，法国最后一份外交文件的解密为我们呈现出哈菲兹·阿萨德（Hafez al-Assad）的政权框架。此外，我们不仅在叙利亚，还在约旦、土耳其和黎巴嫩
10 与当地人进行了多次会谈。这些使我能够理清叙利亚历史上的生活环境及其惯常的政治运作情况，为过去几十年的叙利亚历史研究提供独特的视角。

叙利亚的这段历史，是伴随着一系列改变了该国发展轨迹的重大转折开始的。18世纪末19世纪初，这些并入奥斯曼帝国，从属于埃及总督统治的叙利亚地区各省经历了许多变化：对所辖土地统治力的增强，政治游戏规则的改变，城市文化发展而产生的新的城市精英阶层——这一新的精英阶层承载了叙利亚建立国家宪政的希望。同时，这一时期新一波殖民浪潮也勾勒出叙利亚多元教派共存的面貌。20世纪初，一系列革命和战争让叙利亚人民具有了政治色彩，然后国家权力转移至被殖民统治支配的宪政国家。权力转移完成后，叙利亚当地的显贵家族试图建立一个真正的主权和法治国家。20世纪60年代，两种组建国家的理念相遇并相互碰撞，一种

是创建自由国家秩序的理念，另一种是构建平等国家秩序的理念，它们组成了革命者在革命时刻关于国家和社会组织的构想与实践。在冲突和斗争中，阿萨德家族建立起了一个前所未有的政权。它中止了社会和教派分裂，确保了国内某些人口的相互融合，并至少在表面上平息了国内的动荡。

这段叙利亚的历史最终是一个充满希望、冲突、尝试、期望、斗争和暴力的历史，来源不同的人类团体均试图完全占有这片土地，赋予它价值，并创造族群共生的条件，让每个人都能拥有属于他自己的位置。

第一章 叙利亚地区

（1780—1830）

一直到18世纪末，叙利亚都不是一个真正意义上的政治实体。自1516年以来，现在的叙利亚的国家领土一直属于一个更为庞大的政治实体——奥斯曼帝国。这个地区同中东的其他地区一样，以的黎波里（Tripoli）、阿勒颇、大马士革、赛达（Saïda）这些大城市为中心，被划分为几个“省”（即维拉亚、埃亚拉或帕夏里克）[1]。但是，那些穿越这一地区的欧洲旅行者们却都仅用一个单一表达来集中指称这片地形和人口多样的地区，例如法国思想家康斯坦丁·弗朗索瓦·德·沃尔尼（Constantin francois de Volney）所使用的“叙利亚地区”（Terres Syriennes）[2] 这个称呼。这种认识和感知，反映出叙利亚地区内部的三个世界处于迅速变化的特殊时刻。

这些区域的共同特点是，它们都隶属于一个延绵了几个世纪之久的大帝国。然而，它们处于奥斯曼帝国的边缘地带，远离围绕首都君士坦丁堡和巴尔干各省建立起来的帝国中心。几个世纪以来，由于与帝国的西部边境隔绝，叙利亚各省不再受到其他外来大国的觊觎，但却卷入了奥斯曼帝国内部的斗争之中。

18世纪末，奥斯曼帝国的所有构成部分都发生了变化。诸如生态变化这样的长期性变化，以及如帝国各地方统治者自主权日渐增长这些短期性的转变，都使叙利亚地区发生了巨大的变革。人们生活和生产的场所受到了影响，其生存空间的管理方式也发生了相应的改变。叙利亚地区的两大人类社区（传统的部落世界和新兴的城市世界）的互动也变得频繁起来，而一个新的世界，即乡村世界，也因为这两大社区的关系和其自身所遭遇的厄运而变得更强或更弱。

12 这一时期（1780—1830）的叙利亚的独特之处在于，地区内诸多彼此共存的政治框架，都为这个地区共同体的未来而相互斗争。部落、教派、行会和政权都是集体行为者，决定并支配着个人之间的社会关系，他们之间的关系勾勒出了一个具有特定特征的社会空间。这一时期是一个特殊的时期，在这个时期，城市中缓慢积淀的各社会成分进入到相互竞争的状态，而周围广阔的部落地区,则成为城市内部各势力斗争的焦点所在。

我们可以从这些政治斗争中找到和发现当今叙利亚国家的雏形：为了获得有助于增加社会资源及自然资源的地位，各方都必须展露出某种东西，以便能够在自身周围集结起军队。对一些人来说，这涉及创立资本并将其投入到组建武装部队之中，以保护从土地或港口获得的收入。对于渐渐成为社会主导力量的其他人，则是通过展露自身的某种特质，并通过拥有的职权来调动社会资源——成为纳吉布·阿什拉夫（naqîb al-ashrâf）*，即伊斯兰世界中那些声称是先知穆罕默德后裔的阿什拉夫团体的领袖。他们通过为阿什拉夫“发声”这种方式，在地方斗争中将人们聚集起来，进而成为城市中的一支武装力量。

因此，1780—1830 年这段时期对叙利亚来说具有决定性的意义。奥斯曼帝国中央政府不再控制地方统治机构，而是让地方各大城市分散行使国家权力，进而使得各城市成为激烈政治斗争的舞台，对一个地区的控制往往取决于各方手中掌握的权力。寻求统治

---

*标示的词请参见术语表。——编者注

权的人必须能够击退来自部落世界的外部对手。这50年的叙利亚历史是地方冲突的历史，是人们的身份逐渐政治化的历史，是各传统部落和帝国代理人之间斗争的故事。从这个雏形中诞生了叙利亚当代历史的组成部分。为了充分发现并理解它们，我们必须详细回顾当时叙利亚地区正在成形中的生态、城市、部落和乡村世界。

有几方面的历史资料可以作为我们理清这段历史的信息源。这些历史资料的共同之处在于，它们都展现了城市世界对乡村世界的解读。[3] 无论是编年史作者，还是起草法律文件的法官和律师，这 13
些历史资料的创作者们都居住、工作和生活在叙利亚地区的城市中。他们的叙述内容均充满了不切实际的想象，这使得他们既反对乡村世界，也反对游牧世界。从这个意义上说，他们属于“罕达拉”（hâdara，意为城市的文明世界），而不是“巴蒂亚”（bâdiya，意为贝都因草原地区）。因此，关于此时期叙利亚乡村地区的历史资料记载是有其倾向性的，是不完整的和碎片的，并且是按照农村与其附近城市居民区之间距离的远近而形成的。这种情况也同样适用于城市，每位编年史的作者都只详细记述自己所在帝国省会城市的重要事件。

本章旨在阐明这一段尚未为人所知的特殊历史时期，一些非常出色的作品为这一研究工作的开展奠定了基础。迪克·杜威斯（Dick Douwes）在《奥斯曼帝国在叙利亚：正义与压迫的历史》[4] 一书中，系统地研究了埃及总督穆罕默德·阿里之子易卜拉欣帕夏入侵叙利亚之后至现代，叙利亚所经历的历史变迁。其他出版物则涉及更具体的问题。诺曼·刘易斯（Norman Lewis）的作品更为关注叙利亚地区的游牧部落，法鲁克·塔巴克（Faruk Tabak）注重对叙利亚乡村地区境况和生态条件的研究，安德烈·雷蒙德（André

Raymond）和多米尼克·舍瓦利耶（Dominique Chevallier）及其后继者们则使我们对叙利亚地区城市世界的认识和理解更为全面。[5] 从一开始，这篇简短的文献综述就强调了叙利亚这片地区本身的复杂多样性。为了充分理解易卜拉欣帕夏在1830年到达并建立起维拉亚的叙利亚地区，我们须先通过历史研究和阐释来恢复这一地区本身多样性的面貌。

变化中的地理环境

> 当我们将目光投射到叙利亚地图时，我们会注意到这个国家在某种程度上只是一座山脉，这座山脉从一个主要的分支向左右不同的方向延伸：实际看到的和地图所展现的非常相似。事实上，无论是从海洋，还是从广阔平坦的沙漠来到这里，人们总是会发现远处的地平线上隐隐约约地出现模糊不清的
> 15 城墙。[6]

沃尔尼先生在他的叙述开始时的简要描述让我们对叙利亚有了初步的认识。一些地理因素阐释了这个国家的构成方式——从西到东出现了三大地形区。在第一片地形区中，一条细长的海岸地带在岩石嶙峋的海岸线上蜿蜒延伸，而在海岸线缺口处的小平原上，文化被孕育出来。在没有缺口的地方，则分布着中等规模的港口城市。拉塔基亚（Lattaquié）的情况即为如此，该市的港口淤塞状态直到19世纪初都依然是一个亟待解决的问题。

在第二片地形区中，一条漫长山脉的分支挡住了地平线，这些山脉的山脊高度并未达到最高海拔，其中，前黎巴嫩山脉（l'Anti-Liban）

的最高峰黑门山（le Mont Hermon），亦称贾巴尔·谢赫山（Jabal al-Shaykh），海拔高度为2814米。然而，紧凑交织的狭窄山谷和断续的山峰将这片区域分隔开来，阻隔了交通。两组山脉将大马士革与海岸隔离，直到19世纪70年代，一条公路才将贝鲁特与大马士革的绿洲地带连接起来。再往北，阿拉维山脉（la montagne Alaouite）[7]成为该地区海岸和内陆之间的障碍。虽然它从海岸向西沿着一个规整的坡度规律地上升，但山脉的东侧坡面却出现了急剧下降，向北延伸到阿勒颇周围的石灰岩高原，向南延伸到贾布平原和哈马平原。但是，这些山地也并没有妨碍夹在山地之间的山谷把山脉线切断。在山的内部，山谷为人类文明的存续提供了栖息地。在这片地形区中，从北到南分为四个亚地形群：阿拉维山、扎维耶山（Jabal Zawiyya）、前黎巴嫩山，最后是在豪兰平原（plaine du Hauran）耸立起来的火山岩质的德鲁兹山（Jabal Druze）。在霍姆斯（Homs）打开的缺口将这个城市和沿海地区连接起来，使内部交通变得更加便利。

跨过上述的山地地形区，在第三片地形区上，地势变得平坦起来，广袤的草原、荒漠和山岗遗迹被星星点点的绿洲与洼地所点缀。这片广阔的戈壁高原被自西北向东南延伸的幼发拉底河河谷一分为二，河床的变化有利于其谷地范围的扩大，使得河谷四周可以进行农业耕种。然而，与西部地区大城市周围青葱翠绿的景色不同，这条绿色的河谷似乎是叙利亚东部单调的戈壁荒原景观之中一
个突出的例外。一条连接了阿勒颇、哈马、霍姆斯、大马士革和德 16
拉这五个主要大城市的连接线，将叙利亚的土地一分为二。前四个城市都有一条河流经过，这有利于在城墙内和城市周围花园的种植，以及农作物的种植。这条城市链的形成也为我们标识出了叙利

亚年降水量超过250毫米的有限的农业灌溉区。在东部，缺水使任何农作物的耕种都无法保持稳定。

虽然地形地势没有变化，但该地区的生态却发生了重大改变，在18和19世纪，地中海结束了小冰川期。这段始于14世纪的气温下降时期，再加上春季骤降的塞文雷暴①，导致平原地区的农作物歉收。这种气候现象，以及16世纪世界商贸路线方向的改变（新航路的开辟使得东西方贸易路线由陆地转向海洋），解释了这一时期生产量下降的原因。法鲁克·塔巴克的研究清楚地表明，经济、生态和农业发展的节奏是一致的。[8] 地中海地区某些作物（比如糖料作物）生产的收缩，为其他作物留下了发展空间，而烟草种植的到来将这个地区的经济价值提升到了一个新的高度。

在不确定的且通常是多雨的春季，畜牧业开始发展，葡萄和橄榄生产也开始在高海拔地区出现，这些产业都在这个地区找到了适合它们充分发展的气候条件，这里也具备开发它们的社会基础。在17和18世纪，平原地带被人们所抛弃，取而代之受益的是山地地区。乡村地区的空间相应地缩小了，但这一地区的总体图景仍然难以描绘。18世纪末，一种印象主导着我们对叙利亚农耕情况的认识；农业耕种出现在主要中心城市外围，但它们的规模和持久性仍然是不确定的。逐渐变短的严冬季节，尤其是舒适的春季时长的增加，带来了更好的农业收成。然而，一直到19世纪中期，气候条件才逐渐稳定下来。

平原上某些农作物生产活动的停止扰乱了水利管理。结果，地

---

① 亦称塞文雨，是指主要影响法国南部和其他地中海地区的特定类型的降雨。这种气候现象经常导致严重的洪水灾害。——译者注

表水受到昆虫和细菌滋生的影响，湖泊等静态水变得不再卫生。这 17
就解释了当时前往东方的旅行者为什么会对这里有一片荒凉的印象。比如，距离阿勒颇几千米的平原地区就被人们看作是一片恶心的令人避之不及的地方。[9] 不过有的时候，村庄周围农耕的恢复也会改变这种情况。因此，这个地方的生态状况并非一成不变，而是处在不断的变化之中。除了水资源缺乏和降雨量的变化，这里的农作物还受到其他不利因素的影响。即便不是每年，成群的蝗虫也还是会定期威胁这里的大片庄稼。当然，有些地区的生产还是比较稳定的，如大马士革南部的豪兰平原地区。但总的来说，农业歉收的风险一直都存在。

19世纪上半叶的特点是人类分布和自然景观的转变。在这些转变中，降雨量与人类居所的稳定安全密切相关。例如，如果没有一股力量击退周边游牧民族的入侵，加利利（Galiléenne）地区的棉花种植就不可能得到发展。新产品的开发改变了人们规划和利用生存空间的方式，吸引了新的人口，引起了居住在附近的城市当局的更多关注。不同的发展动因彼此互相推进，从而形成了一个良性循环。在“屠夫”艾哈迈德·查萨尔帕夏（Ahmad Pasha al-Jazzâr，查萨尔，意为屠夫）[10] 的领导下，阿卡市的人口不断增长，他也通过垄断棉花市场获得了财富。[11] 这种控制态势的形成使他能够维持一支军队来保护这片农业区。如此，农民可以定期重新进行耕种，进而又通过排水缓解了平原地区的不卫生状况。这种生态变化稳定了定居人口，从而提高了地区生产能力。因此，自小冰川期结束以来，各种各样的发展动因相互交织，新的定居生活形式与叙利亚地区最初的政治团体一并发展了起来。

不同的生活方式和定居形式是人类慢慢适应自然环境的产物，

在年降水量少于250毫米的草原地区和农业灌溉地区之间出现了明
18 显的界限。草原地区仍然是游牧群体和大部落的活动空间，在叙利亚地区占据了空间上的主导地位。农业灌溉地区则是城市的所在地，城市四周分布着一圈农耕土地。然而，中心城市的影响力在很大程度上取决于地方当局击退贝都因人侵犯的能力。因此，我们有必要深入探索和研究这三个世界，以了解19世纪叙利亚地区人类社区可能的发展轨迹。

阿拉伯人的世界

传统乡村地区的范围逐渐缩小，原本固定下来的农耕田地因气候和政治因素影响而缩小的同时，一个庞大的部落世界正逐渐延伸到叙利亚地区各省的大部分土地上，同时代的人把占据这个部落世界的人类群体称为“阿拉伯人”[12]。这些居民大多是游牧民，并不属于城市世界。这个部落世界不是静止不动的定居性质，而是处于不断迁移变动之中。这些部落群体的影响力在于他们能够将自己强加于其他各种政治形式之上，如国家、城邦等。因此，在占叙利亚地区三分之二的草原地区，这种社群组织形式占据了主导地位。

部落是一个将个体聚集在一起而形成的政治实体，它定义了每个个体在其中的权利和义务，并允许个人控制一片特定的土地，这片土地通常是牧场及其周边地区（迪亚拉）。部落在许多方面都足以成为国家的竞争对手，诸如通过从统治的民众那里榨取财富来维持运作，以及对暴力工具的使用。在某种程度上，部落是城市文明世界的对立面。然而，我们却从城市文明世界获得了关于这些部落演进、组织和实力这些零零散散的信息。

这些部落的内部组织都有着相同的特点。部落酋长控制着一群武装起来的人，表面上，他们是相互平等的关系，是建立在相互“赠予”的基础上：酋长在部落集体的房屋中招待部落的每一位客人，以部落集体之名行使“赠予”，仲裁部落内部的纠纷，行使物 19
资使用权，分配在劫掠中征收来的贡品。作为回报，他也受益于部落成员的物质“赠予”。他手下的人参加战斗，也饲养牲畜。他们的经济活动决定了他们在部落社会等级中的地位，而这种社会声望建立在他们自身以及他们所蓄养的牲畜之上。进行转地饲养的畜牧经济活动的同时，这些社会群体也按时进行农耕活动。这种自给自足的经济形态与沙漠的生态平衡以及部落世界内部的政治关系密切相关。酋长和各个家族之间的结合基于对共同家族谱系的承认，并通过一系列联盟关系进一步强化。因此，庞大的部落联盟将许多部落聚集在一起，部落内部本身也经历着家族关系的不断分化和组合。

这些阿拉伯人游牧部落每年都进行周期性的迁移，把饲养的牲畜带到草原上的临时牧场。这种游牧的生活方式决定了阿拉伯人对地区空间的政治理解，他们往往将自己的生活空间被看作是多个放牧点和转移路线的集合体，而非被边界所隔开的地区空间。这个社会群体当然还有其他特征，其组织形式的建立主要是基于口头而非书面的形式，通过诗歌以及口头辩论，部落传统得以代代传递，这种形式也一直是人与人之间维持团结的主要工具。最后，部落的存在在很大程度上意味着地方性的暴力冲突的普遍存在，一个部落会攻击那些无力保护其族群的邻近部落。但这些暴力冲突一直都非常有限，并且显得有些程式化。正是以上因素，使得这些游牧部落被外国领事和城市中的编年史作者看成是一群群生活在落后和蒙昧之中的人，从而长期受到贬损。

不过，使用武力也是部落集体经济的一部分。对其他部落使用突袭形式的暴力攻击是为了进行复仇，主要是为了劫掠敌方的牲畜，并对潜在的不服从者进行控制。如果说这些例行的劫掠活动减少了部落内部的损失，那么这种部落之间的“捕猎”活动则并不利于农民开展经济活动，抢劫牲畜、袭击村庄和掠夺农民的收成会迫使农民离开。[13] 因此，叙利亚地区的农业定居世界和游牧世界之
20 间的区域划分处于不断的变化之中。

在这里，可以根据活动和居住形式对部落人口的类型进行划分。定居人口和游牧人口之间，以畜牧业为发展导向和以农耕业为发展导向的部落之间，生活在沙漠中心的人群和生活在灌溉区或靠近城市的人群之间，正在产生一种鲜明的分化。处在社会等级顶端的是赶骆驼人组成的部落团体，他们移动了数百千米，征服了大片土地，并与他们时而管辖统治的牧羊部落并立。在幼发拉底河沿岸，在哈马和霍姆斯之间的平原地区，主要是豪兰平原地区，一些小规模的游牧部落仍然存在。不过，在19世纪初，部落内部的变动将他们推向了定居的空间。

叙利亚的现实表明，在18世纪末至19世纪上半叶，“地质板块式”的社会组织构成方式是如何使大型部落群体活跃起来的，这与当时所传达的部落世界在“任何时间”都永恒存在的形象是相反的。[14] 有几个因素可以解释这一点，这些因素包括了社会经济和政治因素。为了把握和理解这些变化，我们必须拓宽我们的视野，把关注的范围拓展到托罗斯山脉和阿拉伯半岛北部之间的整个地区，这个空间因缓慢而微妙的人口迁移而充满生气和活力。18世纪中叶，沙玛尔（Shammar），一个来自阿拉伯半岛中部的大型部落联

盟，进入幼发拉底河南部边界的伊拉克—叙利亚地区，赶走了当地已经在此的阿纳扎（Anazah）、罗拉（Rawla）等原有部落。[15] 很难确定是什么原因促使这些部落改变了他们原有的轮牧路线转而向北迁移，因为关于这部分的史料记载着实有限。[16] 可以预测的有气候干旱、牧群数量的增加、地区内部冲突和人口增长这些原因，所有这些都在破坏着阿拉伯半岛内部自然环境和现存人类社会之间本就脆弱的平衡状态。任何试图对水井和轮牧道路进行控制而引发的人口迁移活动，都会立即引发其他社群相应的行动。

其他方面的变化也加速了这些变动。在阿拉伯地区的中心地带
德拉亚（Deraiya）绿洲上，教法官伊本·瓦哈比（Ibn Wahhâb）①和 21
伊本·沙特（Ibn Saoud）②酋长的会面改变了这一地区的政治局势。[17] 瓦哈比建议净化伊斯兰教后来的教旨，恢复早期伊斯兰教的纯洁性，他谴责苏菲派兄弟会，并要求回到历史上最初的四大哈里发时代。他在伊本·沙特那里找到了愿意为他的宗教思想而战斗的人。伴随着这个联盟的构建，伊斯兰教瓦哈比派诞生了。我们暂且不展开讨论这一事件的深层含义及其在伊斯兰教发展史中的重要影响，而是先将目光聚焦于非常值得关注的两个地方。这是一场奥斯曼帝国内部反对苏丹哈里发的斗争，于帝国的边缘地带发起；瓦哈比创造了一种宗教上的和政治上的想象，从而为部落的斗争行动披上了新的光环。很快，伊本·沙特率领的人就会发动袭击，煽动其他酋长相信和效忠他，并团结阿拉伯半岛绿洲上的居民和伊斯兰教神职人员。由于认同瓦哈比派的人越来越多以及沙特家族展开的

① 穆罕默德·伊本·阿卜杜勒·瓦哈比，瓦哈比派创始人。——译者注

② 沙特王朝建立者，沙特王国开国国王。——译者注

武力征服活动，沙特家族的统治范围不断扩大。

1744年第一沙特王国的建立加速了阿拉伯半岛上部落群体的迁移。正如该王国的敌人和外部的编年史家所描述的那样，瓦哈比派部落发起的进攻，以及新追随者的加入，正在打破叙利亚地区的平衡状态。[18] 1803—1807年，瓦哈比派推进到了豪兰平原的边界地带。由此，他们的势力向北延伸至整个肥沃的新月沃地。面对这种冲击，一些变化正在发生。首先，在巴尔米拉（Palmyréeene）和贾兹拉（Jazîra）建立了新的持久的部落联盟。在这些部落中，阿纳扎主要控制着叙利亚北部地区，而沙玛尔部落的控制区域则从今伊拉克边界地区延伸到祖尔（Zôr）地区，即今代尔祖尔市周围。更笼统地说，瓦哈比派的进入和部落世界的社会经济变化导致贝都因人部落经历了反复的重组，并促使他们与定居世界更加频繁地接触。在这种构造形式下，地区内每一个新来者都需要赶走另一个已经存在于此的群体。[19] 随着沙玛尔部落的到来，阿纳扎部落迁移到了更接近阿勒颇的地区，而德瓦拉（Dwala）部落则更接近城市地区。

通过接触、交换和谈判，以获得部落缺少的商品并出售剩余的
22 商品，游牧世界和定居世界之间建立了多种形式的联系。一种双重的极性驱使叙利亚地区的各支力量活跃起来。一方面，规模较大的部落联盟在地区内占据了主导地位，他们利用沙漠的自然环境、不便的通讯条件和对水资源地的控制为人们提供栖身地；另一方面，城市可以在其周围投射出削弱部落的力量。在这两极力量的中间，一些部落参与保卫部落联盟，另一些则参与保卫城市，这使这个世界充满流动性和活力的同时，也保持着向彼此开放的状态。

“拼凑”起来的城市世界

城市人口数量只占叙利亚地区人口总数的一小部分。虽然城市在这片广大的需要控制和统治的土地中看起来像是一个个孤立存在的点，但城市仍然是地区政治和经济权力的中心所在。苏丹通过派遣总督和卡迪（Cadi）*来统治这些城市。商人们活跃在长长的贸易路线上，为城市市场供应货物。这解释了为什么必须重视城市中的各个社会团体。然而，城市并不一定是团结统一的。每个区域都有一个想要统治该城市的领袖，他通过在内部召集军队来保证对财富的占有。1780—1830年期间叙利亚地区历史存在的悖论是，城市内部的缓慢发展以及城市内部的动荡不安与东方学家们眼中一片衰落的形象相去甚远。[20] 要理解东方学家所说的“一片衰落”之景象，就必须通过研究去再现当时叙利亚各城市的面貌。这些特点的形成取决于城市各社会团体的构成，区分精英阶层和其他阶层的因素，城市居民之间团结和分离的线索，以及城市环境中权力、财富和统治权力的来源所在。

在叙利亚地区两个规模较大的城市中，阿勒颇有12万居民，大马士革有9万居民。[21] 接下来是哈马、霍姆斯、拉塔基亚和德拉这几个聚集了数千人口的城市。这些主要中心城市的人口数量浮动很大，城市居民的身份构成也都比较相似。高耸的城墙围绕着被权力机构、宗教活动和商贸活动场所包围着的城市中心。然而，18世纪的叙利亚地区出现了新型的社区，改变了早期那种围绕人类定居点向四周辐射的无线电波式的城市布局方式。[22] 大马士革东南部 23
的郊区米丹（Midan）是这种变化的典型代表：一幅新的城市地图

正在形成，北部是分布在卡新山的萨拉赫亚村，它的陵墓和礼拜场所吸引人们聚集于此，南部则是米丹。[23]

与其他地区的人口构成相比，城市的人口构成更能反映奥斯曼帝国盛行的旧制度组织，即一个以地位差异而非阶级为基础的社会。这样的社会并不意味着没有贫富差距，恰恰相反，在这样的社会中，贫富分化可能更为明显。城市中每个人的身份，以及属于他们的权利和义务，由几个结合在一起的因素共同决定。

宗教信仰十分重要，因为它确定了个人在法律和社会威信方面的责任。任何教派的基督徒和犹太人都有一个由伊斯兰教法规定的位置，这些规定由奥斯曼帝国的法官予以划分和执行。此外，奥斯曼帝国中的非穆斯林人口，即齐米（Dhimmi）的地位在很大程度上与城市的税收组织密切相关：承认他们的宗教信仰有助于建立起一个由收税官组成的团体，从而保证部分居民缴纳他们的税款。[24]因此，城市应该被理解为各种社会群体聚集的空间，在这里，社群通过贡献而团结在一起，并根据他们的宗教信仰而彼此区分。另一方面，伊斯兰教的其他教派信众则没有以上的法律地位，因为政府只承认伊斯兰教逊尼派。

在每个宗教社区内部，内婚制盛行，社区内居民区的集中分布成为人们的安全保障。因此，在叙利亚地区的主要城市，我们可以看到基督教社区和犹太社区与穆斯林社区一起蓬勃发展，这里也并不排斥混合社区的存在。正如历史学家亚伯拉罕·马库斯（Abraham Marcus）在阿勒颇的案例中所指出的，虽然各社区人们之间的友谊和互相通婚是罕见的，但这并不妨碍他们在城市内部建立公共事务机构、比邻而居等。[25]虽然教派主义确实存在，但它并没有完全安排人们社会生活的所有方面。

社区内部人们的权力地位与他们各自的社会职能和社会经济活动密切相关。城市内的经济行业在很大程度上是由行会，即塔瓦夫（tawâ'if)组织起来的，这些行会按照其所从事的行业进行等级
划分。[26] 某些活动，如制革业或者屠宰业，被认为对城市社会有 24
害，所以被限制在特定的区域内。除了这种生产者内部存在的店主支配学徒并控制其活动的等级制度之外，市场环境还受商业活动范围的影响。一些商业家族在非常长的距离内进行快速的进出口贸易活动，将印度、中东和欧洲这些地方联结在一个商业网络中。在另一端，其他人则负责销售当地商品和经营零售摊位。小商贩与周围的生产者进行商业交易，很大程度上确保了与农村的商贸联系。除了这两个主要的经济部门，还有一群难以追溯其社会来源的无名者构成的城市小人物，比如搬运工。[27] 上述这些商业贸易和生产活动使城市成为财富的来源，奥斯曼帝国政府捐税的征收也依赖于这些商业资源。

卡迪（法官）和瓦利（总督）抑或其他奥斯曼帝国的官员们，是城市公共生活的组织者，因为他们保证了人们对帝国法律的遵守；同时，他们也通过税收和社会捐赠的形式，独揽了一部分公共财富。积聚、炫耀和分配公共财富等途径都有助于他们树立起享有声望的社会地位。公职人员带着他们的财产从一个城市去到另一个城市。法官和总督都不会在同一个地方任职很长时间，这是为了避免他们与当地社会团体结成政治联盟，帮助维持帝国正常统治秩序才是他们的主要责任。

法官主要负责仲裁城市内部纠纷，不偏袒拥有何种社会地位的人[28] 他试图调和各方，并根据大量的法典文本来确认纠纷的责任方。总督的职责包括通过部署警察和执行集体刑法来维持社会秩

序，从而加强对每个社区的社会控制。他通过检查市场上的食品价格和保障食品顺利进入城市来确保城市的日常供应。他小心翼翼地安抚调解各方关系，有时也会诉诸军事远征行动。在金字塔式的管
25 理系统下，主要大城市设有一位总督，其他城市则设有总督的代表，即穆塔萨利姆（mutasallim）。除了这两项主要的政治和司法职能外，还有几个政治团体发挥着关键作用，这些政治团体一部分承袭自奥斯曼帝国早期，另一部分则源于他们新接管的社会事务。

职权成为这些团体彼此区分的因素。帝国首先建立在“阿斯卡尔”（askar）*和“拉亚”（re'ayya）*的基础上。从前者中，诞生了帝国禁卫军，这些士兵在战争中因参与战斗而获得财税优惠作为报酬，对武器装备的掌握使他们成为可能对帝国权力构成挑战的人。禁卫军一直是唯一拥有永久武器装备的战斗人员，这也使他们的组织成为城市中的一个重要角色。但18世纪和19世纪频繁发生的每一次武装冲突，都使禁卫军远离了城市。例如，在大马士革的禁卫军军队中，士兵们分成了两个小派别：来自大马士革的士兵和来自外地的新近加入者。与此同时，同欧洲的基督教神职人员有自己的特定权利一样，奥斯曼帝国的穆斯林性质，也赋予了那些伊斯兰教学者乌理玛们特殊的地位。他们在教授《古兰经》的库塔布（kuttâb）*学校网络中进行伊斯兰宗教教育，组织礼拜活动，并通过讨论法基赫（Fiqh）*来解释和定义伊斯兰教法学。以上这些社会政治职权上的划分，逐渐演变为专属于个人或者个人所属家族的社会地位。而其他方面的社会划分，则显示出这个旧有社会制度的现实特征。

阿什拉夫也是如此，这个词汇指代的是先知穆罕默德的后代。他们的身份首先由他们的同龄人判断和确定，那些拥有这种血统的

人将会享有特殊的社会优待。其中，纳吉布·阿什拉夫（阿什拉夫团体的代表）负责维护阿什拉夫阶层的集体利益。很快，社会特权的赋予使阿什拉夫团体成为一个独立的社会集团，特别是在阿勒颇，他们成为该城市的一个重要派系。他们通过诉诸暴力来挑战总督的命令，或与他人结盟，并试图通过武力夺取更为有利的地位。

城市世界在某种程度上复制了奥斯曼帝国的统治结构，即通过
获得荣誉头衔来实现社会分化和资源竞争。一整套用于获取和重新 26
分配这些社会地位的策略，以及与之相关的社会收入，为城市内部布置了一套完整的政治棋盘。苏丹可以颁布政令，让特别指定的政府雇员征收特别税。总的来说，城市居民按地区政府的安排，偿清强加给他们的税费，即使这意味着富人要为穷人支付费用。[29] 许多社会和经济关系围绕着市场交换而相互交织。除此之外，还有一些政治关系，这些政治关系建立在不对等的、象征性的统治基础上，定义了社会准则和良好行为的标准。如上所述，城市被这些相互交流的社会团体之间错综复杂的联系所缠绕。在此我们需要重申的是，要彻底地详细地叙述城市社会群体的多样性及他们之间的相互关系绝非易事。

每个城市社区都有代表该城市的社会精英所拥有的财富的外在特征。著名的建筑，如浴室、陵墓或清真寺，使得居民的社区变得个性化。整体来看，这些社区都由封闭的小巷组成，每个单元又是由围绕庭院建造的无浮雕的房屋组成。更宽敞的住宅可能有几个庭院，庭院内有平均两层高的生活公寓。房子的内部空间保留了开放接待空间“萨拉姆利克”（salamlik）和女性空间“哈拉姆利克”（haramlik），这是社会和经济繁荣的标志。以阿勒颇的房地产销售

为例，该城房屋平均价格达到了几百皮阿斯特①（当时平均工资为13皮阿斯特）。[30]

大家族仍然是社会的基本单位。面对不稳定的生活，以送嫁妆为前提的婚姻似乎是家庭得以永续的保证。因此，打破婚姻关系，就意味着需要丈夫和妻子采取一定的手段，在穆斯林家庭中，可以通过休妻来实现。保护家庭的愿望源于必须保证孩子们有一个家。每个妇女平均大约有多达4到5个死胎和夭折的孩子。尽管奥斯曼帝国旧政权的城市中有如此高的人口出生率，但人口更新几乎没有得到保证。除此之外，还有一波又一波的疫病。法国驻拉塔基亚领事曾在1822年对此表示担忧。[31] 霍乱这种疾病的病菌，会在城内
27 停留几个星期，可能导致数十人死亡。这类事件提醒人们，在公共卫生服务相对缺乏、医疗组织薄弱的情况下，群体生活中的生命是十分脆弱的。从城市家庭的规模来看，家庭仍然是城市中的个体获得各种支持的地方。家庭将每个个体与他生活的社区联系在一起，更广泛地说，也与他的宗教信仰或职业联系在一起。家庭是构建城市社会结构的基础。

“家庭”的构成在很大程度上取决于其自身拥有的财富。一般情况下，都是妻子住到丈夫的家，而且通常是和公婆住在一起。在经济条件允许的情况下，夫妻和孩子可以住到位于同一社区的另一个住所里。对于精英阶层来说，一个大家庭通常共同住在同一街区的同一所房子里。“家庭”这一词语既指已建成的多庭院式的住宅，也指融入一个大家族的家庭成员。这些大家族的成员是距离城市财富最近，并从城市财富中获益的一群人。这些财富资源可以以家庭

① 叙利亚、埃及等国货币单位。——译者注

瓦克夫（waqf）*的形式永续下去，这种形式既可以创造收入，也能作为大家族分享自己财富的证明。为了确保自己的家族对城市权力职位的掌控，各大家族之间的竞争异常激烈。

与其他地区空间相比，城市更容易统治。因为它被城墙包围而形成一个整体。城市内部每个片区都可以通过设置各种紧闭的门而与邻近地区隔开。米沙伊尔·迪马什基（Mîchâ'îl al-Dimashqî）就提到了人们向城堡的转移，在他的叙述中，虽然城堡沿着城墙分布，却变成了城市之外的空间。[32] 1780—1820年的多次城市起义中，每个教派的武装力量都试图控制这个或那个片区，而由不同教派信徒组成的团体又都聚集在有权势的个人周围，赫伯特·博德曼（Herbert Bodman）对1784年发生在阿勒颇的反对该城市瓦利的城市起义——这次起义也导致这位瓦利被奥斯曼帝国宫廷召回——案例的分析恰印证了这种情况[33]。此次起义标志着与禁卫军结盟的人民的胜利。禁卫军占领城市后，勒索商人，聚敛财富以维持他们的统治地位。新任命的总督通过惩罚主要的叛乱分子来挑战禁卫军的权力，但他又被宫廷召回了。直到1810年代，阿勒颇才恢复正常 28
的城市秩序，这标志着城市叛乱的结束。这些运动表明，城市这个政治空间，仍然是那些想要统治的人需要征服的地区。同时也说明了，在叙利亚这片土地上，不少城市政治中心仍然是部落世界的中心。

中间地带：乡村世界

乡村位于城市和草原世界之间的缝隙，它的存在取决于城市保护其周围田地的能力。在阿勒颇或大马士革附近，周边地区变得不再安全。1812年，在阿勒颇的法国领事明确指出，新上任的总督只确保了阿勒颇城市周边步行四到五个小时内的辖区安全。[34]

乡村处在当地不断变化的自然生态条件和政治条件的交汇之处，其稳定性或多变特征的呈现，在很大程度上取决于乡村本身。查阅编年史作者的记叙和外国领事的报告之后，很快就出现了两幅完全相反的画面。在一些人看来，霍姆斯和大马士革周围蓬勃发展的花园，显示出叙利亚地区农业为满足城市市场的需求而产生的发展活力。而对另一些人来说，农民在税收和部落袭扰的重压下抛弃村庄，又突出反映了影响农村的多重危机。因此，有时候很难准确了解城市周围的人口、经济和生态环境。在更遥远的幼发拉底河沿岸地区，又是怎样的情况呢？乡村世界似乎就是城市世界的投影，因为保证乡村地区安全的力量居住在城市里，城市里产生了农民必需的农业收益。因此，乡村田地的生机活力、持久性和丰富性取决于城市与周边村庄的关系。

现在，那些村庄都已经消失了，只有村庄的墙壁证明了它们过去间歇性的存在。诺曼·刘易斯绘制的地图显示了18世纪中叶到
29 19世纪初，村庄的分布线是如何在大城市周围移动的。[35]他同时还指出，对于19世纪初的叙利亚地区定居世界的研究和认识，必须参考该地区的游牧世界。“阿拉伯人”的世界在很大程度上支配着叙利亚地区。由于干旱、气候变化和部落争斗，一些人类群体可能会来到靠近城墙的城市边缘位置。以大马士革和阿勒颇这两个主要城市为例，它们的土地几乎每年都会受到侵袭。[36]于是，对于城市管理者来说，阻止这些攻击和调动部队就变得至关重要，因为侵袭活动可能会破坏城市的食物供应。因此，与游牧世界并存的城市世界，其利益在地理空间意义上延伸开来。例如，豪兰平原地区

就完全是大马士革城市空间的一部分，是大马士革名副其实的粮仓。

有两个变量似乎改变了乡村的情况：人口的定居状态以及土地所有权。在居住在城墙之内的城市居民，和专注于游牧生活的骆驼、羊群部落之间的空间，所有的情况都汇集在了一起。因此，必须依据人们的定居时长来考虑人口迁移的程度。在豪兰平原地区，人口密度的增加相对来说更为持久一些。土地这个基本单位可能比村庄这个单位更为重要，因为人们是随着农作物的季节生长而迁移的。房屋的存在并不意味着那种一般意义的定居观念中时间和空间的完全统一，它们只是为开发某一片特定的田地而存在于特定的时间段内，当时的人们可以借此区分那些声称自己是游牧民族的人和那些更喜欢定居下来从事农业生产的人。

另一个主要特征是与土地的关系（即土地所有权），这取决于两个参数：土地的空间使用方式和土地所有者的地位。这两个特征在很大程度上是长期演变的结果。[37] 气候问题导致畜牧业比农业更受人们青睐，人们在农业种植中选择燕麦等次级谷物，而不是小麦，因为农民们担心春季多雨会使得他们失去收成。不过，与此同 30
时，随着北欧谷物的流入和对牲畜运输需求量的增加，商业贸易路线的重组也强化了这种特征。在乡村地区，这导致田地被分割成小块，以及家畜饲料种植面积的扩大。考虑到安全方面的不确定性，这样的选择更为明智，因为在更小的地块上种植可以避免全部或大部分的歉收损失，也更方便带着他们瘦骨嶙峋的牲畜离开。因此，有必要设想以植物轮作为特征的农业种植区域的存在，在这个区域内，作物种植的拼凑密切依赖群体的自给自足状态，以及如何更直接地满足城市的需求。此外，只要生产、生活的安全得到了保证，单一作物种植的影响范围就会扩大，阿卡和大马士革之间的棉花种植业，以及阿拉维山麓地区的烟草种植尤其如此。

乡村一直同城市世界处于一种财政隶属关系之中，城市开始逐渐欢迎那些纳税的乡村农场主。[38] 三种主要的财产类型并存，也显示出加诸农民身上的税收负担。从帝国传统来看，农业生产的果实产生于帝国苏丹的土地上，苏丹通过授予土地受益权来奖励战争中建立战功的士兵。这一做法产生了蒂马尔制（timar，即以军事战功换取土地使用权的一种封建采邑制），这一制度在17和18世纪发生了很大的变化，直到19世纪末才消失。依据不同的情况及农业特色，奥斯曼帝国苏丹支配的国有土地，即埃米利（‘amîrî）上，存在着两种不同的类型的土地。那些城镇附近蓬勃发展的种植树木和豆类的花园，其使用权被部分授予给了农民。在东部大片归属尚不明确的地区，则没有明显的使用权授予界限。这种生产和所有权关系的转变反映在税收中，就是对这些土地受益者相应地位的承认。大部分税收每年都被承包给帝国的地方代理人，后者则倾向于把税收压力施加给农民，无论当年的收成如何，无论当时的环境如何，他们要的只是获得他们需要向帝国政府缴纳的税款，而这些税款中的一部分被他们侵吞了。为了纠正这种情况，帝国当局设立了
31 马里卡内（malikane），即终身包税区。在这种做法的实践过程中，所有者们发现自己享有土地的终身受益权，这也默许了他们对农产品征税的权利。这种新被赋予的地位再次引发了土地竞争，并使各个城市的家族结成联盟。例如，大马士革的阿兹姆（‘Azm）家族与生活在哈马的家族逐渐靠近。每个马里卡内的所有者都拥有稳定的资源。这种土地所有权的竞争所带来的影响是多方面的。由此，与拥有马里卡内的商人关系密切的总督，就可能有兴趣保障商人所

拥有的土地的地区安全。除此之外，那些伊斯兰教众捐赠的瓦克夫公共财产，或永久管业的财产，也被允许保留土地的所有权和收入，并把收入分配给虔诚的伊斯兰教基金会。拥有这些财产的分配权，也就拥有了社会威望。就这一点而言，土地所有权分配的类型，将会影响社会的经济、政治和社会条件。

19世纪初，与乡村世界平行的另一个非常特殊的世界正在形成：山区。这些山区在叙利亚地区呈现出两种截然不同的情况。在北部，阿拉维山脉的居民们面临着人口过剩的情况，这也导致对平原和城市的人口入侵。山地地区发起的有组织的突袭活动，突出反映了山区人口对资源的需求。高地世界和低地世界之间的交流仍然相对贫乏，二者的相互了解亦处于相对贫乏的状态。教派的差异更加深了彼此之间的隔阂。这就是为什么卡尔达哈（Qardaha）周围的山谷地带通常只出现在奥斯曼帝国的惩罚性远征活动的记录中。[39]在整个18世纪，土壤的相对质量和气候条件有利于山麓地带而不是平原的发展，这可能就是山区地带人口增长的原因。然而，关于这个山区地带社会情况的资料信息一直非常缺乏。在南部，越过前黎巴嫩山脉之后，是分布在拉贾（Laja）附近的山地地区，它们的分布情况类似于阿拉维山脉地区，但对商业贸易更为开放。这些玄武岩高地在很大程度上仍然不适宜居住，只有少数人类临时定居点，19世纪初，舒夫（Shouf）山区的人口激增使得德鲁兹人转而移居至那片地区。 32

就这样，这三个彼此密切联系的世界构成了整个叙利亚地区。城市世界和乡村世界彼此供养、相互维持，乡村世界似乎是城市世界安全保障能力的投影。乡村世界是城市中一些人的食物供应地，也是城市中另一些人的财政收入来源，作为耕地和有人居住的地区，二者作为地区空间的主导力量，彼此的空间关系差异很大。在这两个世界的一旁，游牧部落集团似乎独自孤悬于地区权力中心所在的岛状地带之外。城市世界和游牧世界并不是两个完全对立的世界，它们之间的关系完全建立在冲突的基础上，但它们仍是相互依存的，特别是游牧生活模式中所必需的一部分产品就来自于城市地区。部落世界的人们也会去到城市里或者城市附近的市场。有时，更会有冒险精神的部落世界商人直接搬到居民区。[40] 部落的人们还会购买城市的纺织品、武器和皮革。与此相反，定居世界的人们则不得不考虑如何在部落世界存在的情况下贸然进行长途旅行。他们会绘制道路出行地图，在地图上为自己划出一片安全区域，并确定道路是否有利于安全出行，最后，制作出行的辅助工具。这是一个属于走进沙漠的商队的时代，他们用富于想象力的线条勾勒出一个空间，并用他们常年行走的步伐增强了城市世界的生命力。

至此，两种相互竞争的权力形态形成了：在城市以及它们所辐射到的周边地区，国家作为公共当局，通过一个或多个执政者垄断暴力机构；在沙漠大草原上，部落代替国家，收取以库瓦*为名的保护费来保护在部落内定居的人的安全。这两种权力形态的竞争，最终勾勒出了这一时期叙利亚地区的政治版图。

奥斯曼帝国各省

自1660年以来，大马士革、阿勒颇、的黎波里和赛达的几个维拉亚变动的边界线共同组成了叙利亚这片土地。18世纪末，奥斯曼帝国首都君士坦丁堡和当地各地方首府（阿卡、大马士革等）的权
33 力机构与社会团体，都在这里进行统治和管理。为了理解权力的相

互作用，我们会在地方战略和帝国战略之间不断来回切换。在开始叙述关于帝国当局及其与叙利亚地区之间关系的历史之前，我们有必要先回顾一下奥斯曼帝国的组织形式及其运作的恒定因素。

奥斯曼帝国由苏丹统治，他在中央设置了政府顾问和大维齐尔*（大臣）来管理帝国各项事务。苏丹依靠谢赫伊斯兰（伊斯兰教教长）来管理帝国宗教事务，拥有哈里发头衔的人被承认为阿巴斯王朝的继承人。这些帝国的一般特征自伊斯兰征服以来几乎没有改变。然而，和任何帝国一样，奥斯曼帝国的政权体系主要是建立在一个遥远的帝国中心和地方各主要省会城市之间的多重联系之上的。阿勒颇市在叙利亚地区具有特殊的地位，负责收税的达夫塔尔德（defterdar）*位于这里，从而使阿勒颇成为叙利亚地区最重要的政治中心。从1708年开始，大马士革的总督被赋予了组织前往麦加朝圣的特殊职能。他必须每年为前往麦加的朝圣者提供一次安全和交通保障。这项特殊任务使得大马士革获得了非常重要的地位，因为大马士革的商人们在朝圣者那里发现了一个庞大的年度市场商机。除了承担的这些具体任务之外，大马士革的总督与叙利亚地区其他省份的总督没有什么实质上的区别。

在各城市内部和各城市之间，城市显贵政要之间存在着诸多的权力平衡关系。这主要是由于中央对地方的控制力有限，从而使得城市内的大家族能重新获得相同的地位，并形成地方“王朝”。这些大家族权力的维系主要依靠它们掌控城市内部权力规则及其周边环境的能力。例如，大马士革南部郊区的米丹尼斯人——以他们在郊区的居住地命名——可能是出于与大马士革城北部的阿迦（aghas）*关系不和的原因，他们主动接近后者的敌人，转而支持阿卡市和赛达市的总督。[41] 因此，我们可以说这是一场复杂的政治博弈。力量强大的地方总督、阿迦、商人等，都为自己配备了武装力量，通常会有几百到几千人来为他们攻城略地。但是，分布在城市或农村的要塞堡垒可能会危及他们数月努力征战的成果：帝国军队在要塞中避难，并在进攻者返回后继续阻止各地方势力对该地区
34 的控制。

建立地方权力需要具备三个要素：政治地位、社会资源和武装力量。其中，第一个因素是由苏丹授予或给予承认的。为了确保成功获取相应地位，通常意味着需要向首都的中间人支付报酬，这种地位的获得反过来又可以赋予地方统治者对当地资源的支配权。比如，行省总督可以从他统辖的省征收的税款中获利，这使他得以指挥军队力量，当然，这也意味着总督需要有必要的手段来向士兵们支付酬劳。因此，在有限的人员中进行重要地方职位的竞争开始了，这是增加自身社会资本和武装力量的跳板，反过来又能增加控制税收和驱逐竞争对手的筹码。这种权力观念首先反映出的是奥斯曼帝国接收捐税的人与缴纳捐税的人之间的社会和空间的结构性差异。

18世纪，一些地区的大家族获得了比帝国中央政府权力更大的自治权。阿兹姆家族首先成功地将自己重新送上了大马士革总督的位置。但他们并没有完全独立于苏丹，每年，在任的总督都会兴奋地等待着来自奥斯曼帝国苏丹的敕令，而这份敕令将会延长他的总督任期。因此，在大马士革及其所辖的省区，地方权力表现得相对稳定。那么大马士革总督的权力管辖范围有多大呢？自然是到豪兰平原地区，到大马士革东部的巴尔米拉去冒险似乎还不太可能。因为此时的盖尔耶泰因（Qaryatayn）村是叙利亚南部地区到达北部城市霍姆斯之前最后一个中途休息地。阿兹姆家族和哈马的阿迦们之

间的联系，以及他们对哈马当地凯拉尼（Kaylanî）家族的支持，使得大马士革和哈马这两个城市成为属于同一股地方权力的势力范围。[42] 这一点对于向叙利亚北部运输货物和控制肥沃地区至关重要。在西部，贝卡平原一直是一个令人觊觎的地方。[43] 虽然它依靠大马士革的权威而存在，但舒夫山区酋长们的定期袭扰使得这种权威控制随时处于危险之中。大马士革总督面临着三条战线，南面是沿海各城市，西面是德鲁兹人，东面是贝都因人。

在北部，阿勒颇市俯瞰着托罗斯山脉的南坡。作为奥斯曼帝国帕夏里克的首府，阿勒颇从幼发拉底河一直延伸到地中海沿岸。然 35
而，阿勒颇当局并没有对这一片地理区域进行统一管理。根据那个时代的现实需求，当局的注意力集中在三个方向，而这三个方向将阿勒颇一分为三。在城市的东部地区，大草原是贝都因人的庇护地，主要是阿纳扎部落，他们穿行在北部城市和河流之间；在西部，分布着石灰岩山麓和阿拉维山，用当时领事人员的话来说，阿拉维派*在这里聚集，这里的部落结构和远离中心地区的位置使得该地区难以进入，再往西，港口城市拉塔基亚和安塔基亚（Antioche）一起组成了通往阿勒颇地区的门户；在北部，奇里乞亚平原及其城镇安泰普（Aintab）、基里斯（Killis）或乌尔法（Urfa）属于同一行政单位，依据总督的不同，这片地区也分属于不同行政当局管辖。虽然拉塔基亚仍在阿勒颇的控制之下，但的黎波里的地位有所不同。有时，阿拉维山地地区的骚乱会切断阿勒颇与海岸地区的所有联系，从而将拉塔基亚与阿勒颇分隔开来。

因此，18世纪末的叙利亚，其社会政治格局的特点是政治角色的多样性，政治角色之间互相影响。诺伯特·埃利亚斯（Norbert Elias）对这种政治格局提出的“国际象棋”的形象比喻，使我们得以认清这里的权力和行政系统。[44] 每一次迁移都重新配置了每个人的权力。所有的复杂性都源于同时并列出现的几个政治特征，这些政治特征不一定会成为各方政治角色之间永久的分界线，却会被一次次地用来动员他们各自的支持者，激发更为激烈的政治博弈。对那些在从托罗斯山脉到阿拉伯沙漠的主要省份树立权威的政治参与者们来说，拥有多重社会身份，从而组建起自己的财力储备和军事集团，是确保权力地位的唯一条件。再一次的，一场循环式的政治游戏在叙利亚地方势力内部运转，权力可以带来金钱，权力可以强化军队，权力也强化了他们的权力地位。但这几十年的独特之处在于叙利亚地方势力的相对自治，并没有人想要挑战奥斯曼帝国中央的权力。争夺阿勒颇或大马士革的总督位置，仅仅意味着增加社会资源和获得更大的社会影响力，而绝不是针对奥斯曼帝国中央发
36 起任何具有特别意味的政治行动。

两个系列的因素改变了叙利亚的地区格局。首先，是中东地区逐渐融入世界经济体系，这有助于欧洲重新部署其在地中海地区的存在。[45] 那时，即便是柏柏尔人的海上贸易活动也没有得到欧洲各国的承认，叙利亚地区的沿海运输和远洋运输活动，主要仍是由欧洲船商承担的。[46] 此外，“希腊人”或“阿尔巴尼亚人”的船队在拉塔基亚海岸的徘徊，也让当地的领事们感到担忧，因为他们属于非奥斯曼帝国的势力。[47] 在港口城市，欧洲市场的需求和供应正在重塑当地经济。这一现实情况使阿卡市在18世纪下半叶成为叙利亚地区的棉花之都，连接了加利利地区（巴勒斯坦的地区名）的生产者和欧洲的买家。然而，这种一体化仍然是边缘性的，换句话说，它虽促进了地方财富的创造，却不会扰乱地区内原本的生产系统。此外，奥斯曼帝国受到双面夹击的军事入侵迫使帝国中央不

得不寻找资源和人力来投入战斗。与俄国的战争是灾难性的，不仅首都君士坦丁堡受到俄国舰队的武力威胁，战争的持续（1768—1774）还给帝国偏远地区的省份带来了沉重的捐税负担，并影响了各省份之间的内部关系。25年后，拿破仑·波拿巴对埃及的入侵更加剧了这种内部混乱，迫使奥斯曼帝国在欧洲各国的同盟关系中占据一席之地，成为协调国际事务的一部分。

世纪之交的乱局[48]

从1780年开始，叙利亚地区那种分散的政治组织形式出现了一种新的格局。大马士革和阿勒颇等地区中心城市也经历了类似的过程。城市内部依据不同属性划分出不同的派系，如社会政治职能（禁卫军），宗教信仰（基督徒，穆斯林）或象征性的社会身份关系（阿什拉夫），各派系分别由自己小集团内部或外部的首领指挥，为了获得城市统治地位而相互冲突。这一时期的整个悖论与三个集中
现象有关，正是这些现象导致了此时叙利亚地区的混乱局面。首 37
先，各派系的领导人，无论他们是否担任奥斯曼帝国职务，都不会挑战和破坏奥斯曼帝国的秩序。因此，这种对抗和冲突往往只是城市内部的。其次，地区和联盟的联系会将局部冲突，甚至是社区冲突，扩展到整个地区，就像大马士革叛乱的影响也波及了哈马或整个豪兰平原地区。最后，并不存在任何稳定的地区局势，因为奥斯曼帝国苏丹派来的军队没有能够在地方建立起新的政治秩序，各地内部政治竞争的参与者也无法彻底消灭他们的对手。因此，我们还须透过阿勒颇和大马士革这两个主要城市，来观察长达半个世纪的危机期间复杂的事态发展。

一系列的骚乱始于18世纪70年代，这些骚乱破坏了当地的权力平衡，加速了新兴领导人之间的竞争。新崛起的地方领袖试图统治城市，他们的斗争也将叙利亚各省联系在一起。这些动荡局势归结起来有三个原因。1768年，奥斯曼帝国与俄国开战，这迫使奥斯曼帝国将各地禁卫军动员起来开往前线参战。他们的离开使得叙利亚地区城市内部的权力失衡，尤其是在禁卫军派系一直是主要势力的阿勒颇市。与此同时，埃及的阿里贝伊*（谢赫·巴拉德，相当于军队指挥官），发起了一项旨在征服巴勒斯坦和叙利亚的伟大军事计划，并派出了他的下属率领其主力军队。他的副手穆罕默德·阿布·达哈卜（Muhammad Abû al-Dhahab）于1771年6月8日攻占大马士革，然后迅速向埃及撤退。这次入侵迫使驻扎在阿勒颇的禁卫军开进大马士革，从而改变了大马士革的地方局势。最后，一个地方首领占据了提比利亚（Tibériade）海岸地区的包税农场，逐渐组建起了一支军队，并将其作为权力统治的工具——扎希尔·欧麦尔（Zâhir al-'Umar）[①]成为约旦沙漠边缘贾巴尔·阿明（Jabal al-Amin）的地方统治者。他的崛起，是通过积累财富并供养起一支战争经验丰富的军队实现的，这为其他人指明了实现社会地位晋升的途径。阿里贝伊的朋友"屠夫"艾哈迈德帕夏从18世纪70年代中期也开启了同样的崛起之路，然而扎希尔·奥马尔死后，他的继任者们却湮没了他的奋斗成果。这一时期埃及地区发起的入侵和这些

① 18世纪中叶奥斯曼帝国所属之巴勒斯坦北部地区的实际统治者，一度统治巴勒斯坦大部、黎巴嫩南部及叙利亚西部海岸，对奥斯曼帝国在当地的统治形成挑战。1775年，扎希尔的军队不敌南下镇压的土耳其军队，他本人也阵亡。他被视为巴勒斯坦独立运动的重要领袖和先驱，被巴勒斯坦人尊为民族英雄。——译者注

个人的勃勃野心，扰乱了黎凡特①南部地区原本的平静状态。 38

在这种背景下，来自波斯尼亚的马穆鲁克*“屠夫”艾哈迈德帕夏开始崛起并为人们熟知。在为他的埃及马穆鲁克主人服役后，查萨尔于1768年起从编年史的记载上消失了一段时间，后作为黎巴嫩山区一位埃米尔*的手下再次出现在编年史中。1772年，他首次获得了奥斯曼帝国授予的职位，即赛达市的总督，他在黎巴嫩山区建立起了联盟，并参与了帝国埃米尔之间的政治博弈。不久，他把阿卡建设成为一座军事要塞城市兼他个人的政治活动基地。这一转变使阿卡这个港口城市成为来自豪兰平原地区的粮食的贸易出口地，对阿卡的控制也为“屠夫”艾哈迈德帕夏提供了重要的财力。然后，他开始组建和装备自己的军队，并用新获得的财富来影响帝国中央在行政任命方面的决定，以最终实现他成为大马士革总督的政治目标。

在叙利亚北部的阿勒颇，帝国禁卫军开往前线参加对抗俄国和阻止埃及入侵的战役，这有利于隶属于阿什拉夫集团的当地军队的崛起。但是，这也为贝都因人和库尔德人入侵北部平原地区的村庄与城镇创造了有利机会。在这种情况下，阿什拉夫夺取了城市权力，并确保纳吉布·阿什拉夫代表的阿什拉夫阶层在城市中占据优势地位。为了缓和阿勒颇当地各武装派系之间的紧张关系，帝国中央派遣易卜拉欣·扎达帕夏（Ibrahim Zâdah Pasha）前往阿勒颇，确保取消激起民众愤怒的额外捐税。包括纳吉布·阿什拉夫在内的

① 历史上一个模糊的中东地理名称，广义指的是地中海东岸、托鲁斯山脉以南、阿拉伯沙漠以北和上美索不达米亚以西的一大片西亚地区，不包括托鲁斯山脉、阿拉伯半岛和安那托利亚，不过有时也包括奇里乞亚在内。——译者注

一些商人，比如沙拉比艾芬迪*（Chalabî Efendi）①，纷纷从城市逃往农村。1775年8月，沙赫塔贾赫里·阿里帕夏（Shahtâljahli ‘Alî Pasha）被任命为总督，他负责平定叛乱，并恢复统治秩序。他下令处决了一些人，并对叛乱者处以10万皮阿斯特的罚款。此外，为了平息阿勒颇周边地区的战乱，他还率领当地禁卫军对周围各部落发起了惩罚性的军事远征行动。这是一场灾难，因为远征的失败激起了禁卫军的愤怒。在另一次试图恢复对吉斯尔舒古尔（Jisr al-Choghour）控制的远征行动期间，禁卫军得到了法官和穆夫提*的支持，他们呼吁阿勒颇市居民拿起武器反对总督，这迫使总督于1775年12月28日离开了阿勒颇。禁卫军不仅领导了此次起义，并且似
39 乎[49]得到了当地阿什拉夫阶层的支持。这种情况使得阿勒颇在几年时间里都没有在任的帝国总督。此外，由于城市和农村之间的来往中断，阿勒颇城物资匮乏，帕夏里克内部各种劫掠活动频发。城市的这种混乱局面，导致阿勒颇全省出现了无政府状态。

18世纪80年代，先后就任的总督都试图通过暴力来恢复社会政治秩序。然而，总督更迭频繁（几乎每年一换）以及该地区的纷乱形势却激起了地区内激烈的政治内斗。总督的统治力量集中在安泰普，即如今的加济安泰普（Gaziantep），以及乌尔法地区，这让阿勒颇地区各派系以自治的方式组织了起来。在1785年，哈吉·穆斯塔法帕夏（al-Hajj Mustafâ Pasha）被承认为瓦利，但并未亲自前往阿勒颇就任。在他未能在阿勒颇实际任职期间，阿勒颇市居民任命了一位穆塔萨利姆。两人被任命为城市事务的决策者：刚刚从流亡中回来的沙拉比艾芬迪代表阿什拉夫阶层，基恩·艾哈迈德·

① 阿勒颇著名大家族之一的首领。——译者注

胡姆沙阿迦（Ginj Ahmad Agha Hummusa）则在接下来的30年里成为禁卫军的代表。当哈吉·穆斯塔法帕夏进入城市时，他无法让一群发动起义的禁卫军投降，其他城市居民也加入到了禁卫军的行列共同反对他。第二年，穆斯塔法帕夏去世，接替他的是阿卜杜拉·伊本·穆斯塔法·贾布里（‘Abdallah ibn Mustafâ al-Jabrî），他来自一个社会地位正在节节上升的家族。

在这种情况下，1786年，瘟疫开始在阿勒颇这座城市蔓延。这是尤其致命的，可以预见的是，粮食短缺的状况将会在第二年出现，这引起了人们对阿勒颇居民生存状况的担忧。在十年的时间里，阿勒颇事实上一直都处于自治状态，这给了地方集团派系的代表们挑战帝国中央代表的机会。奥斯曼帝国中央代表虽试图在这里恢复帝国的统治秩序，试图为奥斯曼帝国的边境战争向阿勒颇居民征收战争资源，但一切皆是徒劳。1788年，禁卫军再次被帝国征召前往边境，参加对抗神圣罗马帝国和俄国的保卫战。阿勒颇人发动了起义，帝国总督被包围在自己的府邸中，并最终逃离了阿勒颇市。在这次城市起义中，地方城市的力量战胜了帝国首都的力量。

1783年，大马士革的穆罕默德·阿兹姆帕夏（Muhammad Pasha al-‘Azm）在担任了该省总督10年后去世，他所出身的阿兹姆家族在18世纪前三分之一的时间里，一直控制着大马士革总督这一职位。阿兹姆家族从三个方面加强了自身实力：延长总督的任
职，将社会资源投入到建立宗教秩序、商业建筑和维护治安上，并 40
利用其社会威望来控制当地的粮食贸易。阿兹姆家族通过建立联盟、发展友好关系和联姻的形式，给予大马士革北部的家族一些特权，这些家族也充当阿兹姆家族的势力，将阿兹姆家族的影响力拓

展至霍姆斯和哈马——这两个叙利亚地区名副其实的粮仓接驳站。与此相反的是，豪兰平原地区被忽视了，相应地，大马士革南部米丹地区的社会精英们也被边缘化了。穆罕默德·阿兹姆帕夏的去世改变了这一切，从他去世后直到1786年，大马士革省的总督经历了一段迅速更替的时期。[50]

这种权力真空的状态在城市内部引发了许多冲突。商人们抱怨，由于城市南部贸易路线遭到破坏，货物供应变得困难。个别商人和他们的政治保护人利用资源短缺的形势囤积居奇，激起了民众的愤怒，而其他城市精英则利用这些不满来煽动群众。在这种情况下，城市北部的阿迦集团和南部的阿加集团是相互对立的。例如，南部的阿迦们可能会像禁卫军或阿勒颇的阿什拉夫那样，通过调动军队来控制这座城市，住在南部米丹郊区的他们，更为关心豪兰地区的粮食经营状况，但由于大马士革南部很难确保完全免受贝都因人定期性的侵袭活动，所以很难让这些粮食顺利输送到城市。[51]在这种情况下，“屠夫”艾哈迈德帕夏通过他在君士坦丁堡的多番斡旋得到了大马士革总督的位置。为了彰显他的新地位，他大张旗鼓地进入了大马士革这座城市。

这种权力的转移导致地区内急剧的政治格局重组。面对当地其他新兴家族，即凯拉尼家族和马勒瓦利（Malwalî）家族的竞争，阿兹姆家族的势力撤退到了哈马。但是，阿兹姆家族仍可以凭借在省内部署的军事要塞，比如塔尔比塞，维持势力。与此同时，他们从省会大马士革转移到海岸地区的赛达和阿卡，也加速了的黎波里省的衰落，这个帕夏里克越来越多地被阿勒颇的瓦利们所控制，瓦利
41 们偶尔也会进行一些安抚性质的行动。其他港口，主要是拉塔基亚，填补了叙利亚北方地区的贸易空缺。这一变化将黎巴嫩—巴勒

斯坦和叙利亚地区分隔开来。在叙利亚地区北部，阿勒颇作为中心，控制着从阿勒颇一直到乌尔法、安泰普和拉塔基亚这一片地区。在南部，大马士革被纳入了阿卡的势力范围。至于西部的黎巴嫩山区，则被各省埃米尔之间的冲突所影响。[52]

“屠夫”艾哈迈德的获得的成功是相对短暂的。在获得总督职位一年半后，他不仅没有获得连任，还面临着阿卡的马穆鲁克骑兵发起的挑战。大马士革的穆夫提穆罕默德·哈利勒·穆拉迪艾芬迪（Muhammad Khalîl Efendi al-Murâdî）向帝国苏丹的宫廷汇报了那里的商人们对艾哈迈德试图垄断粮食贸易的不满。在艾哈迈德之后的两任总督中，第一位无法结束城市中的暴力冲突，第二位则离开大马士革前往贝伊们纷争不断的埃及地区作战。1788年，易卜拉欣·达拉提帕夏（Ibrahim Pasha al-Dalâtî）试图恢复城市秩序。然而，他刚从麦加朝圣归来，就遭遇了大马士革禁卫军的反叛，米丹地区的阿迦们也加入了反对他的行列。他躲到大马士革的乡村，在那里集结了包括穆夫提穆罕默德·哈利勒·穆拉迪艾芬迪在内的社会显贵们。他带着集结的军队前往哈马，在来自阿勒颇的军队的帮助下，他不得不在哈马附近与那里的马瓦里*对峙。然而后者已经叛离他，因为他们不满哈萨那（Hasana，即阿纳扎部落联盟）侵占他们的牧场以及大马士革总督发起的军事动员。贝都因人对阿拉维山脉边缘地区的入侵遭到了军事镇压，这导致数百名贝都因人死去，并彻底摧毁了叙利亚中部地区。易卜拉欣·达拉提帕夏得以短暂地重新控制大马士革，并镇压了叛乱的禁卫军。

1790年，“屠夫”艾哈迈德帕夏被任命为大马士革总督。事实上，正是在同一日，“屠夫”在君士坦丁堡的主要政治对手去世了，而当时在任的大马士革总督又去了埃及——他的欲望在那里都得到

了满足。在5年的时间里，艾哈迈德帕夏通过暴力手段控制了大马士革这座城市。他立即处决了一些不服从他的集团领袖，打击了中
42 部地区阿兹姆家族的支持者和米丹地区的一些领导人。他加强了对大马士革地区的控制，成功地建立起一个垄断粮食贸易的体系——所有粮食均从大马士革南部集中到阿卡，再从阿卡的港口出口。财富、军队和过度的暴力为他赢得了“屠夫”的称号。在城市内部，“屠夫”主要与来自南部的家族关系紧密，这损害了来自北部和城市中心的阿迦们的利益，因为他没有给予这部分支持者们更多的特权。与其说“屠夫”的权力看起来是冷酷残忍的，不如说它仍然是脆弱的。他的军队在纳布卢斯（Nablous）附近遭遇的重大失败，致使他失去了大马士革总督的位置，并使得阿兹姆家族的亲属在三年的时间里重返大马士革并掌权。

1791年，阿勒颇人再次成功地赶走了总督，并围攻了刚从战争中归来或逃回来的禁卫军。在最近的叛乱中，涌现出了一些人物，比如易卜拉欣·卡塔尔·加西阿迦（Ibrahim Agha Qattar Aghasi）[1]。然而，丧失权力的总督集结了用来征服北方城市（主要是安泰普）的武装力量，可能会在阿勒颇附近率领一支6000人的军队返回城市。面对这些士兵对城市附近地区的蹂躏破坏，包括易卜拉欣阿迦在内的上层人士被迫逃离阿勒颇。然而，很可能是在易卜拉欣阿迦亲属的政治操作下，这位总督很快被帝国宫廷召回。易卜拉欣阿迦的另一场政治斗争涉及大马士革。作为一个集团派系的首领，他设法对大马士革施加其影响力。通过攫取包税农场和发挥其作为穆罕

① 奥斯曼帝国政治家，19世纪初担任阿勒颇、大马士革和的黎波里的总督。——译者注

斯利奇（muhassilliq）——这是一个相当于城市税务官的职位——的职能，他在大马士革声名鹊起。[53]他利用当地拥护者和帝国中央提供的资源，挫败了所有企图粉碎其权力的行动。纵使一些城市起义是由于他对某些贸易的垄断引发的物资短缺引发的，他的利益还是得以免遭损失。然而，这并不意味着易卜拉欣阿迦是此时唯一的地方领袖。他也必须不断权衡考虑禁卫军的意图，因为这些禁卫军也企图控制有利可图的城市商品货物供应路线。

这种双方间的地区内部斗争，以与地方派系关系密切的社会人物为基础，并通过建立贸易垄断来确保获取最大的财富为目标。这些新的地区领导人正试图稳定他们对地区的控制。然而，无论是在大马士革，还是在阿勒颇，都无法真正确保统治的持续。在1795 43
年至1798年间，大马士革总督的位置从“屠夫”艾哈迈德帕夏转到阿卜杜拉·阿兹姆帕夏手里。1798年，阿卜杜拉·阿兹姆帕夏朝圣归来后，又不得不放弃对这座城市的领导权，因为他的朝圣车队被伊本·沙特的瓦哈比派信徒阻拦在城外，他们禁止任何武装人员进入城市。于是，阿卜杜拉·阿兹姆帕夏和他的军队前往哈马避难。至于阿勒颇，禁卫军和阿什拉夫派系之间正在进行零星的内战。城市的内外部环境正在发生重大改变。在同欧洲贸易不断增加的背景下，为了巩固自己的权力，当地领导人必须垄断那些地区内有利可图的资源。最后，作为禁卫军或阿什拉夫团体的领袖的社会身份，加强了这些支持者团体的稳定性，也保证了他们社会权力的持久性。

1798年，为争夺运往城市的粮食贸易的垄断地位，阿勒颇的阿什拉夫和禁卫军之间的斗争愈演愈烈。易卜拉欣阿迦随后被任命为总督，但他并没有能在省内树立地位的实力。于是，他与阿勒颇的禁卫军联合起来，并在一场战斗中击败了阿什拉夫的武装力量。继这场失败之后，1798年2月，他们在乌特鲁什清真寺（la mosquée Utrush）屠杀了更多其他阿什拉夫，这引发了双方之间公开的战争。阿什拉夫在城墙内避难，禁卫军则占领中心城堡作为据点。双方都向城外的盟友求助，阿什拉夫集团求助于阿拉伯人，禁卫军则向库尔德人求助，阿拉伯人提供的援助似乎并没有改变对禁卫军一方更为有利的局面。面对这样长期混乱的局面，帝国宫廷任命了一位非阿勒颇本地的新瓦利，即谢里夫穆罕默德帕夏（Shârif Muhammad Pasha），这是1795年以来的首次。随着1798年禁卫军的离开，骚乱最终停止了，他们中的7000人由大维齐尔率领，另外6000人则由阿什拉夫集团的领袖穆罕默德·库德西艾芬迪（Muhammad Qudsî Efendi）率领。

禁卫军离开阿勒颇，是因为此时的奥斯曼帝国需要对抗来自法国的入侵。1798年，拿破仑率领的法国军队在埃及登陆，并在几个月内占领了埃及。大马士革成为奥斯曼帝国军队重要的集结地，驻
44 扎在阿勒颇的军队也前往大马士革准备与法军作战。这些来自阿勒颇的士兵对大马士革城中的有产者们甚为嫉妒。从城外进入的军队与其他宗教组织的关系变得紧张：城内的基督徒被这些士兵认定为占据社会财富的人。“屠夫”穆罕默德建立的秩序的暂停引发了一系列新的纠纷。在城市内部，阿迦之间再次开始争斗，而士兵们则想要勒索那些寻求庇护的基督徒。

在大马士革省内，发起了几次直接前往霍姆斯和哈马的军事远征行动，以在两地重建统治秩序。最后，在武装部队出发对抗法国人之前，这些城市被重新夺回，地区内部的动荡也平息了。这些部队调动，为大马士革总督重建其对霍姆斯和哈马等周边城市的权威

提供了良机。

入侵埃及后，法国军队随后沿着巴勒斯坦海岸重新集结，准备围攻阿卡城。在埃及战役的最后阶段，法军的军事远征以在城墙前的军事失利而告终，这为阿卡城的守卫者“屠夫”艾哈迈德帕夏赢得了巨大的威望。在获胜后不久，尽管年事已高且健康状况不佳，但“屠夫”还是恢复了他在叙利亚广大沿海和内陆地区的影响力。1799年至1804年间，他再次将大马士革置于自己的统治之下，并任命了一位穆塔萨利姆。乘此机会，艾哈迈德帕夏通过利用内部敌对关系，调解了黎巴嫩山区地带的冲突。由此，在叙利亚南部地区，局势恢复了表面上的平稳，这有利于从豪兰平原地区供应小麦，贝都因人看起来也暂时地被击退了。然而，在哈马，艾哈迈德帕夏的军队与他的对手阿卜杜拉·阿兹姆仍在街头对峙，双方就这样耗尽了各自的力量。在北部，易卜拉欣阿迦在1802年从埃及军队返回［阿勒颇］时成为总督，并任命他的儿子为穆罕斯利奇，负责当地的财政，他驱逐了城内的禁卫军首领，并向奥斯曼宫廷报称禁卫军为叛军。一种政治平衡局面形成了。在叙利亚东部代尔祖尔周围也形成了类似的平衡状态。一些部落首领成功地建立了自己的统治地位并结成了联盟。大的部落联盟对人们进行了等级划分，通 45
过这样的形式来统治草原地区，这使地区内原有的迁移和冲突态势稳定了下来。

1804年“屠夫”艾哈迈德的去世，重新开启了权力斗争。艾哈迈德的副手，作为穆塔萨利姆的阿迪尔（‘Adil）当时正在麦加朝圣，在大马士革，军事指挥官们在听到“屠夫”艾哈迈德去世的消息后被迫逃离。[54]潜在的怨恨情绪被唤醒了，之前的政治对手立即试图让艾哈迈德的统治势力陷入困境。在阿勒颇，易卜拉欣阿迦任命自己为大马士革总督。他在实际上控制着阿勒颇，并打算在大马士革建立自己的权力。在任命他的儿子穆罕默德帕夏（Muhammad Pasha）为阿勒颇的凯玛卡姆（qa'imaqam）*、他的次子穆斯塔法（Mustafâ）为穆罕斯利奇之后，他率领3000名禁卫军前往大马士革，并暂时成为阿勒颇、大马士革和赛达的总督。他一到大马士革，就把随行的禁卫军首领关进了监狱，最后又释放了他。然而，在阿勒颇，阿什拉夫、禁卫军与基督徒结盟，拿起武器反对易卜拉欣的儿子穆罕默德，穆罕默德被迫逃到基利斯（Killis）避难。

为了恢复自己的地位，穆罕默德在库尔德人中集结军队，决意发起对阿勒颇的反攻。阿勒颇的阿迦集团将重返阿勒颇，领导反对穆罕默德的战斗，穆罕默德则在库尔德人那里集聚起了一支三四千人的部队。战斗双方最终通过谈判实现了和平。但接下来，饥荒又在等着他们。穆罕默德巧妙地利用了城内阿什拉夫和禁卫军之间的分歧，在阿勒颇制造了多次冲突。阿什拉夫集团控制着城堡，禁卫军则控制着外城。新任命的瓦利，易卜拉欣的儿子穆罕默德帕夏，也派遣军队对抗禁卫军。禁卫军与阿什拉夫和总督的部队在街头发生了激烈的冲突。[55] 在这种背景下，穆罕默德帕夏却于1805年6月9日突然被调至的黎波里，因为易卜拉欣阿迦的家族在帝国宫廷中失去了他们的保护人——他被监禁了。最终，禁卫军在与总督的政治斗争中取得了胜利，并在此后8年的时间里完全控制了阿勒颇这座城市，这是一个主要以阿勒颇省东部边界的冲突为标志的内部稳定时期。

在大马士革，易卜拉欣阿迦派出了一支由苏莱曼·阿迪尔（Sulaymân 'Adil）率领的远征军，重新控制了此前反对他的阿卡

市。苏莱曼·阿迪尔占领了这座城市，并在阿卡掠取了不少财富。 46
在大马士革，阿兹姆家族的支持者在1805年至1807年间支持本家族的一名成员成为大马士革总督，此后又支持阿兹姆家族的近亲昆吉·优素福帕夏（Kunj Yusuf Pasha）成为总督。然而，优素福帕夏并不能确保前往麦加朝圣之路的安全。在伊本·沙特的领导下，瓦哈比派的军队控制了圣地，并禁止其他人进入其中。他们通过军事推进将势力扩展到了豪兰平原地区，直接威胁到了大马士革的安全。一些村庄遭到袭击，昆吉·优素福帕夏先是逃往哈马，然后逃往拉塔基亚，最后逃到埃及，在那里，穆罕默德·阿里总督收留了他。他被免职，苏莱曼·阿迪尔帕夏接替昆吉·优素福成为大马士革总督。苏莱曼帕夏未必想要争夺大马士革的领导权，然而，他与大马士革的犹太人家族法赫里（Fahrî）家族保持了密切的联系。法赫里家族的活动主要涉及向商界提供贷款。另一个同苏莱曼帕夏合作的是来自霍姆斯的巴克里（Bakrî）家族，这个家族是哈马的阿兹姆家族的盟友。通过各种财政捐助，法赫里家族从苏莱曼帕夏那里获得了职位，这也使得苏莱曼帕夏的统治范围延伸到了拉塔基亚和的黎波里。在他的统治下，以及他与大马士革周围各地方领导人进行的妥协与和解，一个庞大的南部省份组建了起来。苏莱曼·阿迪尔帕夏尽力避免将军力投入至那些他认为无关紧要的叛乱中，比如纳布卢斯附近的突厥人（Turqan）叛乱。他的统治一直维持到1812年，最后被西拉达尔·苏莱曼帕夏（Silahdar Sulaymân Pasha）取代。

对于西拉达尔的任命与北部地区拉吉布帕夏（Râghib Pasha）就任总督是同时发生的。拉吉布帕夏的到来标志着奥斯曼帝国中央和叙利亚地区关系的一些新变化。众所周知，拉吉布帕夏与新苏丹马哈茂德二世（Mahmoud Ⅱ）关系密切，而马哈茂德二世已经开始着手进行军事改革。这项自1808年以来的改革旨在建立一个代替禁卫军的军事方案。1808年失败的禁卫军叛乱，导致了第一次针对禁卫军的屠杀事件。拉吉布帕夏前往阿勒颇，他将继续完成苏丹的这一项改革任务，即削弱地方禁卫军的权力。然而，他未能成功实现这一目标，只是继续进行政治安抚工作，通过武力在基利斯、阿
47 扎兹（Azaz）和吉斯尔乔古尔部署了代表，因为他必须击败在该地区横行的库尔德人非正规武装。尽管如此，他也并没有成功实现奥斯曼帝国宫廷所期望的那种政治局面。这位帕夏的继任者是来自安纳托利亚东部一个著名土库曼家族的贾拉尔·丁帕夏（Jalâl al-Dîn Pasha），这位新总督对禁卫军官员采取了其他手段。他邀请他们会面，然后对他们进行了屠杀，之后用军队继续摧毁这些派系领导人的政治基业。他成功实现了阿勒颇和哈马之间的交通道路安全，从而成功地在叙利亚北部恢复了新秩序。贾拉尔的总督任期于1816年结束，并在两个方面实现了突破。事实上，贾拉尔来自叙利亚地区以外的一个大家族，这体现了奥斯曼帝国的统治意愿，即在帝国内部轮换政治精英，以防止他们在当地扎下根基，并设法持续削弱地方唯一被武装起来的禁卫军的权力。

大马士革省的政治形势变迁也有与上所述的相似之处。西拉达尔·苏莱曼帕夏并不是来自大马士革当地的大家族势力，作为大马士革的总督，他面临着就任后就开始的禁卫军叛乱，但他并没有真正与苏莱曼·阿迪尔帕夏竞争——后者通过其错综交织的盟友关系依然在大马士革保持着强大的影响力。奥斯曼帝国重新恢复对汉志

地区①的控制缓解了这种情况，因为这样就没有必要再担心朝圣之路会被切断，也有助于城市中各商业部门恢复繁荣。1815年，穆夫提阿里·穆拉迪艾芬迪去世，他的穆夫提位置由他的儿子接任。这件事标志着大马士革当地一个新派系的崛起：在这座与阿兹姆家族联系紧密的城市中，穆拉迪家族也成为一股调节城市局势的独立势力。[56]然而，大马士革的地区局势仍然不稳定，哈马附近的一名阿纳扎部落军事首领的入侵就是明证。对城市的重新掌控，其实是通过消灭那些驻扎在农村要塞的地方派系首领们来实现的。

阿勒颇省边境持续不断的战争使得总督派遣军队前往那里平息乱局。当瘟疫在大马士革和阿勒颇先后再次蔓延，以及农村的动荡不安导致出现物价上涨和粮食短缺问题之时，穆塔萨利姆却下令为萨朱尔河周围的水利工程筹集资金。1819年10月23日至24日夜间， 48
阿勒颇爆发了起义。起义群众成立了一个市议会，每个社区派出一名代表，穆罕默德·库贾阿迦（Muhammad Agha Qujah）被推举为城市领袖。总督库什德帕夏（Kûrshid Pasha）拒绝了城市显贵们的请愿，并派出了军队。但城市居民也得到了阿勒颇周边地区的增援。最后，总督们联合起来派出了一支共9000人的部队，成功征服了这座城市。参与起义的主要角色，即阿什拉夫集团的领导人被处决，禁卫军的领导人也被流放。在这次起义中，共计有147名阿勒颇人死去，奥斯曼帝国当局还对这座城市处以50万皮阿斯特的罚款。当秩序正在恢复之时，一场强烈的地震摧毁了这座城市。这场地震造成了近3万居

① 又称希贾兹，是位于沙特阿拉伯西部的一片区域，境内有麦加、麦地那、吉达、塔布克、延布、塔伊夫等城市。在沙特阿拉伯，这里亦被称作“西部省份”。它西临红海，北至约旦边境，东抵内志，南至亚西尔地区。——译者注

民死亡，以及大量的物质损失。19世纪20年代中期，城市各主要派系在与奥斯曼帝国中央秩序的新一轮争斗中精疲力竭。因此，当1825年新总督穆罕默德·瓦希德帕夏（Muhammad Wahid Pasha）带着3000人进入这座城市时，他得以下令解除最后一批禁卫军的武装。次年，禁卫军因为发起了针对君士坦丁堡集团的起义，尤其是在希腊事件发生后[57]，因为攻击阿勒颇的基督徒而威胁到处于平静中的城市安全，遭到了屠杀。

在大马士革，在不违反现有政治秩序的情况下，省总督的继任恢复了。1825年，干旱使当年本已不多的收成更加微薄。次年，瘟疫的肆虐也造成了破坏。在这些年里，对叙利亚南部省的组建做出了重大贡献的阿兹姆家族，他们的最后一位帕夏在的黎波里去世，这个家族也从此时开始失去了其重要的社会政治地位。的黎波里省从大马士革独立出来重建，叙利亚内陆和海岸地区再次被隔绝。通过效仿阿勒颇的例子，即驱逐各派系领导人以重新掌权，使得大马士革的局势趋向平静，也使得税收需求相对减少。然而，在黎巴嫩山区和沿海地区，那些独立集团领导人的政治斗争仍在继续着。苏莱曼·阿迪尔帕夏的儿子阿卜杜拉作为法赫里家族的保护人，通过
49 实行商业垄断建立起了一片属于他自己的自治领地，并试图将其征税范围扩大到巴勒斯坦地区（例如纳布卢斯），这给他招来了很多反对的声音。他的掌权致使那些失去权力的领导人前往穆罕默德·阿里控制下的埃及寻求庇护。由此，穆罕默德·阿里介入了叙利亚海岸地区的事务。他尝试打开进入叙利亚地区各港口更为便利的通道，这遭到了当地一些总督的反对，于是，他接纳叙利亚地区总督们的政治对手，并在叙利亚内陆和沿海地区之间制造分裂活动。1831年，在经历了多次失望之后，与禁卫军关系密切的政治派系发

起了新一轮反叛。总督被杀，驻军被驱逐，政府大楼被烧毁。在城市斗争中，大马士革再次崛起，叛乱被残酷镇压。随之而来的就是对大马士革居民越来越多的禁令。

这段1780—1830年的政治编年史，阐明了推动这一时期的两个彼此相关的历史进程。一方面，叙利亚地区内的家族联盟、权力关系和商业贸易活动，创造出一个超越严格的行政边界的国家实体。在东部地区，沙漠地带仍然是贝都因人的家园，他们可以支持城市发起的反抗活动。再往西，在大马士革和阿勒颇周围形成了两大政治集团，这两种不同类型的分化，在北方是由于受到奥斯曼帝国的影响，特别是帝国边境战争需要人力这个因素，在南方则是由于与沿海地区为进行粮食贸易而产生的商业联系。不可否认，正如托马斯·菲利普（Thomas Philipp）所指出的，这种准国家的形式是在共同意识的基础上形成的。[58]叙利亚沿海地区，最终以阿卡为中心，通过自治的形式完成了这一历史进程。另一个历史进程，是地方和省级之间持续的相互影响。城市各派相互冲突，不断组建和推翻权力机构，为了实现这些目的，派系的领袖会展现出自己不同于其他派系的特征。然而，无休止的暴力冲突、为重建正常秩序而付出的努力，以及经济甚至卫生方面的混乱状况最终使人们筋疲力尽。19世纪20年代，叙利亚地区出现了一种相对平静的局面，厌倦了混乱的人们任由他们的领袖被流放而不再做出反抗当局的举动。在这些斗争中，有两个因素非常突出。城市里的每个个体都学会了认同与融入其所在的地方社区之中。就像政治职位一样，宗教信仰有时就可能成为其区分标准之一。这种逆转有利于新兴家族势力的崛 50
起，他们或是接管了宗教职位，或是依靠自己的商业财富成为城市中各方之间新的调解人。商业垄断制度创造的新财富展示了权力可以带来什么，但同时也说明了争夺权力的斗争会如何耗尽城市本身。

在18、19世纪之交，叙利亚地区各地有几个共同的特征。第一个特征是部落世界在叙利亚广大地区占据优势地位，这与当地的村民们离开他们的居住地，从而致使农耕区域收缩，以及道路上的相对不安全的形势有关。这片土地上也分布着一些城市和从事农业耕作的城镇，它们的存在主要取决于其集中财富和权力的能力。由此，这两个世界之间形成了一种平衡关系。在18世纪的城市内部，奥斯曼帝国中央当局逐渐赋予城市精英阶层或多或少的自治权。以正式承认苏丹的权威和缴纳税赋为代价，各省的总督们得以维持自己的统治地位长达几十年。由此，围绕着政治职能的分配、财富和对军队力量的掌控，各个家族之间建立起了一种不稳定的制度。一旦其中一个城市派系显示出某些弱点，就会出现派系斗争，于是，城市内部和省内部在动荡与和平两种局势间反复交替。

然而，这一地区体系正逐步地陷入危机。有几个因素可以解释这一问题。奥斯曼帝国边境面临的外来威胁增加了帝国在军事和财政方面的需求，从而加重了叙利亚各省的压力。这些都加速了军事的改革，导致了城市内部权力结构的失衡，城市内原本的派系关系很快就被破坏了。最后，19世纪初来自瓦哈比派和法国方面的压力，加速了叙利亚地区权力关系的重新配置。然而，我们必须牢记这个世纪之交的一个主要特征，即许多社会身份和政治职位在城市
51 中彼此共存，并构成了城市中的各方派系，这些派系并不会导致内部分裂，也不会形成某些特定的城市集团，而是更多地引发对城市

地位和城市资源控制权的竞争。在很大程度上围绕着城市各家族而展开的联合或敌对的政治博弈，主要取决于各家族往来、贸易和控制某些地区的可能性。由此，我们发现，此时期的叙利亚就像是由一块块的土地拼凑而成的，在这些土地上，人们以自己的忠诚团结在一起。在北部，阿勒颇省从地中海海岸一直延伸到幼发拉底河，从托罗斯山山麓延伸到加尔布平原。在南部，大马士革与奥伦特（Orante）、巴尔米拉和豪兰平原地区等城市相连，它在贝卡平原地区的影响力减弱了。在东部，幼发拉底河沿岸的部落地区局势动荡不安，形成了不同的世界。然而，围绕着权力而展开的争斗，以及与遥远的君士坦丁堡及开罗这两个政治中心的关系，也预示着叙利亚地区社会结构将会发生深刻的变化。

第二章 在开罗和君士坦丁堡之间

1831年底，埃及总督之子易卜拉欣帕夏率领的军队开进到阿卡附近，这一行动预示着他将在未来几个月占领叙利亚。这些战事开启了叙利亚历史上一个新的时代。突然间，叙利亚地区各省成为奥斯曼中央帝国和埃及这个外围国家之间冲突斗争的焦点。这一历史时期的新颖之处，并不在于军事冲突本身或者来自开罗的军队在叙利亚的存在，而在于易卜拉欣帕夏对叙利亚的有效占领，以及伴随这一次军事行动而来的各种影响。一些意想不到的事件不可挽回地发生了。

在当今的历史研究中，19世纪30年代到60年代这段时期的历史总是以不同的方式被阐述，这在很大程度上说明了为什么这一时期被研究者们视作一个重要的时代。[1] 不过这些研究所形成的认识却因其所聚焦的关注点而存在一些问题。对一些人来说，叙利亚在埃及统治下的这一时期，是阿拉伯民族主义事业的前奏，这一时期也是阿拉伯民族主义史学研究所关注的一部分。以乔治·安东尼斯（George Antonius）[2] 为例，他认为，易卜拉欣对叙利亚的占领，标志着来自巴尔干半岛的穆罕默德·阿里（Muhammad ‘Alî）通过他的埃及化改革，第一次试图将阿拉伯各地统一在阿拉伯人自己的管理和指挥之下。对另一些人来说，这是尼罗河沿岸地区现代化改革方案的自然延伸。[3] 但不管是哪种情况，欧洲列强的入侵都成为该地区衰落和失败的主要因素。这种解读强调了地缘政治对当地人口的影响。[4] 与这种解读相反，我们也需要考虑叙利亚地区与埃及、欧洲这些新介入者接触的过程中，所催生的当地社会历史发展的内

部动力，以及双方之间的相互作用。易卜拉欣帕夏的政治计划颠覆
54 了在过去几十年里缓慢建立起来的权力关系，并在叙利亚当地引入了之前不存在的人物，如在大马士革和阿勒颇都能看到的英国和法国领事。

另一些人则将研究的注意力集中在1860年染红了黎巴嫩山、大马士革和叙利亚各地的大屠杀上。这些事件引起了当时的人们以及研究人士的关注。[5] 这些对基督徒人口的屠杀显示了叙利亚地区现代性的发展，表明了奥斯曼帝国内部改革努力的失败，也表明了叙利亚地方代表与外国势力之间相互渗透的日益增加。它们象征着一个东方问题——叙利亚地区外部和内部伙伴之间不平等的对话——是如何在19世纪后三分之二的时间里形成的。[6] 可以非常肯定的是，屠杀给叙利亚当地和奥斯曼帝国的政要们带来了伤害，并结束了这段充满了变革倡议的激奋时代。

在1831年易卜拉欣帕夏率军进入叙利亚地区和1867年大屠杀后的行政改革两个事件之间，发生了一些影响到我们之前提及的各社会团体之间关系的事件。在不关注现代性问题的情况下[7]，我们或许可以将其理解为叙利亚地区以外的一些政治势力如何倾向于为其领袖创造权力，这些政治领袖发起的改革又是如何产生出一种于各方势力来说完全不对等的政治关系，从而造成这些团体之间的紧张和妥协。虽然这些地区的社会政治机制一开始几乎没有发生什么变化，但它们产生的影响很快就不断倍增。因而，我们有可能围绕着几个核心问题，通过利用这一时期保存下来的大量档案文献，去叙述这一段历史。

随着领事馆的增加、欧洲舆论对东方问题新的关注，更广泛地说，随着19世纪东方学的学术和艺术研究创作的发展，产生了支

持研究这一时期的文献资料，丰富了对这些历史事件的观点和看法。[8] 除当时的编年史记载外，还有埃及方面的文献。[9] 通过解读这些文献，我们会更容易理解这一时期叙利亚地区的一些社会变化。然而，关于19世纪30年代和60年代的一系列事件的大量文献 55
还是影响了我们对这一时期的历史解读。如果我们保留并注意到这些历史记述的倾向性，就有可能清楚了解奥斯曼帝国中央或者省级的改革，是如何将叙利亚地区置于1831—1867年间开罗和君士坦丁堡之间的政治对话中的。

埃及入侵之后的改革

1800—1820年，叙利亚外部开始了两项最初的政治尝试，其后果迅速影响了整个叙利亚社会——穆罕默德·阿里领导下的埃及和马哈茂德二世领导下的奥斯曼帝国在此期间先后进行了改革，其改革方式和改革目标都非常相似。这两次改革决定了叙利亚地区自1830年以来的历史发展轨迹。因此，对这段历史进行简单的回顾是非常必要的。

拿破仑·波拿巴的远征使得埃及内部经历了深刻重组。[10] 这次军事远征结束得迅速而残酷，1801年8月，让-巴蒂斯特·克莱贝尔（Jean-Baptiste Kléber）将军被暗杀，他的继任者雅克·德·梅努（Jacques de Menou）也只“收获”了战败。在英国军队的帮助下获胜的奥斯曼帝国，此刻必须占领收复的领土。他们的盟友英国希望在埃及继续保持其影响力，但英国对埃及并没有一个真正的统治计划。随着这片领土被重新夺回，权力斗争再次开始了。根据传统，奥斯曼帝国宫廷任命了一位新的埃及总督，艾哈迈德·胡尔希德帕夏（Ahmad Kurshid Pasha）。然而，新总督很快就发现自己陷入了困境，因为他没有掌握军事力量。相反，来自卡瓦拉（Kavala）的穆罕默德·阿里帕夏（Muhammad Alî’ Pasha）却拥有效忠并愿意服从他的人。

穆罕默德·阿里帕夏设法在尼罗河三角洲地区树立起自己的权威，然后逐渐在整个埃及确立了统治地位，他也一直渴望自己在埃及新获得的权力能得到奥斯曼帝国中央的承认。1805年，只有马穆鲁克们仍在参与埃及地区的政治角逐。马穆鲁克是聚集在地区大家族周围，拥有军事和经济力量的奴隶。但是，埃及的这位新总督成功地使用诡计消灭了他们：1811年3月1日，他召集了开罗城主要
56 的马穆鲁克代表，然后在代表进入出口走廊时，关闭了前方和后方的大门，对他们进行了屠杀。阿里的手下也立即煽动开罗当地的人们加入他们，一起抢夺马穆鲁克们的财产和豪宅，从而消灭了马穆鲁克集团权力的经济基础。1810年前后，穆罕默德·阿里帕夏已然成为奥斯曼帝国埃及地区的新兴政治强人。

与此同时，在君士坦丁堡，一场争夺政治影响力的斗争反映了奥斯曼帝国在1794年至1808年间的演变历程。苏丹塞利姆三世开始了对帝国军事力量的改革，在此之前，奥斯曼帝国在军事力量方面主要依靠非正规和正规部队，其主要部队一直是禁卫军。[11] 新秩序军（Nizam i-cedid）①的创建改变了奥斯曼帝国军事力量的原有格局，也动摇了帝国禁卫军的特权地位。此外，托特男爵（le Baron de Tott）等外国专家的到来改变了帝国伊斯兰学者乌理玛们

① 奥斯曼土耳其帝国塞利姆三世苏丹“欧化”改革的核心方针，其核心目标是在奥斯曼帝国建立一支欧式新军。——译者注

的地位。很快，奥斯曼帝国的精英阶层分裂为两股势力：改革的支持者和反对者。和往常一样，每个人面对改革而做出的选择，都同他们自身的政治立场、价值观、个人利益和社会地位交织在一起。禁卫军和乌理玛们站在反对新制度的阵营中，并在1808年发动了叛乱。同年，马哈茂德二世取代塞利姆三世成为奥斯曼帝国苏丹。

在埃及，新总督穆罕默德·阿里帕夏围绕军事装备和组织训练两方面，建立起了一支现代化的军队。在“叛教者”，即那些皈依伊斯兰教的欧洲军官的帮助下，阿里的新式军队快速创建了起来。从19世纪第二个10年开始，这支新式的埃及军队已能在埃及南部、苏丹和阿拉伯半岛进行军事行动。这支新式军队一开始遵循的招募方案并不确定，它既招募奴隶，也招募自由人，但它很快通过征募把正式征集来的士兵编入其中，且配备有训练有素的军官和最新式的军事装备，其兵力很快就超过了数万人。

要维持这样的军事力量，就意味着需要找到用于维持军需和支付士兵酬金的财富。此外，随着军队水平的提升，税务征收方面也发生了深刻的变革。很快，身在开罗的帕夏就强迫农民劳动，勒令他们缴纳其劳动和生产定额，并建立了国家对农业生产的垄断。[12] 对粮食和棉花的控制为军队的正常维持提供了必要的资 57
源，强制劳役为国家提供了劳动力，排水和水利灌溉从而得以实现重大改进，劳役也被用于修建道路，从而促进了交通条件的改善。这种“专断”的政治操作促使埃及实现了真正转型，并为埃及首次带来了工业领域方面的飞跃发展。但是，这些成就的获得是以通过政府暴力强制人民劳动的形式为基础才实现的，人们虽因免遭贝都因人的侵袭而受益，但却沦为政府治下的强制劳动力。此外，军事改革中授予的一些特权也阻碍了国家的工业发展。不过，埃及的改革还是成为整个奥斯曼帝国的标志性事件，并使穆罕默德·阿里帕夏成为奥斯曼帝国的主要政治人物之一。

埃及的改革激励了马哈茂德二世和奥斯曼帝国的改革派，他们都希望帝国恢复往日的军事雄风，以保证其大国地位。关于改革，也出现了一些意见和看法，有些涉及军队的组织形式，另一些则涉及帝国的税收制度和各省总督的地方自治权。这些新的政策旨在应对奥斯曼帝国面临的外部挑战，即帝国因对俄战争的多次失败而陷入的困境。对此，若干改革方案被提出：按照埃及的穆罕默德·阿里改革的新秩序路线来进行军队的重组，改革行政区划，建立帝国中央内阁，与地方各省建立新的关系。[13] 然而，在19世纪前三分之一的时间里，苏丹仍继续依靠地方总督来维护奥斯曼帝国的完整，他要求总督们在适当的时候解决各种问题引起的冲突与纠纷。因此，在这种意义上，奥斯曼帝国的权力平衡状态并没有发生什么改变。鉴于苏丹可以呼吁他的地方总督们弥补改革的不足之处，因此，马哈茂德二世军事改革仅获得部分成功并不会有什么重大问题。

考虑到这一点，马哈茂德二世要求埃及总督穆罕默德·阿里帮
58 助奥斯曼帝国重新建立对阿拉伯半岛的控制。穆罕默德·阿里于是派他的儿子艾哈迈德·图松（Ahmad Tûssûn）率领一支军队前往阿拉伯半岛，并在1813年占领了汉志地区的圣城。这次收复行动恢复了苏丹的荣耀，朝圣活动也恢复了。然而，即便穆罕默德·阿里在半岛边缘地带维持驻军，也并没有结束瓦哈比派在该地区的历史。沙特王国依然存在，部落零星的侵袭活动也依然存在。因此，穆罕默德·阿里又被赋予了一项新的任务，他于是命令他的另一个

儿子易卜拉欣帕夏率领军队继续进行军事行动。这位新兴的军事首领成功展示出了他作为一位杰出的军事战略家的面貌。1818年，易卜拉欣率军成功占领了沙特第一王国首都，抓获了反抗他的军队领袖——阿卜杜勒·阿齐兹·伊本·穆罕默德·伊本·沙特（'Abdul Aziz Ibn Muhammad Ibn Saoud）。阿卜杜勒随后在君士坦丁堡被处决，这至少在表面上终结了伊斯兰教瓦哈比派建立的这个乌托邦王国。

自1810年以来的十年中，发生了两个颠覆性的变化。第一个是奥斯曼帝国军事力量的重组。穆罕默德·阿里帕夏成了最强大的统治者，拥有一支强大且饱受战争锤炼的军队。与此相反的是，马哈茂德二世在帝国各大城市面临着禁卫军势力的竞争，无法像有先进大炮的欧洲国家那样建立起统一的军事力量。第二个变化与欧洲列强对奥斯曼帝国的态度有关。1815年拿破仑战争的结束，标志着奥斯曼帝国融入了欧洲维也纳体系之中。[14] 在这个欧洲体系内部，国家间确立了彼此间的外交准则，以维护君主国和帝国之间重现的和平局面。在这种情况下，东方问题成为一个不稳定因素，并有可能使几个欧洲国家重新陷入相互争斗之中，从而威胁到欧洲大陆的和平。

这两种转变在希腊危机的前奏中产生了共鸣。[15] 这场危机的起因包括奥斯曼帝国巴尔干半岛各省社会精英的斗争、法国大革命思想的传播发展和希腊地区群体身份认同的重组。1821年，希腊地区人民动员起来谴责奥斯曼帝国的统治。总的来说，此次反抗与其他抗议活动没有什么不同。但是，当宗教因素，即“作为东正教徒”这个口号逐渐被抗议活动的参与者表达成国家形式的“作为希腊人”口号时，这场抗议活动就呈现出了另一个维度。这场斗争被 59

重新解读为希腊人民反抗奥斯曼帝国压迫的运动，并在欧洲舆论中得到了十分有利的反响。正如拜伦勋爵所描述的那样，拿起武器的年轻人们在为了理想而战斗。[16] 希腊的独立运动也影响了欧洲列强的外交努力，引发了1815年的维也纳体系中两个相互冲突的原则。一方面，为了维持奥斯曼帝国的存在以及支持保守势力，欧洲国家必须与反抗奥斯曼帝国的希腊军队作战；另一方面，为了保存基督教民族和响应希腊人的人道主义呼吁，他们又倾向于支持希腊独立运动军队。因此，希腊问题完全成为由欧洲列强来讨论的欧洲问题。

对于这种纠纷，苏丹采用了奥斯曼帝国惯用的手段做出回应：派遣军队、镇压人民和起义军领袖、安抚当地贵族阶层。在希腊，他采用了和应对沙特叛乱一样的办法。穆罕默德·阿里帕夏也派他的儿子易卜拉欣帕夏前往希腊对希腊人的独立运动进行镇压。这位埃及总督随后又以文明的保护者自居，同法国人就希腊问题展开讨论。[17] 穆罕默德·阿里对希腊起义的军事干预行动，将自己营造成了一个颇为复杂的形象：作为时代进步的捍卫者，却发现自己同与东方有关的野蛮形象联系在一起；他的现代化军队在希腊同那里的叛军作战，而这支他眼里的叛军却在西方世界有着正面的形象。如此，不论是苏丹还是阿里，都面临着两股交织在一起的历史形势：希腊当地起义者的反抗和外国势力对他们的敌对态度。

随着希腊危机的持续，马哈茂德二世也在持续推进他的军事改革。1826年，禁卫军发动了反对帝国苏丹的起义，但他们没能推翻苏丹的统治，随之而来的是一波对禁卫军的清算，这使得禁卫军在短短几年的时间里，在奥斯曼帝国各省彻底消失。由此，奥斯曼帝国的社会政治局势发生了不可逆转的变化。与此同时，法国、英国和俄国开始动用军事力量支持希腊“叛乱”分子。他们的海军在纳瓦里诺海战中击沉了埃及的船舰，埃及开始从希腊撤军。根据1830年伦敦会议的决议，希腊王国获得独立。尽管西方列强对奥斯曼帝 60
国施加了越来越大的压力，但欧洲体系已经恢复均势。奥斯曼帝国失去了对欧洲各国在自己领土内行动的控制，更普遍地说，欧洲国家的领事在奥斯曼帝国各省的行动越来越自由。在不久的将来，埃及总督将会为他在战争中遭受损失的军队向帝国要求补偿，并向苏丹要求获得新的权力。

从这个角度来看，叙利亚地区的内部争端也影响到了埃及的行动。阿卡总督阿卜杜勒帕夏（‘Abdallah Pasha）在与苏丹发生冲突时逃到了埃及，在其他时候，他又冒着触犯穆罕默德·阿里利益的风险，将自己的势力扩展到了沿海城市。他的这种态度产生了悬而未决的地区纠纷。叙利亚地区的城市，尤其是农村地区仍在发生持续不断的零星骚乱，这也凸显出奥斯曼帝国苏丹对这些省份缺乏真正意义上的直接控制，而苏丹又需要依靠地方大家族的献纳金来填补帝国的财政亏空。此外，阿勒颇和大马士革的帕夏利克大部分地区也还有待平定。埃及军队在希腊遭遇的失败就是在这样的背景下发生的。穆罕默德·阿里帕夏随后要求帝国苏丹补偿他在希腊战争中的损失。与此同时，农民们从上埃及地区逃到阿卡，阿卡总督阿卜杜勒则拒绝把他们归还给埃及，这也被认为是埃及介入叙利亚地区的理由[18]，由此，穆罕默德·阿里命令他的儿子易卜拉欣帕夏率军占领阿卡城。

征服叙利亚

1831年，事态开始加速发展。[19] 虽然埃及军队从摩里亚（Morée）①地区撤出，但穆罕默德·阿里和马哈茂德二世之间的矛盾并没有解决。[20] 尽管阿卜杜勒帕夏的政治立场与苏丹新任命的埃及总督完全相反，但他还是被再次任命为大马士革的瓦利，这引发了埃及阿里政权和奥斯曼帝国中央更深的敌对。而这最后一个理由足以让易卜拉欣帕夏听从他父亲的命令，集结起军队，向叙利亚地区进发。

1831年11月2日，埃及总督之子易卜拉欣帕夏带着16艘船、40门大炮和3万名士兵从埃及出发向阿卡进发。他在阿卡城周围占
61 领了一个军事据点作为阵地。[21] 与几十年前的拿破仑·波拿巴采取的军事策略不同，易卜拉欣帕夏从陆地和海上包围了这座城市。然而，尽管部署了部队，对阿卡城的围攻时间却不断拉长。奥斯曼帝国从加利利地区派遣援军增援，军队沿着1789年时拿破仑的路线开进，迫使埃及军队的首领转而控制叙利亚南部地区，易卜拉欣的一部分军队开始向豪兰平原地区进发。为了尽量缩短围城战的时间，易卜拉欣帕夏向大马士革城的精英阶层们解释了他率军来此的原因以及他接下来的政治计划，并同他们展开新的对话。大马士革的精英们对这位军事领袖表现出亲近之意。1830年反对奥斯曼帝国的大起义，以及随后帝国对大马士革制裁的糟糕回忆，只会促使大

① 今希腊伯罗奔尼撒半岛的旧称，“摩里亚”这一称呼主要在中世纪和近代初期使用。——译者注

马士革的各部族团体加入埃及反抗帝国的行动。就此而言，叙利亚当地最初对此次埃及发起的新军事远征的积极反应，与此前并没有什么不同。叙利亚地方层面关于忠诚于哪一方而产生的分歧，使得大马士革城内的精英阶层出现了分裂。他们中出现了三种选择：中立立场，相当于在埃及当局和奥斯曼帝国代表之间充当调停者的角色；亲近奥斯曼帝国代表一方；抑或亲近奥斯曼帝国的对手埃及。叙利亚地区内部再次开始了组建政治联盟的进程：为了增强在当地的实力，斗争各方都在寻求外部势力作为他们的合作伙伴。

这种平衡状态很快就被打破了。易卜拉欣的军队继续向大马士革开进，这座城市向胜利者敞开了大门，一些亲奥斯曼帝国的阿迦从大马士革城离开，一些社会精英选择站在中立立场试图调解冲突双方，但他们未能说服易卜拉欣帕夏将他的军队转移至巴勒贝克（Baalbek）。[22]这位埃及总督的儿子继续率军向北行进，他于7月抵达霍姆斯，开始与奥斯曼帝国苏丹的捍卫者们身后拼凑起来的联盟作战。记载中罗列出的军队人数并不一致，只能部分说明战斗双方的力量对比。易卜拉欣帕夏率领3万人抵达霍姆斯，这支军队不仅配备了强大的火炮，还在15年的军事战斗中积累了丰富的作战经验（至少对他们的首领来说是这样）。帝国的几个团体联合在一起反对他：的黎波里总督奥斯曼帕夏（Osman Pasha）领导的从贝卡平原地区返回的帕夏集团，刚被易卜拉欣帕夏打败的大马士革总督阿里帕夏（‘Alî Pasha）和侯赛因帕夏（Hüseyin Pasha）领导的奥斯曼帝国军队，以及几支聚集了3万至3.5万士兵的非正规军。他们聚集在霍姆斯城前同易卜拉欣的军队战斗，但最后被击败了。易 62
卜拉欣帕夏成功进入了霍姆斯城。此外，他还可以通过同当地势力结成联盟和派遣军队，来完成对黎巴嫩边境地区的征服。如此，通往阿勒颇城的道路被打开了。

易卜拉欣帕夏在寻找什么？他完全听从他父亲的命令，只在军事调动和战术采用上才有自己做主的余地。[23] 穆罕默德·阿里帕夏又想要什么？这个问题在阿拉伯历史研究中引起了许多争论，主要取决于相关研究的出发点和角度。按照阿拉伯民族主义史学的观点，穆罕默德·阿里对叙利亚的征服被解读为叙利亚地区在一位信奉阿拉伯传统的政治领袖的领导和保护下，迈向现代化的一步。[24] 其他人则对这一看法提出了异议，强调穆罕默德·阿里的征服行动，是他在埃及建立起的政治框架向新征服地区的延伸。为了理解这次征服，相关学者进行了社会和经济方面的分析。[25] 虽然这一研究角度有助于更好地再现19世纪埃及的内部动态，但它并没有特别揭示出征服是如何发生和进行的，也没有揭示出发起征服行动背后的政治动因。与此相反，埃及历史学家哈立德·法赫米（Khaled Fahmy）的人物传记研究结果表明，对叙利亚的这次征服行动很大程度上是埃及当局渐进式的战术策略影响下的结果。[26] 他认为，穆罕默德·阿里并不是在挑战奥斯曼帝国的既有统治秩序，相反，穆罕默德·阿里一直在试图获得奥斯曼帝国对他新征服的属地的官方层面的承认。因此，为了实现这一目的，他必须继续同叙利亚各省总督进行战争。

奥斯曼帝国拒绝承认穆罕默德·阿里对霍姆斯的征服，也拒绝承认巴勒斯坦和黎巴嫩沿海地区多年来的和平局面，并向这里派出军队，这支军队必须打败那些被君士坦丁堡的乌理玛们称为“异教徒”的人。战斗一直持续到1832年。然而，埃及人的军事力量和丰富的作战经验让奥斯曼帝国军队遭到重大失败。

在奥斯曼帝国内部，存在着一种特有的政治规则：任何行动都必须得到苏丹的承认。从这个角度来看，易卜拉欣帕夏对叙利亚地区事务的介入与前几十年（1780—1830）里其他各位总督的军事行动并没有本质上的不同。但是，这次征服行动也有一些独特之处：第一，埃及派出的这支军队有3万多人；第二，关系到力量的平 63
衡。这是第一次，一个奥斯曼帝国省份的总督派出一名代表来对抗帝国苏丹的代表，从而在事实上把自己置于同帝国中央一样的可以调节地区关系的平等地位。埃及总督与欧洲列强建立的正式关系更加强了他的自治权，以至于在不止一部历史著作记载中，他就相当于是苏丹。但是，穆罕默德·阿里仍然在为他的政治成就寻找一个从属于奥斯曼帝国的未来，并命令他的儿子朝着这个方向前进。

1832年7月底，易卜拉欣帕夏率领军队出现在阿勒颇城门前。叙利亚的土地随后落入穆罕默德·阿里政权的控制之下，不过当地的政治秩序并没有因此受到任何真正的影响。自1832年起，来自埃及的军事领袖每完成一次征服，都会进入他们征服的城市（阿卡、大马士革、霍姆斯等），并可能在那里居住一段时间。他将接受当地的效忠，并承认当下既有的在任官员。他的到来并不会打乱当地既有的行政管理秩序。在这场不断变化的战争之中，没有什么东西是可以被确定下来的。易卜拉欣占领阿勒颇并不意味着地区内和平的实现。很快，侯赛因帕夏就被帝国苏丹委派前来镇压来自埃及的叛军。易卜拉欣帕夏的军队越过北部的托罗斯山脉，在科尼亚（Konya）[①]附近与奥斯曼帝国军队交战。在这一次战役中，连奥斯曼帝国的首都都似乎受到了威胁。对于此次军事行动，有几种相互交织的历史推理和解读。穆罕默德·阿里希望迫使苏丹承认他对地

① 今土耳其科尼亚省的首府，是土耳其宗教最为保守的大都会之一。——译者注

中海东岸各省的控制，从而将这片土地与他在阿拉伯、非洲和埃及已经拥有的其他领土连成一片。否则，他的军队可能会推动帝国首都的一批精英策划一场宫廷政变，拥立一个更接近他们政治野心的新苏丹。

在这种情况下，奥斯曼帝国苏丹与外国列强（主要是俄国）接触并达成了一项条约，允许俄国以“保卫帝国”的名义进行军事干涉。面对这种威胁，英国方面希望阻止俄国在奥斯曼帝国的任何政治及军事行动。与此同时，英国还必须阻止埃及军队颠覆奥斯曼帝国的军事进攻。为此，英国领事在君士坦丁堡展开了政治斡旋。在君士坦丁堡，帝国精英们对当前局面的走向也仍然存在着分歧。在
64 内部和外部势力因素的相互交错下，一项新的政治协议达成了。欧洲列强和奥斯曼帝国中央当局之间进行了激烈谈判，随后，穆罕默德·阿里被承认为叙利亚地区各省的统治者，从而改变了奥斯曼帝国和地中海地区的政治平衡。同时，奥斯曼帝国也以接受叙利亚地区贡赋的形式保留了对该地区名义上的主权。

埃及统治时期的叙利亚

埃及发起军事征服的那一年，叙利亚地区所有的行政组织都仍然是临时性的。[27] 易卜拉欣帕夏虽任命阿卜杜勒帕夏作为他的代表，但没有明确他的职权及管辖范围。战争的结束反而使叙利亚地区每个人的职能都得以被重新安排。易卜拉欣帕夏将这些新省份纳入他父亲的庞大帝国中，并创立了一种前所未有的权力架构。这种权力架构旨在有效提高税收收入，以增强帝国的财力，因为没有财政支持，军队将不得不被解散，乃至不得不依靠城市精英阶层。与

帝国中央的对抗停止了，但这并不意味着军事冲突的结束，此时的冲突主要来自三个方面。部分军队仍处于动员状态之中，以防备苏丹策划军事进攻或支持地方叛乱的任何企图，大马士革和阿勒颇就部署有8000—15000名士兵。最重要的是，许多地区尚未平定，特别是如黎巴嫩山区这样的山地地区。[28] 易卜拉欣帕夏也需要经常针对这些尚未征服的山区发起军事远征行动。成为阿勒颇的主人后，易卜拉欣帕夏首次派遣军队前往阿拉维山，镇压那里拒绝服从他的所有异教反叛分子。几年后的第二次远征也依然使用了同样的暴力手段：烧毁房屋、掠夺资源，夺取或破坏庄稼。[29] 这些军事远征带来的更多的是物质方面的损失，而未达到控制新征服省份并对其行使权力的目的。

军事部署的第三个方面，则让人想起穆罕默德·阿里实施的政
治规划。为了扩大农业耕种面积和改善交通条件，埃及当局必须确
保道路安全，击退贝都因人的侵袭。埃及入侵时，贝都因人部落族 65
群的生存空间仍然波动较大，他们的活动范围随着城市权力的衰弱
和干旱的来临而逐渐扩大。易卜拉欣帕夏在阿勒颇、霍姆斯—哈马
和大马士革这三个主要中心地区发动了真正的军事远征，迫使贝都
因人同他进行谈判，更普遍地说，这些军事征伐活动阻止了贝都因
人部落的劫掠行为。这项举措的新颖之处并不在于派遣军队进行远
征，而在于为此而进行的持续不断的军事努力和建立起来的防御工
事网络，这让阿勒颇和幼发拉底河之间的地区逐渐变得安全，地区
内的村庄也都得以重建。同样，从哈马到萨拉米亚（Salamieh）附
近的干旱地区的村庄也重新有人居住和开发[30]，该地区介于定居
世界和游牧世界之间的巴蒂亚（草原）边界，已到了沙漠的边缘地
带。如此，先是通过军事手段，然后是行政手段，叙利亚各省呈现

出进一步向东部的玛穆拉（ma'mura）*地区扩展的趋势，最终，幼发拉底河也成为整个叙利亚的一部分。[31] 然而，这种局面的维持依然需要依靠统治当局在该地区持续的军事努力，也需要叙利亚地区人民愿意接受当局的课税和军事征募。

事实上，叙利亚地区的这些改革并不稳固，改革建立在已获取的权力工具——武装力量，以及为维持武装力量所需的物质资源——的基础上，这就需要使地方经济秩序恢复正常运作。尽管“屠夫”艾哈迈德之前已在如何掌握这些资源和力量上有所试验，但如今这个系统似乎从未达到如此的内部一致，这也部分说明了穆罕默德·阿里的成功。叙利亚地区经济秩序的恢复取决于一种新的税收制度的建立，即对人头税的征收。[32] 每个城市都成了征税点，这也是叙利亚第一次尝试进行人口普查。这种不加区分的强行征税引起了穆斯林精英阶层的强烈反应，他们担心此前受到奥斯曼帝国法律保障的特权会因此受到损害。奥斯曼帝国苏丹呼吁乌理玛们谴责埃及当局是整个伊斯兰教的敌人，这更加剧了他们的担忧。第一次教派冲突出现在大马士革或阿勒颇，但并没有越线。[33] 各种形
66 式的反抗运动出现了。商人和地主重新开始将他们的个人资金运送到那些管理较为松懈的城市中，试图将税收负担转移到农村，甚至反对支付赋税。尽管如此，新创立的制度还是保证了足够的资金用来支付军事开支。

1832—1835年，叙利亚地区各社会群体对新创立的制度都怀有一种矛盾的情感。人们对此的态度有两个互相矛盾的特点。城市居民普遍赞赏叙利亚地区此时的和平局面，以及不再屈服于奥斯曼帝国专制统治的现实。必须指出的是，在恢复和平局面的同时，豪兰和阿勒颇周边大片地区的农业耕种也在恢复，之后的农业收获会为

农民带来新的富裕生活，较低的农产品价格对商人和城市的普通阶层都有益处。另一方面，征兵和定期征税带来的相关债务问题，也引发了人们深刻的怨恨情绪。有人试图与当局谈判协商，也有人拒绝接受这种新秩序。大马士革的阿迦、商人和宗教界的乌理玛们报告说，这座城市已经被奥斯曼帝国当局免除了赋税，他们无法理解当前正在发生变化的新秩序。埃及当局基于维持军事力量的需要，并结合以往的经历，主要通过武力政策构建起满足其统治需求的社会政治秩序，而现在，他们把这种新秩序强加给叙利亚当地，且不允许任何的妥协与折中，这导致叙利亚地区民众对埃及当局的支持产生了裂痕。不过，对此最激烈的反对不一定来自城市里的有产阶层，因为这可能导致他们的资产被当局查封，也可能威胁到他们的个人安全。因此，城市精英虽向当权者表达了他们的感受，但没有公开反对埃及当局的新政策。与此相反的是，乡村地区出现了许多抗议活动。

这种抵触情绪在国家权力机构强加一种新的统治秩序，即公共权力试图垄断暴力机构和税收资源，以建立一个同质的规范化空间时是非常常见的。在叙利亚，这一新统治秩序是由埃及当局实施的，他们要求建立一种新的正统性，这种正统地位并非基于奥斯曼 67
帝国所实行的那种以司法为基准的管辖方式[34]（这种司法管辖意味着通过帝国中央强大的权威将职位重新分配给每个人），而是基于效率的理念，意味着国家集体对社会内部人际关系的侵犯，无论这种侵犯是通过革新每个社会个体的社会资源分配、个人属性，还是通过监视社会群体之间的日常关系。每个人都试图获得新的权利分配，或将埃及当局建立的新秩序对自身的不良影响降至最低。从这方面来看，埃及当局的进入，标志着叙利亚各地社会秩序的重大变化。

权力的重组对叙利亚地区的社区关系影响尤大。易卜拉欣帕夏很快宣布，埃及统治下的叙利亚地区的穆斯林和非穆斯林将承担同样的社会义务。这一决定主要是出于两方面的考虑。首先，在努力进行国家合理化改革的过程中，不同社区之间的差异成了一个问题，也正是这些差异造成了社会分化和税务上的不平等。其次，这一政策也响应了穆罕默德·阿里向西方社会发出的信号——他要成为非穆斯林信徒们的保护者，这是他对自己所承诺的支持文明、反对野蛮的保证。在19世纪30年代的西方话语体系中，保障非穆斯林的合法正当权利逐渐成为一个国家是否“文明”和进步的标准。[35] 于是，构建起来的新秩序无论是从习惯上还是行为上，都改变了社会内部的人际关系。

与此同时，同外国势力的合作关系也使得埃及当局将叙利亚各城市向外国社会团体开放，首先就是对外国领事的开放。大马士革尤其如此。随之而来的就是英国和法国领事馆的建立。[36] 新的政治角色进入叙利亚地区，叙利亚地方社会组织和埃及当局之间形成了新的对话形式。外国领事们立即与城市精英们展开商讨，一些人要求获得外国领事的庇护，而外国领事也以保卫东方世界基督教徒权益为借口，给予他们领事保护。这种外国领事给予的领事特权免除了当地受保护人的军事和税收方面的社会义务，领事保护的请求也可以被理解为寻求保护人[37]，就像其他社会群体在18世纪时所
68 做的那样。与此类似，一些城市的阿什拉夫联合起来支持他们的代表纳吉布·阿什拉夫，以便在权力和地区影响力的竞争中赢得更有利的地位。同样的，宗教少数群体[38]也在外国领事那里找到了他们的保护人，这些保护人不仅能够加强他们在叙利亚当地的社会

地位，甚至还能给予他们外国国籍。[39]这种与外国势力的合作关系带来了非常重大的影响。

外国保护者和当地部分被保护者之间形成的共同利益，损害了埃及当局的利益，但当局只能接受这种情况。一方面，埃及当局所持的国际立场迫使他们不得不容忍欧洲势力的存在，而欧洲势力通过给予当地人一些特定的权利，阻碍了埃及当局整合与统一叙利亚地区所有人口的举措。外国领事的存在也提高了叙利亚地区非穆斯林人口的地位，一系列针对宗教少数群体的歧视性政策的终结，以及对他们平等权利的承认使他们获益良多。另一方面，外国领事的存在方便了外国势力在叙利亚地区地方一级进行更多的干预，从而为各社区提供了开展“大型政治博弈”的空间。从国家立法的统一化和财政、军事手段集中化的意义上来说，地区国家化的进程与内部各民族更大程度上的一体化进程是密切相关的。在易卜拉欣帕夏执政的第一年，外国势力的这种影响并没有完全显现出来，而埃及当局往往成为整合叙利亚地区人民的重要媒介，但这种情况正在迅速改变。

在完成对叙利亚的征服之后，埃及在原有颇具代表性的行政管理模式基础上，建立了新的省级和市级管理机构，即城镇和地区级的马吉利斯（议会）。遗憾的是，我们现在只能从大马士革保存下来的讨论记录中去了解它是如何运作的。[40]马吉利斯成员的任命采用自行任命的形式，而非选举，因此它绝不会成为任何形式的民主机构。另一方面，它的广泛代表性特征也得到了证实，因为埃及当局在建立这些马吉利斯时，在其中安排了可信赖的和多元的地区对话伙伴。马吉利斯的13名成员被赋予一系列的职责，涉及城市规划、技术服务、税收的征募和税额的确定等。他们的讨论记录显

69 示，在满足埃及当局要求的同时赋予议会成员们新的特权这一局面，是经过艰难谈判才得以达成的。这些被埃及当局认可的机构（即议会）有助于叙利亚地区城市精英代表权力的制度化，而这一过程则涉及埃及当局在叙利亚地区对权力的重新分配，某种程度上，受到委任的人可以利用施加压力的手段（税收、制订规划等）来加强他们的社会地位。与上一章所述历史时期不同的是，在社会斗争的背景下，此时叙利亚各社会团体是聚集在某些政治人物身后的，这也是埃及统治时期第一次正式地将统治权力下放给叙利亚地区的社会精英群体。此外，社会精英集团本身的人员变动并不大。穆拉迪家族（al-Murâdî）先后有两名著名成员，侯赛因·穆拉迪（Husayn al-Murâdî）和阿里·穆拉迪（'Ali al-Murâdî），在这个团体中加齐家族（les al-Ghazzî）也有几名著名成员在其中。[41] 因此，各级议会实际上发挥着双重作用：它们既是调节地区冲突的场所，也是地方管理的行政机构。城市精英阶层通过政治实践的行为来显示埃及的统治力量，而这些实践行为又证实了埃及当局在叙利亚的存在。

埃及当局引入的改革措施在叙利亚创造了新的政治角色。虽然政治博弈的参与者与背景几乎没有改变，但一些背景要素已经出现或已消失不见。最重要的是，这些政治角色的社会作用划分正在发生深刻的变化，埃及当局的改革为他们提供了新的权力和财富工具。随着税收的增加，地方议会变得尤为重要，因为他们是负责确定税收的基数和明确税收收入最直接用途的人。成为地区议会中的成员，即在市政当局任职，抑或间接地让一名家庭成员参与世袭权力的分配，成为参与地方财政收入分配的一种手段。议会授予的某项特殊津贴可以使城市的部分特定群体受益，又可反过来向当地居民显示其个人权力的增加，比如让城市中部分群体执行粮食收购政策，或针对乡村部分群体收取特定税费。土地的开发和随之而来的对安全保障的需求可能是叙利亚地区议会成员与埃及统治当局之间讨论和谈判的结果，这其中主要涉及总督阿卜杜勒帕夏或是易卜拉
欣帕夏在城市中建设府邸和安保问题。此外，如果说军事和财政税 70
收上的政策变化使埃及军队得以成功征服贝都因人部落或击退他们对城市周围地区的攻击，那么新的埃及当局同样参与了城市另一社会功能的重新部署，即城市的商业和行政管理。最后，应当指出，新成立的各级议会的立场也代表了当地大家族的立场，使得当地大家族可以通过一项法令来给自己以社会定位，加强或统一他们的某种身份特征。由此，侯赛因·穆拉迪成为穆斯林乌理玛们的代表，法赫里（Fahrî）则成为犹太社区的代表[42]，他们也在新的制度和政治空间中彰显出他们自身的社会身份。

埃及在叙利亚进行的这种改革活动在19世纪30年代后半期引起了人们的强烈抵制。几个远离城市中心的边远地区，民众的反抗情绪逐渐被点燃。在黎巴嫩山区，1832年易卜拉欣帕夏占领大马士革时的盟友巴希尔（Bashîr）酋长转而反对埃及当局，这既是由于精英内部的斗争，也与埃及当局拒绝给予巴希尔这位盟友更多自治权以提升其地位有关。[43] 埃及当局对这片山区发起了各种攻击，但都未能将这里的反对浪潮平定下来。几个月后，新的财政和军事政策又引发了豪兰平原地区居民的强烈反对。[44] 应该如何解释这种社会现象呢？埃及此时国家化改革过程中的粗暴行为无疑是主要原因之一。税收和征兵首次成为常态，这给仍然脆弱的地区经济带来了人力和资源上的严重消耗。此外，当局的议会等代表性机构，所代表的主要是城市而不是边远地区的利益，因此，叙利亚地区的

内部关系未能达成任何和解。最后，在埃及统治时期，随着德鲁兹人在古火山地区的定居，叙利亚南部的人口密度重新增加了。最后一个过程突出显示了使这个地区充满活力的人员和物资流动。这些因素解释了豪兰平原地区和邻近的山地地区为何会爆发一场反对埃及当局统治的大规模叛乱。

起义爆发的导火索是埃及当局强行征募了当地158名男子[45]。
71 很快，阿特拉斯家族的首领就动员当地男性人口迅速加入战斗，埃及军队和德鲁兹武装部队之间爆发了一系列小规模的冲突。这场起义凸显了精英阶层的作用。他们中的一部分人选择战斗，比如几年前就离开了舒夫山地，前往豪兰地区并在火山坡上定居的阿特拉斯家族，他们在新的定居点聚集起一批民众，并巩固了其权力地位。这次起义与1832年间叙利亚的历史进程其实是相悖的，因为当时地区内大多数地方领导人都普遍支持埃及当局的统治。由于德鲁兹人的战斗能力和山区陡峭的地形，总督派出的军队遭遇了多次失败。于是，易卜拉欣帕夏从阿勒颇的住所出发，亲自前往大马士革指挥此次军事行动。他通过各种途径向德鲁兹人展开进攻，比如动员北部山区的贝都因人夺取德鲁兹人的物资，派遣军事特遣纵队进行报复行动，并着手从敌方阵营中寻找愿意进行和解谈判的政治伙伴。不过，发起叛乱的德鲁兹人还是设法获得了大马士革居民的支持，甚至在大马士革的绿洲中占据了一席之地。当黎巴嫩山区的德鲁兹人战败后，谈判开始了。但是豪兰地区的德鲁兹人拒绝接受埃及当局在谈判中提出的条款。为了迫使德鲁兹人接受，易卜拉欣帕夏占领了德鲁兹人的主要水源地——萨瓦拉·卡比拉（Sawara al-Kabira）。1838年6月，德鲁兹人成功地赶走了埃及当局的军队，但在英国驻贝鲁特领事看来，这场胜利并不能掩盖德鲁兹叛军的疲态。[46] 当埃及当局提出了新的特赦政策后，大多数叛军首领都接受了，少数人则逃到了埃及控制范围之外的火山坡上继续他们的反抗“事业”。于是，叙利亚地区在1838—1839年的冬季出现了相对和平的局面。

这次叛乱显示出成立8年的埃及阿里政权的一些特点。在某种程度上，它复刻了奥斯曼帝国那种以城市为基础的统治结构，同时又通过与精英展开对话合作的新形式，对这种统治结构进行适当改造。埃及当局进行的三项改革，打乱了叙利亚地区原有的统治规则：首先是士兵征募上的改革，只聚集公共当局的力量，不再集中地方社会团体的力量（如阿什拉夫、禁卫军等）；其次是人头税改革；最后是废止将非穆斯林的宗教少数群体纳入社会公共空间的做法。这些改革造成的裂痕致使精英阶层发生了分裂。一开始，叙利 72
亚地区的和平局面和随之而来的繁荣成为对易卜拉欣帕夏的统治事业的一种支持。但随后，越来越多的无声抗议出现在城市之中，例如，商人的逃税行为[47]，抑或是偏远农村地区发起的叛乱行动。尽管当局为抑制这些反叛行为投入了大量警力，但易卜拉欣帕夏也只能通过定期的镇压行动来维系他对叙利亚的控制。在这种背景下，奥斯曼帝国与埃及重启的对抗行动加速了埃及当局在叙利亚地区改革试验的结束。

从1838年开始，穆罕默德·阿里开创的局面受到来自各个方面的压力。这些压力一方面来自英国，另一方面来自叙利亚当地的精英阶层。英国更换了他们在奥斯曼帝国和叙利亚地区的领事，其中，坎宁（Canning）前往君士坦丁堡任职，摩尔（Moore）前往贝鲁特任职。[48] 坎宁与帝国苏丹马哈茂德二世商定了一项新的贸易协议，奥斯曼帝国市场从此向英国开放；摩尔则联络了黎巴嫩山区的代表们，支持他们反对埃及当局、实行自治的愿望。奥斯曼帝国和英国之间的这次会面，主要是由于英国人在印度修建了公路。公路的修建保证了英国人对印度的控制，故而英国希望保护其公路通道，这也就意味着英国必须让俄国和其他欧洲列强远离这里[49]，尤其是尼古拉一世统治下的俄罗斯帝国已从亚历山大一世那里继承了强大的军事力量的情况下。但英国的这些做法使得黎巴嫩山区动荡局面持续下去，也促使奥斯曼帝国苏丹再次向控制叙利亚地区的埃及当局发动战争。尽管有15万人的军事力量，但是帝国军队还是于1839年6月24日在尼济布（Nizib）战役中再次被埃及击败，随后苏丹被暗杀，他的儿子阿卜杜勒-迈吉德（‘Abdulmajid）继位，成为新的帝国苏丹。

阿卜杜勒-迈吉德一世成为奥斯曼帝国新的领袖后，颁布了居尔哈内①敕令来改革帝国的行政管理制度。此处不赘述学界关于这部法令的阐释，只在此指出，许多历史学家都强调这部法令的革新性，并将奥斯曼帝国坦齐马特（Tanzimat）改革[50]的真正起源追溯至这部法令的颁布，因此，我们有必要研究这部法令中的一些
73 重要内容。新的法令条例旨在规范奥斯曼帝国官员的行为：他们的人身受到法律保护，不因履行作为公职人员的职责而被判处死刑；他们的个人财产也受到司法保护，在丧失权力的情况下保证其财产不被损毁，从而可以为其后代留下遗产。这一法令朝着树立国家作为服务角色这个方向前进，正式确立了奥斯曼帝国的公务员制度。

① 居尔哈内实际上为奥斯曼帝国伊斯坦布尔的一座历史悠久的公园的名字，意为“玫瑰园”，因1839年奥斯曼帝国的现代化改革法令在此地颁布，故此改革法令又被称为居尔哈内法令，又称《御园敕令》。国内学界译为《御园敕令》，本书之后将统一使用《御园敕令》译法。——译者注

作为废除大量征税的包税制农场的交换条件，帝国公务员受到国家的财政支持和保护。法律还承认政治平等，这相当于允许奥斯曼帝国的非穆斯林人口获得公职职位，但这一点在法律中并没有明确说明。一个新的奥斯曼帝国组织形式形成了，与此同时，欧洲列强们正在商讨如何安排地中海东岸地区的未来。

在奥地利、英国和俄国的先后提议下，《伦敦条约》签署，从而确立了干预叙利亚—埃及问题的依据。穆罕默德·阿里收到了第一次最后通牒，要求他必须每年向奥斯曼帝国纳贡——包括自1832年以来拖欠的款项也必须付清——以此来换取帝国承认他对阿拉伯和叙利亚地区各省的控制。在法国的支持下，穆罕默德·阿里拒绝屈服。作为回应，英国和奥地利的海军轰炸了贝鲁特，并向亚历山大港进发。与此同时，易卜拉欣帕夏也面临着黎巴嫩和叙利亚等地再次爆发的起义浪潮。俄、英、奥三国发起的第二次最后通牒迫使穆罕默德·阿里接受新的条件。他的帝国被缩小并被局限于埃及地区，但他获得了财政自主权和自行任命继任者的权力。穆罕默德·阿里在叙利亚的失败仅仅是因为欧洲大国的干预吗？欧洲大国在埃及统治的最后时刻确实起着决定性的作用，然而，自1835年以来，叙利亚当地对埃及当局支持的迅速减少却也使得任何政府都无法再保持稳定，且这种不稳定更是消耗了大量的物质和人力资源。因此，如果我们不对埃及军队管理层在当地引发的反感予以关注，就无法理解埃及军队为何会突然撤出叙利亚。一个例子就足以概括这一点：当埃及军队出发返回埃及时，他们没有从霍姆斯城的居民那里得到任何食物补给，霍姆斯的居民以此表明他们对埃及军队的厌恶。对此，易卜拉欣帕夏炸毁了霍姆斯的城堡作为报复。埃及统治的终结开启了叙利亚地区土地改革的新时期。

74 一系列变革

奥斯曼帝国如何将叙利亚地区各省重新纳入帝国体系之中？帝国会在那里建立起何种形式的管理制度？又会把埃及离开后留下的“遗产”放在什么位置？易卜拉欣帕夏离开后的几年里，叙利亚出现了新的混乱局面，这让人想起拿破仑·波拿巴远征埃及后，埃及当时面临的政治局面。不久，伊扎特帕夏（Izzat Pasha）被任命为大马士革总督兼塞拉斯克*（总司令），后来总督一职又由萨利姆帕夏（Salîm Pasha）继任。[51]然而，埃及人离开后进行直接管辖的权力机构的缺乏，以及埃及统治时期政治改革成果（议会组织、公务员地位等）的持续存在，使得叙利亚很快形成了新的地区权力关系。城市精英为反抗埃及统治组成的临时联盟逐渐瓦解，这在地区内各宗教间的关系中表现得尤为明显。很快，争夺市政和省内资源的政治斗争又开始了，地区内的部族集团也再次出现。埃及统治时期，易卜拉欣帕夏终于完成了马哈茂德二世苏丹对抗禁卫军的事业，禁卫军在19世纪30年代上半叶彻底消失，但在埃及离开后，一些政治人物又重新出现。由此，可以说，此时的叙利亚各省又进入了无序重组的状态。

埃及撤离后最直接的影响还涉及人口和当地的土地管理。随着埃及的撤离，叙利亚各省治安力量的部署和农村的发展停滞了。由此引发了三个交织在一起的社会问题：首先，新成立的奥斯曼帝国
75 当局无法建立起常备的正规军，以击退部落的袭击活动；其次，在地区各部落看来，埃及统治的那些年，他们必须向城市地区缴纳赋税，这两个因素解释了为何部落会在埃及撤离后向地区内城市发起

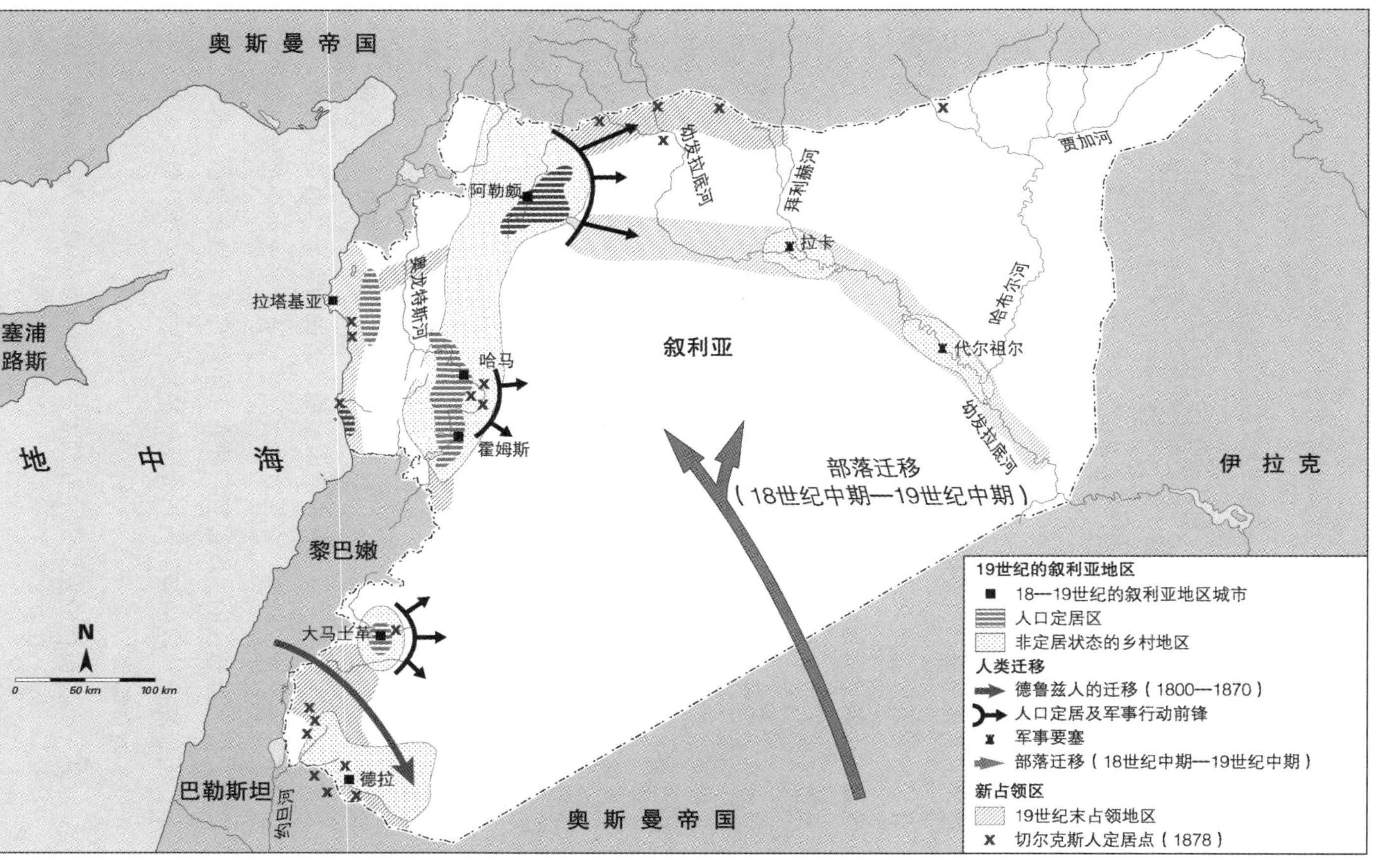

19世纪叙利亚人口定居情况分布图

新的暴力袭击；最后，面对人身安全的威胁或前所未有的赋税压力，农村地区的人口迁移到其他地区，这再次使原有的定居地区和农耕地区变得混乱不堪。不过，埃及统治结束后的情况与之前情况也有所不同：并不是所有被殖民的农业土地都被人们遗弃了。总之，此时的叙利亚境内在一定程度上可以说是一片混乱。

76 从更长的历史时期来看，叙利亚地区的人们一直在从阿勒颇到德拉的农耕地带，以及阿勒颇周围沿幼发拉底河河谷一线的地区定居。如果说贝都因人部落仍然是豪兰平原的主体，那么德鲁兹人则继续向山麓地带推进，并在那里开展定期的农业种植活动[52]，平原地区的农田最终成为大马士革乃至整个巴勒斯坦地区的粮仓。综合考虑历史上“冰川期”的结束以及黎巴嫩山区人口转型这两个历史进程，就不难理解这一人口定居现象。[53]春季和秋季气候的持续变暖有利于农业耕种获得更好的收成，这意味着只要地区安全有所保障，人口就可以定居并安全地生存下来。因此，农业定居人口更容易在大城市周边地区形成规模。尽管诺曼·刘易斯的研究显示出，从1840年开始，阿勒颇周围的村庄分布密度是如何显著增加的，但他的这种研究结果并不能一概而论，因为叙利亚中部地区的村庄并没有经历这种发展[54]，19世纪40年代中期，叙利亚中部的霍姆斯和哈马两座城市周围仍然生活着大大小小的传统部落。这种农耕和人口定居的恢复也是由于山地地区居民的到来，而这些居民对城市和农村地区来说，往往是过剩的。最典型的案例便是这些居民对火山高原地区的再次征服，并在几年内将其变成德鲁兹人的领地，山地高原地区的熔岩石川成为保护新的定居点免受贝都因人袭扰的天然屏障。

另一个突破性的发展集中在幼发拉底河流域。埃及统治时期，叙利亚第一次尝试与英国建立海上联系，这将打通其前往印度的道路。[55] 1835年，切斯尼（Chesney）船长获得了从阿勒颇附近沿河前往巴格达的航行许可，但这一航线所需的高额花费及耗时使得其他公司都放弃了。然而，阿勒颇东部边界的和平稳定和定居人口的重新安置又为进入马斯卡纳（Maskana）①附近的河岸地带提供了第一条稳定的交流通道。与此同时，在山谷中生活的人们被迫遵从阿纳扎部落和其他人口较少的部落组织，并服从于部落的各种从属关系，占当地人口主体的贝加拉（Beggara）部落就是如此。[56] 颇为常见的是，为了获得部落的保护，人们需要向部落缴纳贡赋。因此，在人口流动较少的幼发拉底河沿岸部落周围，出现了准国家形态的社会组织，例如居住在祖尔岛（l'île de Zor）附近的群体。奥 77
斯曼帝国总督瓦西夫帕夏（Vasif Pasha）发起了军事远征行动，继续为夺回这片土地而努力，但直到19世纪70年代，这些人类定居点才成为永久居住地。1855年，代尔祖尔建起了一座军事堡垒，又在拉卡（Raqqa）建起了另一座[57]，这是奥斯曼帝国在该地区军事存在的两个重要标志。

在这个地区内的一切都在经历重组的时期，动荡和新秩序在很大程度上是并存的，这主要是由于权力的高度个人化，同时也取决于占据总督和塞拉斯克职位的人的个人特质，特别是他们的任期长短，这使得叙利亚地区往往会出现或长或短的持续性的政治行动抑或军事行动，这些行动分布于三个时期。第一个时期是1840年到1843年，以地区的权力真空状态为主要特征。第二个时期始于1844年纳米克帕夏（Namik Pasha）被任命为阿拉伯斯坦军队的塞

① 霍姆斯南部的一个村庄，位于叙利亚中部地区。——译者注

拉斯克和叙利亚总督。总督着手进行了叙利亚地区的第一次行政权力重组。最初，他实施新的行政规范，如将大马士革和阿勒颇两个省划为埃亚拉，但他面临着来自权力业已得到确认和扩大的市政议会的挑战。总督和市政议会之间，帝国苏丹的代表和地方权贵之间，围绕着各自的特权形成了一种新的政治平衡。为了控制这片重新占领的地区，奥斯曼帝国中央授予市政议会较之总督更多的职权，但总督可能更渴望获得一定的自治，而这总是让人担心会发生新的分裂。不过，直到1849年，正是由于纳米克帕夏的持续在任，乡村地区较长时间的安定局面才得以实现，奥斯曼帝国的统治秩序也才得以恢复。[58] 这些新的省份内部出现了新的权力分配。以前作为维拉亚的行政区划被废除，新的地区行政地图被重新绘制。贝鲁特的出现挑战了西部的黎波里的地位，东部的代尔祖尔成为新的地区首府，以上这些行政区划的变化都在新绘制的地图中得到确认。然而，在实际的行政实践过程中，许多财政或军事措施仍然需要与当地的精英进行讨论。最后就是第三个时期，1853年，瓦西夫帕夏兼任省总督和地区军事指挥官，他为确保对这些省份的控制展开了一系列的行动。

78　于是，在一系列的改革举措下，一个新的叙利亚正在形成。1839年《御园敕令》和1856年《帝国敕令》的颁布与实行，使得奥斯曼帝国的官僚系统得以形成，同时也开启了一个重新定义各方政治角色的新时期。事实证明，城市这片阵地显然更方便其内部各方势力的彼此对抗和重塑。让我们以阿勒颇为例，来了解当地的旧势力、城市精英和新的政府当局是如何在改革中相互定位自己及彼此间关系的。禁卫军群体在改革中消失了，但城市里仍然存在阿什拉夫、贝都因部落和奥斯曼帝国当局的代表。1850年的阿勒颇暴动标志着阿勒颇历史的一个转折点。[59]

1850年10月17日的晚上，在庆祝宰牲节（也称古尔邦节）活动期间，人群聚集在了一起，因为有传言说，当局即将出台一项给予宗教少数群体更多特权的新法令。这个消息足以让穆斯林聚集在一起。他们向总督的府邸行进，但总督宁愿紧锁大门，也不愿接受他们的请求。随后，人群见到了曾是禁卫军派系领导人的阿卜杜勒·班比西（‘Abdallah Banbîsî）。他拒绝参与这场行动，但是，一些人仍然认为他在行动中扮演了隐秘的角色。抗议者随后前往犹太教徒和萨利巴（Saliba）教徒的社区外。他们对目标社区的选择当然与基督徒的聚居地有关，也与这里积聚的财富有关。[60] 在那里，抗议者们进行了一系列包括抢劫教堂在内的劫掠行动。为了应对危机，一些居民在商队旅馆和他们的穆斯林邻居那里避难。第二天，城市里同样的劫掠行动又开始了。阿勒颇附近的阿纳扎人集中起来对阿勒颇进行突袭，迫使总督和他手下的凯玛卡姆们努力阻止暴动者们与贝都因人进行任何联合行动。针对当前形势，当局分两个阶段采取行动。他们先是向叛乱者们表示，当局将接受一系列的要求，如不征兵、禁止在城市里敲响警钟，同时，当局决定使用英国最近提供的大炮轰炸班柯（Banqusa）、卡尔利克（Qarliq）和巴布·奈拉布（Bab al-Nayrab）地区，因为这些地区是暴乱行动的中心。城市很快就在这些应对举措下恢复了平静。

城市和平局面恢复后，总督立即成立了一个财产赔偿委员会，
并对潜在的暴动责任人进行调查。1850年12月，针对个人在暴动 79
中的财产损失的归还和赔偿工作仍在继续进行，且很快就完成了。对于责任者的审判改变了城市精英的构成：阿什拉夫集团的主要成员被驱逐出城市，永远地失去了他们发挥其社会影响力的社会和经

济基础；与此相反，总督成了外国领事和当地精英代表眼中有能力控制局势的人。此次暴乱导致了多方面的结果：死亡人数很高，大约有100人，甚至可能达到了200人，不过这个伤亡数字仍然是暴乱的正常比例；群众运动凸显出国家和非穆斯林宗教团体的重要性，以及在经济困难的环境下，围绕某一谣言而被煽动起来的民众情绪会如何激起群体行动；最后，当时的叙利亚社会显示出一种新的社会力量平衡——叙利亚各社会群体的代表（阿什拉夫、禁卫军和部落）已无法再危及拥有镇压手段的奥斯曼帝国的秩序。

于是，19世纪50年代，叙利亚被奥斯曼帝国重新强制接管。瓦西夫帕夏的军事行动既显示了奥斯曼帝国的权力是如何在叙利亚地区重新确立的，也显示出其在当地的统治陷入了困境。以阿勒颇为例，军事力量的集中，确保了总督对这座城市的控制，使其避免受到全面攻击。1850—1860年，阿勒颇没有发生城市起义的记载。这一不寻常的事实强调了这一和平局面的第一重意味：奥斯曼帝国当局在努力维持城市秩序正常化。奥斯曼帝国统治的另一个关注点在于那些反抗奥斯曼帝国国家秩序的各地方民族及宗教团体。针对这一系列社会团体展开的军事行动，特别是针对阿拉维山的阿拉维派，再者就是对豪兰地区山地中的德鲁兹派*的军事行动，其暴力程度甚为罕见。正如米歇尔·福柯所描述的那样，这些行动与其说是一种国家层面的司法惩罚，倒不如说是一种酷刑，即以少部分人犯下罪行的名义，对另一部分人展开极其残酷的暴力攻击。[61]除使民众感到恐惧的军事行动外，当局还通过各种机制将民众纳入社
80 会组织系统之中，而不是对他们进行公正的审判。这些行动的结果很快就会到来，例如，随着阿拉维派不再对平原地区进行侵袭活动，奥斯曼帝国发起的军事行动未能成功粉碎那里的本土武装力

量，德鲁兹人、阿拉维派和大型的游牧部落仍然掌控着他们活动的地区，并使得奥斯曼帝国军队蒙受了严重损失。

从以上这些情况中，我们可以总结出一些共同特征。奥斯曼帝国的镇压行动包括派遣军队、掠夺村庄、烧毁庄稼，但这些镇压行动并不足以结束地区冲突。镇压之后的谈判活动，实质上是在为奥斯曼帝国寻找合适的地方代理人，也就是一个在承担奥斯曼帝国职务的同时，也能听取地方意见的最具代表性的人物。1858年，通过选择凯里贝伊（Khayrî Bey）成为阿拉维山的凯玛卡姆，德鲁兹派和阿拉维派的问题暂时得到了解决。[62]帝国中央在进行了一系列军事行动后，也增选了一名来自阿拉维地区的官员加入行政部门。

这一新秩序的建立反映了此时叙利亚地区基于代表制和职位制度化（获得职务身份、参与委员会协商等）的全新权力运作方式，是如何与世纪之交新形成的社会组织联系在一起的。差异化成为权力的来源，因为它确保了奥斯曼帝国在城市中拥有支持者，以及这些支持者能够在帝国当局拥有一个职位。成为穆夫提意味着担任宗教职务的同时，也获得了代表穆斯林群体发声的权利。然而，穆斯林群体的声音被传达出来的同时，非穆斯林群体在城市中的地位也变得更为瞩目。由于《御园敕令》的内容并未针对这些非穆斯林群体，法令也不再禁止非穆斯林群体获得公职，这就给予了他们不再遭受歧视的机会。通过这种方式，非穆斯林群体在城市空间中的存在变得更加明显。除此之外，外国领事和非穆斯林代表之间也保持着密切的联系。奥斯曼帝国的行政改革使得叙利亚内部迄今为止极为微妙的宗教身份差异变得固化。

与此同时，由于积累了越来越多的社会财富，城市精英内部也围绕进入城市议会而展开了争斗。在这里，我们有必要重新审视这一时期叙利亚地区的经济，以便详细指出叙利亚地区经济所承载的要素。查尔斯·伊萨维（Charles Issawi）和罗杰·欧文（Roger Owen）
81 的研究均清楚地表明，中东地区的经济是世界经济的一部分。[63]但是渐渐地，欧洲和奥斯曼帝国各地区之间的贸易关系开始变得不再平等，欧洲各国出口制成品（主要是纺织品）销往这里，并在这里购买棉花、丝绸和谷物等农产品回去加工。这种新的不对等的贸易关系，恰如多米尼克·舍瓦利耶（Dominique Chevallier）在研究黎巴嫩山区时所强调的那样，工业革命意味着当地生产、所有权和权力关系的改变。[64]欧洲丝绸出口量的增加促进了黎巴嫩山区蚕养殖场的发展，这种养殖适应了新的气候条件，也促使人们在土地和劳动力资源方面展开了竞争，并转移了其他传统作物的劳动力和发展空间。这使得那些在收成不足时进行借贷，在丰收时进行收购，从而控制了农场经营的代理人们变得富有。这种变化影响了社会上获取财产的途径，因为土地通过产量的增长而成为积聚社会财富的重要因素。最后，人口的分化又为这些权力关系增添了社会身份特征。

叙利亚地区的经济面貌已经发生了很大的变化。然而，这些变化过程在不同的区域内有很大的差异。在内陆城市，商业活动不断增加。不过，这种变化在内陆地区并不都是一致的，在巴格达建立之前，大马士革抓住埃及统治结束这个时机，恢复了传统的朝觐贸易。而阿勒颇则在奥斯曼帝国的内部贸易中重新占据了重要位置，不再仅仅是两个独立的海关系统之间的边境城市。拉塔基亚等其他城市的贸易方向转向了贝鲁特，贝鲁特成为地区内一个主要的商业中心。另一方面，城市经济活动也发生了一些分化：随着旅行商队每年一度的到来，朝觐贸易在大马士革重新繁荣起来，但那些专门

从事海湾和沙漠地区商品贸易的人，却在19世纪50年代末面临着
来自沙漠地区常年的袭扰。1857年，绕道拉卡的一个巴格达商队就
在大马士革城前被洗劫一空。[65]然而，受影响的生产商并不相同，
这取决于贸易活动的性质。这突出表明了叙利亚市场的多重差异是 82
如何根据经济活动类型划分的。同样，叙利亚地区的全体手工业者
们也面临着来自欧洲的更为激烈的竞争，尤其是在纺织业领域，曼
彻斯特的印度女工生产的纺织品正在侵入这里的市场。不过，随着
城市人口的增长和人们消费需求的多样化，其他比如镶嵌工艺等
传统手工业仍在继续发展，甚至得到了复兴。最后，为贝都因人
部落生产的产品仍然是叙利亚当地手工场和手工业者的工作。在霍
姆斯市的时钟广场，贝都因人和当地商人相遇并交换当地的棉纺织
产品。[66]

因此，与其谈论此时期叙利亚地区的衰落，不如考虑叙利亚地区19世纪50年代前后出现的一系列伴随着差异化而来的社会趋同现象。我们所说的内部差异，实际上是指某些社会领域、地区部门或某些社会群体不再是主导经济动态的一部分，而变得边缘化。另一方面，这里所说的“趋同”指的是本地或外国生产消费者之间，在生产方式、贸易路线和生产及消费需求方面的趋同化。这种两极分化的产生，部分是由于销售和生产企业能够以全新的方式创造财富，以及这些企业与欧洲列强各国之间的关系——无论是加入它们的进出口贸易，还是接受他们的领事保护——这两者之间是相互作用的——能帮助他们创造财富。例如，受到法国领事青睐的马龙派*商人就在黎巴嫩山区获得了新的地区优势。而在此之前，在这里负责征税事宜的是德鲁兹人的酋长们，为此，他们还可以使用和部署武装部队。如果说在1840年，德鲁兹人与欧洲列强结成了强

大的联盟来对抗埃及军队，对抗一个想要将他们的军事和税收权力据为己有的外来政治角色，那么现在，这种临时性的联合在奥斯曼帝国苏丹政权恢复后终结了。此外，1840—1860年，叙利亚地区内
83 部来自非穆斯林群体商人的社会地位变得更加显赫，这主要得益于外国的领事保护，以及横跨地中海的贸易活动，这些商人充分利用这些经济机会来提升自己的社会经济地位，但是反过来，他们在叙利亚当地社会却将其他群体边缘化了。

以上这些趋同和差异化现象产生的第二个原因，是生产和贸易活动转向有利可图的领域。虽然像哈马和霍姆斯这样的城市是贝都因人居住的巴蒂亚（草原）地区人口的再分配中心，但这也并未能阻止当地一些手工业生产部门的消失。草原边缘地区人口的重新聚居和增长，促进了对这些来自城镇中心的产品需求的增长。19世纪60年代，以羊毛纺织生产为基础的手工业和工业生产活动在城市中发挥了重要作用。一些较为本地化的行业面临着来自欧洲纺织品的激烈竞争，另一些行业却在棉花种植或为叙利亚人生产和制造日常工具中得到了蓬勃发展。正如罗杰·欧文（Roger Owen）在引用多米尼克·谢瓦利耶[67]的结论时所指出的那样，这些经济统计数据非常不完整，有时甚至会显示出叙利亚地区经济的衰落趋势。但通过对这些数据的进一步解读，却可以从中发现叙利亚地区经济发展的韧性。我们需要关注的是，这种经济部门的全面重组，虽增加了生产社会财富的总量，但其分配却是不均衡的。这一发展确保了叙利亚在国际贸易中所获得的经济利益，同时也加剧了社会各组成部分之间为争夺国际贸易利益而展开的争斗。

有一个领域比其他任何领域都更能反映出叙利亚此时社会竞争、经济变化和行政变革三者之间的相互碰撞：所有权。[68]拥有

产品是获取财富的来源，因此必须保证对土地的控制，甚至完全占
有土地。这使得奥斯曼帝国中央和各地区之间形成了新的关系模
式。从奥斯曼帝国的传统来看，土地所有权被区分为帝国苏丹根据
哈里发法典实行的权力占有和帝国各地拥有土地使用权这两种，但
这种传统正逐渐受到这一时期进行的税收改革的挑战。为了结束对
传统地租的征收，并在更广泛的意义上改善帝国的税收来源，改革 84
者实行了将土地所有权移交给土地的开发和经营者的政策，理论上
应该是移交给农民。而实现这一改革目标的最佳途径，似乎是对那
些或多或少确定不属于瓦克夫（伊斯兰教会财产）或穆沙（musha，
集体使用的土地）的土地进行登记造册。于是，在进行了多次试验
之后，新的土地法令于1858年颁布。1858年土地法通过将土地分
配给已经在国家机构中进行登记的土地所有者来践行这种改革原
则。[69] 从现在开始，那些享有土地收益权的人们有可能以自己的
名义在国家机构中对他们已经经营了几代人的国有土地进行登记；
与此同时，允许国有土地（“阿米里亚”，‘amîriyya）出售，意味
着富有的权贵阶层可以借此获得大片的土地。这再次标志着国家活
动范围的扩大，渗透到了它之前不曾参与其中的社会关系中去。这
种立法上的标签，以及土地所有权的制度化，反过来又引发了精英
们在争夺土地所有权上展开新的争斗，以及他们对奥斯曼帝国统治
秩序的集体认可。

政府官员、宗教领袖、各商业家族以及地区各部落首领之间在地方上的勾结，助长了他们对土地所有权的不断侵吞。他们之间的关系使得他们可以以自己的名义在政府机构中进行土地所有权登记，这与1858年土地法案的预期效果是相悖的。农民作为土地真正的开发者，非但没有得到法令的保护而掌握土地的所有权，反而

发现他们只是生活在城市或部落的土地所有者的土地上，而且开发者和所有者之间的苏尔（sulh，土地使用协议）通常也只是口头上的。与其他国家的土地国有化措施一样，进行土地登记这个选择在很大程度上取决于社会各组成部分和国家当局之间的关系。部落和农民担心他们进行土地登记后，会将自己置于又一个新的国家监督和征税系统之中。关于“埃及统治时期”的记忆仍然存在，在那个时期，征兵、征税与人口统计齐头并进。因此，大多数人拒绝接受这种来自国家的所有权认可。相反的是，那些拥有各种宗教、商业或军事利益的地方显贵家族，却可以利用这一新的政策工具，长期占据正在形成中的社会财富。因此可以说，叙利亚地区这一围绕经
85 济增长、行政权力改革和地区社会团体重组的过程，是埃及统治时代的结束和奥斯曼帝国19世纪初期以来的现代化改革共同推动下产生的结果。

在19世纪50年代的时代背景下，克里米亚战争进一步改变了叙利亚地区的社会平衡[70]，带来了三个方面的影响。随着1853年战争的爆发，奥斯曼帝国对士兵的征用夺去了叙利亚地方当局大量的军队。仅以大马士革为例，城中1.5万名守军中有7000人向帝国的北部边境进发。[71]这一时代背景解释了为什么叙利亚地区的和平局面只是相对局限在19世纪50年代末之前。由于缺乏武装力量，地方总督们的统治受到了阻碍，直到1858年，他们才重新向贝都因人部落发起军事行动并建立军事要塞。第二个方面的影响是支持战争的财政税收需求给叙利亚农村地区带来了压力。最后，在《巴黎条约》结束战争冲突之后，帝国又颁布了《帝国敕令》。这一敕令明确承认奥斯曼帝国内穆斯林和非穆斯林之间的平等关系，并消除了所有宗教歧视性的标识。它使得非穆斯林群体出现在社会公共生活

中，也加强了领事保护的动力。领事们以领事裁判权中保护非穆斯林群体的名义，声称有权查看奥斯曼帝国政府机构中登记的每个人的个人状况。大多数基督徒在司法上享有治外法权，由领事法庭或混合法庭管辖，1856年出台的新改革法令并没有改变这一情况，虽然它消除了领事保护权的缘由——非穆斯林群体以往的法律劣势地位。在某种程度上，宗教信仰的差异成了社会划分的标志。在从地方和全球经济趋同融合中受益的群体中，很大一部分都是宗教少数群体，是改革所创建新制度的受益者。

1860年事件及其结果[72]

从1856年开始，在整个黎凡特地区，基督徒和穆斯林之间发生了一系列的小规模冲突。在纳布卢斯，在一位传教士牧师的鼓动下，钟声在那一年敲响，冲突立即爆发，奥斯曼帝国当局花了几天 86
时间才恢复了社会秩序。在黎巴嫩山区，围绕着土地产权和资源争夺而展开的教派冲突破坏了当地的社会结构。德鲁兹人谴责马龙派的傲慢行径，宣称自己是伊斯兰教的捍卫者，并对他们的同胞发起攻击。从1858年开始，农村里的争斗、民众的不安情绪和派系争斗变得越来越普遍，并逐渐蔓延到了贝卡谷地。很快，两个强大的城镇成了基督徒们的避难所：一个是位于山谷底部的一个山脊上，可以俯瞰贝卡平原的扎赫勒（Zahlé）；以及位于贝鲁特的高地上，集聚了大量商人和手工业生产者的代尔卡马尔（Deir al-Qamar）。

出乎所有人的意料，经过几天的围攻，扎赫勒城首先被德鲁兹人攻占。然而，可能是因为自身重要的地理位置，这座城市得以保全。杀戮随着扎赫勒城的陷落而来，城内的基督徒们纷纷涌向附近的宗教机构和大马士革。他们的到来，意味着大马士革人流传的伊斯兰教胜利的消息成真了。之后代尔卡马尔也沦陷了，大规模的屠杀又一次发生。代尔卡马尔陷落这一事件对于我们理解叙利亚的事态发展并不那么重要。然而，屠杀事件引起的对基督徒遭遇的同情情绪，激起了西方世界的舆论，西方各国都要求本国政府当局对叙利亚地区的危机做出人道主义回应。在前黎巴嫩山区地带，屠杀仍在继续进行。哈萨比耶（Hassabiyye）和拉沙耶（Rashayieh）这两个村庄不断遭受攻击，直到1860年7月初被武力占领。同样的事态在不断重演：城市沦陷后随之而来的就是洗劫、掠夺和杀戮，幸存者逃到大马士革避难，居住在宗教机构和多马之门（Bâb Tûma）的基督徒社区中。

在这种危机的背景下，克里斯蒂安·英格劳（Christian Ingrao）所描述的那种由欢乐和恐惧、焦虑和对末世论的希望组成的突如其来的社会危局正在发展，并通过暴力再现了那个在改革过程中内部各方之间不断互相伤害的叙利亚。让我们通过叙述这个时期的历史
87 来理解它。编年史家米沙卡（Mishâqa）是来自大马士革的基督徒，也是此次大屠杀的幸存者，他可以为我们提供一个比较贴近真实情况的历史记述。他的记述强调了引发暴力事件的导火索事件是如何的微小——几个穆斯林儿童在他们的社区街道上嘲笑基督徒，甚至在动物的脖子上悬挂模仿当地宗教少数派习俗的标语，玩得不亦乐乎。在局势高度紧张的情况下，奥斯曼帝国派遣正规和非正规部队，部署到叙利亚各主要城市，以防止危机的进一步蔓延，阿勒颇的情况尤其严重，那里的动荡局面让人担心会发生更严重的冲突事件。此外，其他各省总督也都部署了武装人员以维持秩序，却无法确保人们的完全服从。

当这些犯了错的孩子们被带到大马士革的总督面前时，总督要求他们向城里的基督徒们道歉。关于这位以反对改革而闻名的总督在此事件中发挥的作用，已有不少记载。他在事件的处理中表现出罕见的坚定态度，这从他对犯错的孩子们的处理中就可以表明。没有什么证据可以证明总督在此次事件中负有责任，他只是让他的中间人采取行动，而中间人知道总督反对不利于改善奥斯曼帝国非穆斯林地位的改革措施。当孩子们穿过城市的商业区，被安全送回住所时，一个商人认出了其中一个孩子是他的亲戚，他立即大声疾呼，号召人们反抗对穆斯林和大马士革居民的压迫。很快就有一群人聚集在了一起。此次社会动员行动体现了当地人对他们的社区和家庭身份认同的觉醒，这个社区的居民发现，他们正受到经济危机和社会秩序变动两方面的共同伤害，他们发现，在变革后的社会秩序中，之前的那些少数群体居然开始在社会中占据主导地位。于是，在到达基督徒社区之前，加入反抗行列的人数就大大增加。

当这些人进入基督教社区后，暴力冲突开始升级，而省长艾哈迈德帕夏负责维护社会秩序的军队则处于非常被动的位置。同样的情况也发生在基督徒社区的街道、小巷中。被围困的居民的家门被冲破，一群人用棍棒攻击男性居民，并以各种方式攻击女性。他们所使用的是以剑和刀为主的轻型武器，不过编年史家们的记载说，暴乱的人群也使用了火枪等火器。房屋主人一旦被抓，大多数会被
杀死或失去反抗能力，他们的房子会被洗劫一空并付之一炬。许多 88
基督徒社区的商店也经历了类似的洗劫和焚毁。这种局面仍在持续，暴乱之火蔓延到每家每户，每一条街道，贯穿了整个基督徒社区。对基督徒社区的血洗持续了整整七天，大火席卷了这座城市，

甚至连俄国和法国驻当地的领事都先后受到了反抗群众的攻击，俄国的领事甚至被谋杀了。

是谁引发了这些暴动？又是谁成功平息了暴动？对此，有许多相互矛盾的解释。一些人强调，是非穆斯林的宗教少数派和外国领事之间的危险关系导致这一切的发生。随着克里米亚战争的结束——这是世纪之交以来欧洲发生的第四次冲突，俄国领事鼓动当地的东正教教徒拒绝向奥斯曼帝国当局支付免除兵役须缴付的税额。此外，马龙派教徒和贝鲁特的法国领事之间的密切关系也是众所周知的。在这种情况下，“内部敌人（基督徒、马龙派教徒）是外部敌人（法国人、俄国人）的代理人”的印象在人们的脑中蔓延开来。[73] 其他编年史作者则更倾向于认为，冲突事件是由于经济发展缓慢的社会环境和叙利亚地区各省融入世界经济体系所带来的影响。从这个范畴看来，前面所述的制度趋同化使叙利亚地区的非穆斯林群体获得了更多社会特权。那么这些暴力事件是否可以被我们视为一种民众情绪，就像法国在旧制度下所爆发的起义一样？仅仅依靠这种解释，并不能充分理解暴力事件为何会在特定地点发生，以及为何事件的参与者是这些群体。最后，通过对暴力冲突中施暴者们的宗教信仰和族群出身的分析，可以从中看到德鲁兹人和城郊地区那些游牧民族在此次暴动中所扮演的重要角色。

以上所有解读方式结合在一起，描绘出了这一现象。让我们着重分析一下暴动者们共有的一些特征。一部分乌理玛支持这种暴力反抗行动，谴责基督徒在“伊斯兰的土地”上占据优势的社会地位；另一些乌理玛则谴责这种暴乱，主张保护基督徒，并在倭马亚清真寺进行讨论，以阻止暴乱继续发酵。同样，在军队中，一些军官眼睁睁地看着他们的士兵沉浸在暴力屠杀之中而坐视不理；在法国占领阿尔及利亚和1848年阿尔及利亚恢复平静之后，跟随着阿卜杜·卡德尔·贾扎里（Abd al-Kader al-Jazâ'îrî）来到大马士革寻求政治庇护的移民们，却通过安置受骚乱影响的基督徒和利用武力来阻止暴力冲突和屠杀。大屠杀发生的可能性凸显了骚乱的受害者缺乏应有的安全保护这一现实。从总督到非正规士兵，这些本应维持当地社会秩序的力量，在暴乱中所发挥的作用无疑是消极的。作为正常社会秩序的维护者，在整场骚乱中，他们既没有发出明确的命令来制止这些骚乱行动，也没有做出任何阻止骚乱的决定。虽然说城市附近和各郊区的贝都因部落领袖参与了这些针对基督徒的暴力烧杀，但他们也会利用这个机会去攻击位于贾拉马纳村庄[①]的其他敌人，清算与德鲁兹人的纠纷，而德鲁兹人同样也会去攻击基督徒。最后，即便骚乱的起点是在露天市场，也并不能证明对城市商人阶层行为的解读是合理的。在市中心，有一些商人在煽动人群；在米丹地区和穆萨拉门（Musalla）附近，市场的商人们挡住了一波又一波刽子手的去路。 89

那么如何才能赋予这一段历史以意义呢？1860年这起针对基督徒的暴力骚乱事件给叙利亚历史带去了何种影响？在叙利亚历史上处于何种地位？首先，它们反映了叙利亚历史的转折。就此事件的形式和动因来看，它让人回想起了先前城市发动的反抗奥斯曼帝国中央政府起义的那个时期——帝国中央势力与叙利亚当地的部分精英阶层进行争斗或是相互勾结。其次，城市社区所发挥的作用，也表明了叙利亚社区内部的团结一致和城市内部分裂这两种状态的长期并存。最后，商人阶层、武装力量或宗教人士在这场骚乱中所持

① 位于大马士革南部，人口主要是基督徒和德鲁兹教徒。——译者注

的立场，也表明地方各派领袖的倾向并无太大变化。但是，一些不一样的东西也出现了。发生在黎巴嫩地区的骚乱，其暴力程度表明当地各社会群体之间的矛盾已经变得不可调和，暴力如同瘟疫一样泛滥。此外，在国家控制了一切的情况下，仍有部分暴力冲突发生，则是由于上层精英未能成功协调各社会群体之间的关系，而后又将这种分歧引发的争斗转移到了社会公共空间之中，却没有预料到可能会引发局面失控。阿卜杜勒·卡德尔与德鲁兹人的领袖进行和平商讨后返回，总督艾哈迈德帕夏在第一次冲突爆发时左右摇摆，以及乌理玛们围绕着支持或反对暴力行为而展开的争论，都证
90 明了这一点。由此，大屠杀成为解决紧张局势的一种手段，是相关各方态度犹豫不决的结果。冲突各方更倾向于通过鼓动社会团体来寻求解决分歧的办法，即使这意味着社会局势会滑向危机的深渊。

除了精英阶层自身的缺陷为社会冲突打开了决定性的缺口之外，这些骚乱事件也反映了国家控制和社会宗教化在奥斯曼帝国治下的叙利亚地区并行的关系。这种关系首先反映在新的政府机构的建立过程中。通过制定新的社会规则，奥斯曼帝国废除了非穆斯林群体独有的标志，使得非穆斯林少数群体代表获得进入政府机构的机会，从而彰显了他们在社会公共空间中的新的地位。最终，这一变化过程导致暴力机关越来越集中于国家当局手中，剥夺了城市本身武装力量的基础。这种关系还表现在叙利亚社会宗教化的过程中，它表明人们的社会身份特征是如何根据一个变量，比如成为基督徒、逊尼派等，来使得各个社会团体彼此区分和相互团结的，而这二者之间又是相辅相成的。成为德鲁兹人、基督徒、穆斯林抑或逊尼派教徒，不仅为人们提供了一种获得社会认同的途径，还可以为社会个体提供其在荣誉、地位、财富和生存空间竞争中同他人区

别开来、保持自我的特性。奥斯曼坦齐马特改革之中颁布的《帝国敕令》宣布的权利平等意味着所有人都必然要团结起来。如果基督徒们依据他们的宗教信仰在社会中展现自己的身份，那么穆斯林们也会强调他们自身的宗教信仰，最终，一种宗教化的社会结构逐渐形成，而国家管理方式的混乱更是加速和加剧了彼此间的相互对抗。根据历史学家莱拉·法瓦兹（Leila Fawaz）的估算，在发生骚乱的几天内，死亡人数在500—8000人。[74] 根据骚乱的方式、骚乱的破坏程度和人们对骚乱事件的回忆，估计每10000人中有6000—8000人死去。这些骚乱所付出的代价是非常明显的。[75] 骚乱和屠杀使得基督徒迁移到叙利亚的沿海地区城市，甚至迁往更遥远的埃及和大西洋彼岸的北美地区。

黎巴嫩和叙利亚先后发生大屠杀的消息震惊了奥斯曼帝国首都。苏丹立即授予他的代表福阿德帕夏（Fûad Pasha）重要权力，让他负责稳定局势。与此同时，欧洲各国针对骚乱事件展开商讨，向奥斯曼帝国发动了反对其野蛮和残暴行径的公共舆论攻势，这些 91
现实情况迫使奥斯曼帝国同欧洲各国展开外交会晤，并下达了恢复社会秩序和弥补损失的命令。之前针对外国领事馆的冲击事件，使欧洲各国强烈要求惩罚骚乱中的罪犯。拿破仑三世将自己视作叙利亚基督徒们的英雄，并派遣了一支由夏尔勒·玛丽·拿破仑·德·博福特·德·豪特波尔（Charles Marie Napoléon de Beaufort d'Hautpoul）将军指挥的军队前往叙利亚。但是，豪特波尔将军的职权受到了其他欧洲大国的限制，因为这些国家不愿让法国借此机会在奥斯曼帝国拥有更大的影响力。这是欧洲大国进行的第一次人道主义干预。尽管干预执行得非常迅速，但法国军队是在福阿德帕夏展开平定骚乱行动之后才到达的。福阿德帕夏巧妙而有力地平定了骚乱和屠杀，他处决了一批有罪的人，其中包括那些即使并未完全参与屠杀，但至少也没有阻止屠杀的人，同时设立赔偿委员会以补偿受害者们的损失。他也同样迅速地恢复了基督徒社区和奥斯曼帝国当局之间的联系，这可以从基督徒们向苏丹呈交的请愿书中表现出的对苏丹的尊重中得到证明。[76] 虽然请愿书中谴责了救援行动缓慢，但仍表达了基督徒社区对奥斯曼中央政府的尊重，因为中央政府是他们得以生存的唯一保证。因此，法国士兵们在当地的行军没有引发重大的混乱局面，他们对局面的控制也没有为他们赢得任何荣耀。1861 年，暴力骚乱的迹象渐渐消失。

屠杀的结束是分几个阶段完成的。对骚乱和屠杀的紧急情况最先作出反应的是奥斯曼帝国部署的武装部队以及从欧洲来的军队。接下来为第二阶段，在此期间，奥斯曼帝国对叙利亚地区的行政管理做了一系列调整，产生了新的行政区划和行政管理办法。黎巴嫩山区出现了穆塔萨利法特*，即自治省，这种行政区划的设置强化了黎巴嫩地区相对于整个叙利亚地区的自主权。许多学者的研究关注的都是欧洲的影响与黎巴嫩地区马龙派获得自治权之间的关系。就整个奥斯曼帝国范围来看，这反映了帝国各省和地方政府关系的重组，巩固了坦齐马特改革所确立的一系列新原则。帝国所有领土被划分为维拉亚，作为省级行政区划的维拉亚之下又从大到小，细分为利瓦（liwa）*或桑贾克（sandjak）*和纳希亚（nahia）*。这种行政区划上的转变表明，奥斯曼帝国希望用国家公共机构的统一设置
92 覆盖和管理奥斯曼帝国的全部领土。在这些行政机构中，代议原则成为协调和解决各种争端的重要手段。这种转变也显示出社会精英内部的变化。大屠杀和骚乱之后的处决行动，最终摧毁了叙利亚当地的一些大家族，各个精英群体相互融合，并越来越倾向于形成一

个同质化的社会精英团体，其财富主要基于对土地的占有，其社会影响力主要来自自身掌握的宗教、行政和军事职能，其社会作用是通过调解中央帝国和当地居民之间的关系，来加强其自身地位。

埃及军队进入叙利亚地区，打破了当地部落酋长、主要社群代表和城市、贝都因人之间的权力关系。虽然这种外来的干预介入形式没有什么创新，但它的到来伴随着立法意义上的重大变化，给叙利亚带来了新的社会运动。统治当局对叙利亚地区的控制力度不断增加，国家力量的影响延伸到了东部地区，震动了幼发拉底河沿岸各地。一个全新的，同时又受到许多经济现象的冲击的社会形态形成了，而这种冲击在很大程度上是开罗当局和君士坦丁堡方面近代化改革的结果。围绕这些因改革而新出现的社会问题，城市内部出现了紧张局势，紧张的社会情绪被激烈的暴动和屠杀所取代，社会暴动染上了宗教色彩。两个紧密联系的进程——奥斯曼帝国国家控制的加强，以及叙利亚地方势力和奥斯曼帝国中央的争斗——促使叙利亚地方集团形成。这两种进程在1860年达到了顶峰，南部的首都大马士革随之发生了大规模骚乱和屠杀，这些屠杀的记忆为当地作为少数派的基督徒的记忆奠定了基础。以上这些事件和大屠杀的结束，开创了一个新的历史时期，即叙利亚各省在奥斯曼帝国中央直接统治下的时期。

第三章

哈米德时代的叙利亚各省

一直持续到1860年大屠杀的一系列社会冲突加速了叙利亚各省 93
的重组。伴随着各社会派系的消失和各大家族通过联姻而实现融合，地方各势力之间的争斗结束了。经过埃及当局和君士坦丁堡30年来的改革，叙利亚地区的社会政治面貌发生了重大变化，此后在叙利亚地区延续了长达数十年的社会和政治架构已然形成。这是一个属于上层显贵的时代。

有两部史学著作对这一历史时期的第一次历史解读做出了重要贡献，阿尔伯特·胡拉尼（Albert Hourani）和菲利普·库里（Philip Khoury）在他们的研究中突出了社会显贵在这一历史时期的中心地位。[1] 我们并不反对这种观点，只是想强调19世纪初以来出现的社会组成部分与这些新晋的社会显贵之间的延续性和断裂性。此外，为了完成这幅历史画卷，我们会将其他地区恢复到它们原来的位置，其中主要涉及贾兹拉、代尔祖尔和巴尔米拉。如此，在本章的叙述中，叙利亚地区将不再单独以城市为中心点而展开呈现，它将以另一种面貌从地中海沿岸一直延伸至幼发拉底河地区。

1867年，新的政治局面终结了奥斯曼帝国重组叙利亚地区的努力。叙利亚各省[2] 正在兴起，它们的社会运作也正在以前所未有的步调展开。历史学家尤金·罗根（Eugene Rogan）所称的“权术”[3] 的发展，使得奥斯曼帝国中央对其外围地区的控制力前所未有地加强，并实现了中央集权统治的目标。这一过程通常被视为帝国首都
对其周边地区单方面的影响，而这种中央集权的形成，是以叙利亚 94
地区内民众和上层精英之间围绕新的交流渠道而展开的新对话为基

础的。

本章内容是对奥斯曼帝国最后几十年的历史进行重新审视的一部分。与其一味地认为这是一个衰落、腐朽或专制主义盛行的时期，不如思考和审视一下这种新对话的具体方式，并着重探究其对叙利亚各省所产生的影响。[4] 许多研究已经对这个或那个方面进行了论述[5]，我们有必要将这些研究加以综合概括，以便将关注的视角从城市转移到其他空间，从而也去关注那些在之前的研究中被忽视的地方。比如东部地区，随着传统部落孤立状态的结束，这片地区已经经历了许多变化，它必须在同样经历了变化的帝国中重新定义自己的位置。新出现的很多新制度开始打破这里的传统制度、再生产方式和抵抗国家当局控制的能力。

这一历史时期有几个非常重要的事件。1864年，新的行政区划方案对叙利亚各省进行了划分，并于1867年最终实施，各省的行政机构成为省内行使和分享权力的场所，而它们在很大程度上是基于代议制原则成立的。[6] 随着1876年宪法的颁布，叙利亚各省之间进行了新的职权上的分配，实现了社会文化上的统一。但宪法条文过于简短，以致被搁置一边。1878年，对俄战争的失败，反而给帝国苏丹带来了机会，他通过重新参照以前的哈里发制度来发明新的统治话术，以巩固他的统治。1896年，豪兰平原地区和德鲁兹地区人民爆发了起义。1908年，首都的青年土耳其党人革命恢复了被忽视了30年的1876年宪法，结束了哈米德时代。我们正是需要在这几十年的历史中重新审视叙利亚各省历史进程发展的多重动力。

对这一时期进行历史研究的史料来源发生了变化，因为关于这一时期的编年史记载少之又少。相反，通过代际效应，这一时期留下来的一批自传作品，即穆哈基拉特（mudhakkirât），提供了研究这一时期的历史事件更为个人化的视角。[7] 虽然外国领事的电报仍有留存，但其内容和信息量有时会随着新的职位变动而变得贫乏，总的来说，首都君士坦丁堡的材料远远优于其他各省。最后，在这一历史阶段结束时奥斯曼帝国和叙利亚各省出现的政治文件和报刊，也为我们的研究提供了史料依据。[8]

帝国的中央集权 95

在新的行政区划重新划分叙利亚地区后，一系列新兴的行政中心也随之出现。阿勒颇和大马士革仍然是叙利亚地区两个主要的中心。这两个埃亚拉（省）的轮廓几乎没有发生变化，它们的辐射区域从拉塔基亚海岸地带一直延伸到奇里乞亚和贾兹拉地区。行政区划的第二个影响区域涉及加利利地区、贝卡谷地，一直延伸到东部的巴尔米拉，以及北部的霍姆斯和哈马。然而，东部和南部有两个地区却脱离了这种影响，黎巴嫩山区的穆塔萨利法特和耶路撒冷的桑贾克这两个半自治地区的诞生，以不同的方式使得聚合在一起的叙利亚地区产生分化。黎巴嫩山区经历了多种形式的发展，这里的居民和社会活动越来越多地与贝鲁特联系在一起，而同叙利亚的核心地带分离。从叙利亚大马士革迁移到阿勒颇地区的基督徒人口，为这座城市创造了新的活力，使这里成为欧洲和阿拉伯地区商业利益交换与汇合的平台。这座城市同时也作为知识分子的中心而崛起，1866年叙利亚新教学院的成立，以及1873年圣约瑟夫大学的成立，都增加了这座城市的吸引力。再往南，在“圣城称号的发明和提出”之后[9]，耶路撒冷为欧洲前来的新移民提供了庇护，而这些新移民也正是被“圣城”耶路撒冷的神圣性吸引而来的，这个独立桑贾克的形成，将叙利亚的沿海地区同中心地带分隔开来。

再往东，一个新世界似乎正在形成。1852年，代尔祖尔成为一个新的埃亚拉。与此同时，一座同名的代尔祖尔城横跨幼发拉底河建了起来——最初，只不过是因为位于幼发拉底河上的一座岛屿看起来似乎比较适合建一个居民的轮渡点。正如约翰·汉诺耶（Jean Hannoyer）[10] 指出的，关于代尔祖尔城位置的选择和城市范围不断扩大的原因，人们的说法各不相同，只要将所有说法按照时间顺序来排列，就可以发现。从19世纪60年代开始，奥斯曼帝国驻军的存在和帝国当局的关注使代尔祖尔城成为控制整个东部地区的一个核心点，补充了奥斯曼帝国在幼发拉底河地带的军事防御部署，拉卡也作为一座军事要塞被重建。[11] 驻军防御这个共同的过程促成了
96 这两座城市形成。驻军兵士的到来有利于周围各部落的相对和平以及对农民与农业种植的保护。定居居民和游牧人口之间出现了间隔，定居人口不再像之前那样依赖于大型骆驼部落的保护。此外，帝国行政官员的设置以及奥斯曼帝国军事人员的调动，也证明了奥斯曼帝国中央权力在该地区的重新部署。

帝国的一系列军事要塞的建立，划定了新的边界，并且一直延伸至叙利亚南部的沙漠地带。值得注意的是，这种现象在这一时期非常普遍。几年之后，帝国重新确立了其在阿拉伯-波斯湾地区的主权——米德哈特帕夏（Midhat Pasha）前往哈萨绿洲地区，重申那里的主权属于奥斯曼，而非那些远在伊拉克地区的游牧部落。总体来看，这种控制的实现，包括派遣军事力量，建立军事要塞，并在当地组织起监管机制。这种游牧民族定居化和定居地区居民“游牧化”的现象，在19世纪六七十年代世界的大部分地区都有出现。美国边界的西进、俄国领土的扩张、澳大利亚新出现的移民定居

点、南非的大规模移民等，以上所有这些案例都提示我们，无论是通过殖民活动、帝国扩张还是建立民族国家的方式，叙利亚新出现的这些情况只是国家化过程的普遍现象。[12] 不同之处在于，受国家化趋势影响的当地人口并没有因此被屠杀而大量减少，而是与新的外来者并存。

国家化的影响同时也反映在叙利亚当地的社会变革中，其带来的首要变革，是我们更为熟知的对人口迁移区域的限制。对于大型游牧部落来说，奥斯曼帝国建立的那些军事检查站是他们的游牧区域中属于他国的一片飞地，而且，驻扎在那里的帝国当局也剥夺了部落的自然和社会资源，使得他们不能再像以前那样对治下的人民征收库瓦保护税。最后，一些社会团体都在试图让他们的成员定居下来。对于那些牧羊部落来说，奥斯曼帝国驻军士兵的存在，既是他们安全生存的保证，也使他们生产的农产品有了销路。于是，在城市附近的定居区域形成了一个因果循环圈，由此产生了新的乡镇组织，拉卡和迈亚丁（Mayadin）之间出现了一系列的人口定居点。幼发拉底河的流经使得这里的农业灌溉更加便利。幼发拉底河沿线 97
被一片农业地带所包围，划出了中世纪历史学家所说的“上贾兹拉”（Jazira haute）和“下贾兹拉”（Jazira Basse）两个地区之间的象征性边界。

中央集权化的另一个直接结果是定居世界的“游牧化”。在这种更为普遍的模式下，我们必须了解被经济利益和拓展新土地所吸引而产生的人口流动。士兵和商人，在他们的家人跟随之前，开始来回迁移，他们先是在东部地区停留一段时间，然后又返回原住地。一旦在拉卡或代尔祖尔等城市定居下来，商人们就会组织起各种商品物资的储备和运输，甚至来回往返于他们的出发地和定居地。由此，以定居为基础的颇具流动性的“游牧式”的生产和生活方式出现了。对城市或部落社会的边缘地带而言，这两个过程都是叙利亚地区国家化的直接产物。

部落世界人类社区的崛起和迅速发展，打破了这片曾被人们认为是遥远又充满敌意的地区同其他地区的隔阂。部落社区同新兴社区的建设齐头并进，这也使得代尔祖尔市内出现了一个露天市场，其覆盖范围一直延伸到幼发拉底河南岸。这些城市的发展也推动了文雅、礼貌的城市文明的形成。那些搬迁到城市中的家庭觉得自己是文明世界的成员，而不再是传统野蛮部落的一员。不过必要的时候，他们也会与贝都因人结盟，甚至联姻。然而，这两个世界之间象征性的边界从未消失。从这个意义上说，叙利亚东部和南部边界的形成具有了双重性质，从文明精神的发展来说，这一边界是“文明”发展的一部分，与此同时，也是通过建立地区军事检查站从而实现地区国家化的一部分，军事行动之后即开始了地区各中心新一轮的经济一体化。但在地区内部，当地居民和新来者之间仍然存在着无形的鸿沟。

新的通讯和交通工具的发展使以上变化过程稳定下来，并呈现出加速发展的态势。1869年苏伊士运河的开通改变了商业贸易和人员流动的路线——途经红海的海上航线比穿越叙利亚—伊拉克沙漠的沙漠商队路线更具吸引力。这种贸易路线的变化，使得人们相对
98 忽视了商业运输用的牲畜养殖，从而对地区内部落群体原有的威慑力产生了影响，因为商队所饲养的牲畜数量从几千头下降到了几百头。[13]

在中东文学作品中经常被提及的新开凿的苏伊士运河，被史学家们称为“交通革命”的缩影。但是，从更广阔的范围来说，运河

的开通也使得该地区内部的交通网络变得更为密集，并且在很大程度上解释了地区人口数量、生产地和商贸交换地如何以及为何得到更为持久的发展。新的交通道路的开辟，连接起了内陆和海岸地区，叙利亚地区的主要交通网络正在形成：从德拉到阿勒颇的中轴道路，从大马士革到贝鲁特的道路，从霍姆斯到海岸地区的道路，以及以阿勒颇为中心连接了拉塔基亚、马拉什（Marash）、安塔布（Aintab）和更远的迪亚巴克尔（Diyarbakir）的星状网道路。

工业革命带来的交通方式的变革来自另外两种交通工具的发明和创新：蒸汽船和铁路。叙利亚的水上交通运输并不像埃及或伊拉克那样便利，只有在海岸地区才能使用蒸汽船这种交通工具。蒸汽船的使用带来了三方面的影响：首先，地中海沿岸各地区之间可以实现彼此之间的直接航运往来，这意味着不再需要之前那种港口间小范围的沿岸航行，更为重要的是，货运容量也显著地增加了。其次，更快捷的交通使港口城市成为地区商业中心，这也推动了沿海地区的经济复兴。例如，贝鲁特在几年内就成了一个主要的地区经济中心。相反，另一些城市也受到了消极影响，比如夹在贝鲁特和拉塔基亚之间的的黎波里就失去了其重要地位。[14] 最后，地区内形成了一种特许权制度。蒸汽动力带来的不仅仅是交通的便利，还对地区格局产生了极化的影响。铁路交通在叙利亚各省的发展情况略有些不同，在稍晚些的19世纪90年代后期才开始了缓慢的发展。不可否认的是，相较于其他交通运输方式，铁路交通带来的影响是所不同的。铁路的发展以资本调动为前提，然而资本并不由奥斯曼帝国掌握，因而就必须求助于那些特许经营公司。但是，围绕投资和专业问题而展开的竞争很快就导致叙利亚地区的铁路建设权被分 99
割，其中一些路线由法国公司承担建造，另一些则由德国公司负责建造。法国公司承担的主要项目是哈马—大马士革的铁路，这段铁路的分支可能会延伸到海岸地带。[15] 1895年，大马士革与里亚格（Rayak）和贝鲁特相连，往南可以到达德拉；往北的线路建于1902年，连接起了里亚格、霍姆斯和哈马三地。哈马—阿勒颇的铁路始建于1906年，于1911年完工，连接了霍姆斯和的黎波里。最后，再往北，是20世纪头十年的一项重大工程，即修建一条从君士坦丁堡通往巴格达的铁路，但随之而来的技术和财政困难使这项工程进展艰难，直到第一次世界大战前夕，这条铁路才刚修到了叙利亚东北部边境的艾因角（Ras al-Ayn）。[16]

因此，与欧洲相比，火车这种交通工具进入叙利亚地区的时间相对较晚，而且正如琳达·席尔彻（Linda Schilcher）[17] 指出的，我们很难估量其中的某些影响。相比美国，叙利亚地区内部与市场发展相关的经济流通的重新铺展更难被文字资料记录下来。虽然豪兰平原这个产粮区主要受益于通往沿海地区的更为便利的交通条件，但它也同样受益于该地区相对平静的社会发展环境（与经常遭受贝都因人袭击相比），而非新形成的本地市场。另一方面，铁路进入叙利亚地区并成了其社会构成的一部分。在18、19世纪之交，大马士革或阿勒颇新修建的火车站不仅使城市旧城区开放，更使旧城区周围形成了新的城市社区。因此，城市内部以及各城市之间流通性的增强，是此时期交通运输条件改善的结果。然而，这种发展主要集中在叙利亚的西部边缘地带，并未深入内陆地带。当苏丹敦促修建一条通往汉志地区的铁路时，铁路甚至成了一种实现政治统治目的的工具：技术服务于政治。

随着许多电报局的设立，叙利亚地区的通信业也经历了深刻的复兴过程。19世纪90年代，大马士革和阿勒颇电报局的电报发送

数量达到了4000—5000封。这些电报局的广泛设立与帝国统治秩
序在叙利亚的恢复密切相关，至19世纪末20世纪初，围绕着外约
旦地区形成了一条边界。因此，在整个叙利亚设立这些电报局，意
味着可以实现统一的政治和行政管理，同时也使得叙利亚各地方和 100
帝国中央之间的交往与对话更为便利。尤金·罗根提醒道，通过电
报发送请愿书的目的是通知帝国中央和地方总督，后者通过电报审
核机关可以立即获取最新消息，从而做出快速反应，同样的情况也
在1896年的阿勒颇事件中上演。[18]这些新的基础设施支撑着与奥
斯曼帝国紧密相连的叙利亚各省的发展。通信技术的发展也凸显出
文字媒体的新作用。文字媒体信息的产出和传播，要求社会中有一
定数量的掌握语言文字的人，这同时也反映出叙利亚一个持续时间
更久的社会演变过程。

奥斯曼帝国的最后30年最终迎来了一场文化革命：现代印刷技术进入叙利亚地区，并促进了当地出版业的发展。继“穆罕默德·阿里改革”之后，叙利亚地区出现了第一批传播文字作品的组织。然而，直到19世纪70年代，才形成了真正的有规模的出版与发行。印刷技术的传播为新的文字作品的产生，以及数量仍然有限的第一批报纸媒体的发行提供了技术上的支持，这些报纸均采用法律文本的标准，使用规范的语言。新的技术标准的采用，以及新的政治制度的支持，使得书面语言的使用比例大大增加。为同众多欧美传教士的知识传播竞争，同时也为满足社会公共管理部门的新期望，奥斯曼帝国当局开设了与那些教授阿拉伯语和基本宗教知识的古兰经学校（库塔布）竞争的公立学校。这些学校里的学生，主要是来自城市主要大家族的年轻人，以及那些拥有天赋和才能的年轻人。他们在这些公立学校里主要学习语言、数学和科学方面的课

程。这些社会文化团体成为在一个全面重组的显贵社会中，向帝国中央晋升的重要中转站。

显贵社会

叙利亚地区各省现代技术的发展变化，进一步推动和加剧了新的经济、社会和政治环境的变革，从而形成了比其他任何时代都要
101 鲜明的显贵社会。显贵这一称呼指的是那些“主要居住在城市的大家族，他们从城市中获得权力，并通过在城市的地位统治周围的乡村地区”[19]。正是这种中间人的性质，赋予了这些新兴显贵重要的政治角色和地位。这一特点在几乎所有帝国中都很常见。[20] 那么，这个概念为什么会渗透到这种特殊社会政治秩序中呢？它又与过去几十年的情况有何不同？

菲利普·库里指出，所有的这些城市显贵都有一个共同点：他们都曾是市议会的成员。[21] 尽管我们可以根据亲属关系将他们分为两类，但是他们的社会活动和来源是相似的。他指出，阿杰拉尼(al-‘Ajlanî)家族的成员曾是乌理玛，他们通过宗教活动获得了财富，直到下一代继承他们的职位前，并不会转向其他领域。相比之下，库瓦特利（Quwwatlî）家族在过去十年才为人所知，他们在粮食贸易中积累的财富帮助他们成为新一代的城市显贵。宗教和世俗势力之间的矛盾分歧很快就得到了平衡。优素福（Yusûf）家族同沙姆丁（Shamdins）家族的联姻，标志着沙姆地区各主要家族之间的互相融合。从阿勒颇经过霍姆斯和哈马，到大马士革，形成了各主要显贵人物之间的关系网，出现了大约20个显贵姓氏：在阿勒颇，有贾布里（Jabrî）、哈纳努（Hananu）、库德西（Qudsî）、里法

伊（Rifa'î）、基赫亚（Kikhyâ）、凯亚利（Kayyâlî）；在大马士革，有阿兹姆、阿比德（'Abid）、优素福、马尔丹（Mardam）、阿杰拉尼、巴克里、库瓦特利；在霍姆斯，有阿塔西（Atâssî）、德鲁比（Drubî）；在哈马，有阿兹姆、巴拉齐（Barazî）、凯拉尼。

军人出身的社会群体，无论是卡比·库里（kapi kulli），即当地禁卫军的后代，还是阿迦们的后代，此时都与他们之前的主要职能相距甚远，而随着征兵制度的创立，这一职能甚至变得不那么重要了。此外，福阿德帕夏在阿勒颇和大马士革的镇压行动，对这股传统军事力量的影响尤甚。受奥斯曼帝国流放和处决刑罚影响的另一个群体，是乌理玛和阿什拉夫。随着其他文化的影响和世俗教育重要性的增加，这两个团体的影响力也在减弱。虽然在宗教领域中，人们仍在为成为纳吉布或穆夫提相互竞争，但即便获得了这些职位，也无法再像以前那样，能如此轻易地获得财富和社会司法地位。另一方面，通过他们，显贵家族反而更容易确保在城市议会中 102
获得席位，因为这些人在家族内部和商业纠纷中充当了调解人的角色。由此，这些家族成员之间的差异不再像以前那么明显了。新兴的商人和土地所有者也加入到这些变化了的社会构成中。商人和土地所有者这些新兴势力的迅速崛起，既是由于奥斯曼帝国经济融入世界经济体系，也受到奥斯曼帝国土地法变化的影响。即便各家族的起源不同，他们也往往会组成同一个社会群体。

三个社会进程促使精英阶层发生变化并使他们发挥新的作用。首先是经济的加速变革，其次是奥斯曼帝国行政权力的相对稳定，最后是精英阶层的内部争斗。当然，这三个因素催生出叙利亚地区的社会构成。同时，我们所提出的单独叙述，不应该把等级制度作为其中的影响因素，正如汉娜·阿伦特所指出的，19世纪七八十年代代是帝国主义的鼎盛时期。[22] 帝国主义当然是以政治统治的形式表现出来的，但也表现为在经济上的资源占有和社会中的特权现象。叙利亚和欧洲的经济也日益走向一体化。黎巴嫩地区的丝绸业和埃及的棉花业尤其引起了学者们的研究和关注。[23] 不过，这些产业的发展也保留了一些本地的特征。在一些农村地区，农业出口往往占据当地的主导地位，例如在阿拉维山山坡上的烟草种植业就成为当地人的主要产业。同样，丝绸业在哈马地区也呈现一片繁荣景象。由于丝绸的市场主要在欧洲，当地商人因而获得了特权地位。丝绸商们住在城市里，并且越来越多地集中在地中海沿岸的城市。与此同时，欧洲工业产品取代了当地手工业产品，破坏了叙利亚当地的某些行业。这种不良影响，尤其体现在阿勒颇的纺织业。从叙利亚地方层面来看，这种宏观经济动态的影响体现在一个新的社会阶层的出现上，这个阶层充当了从欧洲前来的工商业者的中间人。1860年针对基督徒的骚乱和屠杀事件迫使叙利亚两个主要城
103 市的基督教少数派居民离开叙利亚，这反过来又强化了穆斯林家族的地位。因此，这些经济领域的变革大大加剧了社会领域中各阶层的分离和整合这两种并存趋势，并给了政治领域的新秀崛起的机会。

以下经济数据部分显示出当时叙利亚地区经济的各种情况。农业方面的经济评估数据是相当零碎的，但它们仍可以显示出一些经济变化。据估计，87%的可耕地用于种植粮食——1909年的三个省份共计拥有62万公顷耕地。[24] 生产这些农产品的主要目的是供养不断增长的城市人口（举例来说，大马士革的人口从1887年的12万增加到10年后的13.5万[25]），以及更遥远的欧洲地区人口。除此之外，其他农作物种植也得到了蓬勃发展，比如棉花的种植蔓延到了

哈马以东的地区，从山麓地带一直延伸到泰勒凯莱赫（Tell Kalakh），当然还有烟草种植和桑蚕养殖业。但人们依然需要注意留心一些规律性的自然现象，比如当地无法阻止的干旱或一些偶发性的自然灾害。这种经济上的发展有利于充分利用农村地区的剩余劳动力。在霍姆斯和哈马周围，形成了各种教派混居的地带，在这里，信仰逊尼派、基督教、阿拉维派和伊斯玛仪派（ismaélienne）*的农民共同生活在一片土地上。社会地位的不平等和宗教上的不平等叠加在了一起。村庄地区的教派成分重组主要是农村人口外流的结果，来自同一地区的农民倾向于依据他们的职业来重新组合聚居。其他地区，主要是在南部地区，山区居民的“下山”行动引发了第一次人口冲突。豪兰地区尤其如此，在那里，德鲁兹人和贝都因人之间的冲突凸显了逐渐出现的人口过剩现象，对土地的需求加剧了当地社会精英阶层之间的争斗。这一时期的城市对其居民来说，不再是环境条件很差的等待死亡的场所，因此城市的人口有所增长，但另一方面，新迁移到城市的人口数量却减少了。

在主要城市中心地区，工业部门经历了广泛的结构调整，商业活动也经历了大幅增长。从建筑和城市规划的角度来看，传统露天市场的变化就显示出这种蓬勃发展的经济现象。双层结构建筑成为商业空间建筑的标准样式，再者就是布局规划上，新建了围绕着商业交换中心修建的延伸至城外的主干道。这种变动凸显了城市组织构造在经济层面上的变化。从事远洋贸易抑或对来自欧洲的商品的 104
重新分配，促进了地区内新经济财富资源的形成。与此同时，叙利亚第一代工业体系在城市制造业活动的开展中逐渐形成和发展了起来，这一工业体系主要包括阿勒颇的丝绸业和烟草业，以及哈马的纺织业。城市同时成为叙利亚地方、省级和奥斯曼帝国全国性的主要市场，并成为叙利亚参与刚刚兴起的工业革命的主要空间。

经济关系的重塑是通过对土地所有权的重新分配而展开的。1858年新颁布的《土地法》开启了大规模的土地转让。[26]尽管传统的集体耕种习惯仍然存在，但是乡村地区的集体土地被乡村社区内部按照私有化的方式划分。尤其值得我们关注的是，大面积的土地都是地籍划分的对象，即在没有明确划分土地界限的情况下将土地分块和编号。然而，在城市中，负责管理土地的政府官员和法院司法人员与有资本且可再投资的精英阶层串通一气，于是，新土地法反而方便了那些能够获得大片土地使用权的城市大家族进一步聚敛土地财富。这就产生了一种有趣的社会现象：拥有财富有利于前往政府当局进行土地产权登记，这扩大了他们拥有的土地面积，而这反过来又增加了其拥有的财富量。于是，在20年的时间里，拥有大量地产的大庄园出现在小型地产的周围，而且这种大庄园通常分布在城市附近。即便这种土地占有形式越来越重要，但并不意味着土地的平均分配或集中占有，也不意味着土地价值会被共同开发，因为国家统治秩序叠加在其他社会组织之上。故此，整个村庄也被划分为附带编号的小块土地，成为可交换的商品。随着借贷关系成为常态，土地与地产所有者之间的关系变得刻板和僵化。

这种经济关系上的转变为城市精英阶层的重组提供了经济基础。以政治联姻为主要方式，显贵家族掌控了权力。这里出现了一个决定性的变化。在18世纪，显贵们控制着捐税的分配，并根据家族主
105 人的意愿集中力量维持秩序，但他们的这种权力基础随着奥斯曼帝国国家统治秩序的重新强化而瓦解。帝国解除了叙利亚人的武装，

尽管是相对的，却在实际上剥夺了地方领导人的打击力量。社会上传统的仆役关系和世袭继承关系也减弱了。家族主人之下有为其服务的人，但这些服务的人与这个家族本身并没有依附关系，而是相互分离的。这种现象在很大程度上是奥斯曼帝国向各省重新部署统治力量的结果。这反过来又创造出一个新的征税系统。在市和省议会中拥有席位的成员可以影响帝国财政税收政策，制定税收优惠、选择某些税收的基数和管理公共秩序是属于他们的特权。此外，能够在总督在场的情况下在议会召开的集会上发言，给了这个或那个家族改善社区生活的资本，这成为他们权力的基础，也是逐步建立市政管理制度的基础。于是，一些显贵家族通过在帝国行政管理当局中充当稳定政局的中间角色，在地方政治博弈中占据了优势地位。

上述这些政治格局是如何形成的？赢得市镇选举，进入各级权力机构，成为各大显贵家族之间竞争的主要目标。这一点从市镇当局名单的轮替中就可以得到证实。[27]然而，这并不意味着获得当局权力职位的人，就一定是在经济资本、社会或文化方面处于最高地位的显贵家族成员。首先，这一职位代表着一系列社会特权及权力，而这种特权和权力需要在一个家族集团成员内部进行再分配。同样重要的是，获得职位的人还需拥有商业交换场所，即成为这个或那个市场的主人，抑或获得宗教职位，以证明其所属家族的道德品质，并为自己获得良好的社会名誉。除以上这些条件之外，也要求获得职位的人具备各种出色的才干。从这个意义上说，城市中的选举与保罗·维恩（Paul Veyne）在罗马帝国研究[28]中所观察到的选举机制是一致的，就像它与世俗主义相一致一样：这些都是成功获选所必须具备的资本和属性，目的是保持其显贵地位，但仅仅拥有这些特质仍是不够的。由此，各显贵家族又作为控制了财富流通的帝国权力调节者和参与者，连接起了叙利亚和奥斯曼帝国中央。

106 这种国家化进程的基础是对逐渐归属于城市的那些土地进行的分配及再调整。与已知西方世界的经历不同，叙利亚地区的国家化进程并没有构建起一套连贯性或系统性的财政税务系统。[29] 相反，税款的征收仅局限于流通中的商品和土地。而且，由于奥斯曼帝国实行了自由贸易协定，税率也很低。但是，税收的征收和按产品单位确定的征收数额，取决于城市议会内部的谈判，即帝国代理人和地方有产者之间的谈判，而这两方往往来自同一家族集团。在这种情况下，一定程度的税收压迫就可能会继续存在于中小地主身上，他们必须缴纳税费，而那些大地主则可以找到各种方法来逃避这种税收压迫。从这方面来看，这样的税务系统显示出国家权力主要建立在垄断合法暴力机关的基础之上，而无需为达到此垄断目的提供财政资源。这一过程在某种程度上使得国家去领土化，因为它无法干涉社会财富关系，因此也就没有必要对土地进行划界，也没有必要统计土地占有数据。1894年进行的人口普查说明了这一点——仅在可以进行人口普查的地区进行居民人数统计，而不是依据土地占有。这就是阿卜杜勒·哈米德二世统治时期奥斯曼帝国存在的悖论。

哈米德时代概述

始于19世纪60年代的奥斯曼帝国政治改革，于1864年的省级行政改革（1867年在叙利亚地区实行）中首次得到践行。在改革中形成的叙利亚省份内的政治晋升体系，促使政治精英们在不同的政治职位之间交替。议会和总督成为各省的主要权力机构，这二者之间的政治特权划分又对省总督更为有利。然而，由于新的通信技术手段的发展，又形成了新的政治交流和对话方式。使得人民和政府 107
权力的代表们（议员）发挥了主要的核心作用。

在这种背景下，1871年成为叙利亚历史的一个转折点，因为奥斯曼帝国中央事务对叙利亚各省的发展产生了很大影响。同年，改革派维齐尔阿里帕夏（'Ali Pasha）去世，俄国通过修订《巴黎和约》重新获得了通往海峡的通道，这两个事件标志着奥斯曼帝国内外重新回归到权力纷争的状态之中。1871—1876年，相继出现了8个维齐尔和3个苏丹。1876年，受到新奥斯曼人（Jeunes-Ottomanes）①协会支持的改革派阵营的代表人物米德哈特帕夏再次成了大维齐尔，他也是各省改革的积极推动者。在改革派的支持下，米德哈特帕夏成功起草并颁布了奥斯曼帝国的第一部宪法，在这部宪法下，议会将帝国的政治成员聚集在了一起。这个前所未有的权力架构必须应对当时奥斯曼帝国所面临的最新挑战。

1875年，波斯尼亚-黑塞哥维那的一场叛乱打破了自1856年《巴黎和约》签订以来建立起的国际平衡局势。在这场叛乱中，一部分农民反对地主，宗教因素与社会因素交织，国际联盟的政治博

---

① 19世纪60年代初，奥斯曼土耳其帝国文学家希纳西团结了伊斯坦布尔的一批青年知识分子，他们创办报刊，鼓吹土耳其民族文学。这个组织于1865年6月正式成立了秘密团体“新奥斯曼人协会”，参加者有记者、作家、教师、政府官员和军官。协会主席是克里木战争时土军总司令奥梅尔帕夏。他们支持米德哈特帕夏成为帝国大维齐尔，米德哈特于1876年颁布了奥斯曼帝国第一部宪法。后该协会随着米德哈特帕夏被流放而被迫解散。——译者注

弈中产生的地方问题，引发了一场新的东方危机。从这个角度来看，此次东方危机可看作是当地的基督教农民反对压迫他们的穆斯林地主，呼吁塞尔维亚以及俄国的公众舆论动员起来保卫基督徒的权益。各欧洲大国向奥斯曼帝国发出了进行改革的要求，并宣布即将召开大使会议。为了阻止奥斯曼帝国主权进一步遭到欧洲大国的蚕食与侵犯，帝国改革派起草了一部宪法，而为了实现这一目标，奥斯曼帝国先后废黜了两任苏丹。[30] 最终在1876年，阿卜杜勒·哈米德二世登上王位，并全面参与宪法的起草，以维护奥斯曼帝国的主权。

此时的帝国中央议会在某种程度上复刻了地方议会制度的框架。[31] 1876年宪法秉持这样一种理念：被选中的国家代表们聚集在一起，他们必须结束地方冲突，而且每个人都应该有政治参与权，以为强大国家做出贡献。最为重要的是，必须保证帝国的主权不再遭受他国蚕食，这些奥斯曼帝国的代表们认为，他们可以通过代表帝国所有人来对抗西方大国的任何侵略行径。在外国大使国际
108 会晤上宣布宪法的颁布，强调了该部宪法的务实性。不过以上这些考虑并不能掩盖宪法文本本身内含的改革意图：它是自1839年以来开始的奥斯曼帝国改革进程的高潮。因此，正如卡迈勒·卡尔帕特（Kamal Karpat）[32] 所指出的，以上社会发展的结果显示出了改革派阵营的形成。1876年12月23日，炮声在卡西姆帕拉（Kasmipara）的海军司令部响起，奥斯曼帝国代表们聚集在那里，宣布成立一个立宪政权，以保证奥斯曼帝国新的政治秩序。

宪法颁布后，各省内部于次年1月进行了地方议会选举。宪法规定议会分为两级，其中省级议会负责遴选省级议会代表。由此，代表人员的构成是高度城市化的，选举实际上就是纳税的选举人之

间进行的政治斗争。叙利亚各省共选出了7名代表。[33] 1877年初，这些省级代表花了几天的时间才抵达奥斯曼帝国首都，而苏丹阿卜杜勒·哈米德二世和米德哈德帕夏之间的政治冲突使得苏丹流放了这位大维齐尔。不过，这并不意味着奥斯曼帝国议会制度的终结，相反，代表们试图在政治方面提出两方面建议：一方面是一般性的问题，主要涉及即将到来的与俄国的战争；另一方面则与叙利亚各省要求在特定地方组建省级机关有关。

1877年4月24日，俄土战争爆发。[34] 沙皇的军队在埃尔祖鲁姆（Erzéroum）和巴尔干半岛的普列夫纳（Plevna）突破了奥斯曼军队的防线，这对奥斯曼帝国来说将是一场灾难。在这种情况下，议员们批评苏丹对战争冲突的应对。这就是阿卜杜勒·哈米德二世在未告知的情况下解散议会的原因。宪法仍然有效，但它的正常施行被搁置。议员们被要求回到各省，来自叙利亚地区的议会代表们很快就回到了叙利亚。

宪法的颁布和1878年俄土战争对叙利亚各省产生了多重影响且这些影响相互交织。上层精英第一次意识到，帝国的政令将他们联系在了一起，他们都委派了一名代表前往帝国首都议事。不可否 109
认，这其中产生了一种奥斯曼主义，一种共同的文化。此外，未经协调就进入首都也影响了地方权力关系。总督不再是唯一可以与议会直接开展政治对话的人。这种变化所带来的直接影响就是，议会这种权力形式得到了巩固，新的显贵统治集团重要的政治作用也得到了承认。最后，议会的迅速消失带来了政治愿景——恢复宪法可能才是解决帝国所面临问题的办法。这一面向奥斯曼帝国和叙利亚未来发展方向的启示最初并未被注意到，因为此时人们正在经受其他形势的影响。

克里米亚战争之后，俄土战争的重演使得奥斯曼帝国对人力和财政资源的需求增加。随着征兵制度在各省的发展，战争动员变得更加有效。[35] 尽管如此，征兵行动仍被执行得非常严厉，并被视为是一种惩罚。此外，征兵行动又剥夺了叙利亚在农业收获季节的劳动力。与此同时，步步紧逼的战争给本已遭受赤字负担的财政带来了更大的压力，这一点当地的人民已经有所感受了。即便在没有造成严重破坏的情况下，每一次的战争插曲都会导致仍处于紧张状态的商贸机制中断或发生故障，更导致大城市的食品价格再次上涨，这引起了人们的不满。不过随着战争的结束，这种影响迅速消失了。

相比之下，战争的结果对奥斯曼帝国控制叙利亚地区领土产生了更为持久的影响。战争导致叙利亚各省（以及现今的约旦）成为高加索地区难民的收容地，难民总数大约有7万。苏丹采取了一种颇为强制但又比较温和的方式，他下令将这些难民迁移到帝国的边境地带，特别是从幼发拉底河向北延伸到安曼的巴蒂亚地区。[36]
由此产生的人口增加对叙利亚产生了持久的影响。在幼发拉底河附近，在马斯卡纳（Maskana）的北部和豪兰平原地区，一个定居点出现了。[37] 这一政策体现的是帝国加强对叙利亚地区控制和稳定其社会秩序的一种方式。但是，在非常局部的地方，这些新的外来
110 人口定居在了一个几近人口过剩的地区，从而引发了本地居民对闯入的外来者的不满，以及本地居民与外来居民之间争夺自然资源的斗争和冲突。

战争导致了奥斯曼帝国内阁的重组。米德哈特帕夏离开了首都，他被解除了大维齐尔的职务，并被阿卜杜勒·哈米德二世派往叙利亚[38]，在接下来的几个月里担任大马士革省总督。在叙利亚，

米德哈特帕夏展示了他作为政治组织者和改革者的才能，他开始了一项城市翻新计划，还开放了中央露天市场的街道。[39] 这些突破性的举措为商业贸易的发展提供了更多的机会。他还担负起了保护前往麦加的朝圣路线和城市物资供应安全的责任。他专横的行事风格也让我们看到，改革派并不一定会为显贵人士协调利益，这也使得显贵们开始谴责奥斯曼中央政府对地方事务的干涉。

战争结束后，叙利亚各省对最近的改革事件和俄土战争带来的后果感到震惊。正是在这种历史背景下，发生了一件令奥斯曼帝国宫廷和苏丹都担心的事情——大马士革标语牌事件（L'affaire des placards）。1880年，大马士革街头张贴起了海报，呼吁人们为建立阿拉伯国家权力而奋斗。[40] 这一举动引起了奥斯曼帝国中央当局的担忧，他们迅速将这些海报撤走。当局的这种担忧情绪可以用几个交织在一起的因素来解释，它源于对阿拉伯主义的恐惧，而阿拉伯主义是黎凡特地区人民特有的一种民族情绪。

自19世纪60年代以来，居住在贝鲁特的一群知识分子就在研究阿拉伯语[41]，他们想通过使阿拉伯语现代化来恢复其崇高地位，也就是说，使阿拉伯语符合当下时代的风气。更通俗地说，他们希望恢复阿拉伯文化的重要性。出生于1819年的布特罗斯·布斯塔尼（Boutros Boustani）①，是希望推动阿拉伯文化走向复兴（nahda）的新兴学者之一，他的《布斯塔尼词典》（*Le Dictionnaire Boustani*）在这一文化复兴过程中起着至关重要的作用。文化研究有助于重新定义当地的身份属性：对这些知识分子来说，阿拉伯语言社区是推动

① 黎巴嫩历史学家，阿拉伯启蒙思想家，被认为是第一个叙利亚民族主义者。——译者注

奥斯曼帝国内部这些特殊群体走向团结的催化剂。他们也为阿拉伯主义奠定了第一个里程碑。

这种新学说的出现引起了人们的大量讨论[42]，这是由于其潜
111 在的政治意义：第一次世界大战之后，成为阿拉伯主义者成了将同一个国家的那些自称为阿拉伯主义者的人汇聚在一起的一条纲领性路线。那么接下来的问题是，何为阿拉伯主义，新的阿拉伯国家应该以何种形式组建，采取何种国家政策，等等。然而，在19世纪的最后几十年里，这些问题似乎是不合时宜的。对阿拉伯国家来源的历史解读反而产生了一系列的混乱。需要指出的是，阿拉伯主义最初的定位主要在文化上而非政治上。

但在1880年的时代背景下，标语牌事件引起了奥斯曼帝国政府的担忧，增加了他们的恐惧和猜忌。作为大马士革总督和被帝国罢免的大维齐尔，米德哈特帕夏会见了英国领事，密谋建立一个阿拉伯国家。从那时起，我们所看到的关于那时的信息变得更加政治化：尽管1869年颁布的新国籍法旨在加强各臣民之间的政治联系，但那些呼吁复兴阿拉伯主义的人就是在挑战奥斯曼帝国现有的统治秩序。这批人将成为向帝国苏丹要求独立的先锋。这种历史解读倾向于在同一层面上压制阿拉伯主义的文化和政治诉求。

标语牌事件的结果让我们看到了某些意味。在政治方面，关于彰显阿拉伯主义特色的社会诉求暂时停止了。政府当局对文化界与政界的镇压和打击，转移了社会上对阿拉伯主义的讨论，因为大多数人民和精英仍然效忠于奥斯曼帝国——这个被他们视为代表了伊斯兰世界未来的帝国。阿拉伯主义也促使叙利亚精英阶层搁置争斗，转而团结起来去捍卫他们自身的地位。

从文化的角度来看，阿拉伯文化复兴运动是深刻的知识分子阶

层复兴的一部分，它影响了生于19世纪50年代至70年代间的一代人。这种文化上的复兴既涉及通过语言捕捉现代性，也涉及对社区社会文化的组织建构。如阿卜杜勒·拉赫曼·卡瓦基比（‘Abd al-Rahmân Kawâkibî）一样的思想家们，开始揭露和谴责专制主义是对社会思想和人民的一种败坏和伤害[43]，这是阿拉伯人对权力当局的抗议，他们谴责当局独裁专制的性质。然而，这种文化复兴实际上还是局限在一定的小圈子内。

标语牌事件带来的威胁与哈米德苏丹专制主义统治的强化是同时发生的。19世纪80年代初，苏丹在统治方式上做出了一些改变。 112
他把大部分权力集中在王宫里的苏丹秘书手中，对于帝国政府和维齐尔，则拒绝承认他们的所有权力，并依靠警察和告密网络保护自身免受任何威胁。这种强硬的维安措施在首都和整个帝国都能感受到。对文人的打击导致许多黎凡特地区的知识分子前往埃及。复兴阿拉伯文化运动的中心地也随之发生了转移，这一新思潮也在与新受众的接触中经历了一些调整。[44]

在这个系统中，苏丹还新增了一种意识形态，以加强帝国臣民之间松弛的关系：奥斯曼哈里发。虽然奥斯曼家族在1516年继承了“哈里发”的称号，成为哈里发头衔的持有者[45]，但这一宗教遗产直到阿卜杜勒·哈米德二世统治时期才真正被重视，并被视为苏丹政权统治的基石。[46]作为穆斯林的捍卫者，作为哈里发的苏丹可以在国际关系博弈中与欧洲各大国保持平等地位，甚至以信士的长官的身份迫使教徒们发动圣战。[47]如此一来，每一任“奥斯曼哈里发”都在一个得到“有序指导”的帝国中找到了属于自己的位置，针对叙利亚地区的新政策也随之产生，而这是帝国宗教复兴机制的核心。

虽然镇压行动打击了叙利亚的文人圈子，但帝国政府的政策倾向于恢复总督和社会精英阶层之间的对话。帝国中央政府将总督的政治职位维持了几年之久，作为政治上的创新之举，这保证了行政政策的连续性。[48] 于是，行政官员的任期延长了，同一名行政官员可以往来于叙利亚各方势力中心之间以平衡各方关系。如此一来，他们对叙利亚这片土地也更为熟悉。与此同时，1880年后，叙利亚各省总督和议会、省和分区之间的权力关系分布没有发生什么变化。虽然上述这些机构无法影响或改变帝国的政策，但它们构成了叙利亚日常政治事务协商的平台。一方面，行政人员的构成实现了标准化，另一方面，负责与政府展开政治对话的家族不断增加。对叙利亚地区的政治控制位于这二者的交错点之上，而这种控制存在于各地方和各省，乃至整个奥斯曼帝国的范围内。

113 因此，这种统治形式与此前的统治形式实际上没有什么联系。虽然政治领域中的社会捐赠和还赠现象并没有消失，但精英显贵阶层不再需要凭借向帝国中央输送资本来确保他们的政治职位。在奥斯曼帝国的省级体系中，叙利亚处在一个相对有利的位置。成为省总督仍然是获取社会财富的一种方式。此外，另一个不同之处在于，显贵家族在帝国首都都拥有职务，他们以奥斯曼帝国行政官员或苏丹客卿的身份来到首都居住和就职，以确保叙利亚当地对奥斯曼帝国的服从。在这两种情况下，开展政治对话的意味发生了反转。互相达成政治默契的不再是叙利亚各省的奥斯曼帝国代表，而是在帝国中央的叙利亚各地方显贵代表。

给叙利亚的这些政治优待在很大程度上与其在朝圣路线中的特殊地位有关，虽然朝圣路线在1880—1900年间经历了许多变化，但叙利亚仍然是每年前往麦加的沙漠旅行商队的必经目标地之一，它也受益于新近建成的铁路。帝国苏丹建设大马士革—麦加铁路的原因，是希望通过这种方式来维持其“哈里发”的头衔。以上这些情况悄然改变了首都和叙利亚南方地区各家族商业利益上的关系。大马士革和汉志的商业家族之间逐渐建立起了灵活的联系，繁忙的交通也使这片地区充满活力。在这种情况下，铁路成为新的交通中转地的主要框架。朝觐交通工具的改变并不意味着象征体面和荣誉的交通工具就被遗忘了。每年，开启朝圣队伍的马赫马尔（mahmal，即传统的“骆驼轿”）依然被人们携带的礼物簇拥着往麦加行进。[49]

在开展铁路这一基础设施建设的同时，奥斯曼帝国还在寻找新的外国合作伙伴。[50]苏丹无法仅靠自己或通过政府来筹集必要的资金和招募相关建设人员，他必须从外部寻求援助。铁路特许经营权归属问题涉及各方权力之间的争斗。从1890年起，苏丹开始向德国靠拢，这主要是由于德国对东方没有领土野心。此外，德国同奥斯曼帝国并未签订领事裁判方面的相关不平等协定。阿卜杜勒·哈米德二世还请求德意志帝国首相俾斯麦向他提供军事顾问。当威 114
廉二世登上德意志皇位时，这些外交举措被赋予新的意味。

德意志帝国皇帝和奥斯曼帝国苏丹有着共同的利益。首先，同奥斯曼这个东方大国的合作将展示出德国作为一个世界强国的地位——它可以在其他欧洲大国享有特权的土地上同它们展开竞争，新的市场正在向德国资本开放。对于苏丹，或者更广泛地说，对于奥斯曼帝国的许多精英阶层人士来说，德国在取得1866年萨多瓦战役和1870年色当战役的胜利后享有很高的国际威望，完全可以支持其正在实施的国家现代化计划，而不会像英国那样要求回报。两位皇帝在奥斯曼帝国的许多地方驻足停留，象征性地留下了共同签名。至此，奥斯曼帝国重新回到对苏丹光芒的关注上。

然而，领土和土地国有化的措施并非没有遭到地方的强烈抵制，19世纪90年代，由于各方宗教团体的互相接触，这种抵制变得更加强烈。从这个角度来看，德鲁兹人和奥斯曼帝国军队间的冲突凸显了“冲突”这种新的政治对话形式是如何在外围地区建立起来的。这次冲突的爆发是由于某个传闻，而德鲁兹精英集团的内部斗争和平原上无休止的争吵更加剧了这些危机。

奥斯曼帝国对此次起义做出了双重反应[51]，其中就包括派遣庞大的军队进行军事镇压。吉约瓦先生（M. Guillois）在给法国外交部长的信函中提到，奥斯曼帝国派遣了一支由几千名士兵组成的特遣队。帝国中央所采取的军事镇压行动，使得叙利亚地区调动了相当大的反抗力量。但从另一方面来看，如果帝国宫廷想要尝试以炮舰政策来平定叙利亚地区的叛乱，那么它的这些努力终将无法实现。叛乱局面仍在持续，这阻碍了正常社会秩序的恢复。然后，两项联合举措开启了叙利亚地区的社会秩序和一体化进程。首先，帝国军队依靠军事检查站、军事要塞和驻军组建起了军事网络，以对叙利亚地区进行控制，这些军事据点将叙利亚地区划分成了网格。与此同时，冲突双方将谈判的重点放在行政精英的重组上，他们需让位于叛乱军队的军事领袖。从这个意义上来说，对德鲁兹部落首领伊斯梅尔·阿特拉斯（Isma'il Atrash）的任命将有利于恢复正常的社会秩序。

这次叛乱标志着德鲁兹中心地区与其周边地区关系的永久性改
115 变。关于这次叛乱的记忆在德鲁兹部落内部几代人之间延续，就像德鲁兹派长老们在他们的土地上维持其相对自治地位的壮举一样。[52] 这场冲突标志着黎巴嫩地区和叙利亚地区德鲁兹教派之间分裂局面的形成，在阿特拉斯家族的领导下，叙利亚的德鲁兹派获得了更大程度的地方自治权。最后，这些冲突表明，任何的地方对抗和冲突，都只能通过承认地方政治人物拥有的特权，并通过谈判协商的方式来找到一劳永逸的解决办法。

周边地区与国家中央之间的这种紧张关系，除其他原因外，也可用社会政治控制方式的同质化进行解释。没有人能够在奥斯曼帝国的领土内真正对抗帝国中央，因为帝国中央部署的军事力量具备了对抗任何分裂势力的能力。没有一个团体可以像19世纪初的地方领袖那样，利用所具备的独特社会身份来对抗奥斯曼帝国的命令。另一方面，帝国当局在叙利亚当地默许和非正式地承认了每个社会个体的差异，以便从边界模糊的社会群体中招揽那些愿意服从帝国统治的人，加强他们的身份认同，比如巴蒂亚或阿拉维山区的贝都因部落领袖。

1890年后，大规模的地方暴力反抗行动渐趋平息。游牧世界和山区地带的社会团体平静了下来，但这并不意味着地方性的暴力行动就不复存在。虽然整个叙利亚地区都还无法摆脱奥斯曼帝国的控制，但其他形式的抗议活动已经出现。

1896年，贾马尔·丁·卡西米（Jamal al-Dîn al-Qasîmî）①在大马士革的家中召集了亲属，讨论他提出的关于阐释伊斯兰教教义的观点。[53] 指控和谴责立即如雨而下。这些谴责主要涉及伊斯兰教教长和他的团体的教义主张是否与统治当局的法律对教义的解释相矛盾，以及他们是否因此犯下了不信教的原罪。这场争论让我们隐约

① 现代黎凡特地区现代科学和宗教复兴的先驱之一，也是伊斯兰历14世纪上半叶最伟大的穆斯林学者之一。——译者注

地发现，围绕宗教教义展开的争论是何等激烈。它表明了伊斯兰教改良派的出现，而这种改良主义主要是围绕对古兰经文本的重新释读和对文本内容的政治接受形成的。

穆罕默德·阿卜杜（Muhammad' Abduh）①和贾迈勒丁·阿富汗尼（Jamal al-Dîn Afghani）②在19世纪末提出了新的伊斯兰教教义：伊斯兰教是对抗某种特定政治统治秩序的斗争武器。[54] 这两位
116 思想家都认为，奥斯曼帝国的道德败坏和政治腐败均源于专制主义，而回归《古兰经》将有利于伊斯兰国家实行全面的改革。要做到这一点，重新恢复舒拉（shûrâ）*这个概念至关重要。由此，就有可能走向伊斯兰教的另一种愿景——将之作为实现地区政治团结的催化剂。阿富汗尼还在其中增加了泛伊斯兰主义（panislamisme）的主张，即所有穆斯林在同一宗教领袖的领导下聚集在一起。

这种论说最初并没有脱离哈里发的意识形态。然而，这些改革主张的支持者和奥斯曼帝国当局之间的分歧，导致帝国将改革派驱逐出了领土。以穆罕默德·阿卜杜为例，在他于1905年去世后，他的学生重新审视和解读他的思想，并形成了不同的流派。总的来说，这种把伊斯兰教政治化的做法导致了阿卜杜勒·哈米德二世选择的政治统治基础受到质疑和挑战。

从宗教的角度来看，对改革（在新教意义上的改革）的呼吁推动了一些新情况的出现，例如，它使一些叙利亚神职人员更接近瓦哈比教派。然而，这种改革主张与政治的关系错综复杂，穆智台希

① 埃及伊斯兰学者、记者、教师、编辑、作家、法官和大穆夫提。他是19世纪末20世纪初阿拉伯伊斯兰教改革主义的核心人物。——译者注

② 伊斯兰现代主义代表人物，泛伊斯兰运动的开创者，也是伊斯兰现代政治改革的创始人，在伊斯兰历史上有重要地位。——译者注

德（mujtahid）*神职人员（尤其是萨拉菲主义者）的地位密切依赖于他们的社交圈、教育经历和他们的社会地位。[55] 他们参与了一场深刻的政治、社会和经济方面的思想复兴，使19世纪末的叙利亚各省充满了无限可能性。

20世纪初的叙利亚

文森特·勒米尔（Vincent Lemire）对耶路撒冷的研究为我们对中东地区的历史解读打开了一个突破口。它显示了在某个特定的时刻，城市是如何构建起一个思想和表征的框架，如何整合起不同的人口，试图创造一个地区的共同未来。[56] 这些社区在世纪前后的命运并没有机械性地联系在一起。相反，从很多方面来说，在世纪之交，东方的阿拉伯世界都处于十字路口之上。为了理解这一特征，我们就有必要对20世纪的叙利亚进行简要的图像式的观摩。

20世纪的城市世界经历了蓬勃发展和复兴。仅以叙利亚地区的
首府作为一个案例。大马士革南部新整修了一个横跨巴拉达河的新 117
广场和一个火车站，象征性地把露天市场和前往汉志地区商队的出发点连接在了一起。[57] 在这个不断变化的大都市里，旧城墙的外围建起了新的建筑，城市的商业区则围绕两条轴线进行了建筑布局上的重新规划。这种城市发展的变化也反映在人们的社会交往上。城市中出现了新的社交场所，比如咖啡馆，它接纳了那些受过教育的年轻人，他们在此交流讨论接触到的新思想。[58] 随着欧式服装的首次普及，人们的服饰风格也发生了变化，不过这并不意味着放弃了传统的头巾和菲斯帽。更多的女性也终于可以出现在社会公共空间之中。

城市首先是一个提供各种发明、思考和创新的地方。城市中之所以出现了新的思想和激烈的社会讨论，主要有三方面原因。首先是印刷机的普及，这促进了思想的传播，提高了人们的识字率。新学校的建立，比如大马士革的马克塔布·安巴尔（Maktab ‘Anbar）学校，显示出印刷的书面文字作品是符合此时的社会需求的。[59]因此，可以说技术革新是开展社会讨论的基础。其次，城市提供了特定的开展思想和社会讨论的场所。正如法赫里·巴鲁迪（Fakhrî al-Bârûdî）所指出的，咖啡馆、学校，以及之后的街道，都是不受控制的社会公共场所。一个新的公共空间正在形成，在这里，人们可以充分地讨论语言、道德和政治改革的问题。最后，新型的交通和通信手段，使得城市处于思想和人员流动的十字路口。报刊对以前不为人知的事件和情况进行报道，时事成为人们定期讨论的主题，有时是对殖民或奥斯曼帝国未来的焦虑，也有对实现地区复兴的期望。

由此，城市同阿达卜（adab）*这种以礼节和文化涵养为特征的生活艺术，以及由更多的年轻人带来的关于社会革新的愿景结合在一起。更为稳定的农业收成，稳定了城市的粮食供应，提高了生活水平和人们的预期寿命。虽然偶尔会发生重大流行病，但随着前来求学的新移民的到来，城市人口增长了，且在年龄分布上更加年轻化。库里（Khûrî）家族经过两代人的努力，从霍姆斯的山口地带
118 搬到了城市之中，法里斯·库里（Fâris al-Khûrî）在成为一名律师之前可以接受学校教育，法赫里·巴鲁迪住在大马士革的卡纳瓦特（Qanawat）社区，继续在马克塔布·安巴尔学校学习，正是在这种背景下，法赫里·巴鲁迪于1906年组织了示威游行。这些变化，以及其他许多方面的社会变化，展示了一个新的社会阶层，即之后

被称为艾芬迪的阶层，是如何在这个新的阿拉伯城市形成的。城市正在成为一个旨在改革社会、描绘地区共同未来的大熔炉。在一段时间内，紧张的教派关系通过每个社区精英的互相融合而得到了缓和。

城市发展带来的这种影响并不仅仅限于大马士革和阿勒颇这两个主要的地区中心城市，城市化发展还通过各种方式成为奥斯曼帝国国家管理的模式。代尔祖尔第一个有篷的露天市场的建成，正显示了这种城市化发展的进程。更普遍地说，国家对领土控制的进一步巩固，也反映在国家控制范围的扩大上，而各城市通过新的通信手段彼此连接，成为一个系统化的网络。例如，在阿勒颇省内，定居人口的增加和贸易的加速发展是在巴格达建成之后发生的，而巴格达铁路的最后一部分于1914年到达叙利亚的艾因角。铁路从海岸地区出发，沿着铁路线开进到幼发拉底河流域。在铁路线的周边地区，新出现的村庄可以进一步开发其周围的土地。受殖民政策的影响而在这里定居下来的切尔克斯人（Tcherkesses，高加索白种人）完成了对这个地区的开发。

不可否认的是，其他形式的政治控制正逐渐被这种新影响削弱。即便部落仍然能够被有效地动员，就像位于阿勒颇省东北部遥远的托罗斯山麓的迪亚巴克尔（Diyarbakir-'Ayn al-'Arab）周围的情况一样，部落活动也将不再会真正阻碍到地区内货物和人员的流动。[60] 此外，部落最喜欢的从巴尔米拉到幼发拉底河的干旱草原地带，如果存在太多危险，也可以被简单地避开。

城市世界首先为知识分子提供了一个针对社会问题进行激烈讨论的公共空间，这些讨论提出了若干基本问题。比如，当地居民的共同身份是什么？当地居民之间的社会联系是如何形成的？政治当 119

局应该如何管理人民？这些问题成为新兴的报刊媒体和文人圈子讨论的主要话题。关于这些问题的讨论，人们给出了一些答案，且这些答案并未在各社会派系之间出现重大分歧。对一些人来说，比如舒克里·阿萨利（Shukrî al-Asalî）或鲁特菲·哈法尔（Lutfî al-Haffâr），阿拉伯主义可以帮助叙利亚人在奥斯曼帝国中找到属于他们自己的位置。对其他人来说，比如流亡者拉希德·里达（Rashid Rida）或阿尔卡西米（al-Qasimi），革新和改革后的伊斯兰教才是叙利亚人民创造地区共同未来的基础。

伟大的思想家们提出了新的针对当前社会政治的批判，这引起了人们对统治当局权威的重新思考。在这些批判社会现状的作品中，阿卜杜勒·拉赫曼·卡瓦基比（Alépin' Abd al-Rahmân al-Kawâkibî），通过揭露苏丹阿卜杜勒·哈米德二世上台以来奥斯帝国道德领域的败坏，展示出伊斯兰教是如何反对专制主义的。关于何为争取自由的斗争，虽然他并没有给出明确的定义，但他认为这种斗争必须有利于国家和社会的复兴。当时的思想家们通过这种方式为伊斯兰世界打开了一个新的可能的未来，虽然这个世界仍旧面临着许多威胁。

人们关于社会问题的争论，在很大程度上也与叙利亚周围地区新的政治形势变化有关。随着欧美各殖民帝国的领土扩张，许多原本属于穆斯林的土地逐渐被外国殖民势力所统治。人们开始对那些拥有特许经营权的外国公司的特殊社会地位进行争论。尽管自《柏林协定》签订以来，外国势力的政治干涉明显地减少了，但是外国领事在社会日常事务中所发挥的作用却大大增加。最后，此时期犹太人在耶路撒冷桑贾克建立定居点的现象，引发了许多问题和担忧，这是犹太人的第二次阿利亚（aliya）运动（1904—1914年间东方的犹太人向巴勒斯坦地区移民的行动）。[61] 从广义上讲，欧洲殖民地的发展使叙利亚当地的记者、行政官员和学生对奥斯曼帝国的未来产生了一定程度的怀疑。

1860年大马士革大屠杀事件之后，奥斯曼帝国于1864年在叙利亚各省，即从托罗斯山脉南部一直延伸到幼发拉底河和阿拉伯半岛的沙漠地带，重新建立起了统治。在19世纪的最后几十年里， 120
随着对叙利亚地区领土控制力的加强和新的通信方式的发展，奥斯曼帝国的国界重新确立。与此同时，得益于农业种植的进一步繁荣，大规模的人口定居点逐渐稳定。人口过剩的情况逐渐形成，推动了定居世界人口容纳力极限的到来。这种人口分布情况的变化，伴随着以新苏丹哈米德二世的名字命名的帝国统治方式的形成，这种统治方式，将暴力镇压一切形式的批评和反抗，和政治审查的常态化设置结合起来，进而将新产生的社会精英纳入政治对话和决策机制之中。这是一个极其重要的过程，因为它有利于家族，而非世家大族势力成为社会主导力量。从这个角度来看，精英阶层的代表们无法再以同样的方式去彰显他们特殊的荣誉称号。而在此之前，为了获得政治权力和社会财富，大家族的构成往往以突出其自身的社会身份差异性为前提，阿迦、基督徒、乌理玛这些社会身份为他们提供了获得政治权力和社会资源的钥匙。随着帝国中央政治代表的到来，以及各家族之间联姻和相互融合的政治博弈，加之经济、税收和土地资源商业流通的变化，新出现的显贵人物开始以国家政权内部来往交流的中间人的形象出现。另一方面，国家机器成为暴力统治的唯一载体，1860年事件后的政治清算以及对周边地区的军事远征都表明，自此以后，对奥斯曼帝国中央发起的任何形式的武装反抗都注定会失败。一种新的社会政治倾向正在形成，我们可以称之为叙利亚的国家化进程。这一动态变化建立在三个相互推动的社会政治变化之上：国家管理方式的发展、某种渴望革新的都市化带来的影响，以及显贵大家族的形成。但是，正如1890年德鲁兹事件所凸显的那样，国家化进程中出现的新型社会关系，也使得这些地方群体加强了与其他社区的联系，且这些社区本身也经历了重大变化。对共同生活空间的管理和对地区共同未来的讨论开始于暴力和选举两种倾向之间。然而，由于欧洲帝国主义势力的扩张，叙利亚各省这一深刻变化的社会框架受到了当前紧张局势的影响。

第四章 革命与战争之间

虽然奥斯曼帝国中央和各省在19世纪经历了共同的发展与变革过程，也受到了同样的时代影响，但从1908年开始，地方各省的力量开始变得越来越强大。当希腊萨洛尼卡（Salonique）的奥斯曼驻军要求帝国苏丹恢复“1876年宪法”时，一场革命开始了，并很快席卷了整个奥斯曼帝国。[1] 在叙利亚外围地区发生的这一事件，开启了叙利亚一个持续了十多年的新纪元（1908—1920），其间穿插着两个伟大的时刻。1908—1914年，新的政治秩序的出现在许多方面都是上个世纪缓慢变革进程的高潮。在青年土耳其党人（Jeunes-Turcs）的政权下，一个因改革而陷入混乱的国家试图找到一个解决国家问题的持久有效的方案，以应对威胁到她的挑战。然而，在“东方危机”的时代背景下，统治当局却将奥斯曼帝国推向了战争，人民陷入内部冲突，这种局面在很大程度上重塑了帝国领土的轮廓。

尽管这一历史时期相当重要，但在莱拉·达赫利（Leyla Dakhli）对之进行进一步修订和重述之前，人们一直以偏见的眼光看待这一时期。[2] 在此之前，根据1918—1920年第一次世界大战的结果，人们对这一时期提出了三种解读。第一种解读通过两种角度再现了谢里夫侯赛因①领导的“阿拉伯大起义”的神话：其中一个角度突

① 即侯赛因·伊本·阿里，侯赛因是哈希姆家族（伊斯兰教先知穆罕默德的家族名称）第38代族长，也是麦加的大谢里夫。谢里夫是一个传统的阿拉伯血统称谓，意为“贵族”“高贵”。——译者注

出了“阿拉伯的劳伦斯”的形象，他被视为带领阿拉伯世界走向希望的先驱，带领着当地人民和精英阶层发起了反抗奥斯曼帝国统治的斗争；另一个角度则有意把谢里夫领导的起义推到阿拉伯民族主义发展高潮的位置上。第二种解读主要是关于此时期发生在奥斯曼
122 帝国的历史事件，它将达达尼尔战役解读为新生的土耳其民族崛起并成为胜利者的战斗，这也是唯一承载了意义的解读。第三种解读主要聚焦于黎巴嫩发生的饥荒事件，黎巴嫩人也在和平谈判中利用了这一事件。这三种叙述和解读都有一个共同之处，那就是忽略了此时期叙利亚地区境内的事态发展。

对于这一历史时期的重新解读主要是针对1918—1920年的这段历史：迅速消失的奥斯曼帝国，给人们留下充满创伤记忆的大马士革和贝鲁特的绞刑，黎巴嫩平原上不断发生的冲突，聚集在叙利亚地区城市中的大量难民，建立阿拉伯王国尝试的成功和失败，这些都促使叙利亚人民根据眼前的剧变带给他们的感受去重新定义他们的过去。因此，我们比以往任何时候都更需要遵循一战后叙利亚呈现的多重的且支离破碎的社会进程去分析这段历史。

这种多重且多样的社会震荡，使得人们对这一历史时期的记述更为关注其中的重大事件，去回溯那些个人的社会行动轨迹是如何改变历史进程，抑或推动历史朝着一个更为恒定持久的方向行进。这一历史时期内发生剧变的年份非常之多：1908年，一场革命突然爆发；1912年，利比亚战争的影响波及黎巴嫩海岸地区；1914年，第一次世界大战；1916年，麦加的谢里夫侯赛因领导的阿拉伯大起义，在伊斯兰世界内部引发了剧烈的社会冲突，大马士革和贝鲁特的绞刑架更是为之提供了充满腐烂尸体的奇观；1918年，在协约国胜利的形势下，叙利亚暂时成立了一个阿拉伯王国；1920年，法国

通过“委任统治”的方式占领了叙利亚地区。这长达十年的动荡局面，虽然通常发生在叙利亚地区之外，却导致叙利亚的命运一再被重新规划和安排，一个处于“委任统治”下的国家形成了，它迫使其人民对自己的身份属性进行重新定义。以上这一切都始于人们恢复宪法时代社会秩序的愿望。

1908年的那一刻

为了庆祝大马士革成为新首都而点亮的灯火，阿勒颇街头的秘密讨论所传达的人们的担忧，以及发生在拉塔基亚的游行示威，这些都是外国领事馆的记载向我们传递的第一印象。在报刊文章和当时人们的自传体作品中，7月发生的一系列事件都得到了证实。[3] 123
1908年7月23日至24日，苏丹阿卜杜勒·哈米德二世在驻马其顿第三军的压力下恢复了1876年宪法。军方的军事行动的遏止，以及1876年宪法基本文本的恢复，都是由统一与进步委员会（Comité Union et Progrès）的一群军官充满荣誉的坚定行动所促成的。[4] 帝国走到了一个分岔口，就像所有新生的事物一样，1908年事件带来的回响唤起了人们的希望，也引发了人们的担忧。

为了理解情况的复杂性，我们有必要将此事件置于当地的背景中。从一开始，农村和城市就没有发起同样的社会运动。关于农村地区的信息很少，因而所有的猜测都是可能的。我们还必须就对“运动”一词本身的含义理解达成一致。法赫里·巴鲁迪在他的回忆录中回忆了他是如何告知大马士革附近的杜马镇关于宪法恢复的消息的。[5] 然而，这一消息却几乎无法传到更偏远的村庄。同样，幼发拉底河沿岸一线的人类定居点最初也未受到影响。各地内部斗争盛行。[6] 总的来讲，此次运动最初仅局限在城市里。

在叙利亚各城市，1876年宪法恢复的消息受到人们的欢迎和支持。宪法的恢复预示着之前的城市议会制度的回归，这一政治模式在年轻的激进分子中得到广泛支持，也得到显贵阶层的认可。

1876年宪法的短暂实践的尝试（一代人之前），给人们留下了议会这一机构是行使权力和进行公共决策场所的印象。对于显贵和新出现的大家族来说，宪法是社会现代性和国家权力分配的显著标志。[7] 然而，人们对此还有其他的感受和认识。诸如新成立的政权是否符合伊斯兰教法？这是否意味着中央政府的权力在地方更大程度上的渗透？自由能否保证奥斯曼帝国的稳定长久？

这些疑问远非民间的传闻轶事，而是切实地在民众中引发了分歧。随着公众讨论的迅速展开，人们对奥斯曼帝国苏丹的统治提出了疑虑。发行的报刊种数迅速从7种增加到了29种，这凸显了阿拉伯公共生活领域的活力。[8] 当然，这种现象不仅出现在叙利亚地
124 区，也出现在整个奥斯曼帝国。思想的交流使各社会团体分裂为新社会秩序的支持者和反对者。阿勒颇的基督徒、大马士革的乌理玛、学校里的年轻人、流亡的知识分子迅速进入互相对抗的状态之中。这些分裂不一定同教派差异交织在一起，但它突出了居住地、行政职位、宗教或种族属性等社会身份属性差异。人民对社会的希望和对宪法表示支持的态度，以及发生在奥斯曼帝国首都的革命，重新开启了叙利亚当地的政治斗争和社会论战。

帝国首都7月的政变使得奥斯曼帝国苏丹的统治权力被暂时中止。在大马士革，被流放和软禁的福阿德帕夏被告知即将获释。他宣称自己将前往首都。[9] 作为瓦利的舒克里帕夏则退出了所有政治争斗，他更愿意静待新政府接下来的政治打算。很快，青年土耳其

党派出了一个代表团来安抚叙利亚当地的权力代表。

与此同时，行政和政治限制的解除在夏季时分的叙利亚掀起了一股自由之风。这首先反映在议会召开会议次数和政治讨论的增加上。人们激烈地讨论着社会的方方面面，从奥斯曼帝国的未来到女性在社会中的地位。1876年宪法的恢复为开创一个新时代带来了希望——尽管来自巴尔干半岛的坏消息给这个新时代蒙上了一层阴暗的迷雾。奥匈帝国对波斯尼亚-黑塞哥维那（Bosnie-Herzégovine）的吞并标志着穆斯林的帝国在这片土地上的又一次撤退……作为回应，奥斯曼一方开始了抵制活动，奥匈帝国驻大马士革领事遭到袭扰，阿勒颇爆发了针对吞并事件的抗议活动。[10] 每个城市都开放了新的社会公共空间，对于叙利亚国家建设的社会讨论不断增加。

叙利亚各城市发起的政治活动大同小异。一些咖啡馆成为举办青年聚会的场所，清真寺和一些私人住宅成了人们进行激烈讨论的场地，当地沙龙成为社会知名人士展示自身社会地位的地方。[11]
即便身处同一家族，也并不一定就会持完全相同的观点：他们中可
能有穆斯林改革派的支持者，也可能有更为激进的统一与进步委员
会的支持者，对叙利亚未来的愿景可能导致他们产生冲突。这些城 125
市知识分子迸发出的激奋之情，使从阿勒颇到大马士革的一系列城市充满了社会活力。然而，对于代尔祖尔的城市居民来说，这次动荡的影响似乎是相对遥远的：他们首先希望确保城市权力机构的稳定——这是城市核心力量维持其生存的唯一保证，同时希望维持地方驻军，以对抗来自周围部落的威胁。

随着整个夏天政治辩论的升温，在新一届议会即将召开之前，从大马士革出发前往麦地那的铁路终于成功开通。这一交通技术上的极大革新，连接起了叙利亚南部到汉志地区这一片人口和经济资

源盆地，从交通层面上统一了既有的传统商业和家族联姻网络。这段历史展现了苏丹的政治雄心，他希望这一挑战了他本人统治权威的伟大工程能在革命后重现。

1908年发生的事件称得上是一场革命吗？当时的记者对此最常见的表述是“l'inqilâb”[12]，意思是“推翻”，指的是政治制度的改变。1908年的夏天结束时，苏丹的统治权力实际上已然动摇，新的权力机构很快在一系列的政治博弈之后诞生。新当局决定根据1876年颁布的选举法进行政治选举。事实证明，这个决定也符合奥斯曼帝国的现实情况。然而，在1908年，由于夏季激烈的社会政治运动和哈米德时代带来的变化，这一选举法的颁布产生了新的社会推动力。

一个新出现的世界推动了1908年夏季的政治辩论，这个新世界是20世纪初阿拉伯东部地区被称为城市时代或“黎凡特”时代的新世界。激进分子法里斯·库里（Fâris al-Khûrî）、穆罕默德·库尔德·阿里（Muhammad Kurd ‘Alî）、阿卜杜勒·拉赫曼·沙赫班达尔（‘Abd al-Rahman Shahbandar），甚至更为年轻的法赫里·巴鲁迪都是在这个时代开始声名鹊起的。这些出生于19世纪七八十年代的人，也就是19世纪90年代的一批年轻人，比他们的先辈一代接受了更为先进的学校和大学教育。他们学习法律、文学、自然科学等科目，通过诗歌创作积极参与阿拉伯语的复兴运动，诗歌内容往往
126 回应了当下时事。[13] 此外，人们预期寿命的显著增加，以及人口结构的转型，都有利于充满更多热情的一代人的到来。这一代人创造和分享的社会准则使得革命的开展获得了新的力量，如咖啡馆和新闻印刷媒体。

1908年革命的悖论在许多革命事件中共存。在原有的政治秩序崩溃之后，发生了一系列的剧变，如逃亡政治犯的归来，新的思想

团体的形成，新成立的当局试图创建一系列新的政治制度。政治人物在进行制度创建时遵循了两种高度矛盾的政治建设议程，一种是在某些社会政治主题上表达政治意见、呼吁和进行政治定位，另一种是党派登记、选举和政治选择的制度化。变化不定的政治建设方式使得这些人最终不得不选择这条或那条政治道路，而不能完全控制政治选举的利害关系，甚至连恢复宪法的支持者们也对此措手不及。然而，正如当时的政治人物在他们的回忆录叙述中提出的那样，他们改写了那个时刻，表明了自己的政治立场，使得自己的政治行动更为顺利。因此，在革命事件发生后，他们都成了阿拉伯主义事业的捍卫者，而不是统一与进步委员会的支持者。

选举根据1876年颁布的选举法进行，一个由选民群体组成的机构负责任命议会议员。因此，如果候选人是自由的，如果选举竞争存在，那么选举的筛选过程就存在，这使得那些代表叙利亚大家族的候选人当选，而这些人往往得到行政当局（比如瓦利）或社区领袖（即族长）的支持。最终[14]，沙菲克·穆亚德（Shafîk Mu’ayyad）、阿卜杜勒·拉赫曼·优素福（‘Abd al-Rahman Yûsuf）、穆罕默德·阿杰拉尼（Muhammad al-‘Ajlanî）和拉什迪（Rushdî ）贝伊在大马士革市成功当选。第一位是奥斯曼帝国债务委员会的成员，第二位来自商队，为负责朝觐活动的埃米尔。在霍姆斯，阿富汗尼的门徒阿卜杜勒·哈米德·宰赫拉威（‘Abd al-Hamîd Zahrâwî）获得选举胜利。一些评论员谈到，这是反动派，也就是乌理玛的胜利。与此相反，我们必须看到，这些选举结果应该被视为城市显贵阶层的政治成功，自20世纪初以来，他们通过财富积累、施展其社会影响和参与行政事务树立起了自己的权力。议会议员的职位并不足够吸引 127
人，以至于穆罕默德·阿杰拉尼宁愿在12月初辞去在议会的职务，转而专注于叙利亚当地的事务。从这点来看，1908年举行的选举标志着第一次革命动荡局势的结束，确认了过去的社会政治发展成果，并将它们锚定在一个新的社会政治秩序中。

议会时代的叙利亚各省：1909—1914

代表们在选举之后不久就离开叙利亚出发前往首都。与1876年不同的是，他们迅速进入了首都并参与政治讨论。然而，他们中的一些人在参加议会会议时遇到了语言沟通障碍，因为会议使用的语言是土耳其语。这迫使叙利亚地方代表不得不迅速学习土耳其语，以便能够在议会中发挥积极的作用。[15] 随着议会的开幕，两个政治舞台以一种前所未有的方式交织在一起：一个在君士坦丁堡，另一个在叙利亚各省。

在经过革命的突然袭击和机构的创建过程之后，叙利亚反对统一与进步委员会建立的统治秩序的政治对手们反应过来了。那些拒绝当前社会全部或部分变化的人们，马上开始利用获得的新闻出版和结社自由方面的权利，向统一与进步委员会发起了挑战。在1909年的头几个月里，几家宗教社团与统一与进步委员会展开了政治斗争，如在大马士革的兄弟会协会（la jama'a al-ikha'）或在拉塔基亚、阿勒颇的贾马阿尔·伊尔蒂贾亚（al-jama'a al-irtîjâ'îyya）。[16] 这些社团都有一个共同点：强烈依恋他们想要保卫的哈里发。因此，他们的政治话语往往带有伊斯兰主义的色彩，即在政治上捍卫伊斯兰教。与此相反，尽管失去了在新统治秩序中未占一席之地的人们的支持，但是统一与进步委员会得到了叙利亚各省的支持。于是，新成立的政权在这方面作了初步调整。

1909年3月，奥斯曼帝国苏丹的支持者在叙利亚公共广场发起了抗议活动。清真寺充当了这一新呼声的发声场所。社会公共空间的两极分化并不令人意外。在最初的激烈辩论后，一个有组织的统一与进步委员会遇到了一系列挫折。但是，这一事件的余波却令人
感到惊讶。3月31日，帝国首都发生了试图恢复苏丹全部权力的武 128
装起义，但起义在土耳其新政权及其军事盟友的镇压下失败了。此次起义进一步削弱了苏丹的权威，并导致阿卜杜勒·哈米德二世被废黜并离开了帝国首都。在各省，对苏丹支持者的镇压引发了更大的政治分裂。

在地方各省，苏丹的政治支持者们改变了立场，不再对苏丹表示明确的支持。然而，这种政治立场的改变也掩盖不住这样一个事实，即奥斯曼帝国苏丹的反对者和支持者之间是无法达成和解的。例如，苏丹的支持者们组成了穆罕默德联盟协会（ittihâd muhammad），该协会将回归伊斯兰教教义与反对统一与进步委员会两种政治主张结合在一起。社会政治生活正朝着新的方向发展，并继续得到蓬勃发展的印刷媒体行业的大力宣传，特别是流亡埃及的叙利亚人创办的报纸进入了穆卡达斯（al-Muqtadas）等叙利亚的主要城市。[17] 同样，对于一些妇女来说，俱乐部和咖啡馆里也充斥着关于社会政治问题的讨论和立场声明。这种辩论和斗争的社会氛围仍然存在，但是主要局限于城市。国家统治当局的撤退、缄默和等待创造了机会效应，而贝都因人和其他对城市国家怀有敌意的人则从这种环境之中受益。于是，阿勒颇和亚历山大勒塔（Alexandrette）之间的邮递车被洗劫一空。[18] 随着社会上的不断争论，“忠诚”和“权力”这些概念被重新定义，一种混乱的社会局面出现了。这种混乱局面，特别是为维持武装部队而需要不停征用社会物资的需求

情况，导致了物价上涨。于是，人们向议会提出的首批申诉之一，就涉及取消军事征用这一问题。[19]

统一与进步委员会于1909年新成立的土耳其中央当局，梦想着建立一个现代化的、统一的中央集权国家，它试图通过1908年政变①，去加强和巩固拥有完整主权且没有任何争议的奥斯曼帝国的统治基础。这个伟大蓝图的建设主要体现在三个方面：加强税务征收以避免债务违约的发生；在城市中部署和成立能够得到民众支持的政治团体；通过精简政府官员，对行政事务进行改革，以及提高
129 土耳其语在行政机构之中的使用比例。最后一方面的一系列措施在几年内打破了以大家族成员在不同省份之间的流动为基础的行政培养模式。[20]与原来的模式相反，一部分人在首都君士坦丁堡扎下根基，并试图参与中央议会机构；其他人则被限制在自己出生的省份之内。[21]这三重变化引发了人们的紧张和愤怒情绪，引起了新的社会运动。随着中央当局试图通过禁止某些新闻出版物，并迫使出版协会通过一项关于其地位的新规来重新控制新闻界，形势变得更为严峻。

1909年，示威和罢工充斥着大城市的日常生活。这些运动表明了人们的不满，但并没有演变成更为暴力的抗议行动。尽管如此，传统的露天市场被关闭，城市的食品供应仍然不确定。这与贝都因人在农村再次引发冲突的事件形成了鲜明对比。在北部，贝都因人给庄稼和村庄造成了巨大损失，但他们不再危及人类定居点。在豪兰地区，农民反抗政府当局征税，遭到了严厉镇压，30多人遭到屠杀。[22]关于后一事件，新闻媒体上出现了截然不同的评论，例如，

① 即青年土耳其党人革命。——译者注

对穆罕默德·库尔德·阿里来说，起义是为了反抗封建地主们（iqta'iyin）的奴役。再往南，德鲁兹人发动的起义呈现出了前所未有的特征。

诚然，1896年的第一次起义迫使奥斯曼帝国当局部署军队并占领了火山地区，但到1909年底，这种军事部署和占领的性质发生了变化。[23] 占领的动机并没有变化：德鲁兹人要求获得征兵豁免权和对征税税额进行限制，但新的统治当局以实现国家现代化的名义，拒绝继续延长他们的豁免权及相关特权，省总督法鲁克还派出了军队。德鲁兹人发起的突然袭击标志着一场围绕家族荣誉的旗帜（le bayrân）的起义的开始。阿特拉斯家族在祖坎·阿特拉斯（Zuqan Atrash）领导下组织了类似游击战的行动。出于认知和情感上的归属，许多家族的领袖在其家族内部成员的推动下加入了这场反抗行 130
动，妇女和儿童都受到了保护。

为了应对这次起义，总督法鲁克派出了大量军队（3.5万人），并通过使用重型火炮、扫荡和占领德鲁兹人的土地等手段，开始了平定叛乱的行动。经过奥斯曼人的平叛努力，起义被暂时压制，但并未完全消失。因此，就必须通过一定的策略去重建地区内的和谐关系。1911年春，德鲁兹人的主要领袖被邀请到大马士革，为实现双持久的停火进行谈判。但他们刚到就被关进了监狱，祖坎·阿特拉斯被处死。德鲁兹人的这次起义具有决定性的意义。这是德鲁兹人第一次受益于城市的媒体宣传，尤其是在大马士革，住在那里的思想家通过媒体谴责当局过度使用暴力。此外，起义还唤醒了人们对反抗斗争的记忆，揭示了叙利亚人民与奥斯曼当局对抗历史的脉络，从而使得人们重新团结起来。这也显示出阿特拉斯家族在叙利亚的压倒性优势地位。最后，此次起义展示了中央统治当局和边缘地带人民之间的冲突可能会失控而外溢。因此，德鲁兹人的此次起义可以说是一个历史转折点。

从1910年夏天开始，行政改革产生了新的社会分化。土耳其语成为唯一的官方行政语言。这一决定符合国家标准化的理想，却激发了部分精英对土耳其当局的不满和指责。[24] 说阿拉伯语的人发现自己在帝国行政部门中被降级了。这些行政部门的成员原本在叙利亚以外的地方获得职位的机会就较少，此时在叙利亚当地又面临着更精通土耳其语的人的有力竞争。阿拉伯语的使用被局限于宗教和文化语言中。这种政治变动直接影响到了叙利亚地区党派格局的重组。1911年1月，在一份谴责统治当局逮捕一名议员的请愿书发布之后，一个短暂的人民党（hizb al-sha‘ab）成立了。[25] 在这份请愿书中，有两名签署者来自叙利亚地方省。在社会媒体和宗教布道中，人们抱怨奥斯曼当局那种以道德为名义的任命方式，比如对阿勒颇苏丹学校校长的任命。在叙利亚各省的各个地方，以报刊、电报和请愿书为主要形式的社会运动仍在继续。[26] 最后，在1911
131 年底，自由联盟党（le parti hürriyet ve itilâf）诞生了。创始人之一的沙菲克·穆阿娅德（Shafiq al-Mu’ayyad）来自叙利亚的一个大家族，因而得到了很多人的好感和支持。

我们应该如何看待自由联盟党得到的这些支持？这体现了许多作家所期待的那种阿拉伯民族主义吗？该党的成立是基于对侵犯其他民族合法权利的大土耳其主义的否定和谴责吗？关于这些问题，有几个重要因素值得我们进行回顾。首先，这个政党是奥斯曼帝国改革事业的延续，因为奥斯曼帝国的官员们希望自己免受专制国家的影响。其次，对大土耳其主义的政治批评也与土耳其语的使用有关。但是，这一改革迫使政治对话的双方将各自的主张限定在一个语言范畴内。于是，语言社区和民族社区之间的关系开始了微妙的转变。最后，以上事件发生在国家社会政治分化不断演变、社会媒体活跃和政治选举制度化的时期，这一时期，两党制的政治雏形正在形成。事实上，这其中牵涉更多的是统一与进步委员会的支持者和反对者之间的个人立场之争，以及精英集团内部的斗争问题。参与这些斗争的各方之间，存在着两种并行不悖的政治关系——通过在中央议会投票或以某种方式发言来表达不同政治主张，于他们同属于一个党派这个事实并无妨碍。[27] 那些谴责耶路撒冷桑贾克早期犹太复国主义者开辟定居点的人们，那些批评林奇（Lynch）在幼发拉底河岸地区领土问题上让步的人们，或者那些为利比亚战争担忧的人们，都成了阿拉伯民族主义的支持者，而阿拉伯民族主义在很大程度上仍在酝酿之中。

战争的卷土重来引起了人们的讨论、恐惧和新的社会发展走向。自1911年9月以来，意大利一直对奥斯曼帝国虎视眈眈，要求控制的黎波里塔尼亚（Tripolitaine）和班加西（Benghazi）两个地区。①这使得阿拉伯地区的军官，特别是伊拉克方面派出的部队参战，变得尤为重要。此外，贝鲁特遭到意大利海军的轰炸，也引起了叙利亚人的愤怒和恐惧。在法国，雷蒙德·普恩加莱（Raymond Poincare）已经在国民议会中宣布，法国要保卫其在地中海地区的利益，并在必要时控制叙利亚地区。[28] 欧洲大国的这些重重野心浮出水面，引发了一场新的“东方危机”，预示着奥斯曼帝国的领土将被进一步瓜分。第一次巴尔干战争爆发时，尽管进行了激烈的

---

① 当时奥斯曼帝国在北非的属地，位于利比亚，奥斯曼在此地的土耳其军队十分有限，很大程度上需依赖周边阿拉伯地区的军官。——译者注

抵抗，奥斯曼帝国还是很快在利比亚战争中被击败，并做出了妥协
132 让步。恢复苏丹王权的希望彻底破灭了。

对于此次战争，各方做出的反应各不相同。精英阶层表现出他们对穆斯林政权的依恋；德鲁兹地区各部落直到1913年才公开表示他们准备拿起武器对抗西方。其他各方团体的领袖们也发挥了带头作用。与此相反，阿拉伯或基督教支持者们却同情和支持欧洲大国的计划。[29] 叙利亚地区内部社会身份认同的裂痕因此而变得更加明显。

在利比亚战争（1911）和第一次巴尔干战争（1912）之间的时间里，奥斯曼帝国议会举行了第二次选举。面对自由联盟党越来越受欢迎的局面，统一与进步委员会的成员敦促政府解散了议会，这更加速了选举的进程。以上情况并没有阻止选民之间，尤其是城市内部选民的社会讨论、作品出版和政治辩论。借助最新的印刷技术，选民们推动了各种社会思想在叙利亚地区的传播。正如哈桑·卡亚利（Hasan Kayali）指出的，围绕此次选举活动，奥斯曼帝国的“政治文化”形成了。[30] 然而，选举的结果却令统一与进步委员会的政治对手们感到失望。重新设计的行政区划，使乡村地区的社会精英比城市地区的社会精英得到了更多的权力和代表席位。这意味着自由联盟党的支持者们没能控制叙利亚各省。然而，此时也出现了新的转折。激烈的政治讨论和辩论使得新的政治思想扎根于叙利亚当地，并推动了行政机构的变革，凸显了叙利亚各省共同的文化特征。就这方面来看，第二次选举开启了叙利亚这个外围地区与奥斯曼帝国中心之间关系的新时代。

尽管统一与进步委员会赢得了选举，议会的筹备和召开却再次

被搁置。1913年1月23日，一场政变[①]阻止了议会的审议进程。政变后，行政机构并没有在中央一级进行改革，而是由执政权力机构中的三巨头——恩维尔（Enver）帕夏、贾马尔（Jamal）帕夏和塔拉特（Talat）帕夏共同控制。这种权力的搁置，发生在奥斯曼帝国各方关系正经历全面重组的时期。两类政治角色改变了这种局面：统治集团的内部精英和他们的外部代理人。统治集团内部的精英试图努力捍卫他们通过外国使节、司法机构或宗教机构取得的社会政 133
治地位。我们也必须指出的是，1913年4月，阿拉伯语被重新确立为司法审判必须使用的语言，阿拉伯语的地位在省级而非帝国中央一级得到改善和提高。而精英阶层的代理人们和奥斯曼帝国以外的社会政治组织，也呼吁恢复阿拉伯人民应有的政治权利。

1913年6月18日至24日，阿拉伯大会（le Congrès général arabe）在巴黎举行。各方代表在会议总结中陈述了他们对阿拉伯民族国家的依恋。在后来的历史解读中，此次大会被看作是阿拉伯民族主义斗争中的一个里程碑式的事件。根据文森特·克洛雷克（Vincent Cloarec）和莱拉·达赫利（Leyla Dakhli）通过研究当时人的自传得出的结论[31]，这次大会是阿拉伯民族主义发展进程的其中一部分。一方面，无论是在纽约还是在开罗，许多地方都成了阿拉伯民族主义斗争外部的文化和政治舞台。在这些地方，出版物、定期的国际会议和其他相关的类似活动，都让我们看到了阿拉伯事业的坚定捍卫者的身影。另一方面，1910—1913年，阿拉伯人（他们被理解为是说同一种语言的社会群体）争取政治权利的斗争在那

---

① 即突袭高门，由统一与进步委员会发动，由恩维尔帕夏和塔拉特帕夏领导。高门是指奥斯曼帝国政府制定政策的地方。——译者注

些被赶出行政机构的各省精英阶层中愈演愈烈。除了这两股力量之外，我们还必须加上当地和外国政治参与者的干涉与参与，这促使当地的政治人物求助于外国势力的介入，以便在国内政治舞台上获得更为强大的力量。由此可见，阿拉伯代表是在利用巴黎这个国际平台传达这样一个信息——他们愿意同奥斯曼帝国政府展开谈判和协商。这就更容易了，法国当局虽然同意阿拉伯主义者们举行示威活动，却无意接管叙利亚，因为这样做可能会危及摩洛哥危机[①]后欧洲各大国签订的协议。尽管如此，此时期阿拉伯民族主义运动的发展，还是成为叙利亚地区人们身份认同发展的一个里程碑。

同奥斯曼帝国精英阶层之间的其他政治协商一样，统一与进步委员会政府让位于帝国议会，同时对那些毫不犹豫地向外国势力寻求政治支持的各省级代表表现出了不信任。协商结果解决了各省内部的分歧和矛盾，但奥斯曼帝国的经济危机随着面包价格的上涨而不断加剧。例如，在大马士革，面包的价格在春季上涨了三分之
134 一。这种经济危机局面，是由奥斯曼帝国当局撤出警察部队造成的贸易混乱和农业歉收造成的，商人们通过囤积居奇，抬高了食品价格。为了应对这些经济领域的混乱局面，以及边境地区战争引发的后果，奥斯曼中央当局允许阿拉伯人做出一定程度的调整。因此，在1914年初，叙利亚出现了相对平静的局面。

那一年，叙利亚各省呈现出了一种全新的面貌。虽然当局仍在继续实现地区和平的事业，在北部对抗库尔德人，在南部对抗德鲁兹人，但南北部的领土早已被现代运输和通信线路连接在了一起。

---

① 指1911年发生的第二次摩洛哥危机，是德法两国为争夺摩洛哥所引起的战争危机。第一次摩洛哥危机发生于1905年。——译者注

即使是像代尔祖尔这样的城市，也因奥斯曼帝国首都的动荡局面而发生了行政和政治变革。[32] 这些都凸显了这样一个事实——尽管叙利亚处于奥斯曼帝国的边缘地带，但通过近一个世纪的地区内的持续互动，叙利亚逐渐形成了一个统一的人类定居实体的国家形态，这一观念也在叙利亚当地的文人圈子里越来越流行。城市世界统治着草原地区，草原地区的土地灌溉充足，可以从事持久的农耕活动；城市地区与贝都因人部落的关系发生了变化：部落集团内部充斥着人力和物质财富的流动转换，人类定居点或活动范围的变化削弱了部落本身的凝聚力。在这个高度政治化的城市世界中，“阿拉伯人共同体”的集体想象被重新激发。不过，关于叙利亚与奥斯曼帝国的关系存在着争议：随着统一与进步委员会政府的出现，奥斯曼帝国的领导层发生了巨大的变化，新的中央政府将殖民主义话语带到了帝国外围的阿拉伯世界。社会中的每个个体都在寻找属于他们自己的位置。因此，叙利亚各省远非一个破碎零散的世界，而是一个在讨论中逐渐合而为一的地区。然而，在1914年夏天，奥斯曼帝国的领导人们发现，他们不得不对席卷了整个欧洲的国际冲突采取明确立场。于是，一个新的转变也随之而来。

战争时期的叙利亚

在一个“梦幻般”的夏天[33]，欧洲各大国陷入了一场规模空
前的机械化战争。自1914年9月以来，欧洲大陆东部和西部数十万 135
人的死亡说明了社会面临战争这个新的现实，大规模的伤亡和全方位的战争动员，都是为了取得战争的胜利。到了秋天，协约国（法国、英国和俄国）和同盟国（德国和奥匈帝国）开始疯狂地寻找新

的战争同盟，以期削弱敌对方的战争实力。此外，各殖民帝国也整合起了各自的战争机器。从这个角度来看，奥斯曼帝国既是当前战争的战场，也是世界大战的直接参与者。

参战各方反复的谈判和交易表明，奥斯曼帝国最初并没有明确承诺会参与战争。[34]一方面，协约国集团希望奥斯曼帝国站在他们一边，为沙俄提供战争所需的武器和食品供应，特别是让法国和英国免于与奥斯曼帝国苏丹哈里发作战。于是，同奥斯曼帝国订立的债务条约成了一种施压手段，迫使这个大国加入协约国集团一方。另一方面，由于20世纪初奥斯曼帝国苏丹和德国皇帝的那次联合访问，同盟国集团也已同奥斯曼帝国建立起了比较牢固的联系，两国的官员亦早有合作关系。面对这种情况，土耳其统一与进步委员会政府和部分奥斯曼帝国民众担心，帝国可能会因为加入协约国集团而发生分裂。由此，是否妥协投降的问题出现了。奥斯曼帝国当局则想通过加入战争来废除之前的种种不平等条约，但遭到了法国和英国的拒绝。最终，协约国军队对奥斯曼军舰的突袭引发了战争，11月2日，奥斯曼帝国加入了同盟国集团。

在叙利亚各省，出现了很多政治集会。当时出现在社会媒体和游行示威活动中的政治口号说明，这些政治集会得到了帝国政府的支持。[35]面对来自外国势力的威胁，面对国家被分裂和被占领的危险，至少在我们的研究中所观察到的那些叙利亚人，宣布他们已准备进行战斗。这之中，几种情感相互交织：以叙利亚这片土地的名义，保卫民族和国家；出于对伊斯兰教的忠诚，而渴望维护一个自己属于其中的帝国；对属于穆斯林和阿拉伯世界的辽阔土地被欧洲强权统治的恐惧。以上这些因素都解释了为何奥斯曼帝国支持加
136 入战争。然而，帝国在人员输送方面存在着不少技术问题，最后，

通过在如奇里乞亚等地宣布紧急状态，这一问题才得以解决。

1914年11月5日，为组织整个叙利亚地区参与到战争之中，第四军将军扎基（Zaqî）帕夏召集黎巴嫩、阿勒颇和其他叙利亚各省的总督齐聚一堂。阿勒颇成为征募士兵的集结中心。此时期即为赛弗伯利克（seferbelik）*时期。[36] 大规模的战争动员行动随之而来。这一动员行动的顺利进行，还要得益于自本世纪初以来奥斯曼帝国在叙利亚不断强化的行政改革。据估计，叙利亚各省向奥斯曼帝国中央提供的士兵人数在5万—6万人之间。[37] 即便是在较为边缘地带的代尔祖尔，被征募的部队也在向城市集结，然后前往阿勒颇市加入帝国的正式军队。[38] 这些征募士兵的程序同其他面临战争威胁的国家没有什么不同：面对一场大规模和迅即发生的战争，必须召集尽可能多的士兵来帮助国家承受战争带来的冲击。

这一战争动员过程还伴随着奥斯曼帝国各种政治控制措施的强化。敌对国的外国领事基本上都匆忙撤离了奥斯曼帝国。他们留下了不少档案材料，法国领事馆的保险箱里就发现了一些建立阿拉伯国家的支持者和法国领事之间的往来信件。同样，欧洲各大国的侨民也被要求离开奥斯曼帝国。然而，他们无法乘坐将他们带到接收国的交通工具，就像其他数以千计的个体一样，侨民们不过是与战争有关的大规模人口流动中的一小部分，但他们是欧洲大国想要重点保护，并试图在叙利亚当地也得到庇护的人。很快，这些人在外交信件中开始被称为“难民”[39]，并在这个与武装冲突有关的不断变化的世界中为人们所知。

随着第一次世界大战的爆发，奥斯曼帝国的国家指挥结构发生了变化。塔拉特帕夏、恩维尔帕夏和贾马尔帕夏三大政治巨头根据地理因素划分了不同战线。正如历史学家尤金·罗根在其著作中所指出的，第一次世界大战对奥斯曼帝国的特殊之处在于，在其历史之中，奥斯曼帝国第一次在欧洲、非洲、美索不达米亚和高加索地区几个方向同时遭到来自敌对国家的攻击。[40] 尽管奥斯曼帝国军队得到了德国的支持——冯·谢伦多夫（von Schellendorf）将军和恩维尔帕夏一起指挥作战，但帝国还是受到了不小的军事威胁。1914
137 年12月5日，贾马尔帕夏奉命在阿勒颇担任前线指挥，他前往叙利亚的西部省份进行巡回检阅，从阿勒颇巡到大马士革，又从大马士革巡到贝鲁特。贾马尔帕夏的军事任命标志着叙利亚各省进入了战争状态。

关于贾马尔帕夏，史书记载中着墨颇多。他在战争中的一系列成就，使他成了“黑色传奇”。但他的个人经历与在1908年起义中掌权的那一代军官并无不同。[41] 他于1873年出生在莱斯博斯岛（Lesbos），收入微薄的家人将他送到了位于君士坦丁堡的军事学校就读。1890年，他考入君士坦丁堡的库勒利高等军事学院（Kuleli High Military College），从此开启了个人的军事生涯。1896年，贾马尔在萨洛尼卡接到了他的军事任命。在萨洛尼卡，他接受了统一与进步委员会的政治思想，并在这里围绕军事这个核心问题对军队进行改革。1907年，贾马尔成为第三军团管理委员会的成员，继续在这个秘密组织中积极活动。他一直专注于军事事务方面的工作，因此，从革命一开始，他就在这个组织中发挥着重要的作用。1913年，他参与了君士坦丁堡的政变，最终成为统治奥斯曼帝国的政治三巨头之一。

究竟是什么引导着贾马尔帕夏参与到这些政治行动之中？许多学术辩论把他描绘成土耳其民族主义者，因为他排斥其他所有种族。另一些人的记载中则把他描绘成了温和派，因为他接受过帝国军事学校的专门训练，认同进步主义的政治理念，即国家必须通过采用最新的科学技术、革新文化规范，去引导人类社会走向现代化。因此，他支持地方发展，也支持国家行政规范的标准化。与此相反的是，他反对奥斯曼帝国中那些支持地方主义的声音，认为这是对国家统一的严重威胁。

因此，当贾马尔帕夏在1914年到达叙利亚时，他希望在叙利亚
开展同样的军事动员和公民社会的革新。在当时的情况下，他立即
开始为苏伊士运河战役做战争准备，以保卫奥斯曼帝国的领土。[42]
战壕和防御堡垒遍布海岸线地带，以阻止协约国军队的任何登陆行
动。在地中海东部，法国舰队负责在海岸地带进行军事监视，他们
在艾尔瓦德岛（l’île d’Arwad）登陆，并封锁了海岸地带所有的贸
易活动，这开启了叙利亚沿海地带的海上封锁时期。1915年2月，
停泊在的黎波里附近的俄国军舰轰炸了海岸地区，摧毁了奥斯曼帝 138
国的一个炮台，这让帝国开始注意来自海岸地区持续存在的危
险。[43]很快，人们的注意力转向了南方地区。在德国盟友的建议
和要求下，贾马尔帕夏负责率军征服苏伊士运河。

1914年底，贾马尔帕夏的军队开始集合，并引发了一系列的社会混乱。军队出于战争需要而对食品和基本生活必需品的征调，加剧了在战前就已经面临供应压力的市场紧张状况。如果没有事前的整体规划和定量的数字规定，这种军事征调行为只会导致市场供求的失衡。随着食品供应量的减少，城市商人开始在粮食生产和粮食价格上进行投机活动，这加速了食品价格的上涨和时而发生的食品短缺。但在1915年的时候，这种现象在很大程度上被掩盖了，因为就像其他处于战争状态中的社会一样，所有的做法都是为了迅速取得战争胜利。此外，叙利亚还远未形成一个统一的市场，以至于

面包的价格都因城市的不同而有较大差异。

2月初，贾马尔帕夏率领的军队开始向苏伊士运河区开进。一战中新的地区战争出现了。阿勒颇作为士兵集结和军事指挥人员居住的地方，仍然发挥着其重要作用，其铁路交通的质量、城市的规模和所具备的区位战略利益使它成为此次战争的主要作战指挥中心。从这个角度来看，大马士革的地位反而是次要的，主要发挥了铁路运输中转站的作用。在地面行动还未恢复的情况下，奥斯曼帝国军队在艰难地穿越西奈半岛后到达了苏伊士运河[44]，但他们在那里被埃及-英国联军击败，并败退至阿里什（Al-Arish）①。同盟国和奥斯曼帝国封锁运河的希望破灭了。与此同时，这一消息也令奥斯曼帝国感到担忧，因为敌人在达达尼尔海峡的军事行动将危及帝国首都。尽管沙俄军队的位置十分靠前，但只有美索不达米亚前线和安纳托利亚东部战线的战局比较稳定。这次失败暴露了奥斯曼帝国因为战争影响而出现的内部失衡，贾马尔帕夏的社会政治改革也受到了此次军事失利的影响。

从奥斯曼帝国内部来看，这场军事溃败引发了人们对统治当局的指责：是德国军官为了他们在欧洲的利益而迫使奥斯曼帝国采取
139 这次错误的军事行动吗？是那些阿拉伯民族主义者为了得到更大程度的民族自治权而背叛了奥斯曼帝国吗？1914年期间外国领事馆同他们埃及的政治伙伴定期通信的内容，加深了人们对以上问题的猜疑。信件强调的是希望摆脱奥斯曼帝国的压迫，而这一政治上的呼吁，更多是人民在战争期间对奥斯曼帝国的严密控制、为应付战争进行军事强征而造成的食品短缺，以及帝国强征人民入伍参战所做

① 位于埃及东部西奈半岛地中海畔。——译者注

出的反应。因此，对于1910—1912年出现的那些支持阿拉伯主义思想的秘密组织的某些成员来说[45]，向西方寻求支持和援助，似乎是摆脱奥斯曼帝国暴政的唯一途径。

面对批评和政治纠纷，贾马尔帕夏决定依靠强大的警察力量，采取暴力行动进行镇压。1914年，他先是实行政治逮捕，紧接着就是驱逐出境。很快，媒体中出现了关于审讯中使用酷刑的报道，这说明当时的政治审讯是何等残酷。在被拘留监禁的人中，大多数似乎并没有参与任何针对奥斯曼帝国的阴谋行动。报社编辑、省议会精英成员和自由联盟党的支持者们，记录下了阿拉伯人是如何参与到这个始于1908年革命的政治博弈中的。为了控制精英阶层，惩罚那些分离主义的政治企图，他们被帝国当局关进监狱。这些人中，包括舒克里·库瓦特利在内的少数人，都直接参与了旨在建立阿拉伯民族国家的秘密社团组织。[46] 1915年，奥斯曼帝国中央当局和地方权贵的政治关系迎来了转折点。一个接一个的死刑判决和三次大规模的绞刑执行行动使贝鲁特和大马士革笼罩在悲哀的气氛之中。堆积起来的土耳其士兵的尸体，逐渐成为那些因为参与“一战”而带给叙利亚人苦难的象征，以及事件发生时帝国精英对叙利亚军官背叛的象征。

1915—1916年帝国当局进行的三次政治处决成为一个转折的时刻，因为这使当地的精英阶层大为震惊。自1908年革命以来，为了在更为坚实的基础上重建地方同帝国的关系，精英阶层与中央当局建立起了前所未有的对话机制。但随着奥斯曼帝国官员子女的代际更替，分歧出现了，这种分歧不仅体现在秘密社团的建立上，也体现在他们的文学作品中。[47] 突然间，受到战争打击的不再只是 140
少数民族，而是所有支持奥斯曼帝国大厦的家族。政治隔阂不断扩大。由此，保卫阿拉伯国家不受奥斯曼土耳其占领的政治呼吁得到了更多人的响应。如果被认定为是占领者的土耳其人违反了帝国公约，那么阿拉伯人民及其推举出来的那些参与到阿拉伯政治复兴的积极分子代表们，就必须获得充分的和完全的独立，之前的那些语言（土耳其语和阿拉伯语）社区，也随着战争进程的推进演变成民族主义群体。虽然以上这一呼吁与普通大众无关，但在1916年又发生了一些事件。

社会生活条件的恶化加剧了人们对贾马尔帕夏的严重不满。关于贾马尔帕夏，出现了两个相互冲突的对立形象：一边是"饥荒制造者"，另一边是新时代的"创造者"。关于第一个形象的形成原因，存在着比较充分的历史记载[48]，特别是发生在黎巴嫩的饥荒。一场可怕的饥荒导致许多叙利亚人和黎巴嫩人的死亡，我们很难给出确切的死亡人数，但很可能是当时人口的三分之一。这次饥荒打击了社会关系中最为亲密的家族关系。正如伊丽莎白·汤普森（Elizabeth Thompson）所指出的[49]，此次大饥荒破坏了当地社会的家庭结构：家族中的族长，无论是因战争而离家还是死于饥荒，都消失了。其造成的结果是社会的相对女性化，最重要的是，事实上的个体化。此次饥荒毫无疑问是战争暴力的体现，而这主要是由于以下三种因素造成的：由协约国集团组织、法国给予保障的海上封锁；产品和贸易循环因军事征用和人力调动而中断；叙利亚各省之间食品交易市场的缺乏。在对饥荒带来的影响进行衡量时，我们必须给予足够的谨慎，因为其影响是因地区而异的。其中，包括黎巴嫩地区在内的叙利亚南部地区受到的影响似乎是最大的，这是因为黎巴嫩地处战争前线空间内致使其海陆空交通中断而导致的结果。在大马士革和阿勒颇之间的内陆地区，也有许多人因战乱和饥荒死亡，但那里受到的影响不那么明显，因为人们隐藏起了他们储藏的物资以避免被军队强行征用。最后，虽然幼发拉底河周围脆弱的自然和社会平衡得以维持，但这并没有阻止相对较高的人口死亡率，除大规模的绞刑造成的死亡之外，对民用和军事供应物资管理不善的问题都使得人口死亡率居高不下。

与此同时，贾马尔帕夏正在利用手中的权力来改造和发展这个 141
国家。他对当地城市的未来发展进行建设，奖励那些为支持同盟国集团战争做出贡献的叙利亚城市，并在城市中实施他提倡的先进技术。甚至连驻扎当地的德国行政官员也对他推动的这些城市发展项目表示认可和敬意。[50] 贾马尔帕夏在1915年和1916年所做的努力，也集中在发展当地农业生产和交通运输业上。叙利亚境内小块网格状分布的土地、连通境内各地区的现实需求，以及对更大的农业产能的追求，都有助于在当地启动重大的发展项目。贾马尔帕夏还计划通过开设法学院来将叙利亚各地各民族重新统一在同一政治框架内。[51] 尽管叙利亚北部在1915年出现了新的人口群体，可以适当弥补人力的缺乏，但是，由于执行措施、人力和时间方面的缺乏，以上这些愿景的全面实现仍遭遇阻碍。

从1915年4月开始，叙利亚各省成为被暴力驱逐出安纳托利亚高原地区和沿海城镇的亚美尼亚人的新家园。①这一新的历史进程，是叙利亚地区发生针对亚美尼亚人种族灭绝事件的重要原因。[52] 不太为人所知的是，此事件与发生在安纳托利亚地区的事件有很大

① 1915年，继亚美尼亚知识分子大驱逐后，奥斯曼政府下令将全部亚美尼亚族裔“押运”至叙利亚和美索不达米亚的沙漠地带，还在沿途修建了25个集中营来转移这些亚美尼亚人。——译者注

的不同，而且是多重展开的。一项针对亚美尼亚人的统一计划正在执行，目的就是摧毁并消灭他们。暗杀、集中营、沿路屠杀和强迫他们向幼发拉底河南部地区迁移都是有组织的种族灭绝策略。在这里，我们并不是在回顾这场20世纪第一次种族灭绝事件的成因和形式等问题，而是要揭示奥斯曼帝国的人口管理所带来的三个后果。叙利亚成为亚美尼亚人向幼发拉底河周围干旱沙漠地区行进的途经之地，在被迫迁移和行进过程中，他们往往受到当地士兵的骚扰，被他们抢劫、贪婪地掠夺，甚至被他们屠杀。总的来说，抵达叙利亚的亚美尼亚人（在当时的边界范围内）似乎没有遭受到大规模的屠杀，但一场被遗忘的屠杀行动值得我们在此处提及。在种族灭绝事件爆发后的几个月里，在叙利亚北部的艾因角一条通往巴格
142 达的铁路边，近1.4万亚美尼亚人在这里被库尔德人和土耳其人的军队杀害。[53] 他们的头颅被埋藏在地下，在接下来的几十年里，这一可怕的屠杀事件很快被人们遗忘了。这些在向沙漠地区行进路上死去的可怜囚犯们，都湮没在了此地的风景和人们的记忆中。

亚美尼亚人的迁移主要有两个大致的方向。第一个是向幼发拉底河，代尔祖尔市是他们漫长旅程的最终目的地。经历了屠杀的幸存者们住在临时营地里，得到了当地人的一些支持和帮助，但这并没有阻止他们的孩子被拐卖到大部落的家族中沦为奴隶和家仆。亚美尼亚人也给这个城市带来了一种新的人种面貌。再往西，巴格达火车站成为亚美尼亚人通往叙利亚大城市的第一个中转站。阿勒颇、哈马，以及较少人选择的耶路撒冷和大马士革是他们迁移的最终目的地。这是对亚美尼亚流动人口的另一种管理方式。贾马尔帕夏所采用的政策与他的同时代三巨头同僚有所不同，他希望将这些新的外来劳动力用于正在实行的叙利亚地区建设发展计划。这就是

为什么在北部地区的铁路修建上，在哈马周围的农业平原和城市里，这些新的外来者会被邀请加入这些公共工程和生产建设中。在这个过程中，贾马尔帕夏并没有把亚美尼亚人变成奴隶或强迫他们参与劳动，以消灭这些幸存者。他所采取的措施，更多是现代化了的威权政策的产物——这些新的外来者可以支持他领导的社会改革事业。无论如何，亚美尼亚人到达叙利亚，说明奥斯曼帝国政治系统产生了内部分裂：奥斯曼帝国在安纳托利亚地区商定的统一计划在帝国中心以外的其他地区不再有效。这一点表明，青年土耳其党政府与其他种族灭绝主义者之间存在的深刻差异。尽管如此，在叙利亚当地，人类分布的平衡状态还是被改变了。第一次世界大战催生出了一个全新的叙利亚。

1916年的转折

1916年，第一次世界大战的中东地区局势迎来了转折。在战争开始时开启的第一次军事行动和这一年形成的新一轮军事行动之间 143
存在着一段时间的潜伏期。在达达尼尔战役和美索不达米亚平原地区战役取得胜利，以及在高加索地区的军事撤退之后，奥斯曼帝国的前线局势陷入了僵局。为了重启新一轮的战争，帝国进行了外交努力与地方动员。1915年，英国在开罗的阿拉伯办事处负责人亨利·麦克马洪（Henry MacMahon）和［汉志统治者］麦加的谢里夫伊本·阿里·侯赛因开启了谈判，侯赛因是伊斯兰“圣地”麦加的守护者，而他的儿子费里萨（Faysal）曾是奥斯曼帝国议会的成员之一，对土耳其青年党政府持批评态度。侯赛因对英国的外交姿态也并非无动于衷，但英国对中东地区的态度仍是模糊的。对于英国来说，阿拉伯人在奥斯曼帝国后方的起义将重新开启美索不达米亚地区和埃及方面的战争前线，也可以帮助协约国对在达达尼尔战役中的军事失利进行报复。然而，英国政府在中东地区命运上所持的立场并不一致。在印度的德里，负责伊拉克前线的英属印度政府拒绝同意海湾地区实现任何形式的独立，他们认为，这将危及他们在19世纪辛苦建立起来的地区平衡。然而，随着欧洲方面的战争前线被冻结在战壕之中，协约国集团迫切渴望在中东地区寻找任何形式的新盟友。

1916年，所有政治、国际形势都呈加速发展之势。当一名阿拉伯官员提出，要组建一个支持阿拉伯民族事业的广泛的社会组织，而一些政治犯表示他们已准备好加入侯赛因的旗下，以对抗土耳其人的统治之时，英国人被这次行动的可能性说服了。然而，在出现大量伤亡的这一年里，英国也意识到其他协约国伙伴在叙利亚地区的既有权益不应受到损害。先是法国和英国，然后是俄国和意大利，都开始重新思考所参与的战争的最终目的是什么，这种再思考也涉及中东地区。法国外交部长保罗·康邦（Paul Cambon）和英国外交大臣爱德华·格雷（Edward Grey）之间通过往来信件进行暗中谈判协商，而他们各自的上级部长代表马克·赛克斯（Mark Sykes）和乔治·皮科（Georges Picot）则通过暗中操作，划定了英法两国在中东地区的势力范围和国际空间。二者达成的政治协议以赛克斯-皮科（Sykes-Picot）之名载入史册，这个协定实际上是由康邦和格雷共同签署的。在这个协定中，法国得到了叙利亚和奇里乞亚地区，其势力范围包括托罗斯山脉的海岸地带。作为交易，英国希望保留其在美索不达米亚地区的商品销售市场。至于阿拉伯世界其他广阔的地区，则仍然处在英法两国势力范围之间的沙漠部落的统治之下。

与此同时，英国驻开罗代表麦克马洪承诺，英国政府将帮助麦 144
加的侯赛因对抗奥斯曼帝国，建立一个独立的阿拉伯王国——但他并没有对这个独立阿拉伯王国的疆界做出明确的说明，为此，英国将会在物质和经济方面向侯赛因提供援助。这位宗教领袖完全有能力发动这场政治争斗，并由此将从地中海沿岸托罗斯山脉到波斯湾的土地纳入他所构想的阿拉伯民族国家之中。这是背信弃义吗？是背叛吗？前述的《赛克斯-皮科协定》以及麦克马洪与侯赛因的协定，更多的是一种战争策略，旨在缓和1916年协约国集团内部各国之间业已紧张的关系，同时也是为了在中东地区开辟一条新的战线，并通过伊斯兰宗教旗帜为战争的继续进行提供新的正统性。

1916年3月，侯赛因的儿子费萨尔前往大马士革。他在叙利亚著名的贵族巴克里家族的家中与阿拉伯秘密组织的武装分子进行了交流。阿拉伯武装分子们对发动起义表示赞同，前提是确保谢里夫王国的独立和阿拉伯东部地区的统一。但是，贾马尔帕夏在大马士革的势力让费萨尔感到不安，他不得不尽快离开大马士革。奥斯曼帝国警察侦察到了阿拉伯主义者们在这里活动的分支机构，接着，这些人都遭到逮捕、拷打，有些人甚至被处决。由此看来，阿拉伯主义者们面临的是真实存在的政治威胁，而奥斯曼帝国当局的镇压行动也破坏了他们组建起来的秘密组织。但是，谢里夫侯赛因和大马士革的当地权贵之间还是建立起了政治联系，这坚定了侯赛因反抗奥斯曼帝国统治的决心。1916年6月5日，在遥远的汉志地区的麦加，侯赛因发起了一场反抗那些蔑视伊斯兰教的人——那个毁灭了伊斯兰帝国的土耳其青年党政府——的行动。①他希望阿拉伯地区各部落团结一致，进行反抗斗争。与侯赛因的继任者所拥护的神秘的阿拉伯民族主义相反，此次起义所动员的力量并非国家意识的觉醒，而是以伊斯兰教名义进行的反抗斗争。

就目前而言，起义为贾马尔帕夏的镇压行动提供了新的理由，而叙利亚本身并没有受到此次起义带来的影响。总督有权软禁所有涉嫌在一战中支持协约国集团的人，他还曾与英国进行了一段时间的谈判[54]，看看英国能提供什么。然而，他的这些政治尝试在1916年迅速结束了，因为达达尼尔战役的胜利和亚美尼亚种族灭绝的完成给了奥斯曼帝国领导人以信心，甚至给了他们获得战争最终胜利的希望。

145 当俄国陷入革命之时，奥斯曼帝国就不能趁机恢复吗？恩维尔帕夏在高加索地区组建的势力给奥斯曼帝国的复兴再次带来了希望。可以肯定的是，英国人正在埃及重新集结达达尼尔战役后的残余部队，并准备通过西奈半岛向奥斯曼帝国发起反攻。目前，贾马尔帕夏已在叙利亚主要城市基本上稳住了政治局面，并设法成功遏制住了内部的反对势力。此时的叙利亚境内，饥荒肆虐，但是并未影响战争的继续进行。当然，在巴勒斯坦的帝国驻军还必须防止来自埃及的任何形式的渗透和侵袭。阿拉伯人的起义暂时阻碍了叙利亚地区内的交通，堵塞了开往麦加方向的火车道路。1917年7月，费萨尔的军队出其不意地占领了亚喀巴（Aqaba）。然而，这一地区

① 即阿拉伯起义，侯赛因意图建立一个领土范围北达阿勒颇，南达也门亚丁的独立王国。此次起义牵制了大量本用于进攻苏伊士运河的奥斯曼军队，使中东战局朝着有利于英军的方向发展。——译者注

内新的事态进展却受到当前国际形势的影响。1917年10月，俄国布尔什维克革命的爆发为奥斯曼帝国的领导人继续其国际战争提供了新的理由。1917年12月，列宁领导的革命政府公布了前述的赛克斯-皮科协定，这为奥斯曼帝国的政治宣传提供了新的舆论武器。贾马尔帕夏据此在《伊斯兰报》（*al-Islam*）和《沙克报》（*al-Sharq*）[55]的专栏中明确指出并强调侯赛因对奥斯曼帝国的背叛，以及他的英国盟友对奥斯曼帝国和阿拉伯世界的欺骗与愚弄。他同时还呼吁费萨尔停止其叛乱行动，继续为奥斯曼帝国效力，以维护伊斯兰世界的统一。如果贾马尔不能让这些拒不服从奥斯曼帝国命令的人回到传统的联盟阵营之中，他就会设法阻碍这些力量的重新集结。英国的贝尔福（Balfour）勋爵在致罗斯柴尔德（Lionel Walter Rothschild）勋爵的声明函中承诺，英国支持在巴勒斯坦建立一个犹太人国家，这加剧了哈希姆家族内部的分裂。

在军事方面，事态的进展却恰好相反。[56]德国总司令冯·桑德斯（von Sanders）希望继续巴勒斯坦方向的战线战争。在加沙进行第三次战役之后，这座城市终于被攻陷，英国及其协约国盟友通往耶路撒冷的道路就此打通。1917年圣诞节期间，耶路撒冷被协约国军队攻陷。很快，在海岸地区和外约旦沙漠之间进行激烈战斗后，协约国军队和辅助的阿拉伯起义军向豪兰平原地区集结。在海法（Haiffa）和萨玛赫（Samakh）遭遇军事失利后，冯·桑德斯改变了他的军事作战计划：他集结了2.5万人的军队，向大马士革，特别是阿勒颇挺进。不过，这给阿拉伯起义军的费萨尔部队和埃及 146
方面艾伦比（Allenby）将军所率领的军队迅速会师，并打开进入叙利亚地区入口创造了机会。德拉和库奈特拉（Quneitra）被他们同时攻陷。10月1日，大马士革也被攻陷。昔日的阿拉伯-协约国盟友之间，现在又开始了新一轮的竞争：谁应该首先进入大马士革？阿拉伯军队、澳大利亚军队、英国和法国的军队都想在这座城市占据一席之地。事实上，各方在不同方向上的军事推进，并没有使得事态向同一方向发展：澳大利亚军队继续追击撤退的土耳其军队，放弃了本可以率先进入的城市，费萨尔领导的军队则占领了地区首府大马士革。在大马士革沦陷前的几个小时，权力的更迭早已以平民，而非军事的方式完成了。[57] 在宣布即将撤军后，阿里·里达·里卡比（'Alî Ridâ al-Rikâbî）①来到前总督的宫殿，正式宣布了哈希姆王国对这里拥有主权，从而开启了叙利亚新的历史进程。

艾伦比将军在大马士革集结部队，那里将被用作了军队的医疗中心。随着奥斯曼前统治当局的撤离和因战争而流离失所的叙利亚人不断涌入，大马士革的混乱局面几乎没有任何向好的可能。很快，在进行了艰难的战斗之后，巴拉达山谷（la Vallée de la Barada）变得安全，然后是贝卡谷地。在10月的第一个星期结束时，霍姆斯也陷落了。哈马在土耳其军队撤退后也投降了。然而，英国军队不得不面对贝都因人的侵袭，这减缓了英军向叙利亚北方推进的速度。每当有新的军事胜利消息传来时，游行活动就会向新升起的麦加谢里夫旗帜致敬。他们是在向一个新独立的阿拉伯国家表达他们的敬意吗？或者，更直白地说，这些游行是对一种新建立的政治秩序的认可？对一些人来说，这种新秩序预示着叙利亚人民可能会迎

① 1918年奥斯曼土耳其人离开阿拉伯土地后，阿里在麦加的谢里夫侯赛因的第三个儿子的领导下组建了叙利亚历史上的第一个内阁。后来，在担任约旦首相的两个时期（1922年和1924—1926年），他又建立了约旦的行政和财政体系，并在担任约旦首相期间支持1925年叙利亚反对法国委任统治的起义。——译者注

来某种新的可能，对另一些人来说，则预示着阿拉伯世界的希望。对所有叙利亚人来说，这预示着战争冲突及其所带来的压力的结束吗？不可否认的是，这场战争戏剧性地结束，迫使阿勒颇广场的军事指挥官穆斯塔法·凯末尔在击退了麦加谢里夫军队的两次进攻后离开了阿勒颇。叙利亚属于奥斯曼帝国的时代已经过去，武装冲突的时代也已经过去。然而，战争的阴影，包括外交和政治谈判，以及由此造成的社会结构的创伤，将会在接下来的两年继续存在。

“一战”后的叙利亚 147

1918年10月1日，费萨尔和聚集在他周围的被称为“谢里夫派”的阿拉伯军官们，匆忙抵达大马士革，以在那里建立起新的统治秩序。新的统治秩序必须实现“一战”前宪法制定者所描绘的政治蓝图，即建立一个以法治为基础的阿拉伯主权独立国家，从而将一个正在重新构建起来的阿拉伯民族团结在一起。费萨尔希望组建新政府的政治愿望，反映了他对阿拉伯地区内部权力关系的清晰认识。在战争结束之时，新政府必须在和平中实现他们在战时做出的政治承诺。

费萨尔埃米尔正梦想着建立一个伟大的阿拉伯王国。他时年33岁，穿着汉志地区的传统服饰和外袍，他将童年时代习得的贝都因部落传统，和从奥斯曼帝国学到的政治才能结合在一起。[58]他的父亲曾希望他在汉志地区的部落中长大，从而学会耐力和荣誉的重要性。这些经历后来也帮助他在战争中学会如何有效统率和管理军队。不过，他不久后就从汉志的沙漠中抽身，前往奥斯曼帝国的首都与他的父亲团聚。苏丹阿卜杜勒·哈米德二世，出于对谢里夫侯赛因的怀疑，要求把侯赛因的儿子费萨尔留在身边。对费萨尔来说，在苏丹身边的这次停留，帮助他初步习得了如何在地中海东部地区和帝国权贵社会内部进行社交的能力。他学会了在之后的政治商谈中如何代表他的父亲进行政治谈判，也亲眼见证了1908年革命后奥斯曼帝国的政治动荡。议会、宪法和政党斗争充斥了他的日常。随着第一次世界大战的爆发，费萨尔的主要任务变为在两年时间里向帝国苏丹和土耳其青年党政府表现他父亲的忠诚。1916年，他待在大马士革，在那里，巴克利家族向他介绍了阿拉伯民族主义，在1918年大马士革的阿拉伯民族起义中，费萨尔成为率领阿拉伯军队反抗奥斯曼帝国统治的领袖人物。但在那时，要实现心目中伟大的政治计划，费萨尔需要做的还有很多。

1918年的秋天，遍及叙利亚土地的英国人发现，他们的阿拉伯盟友在维持叙利亚社会统治秩序方面向他们提供了必不可少的帮助。[59] 同其他经历战争之后的土地一样，流浪团伙的骚扰、生产的无组织和难民的充斥，构成了城市和农村地区日常生活的全部光
148 景，由此引发的社会暴力问题在叙利亚各地愈发猖獗。因此，彼时叙利亚的当务之急是为城市稳定地供应食物，并确保城市道路和街道的安全。各城市内外随即建立起了新的警察部队。[60] 在叙利亚东部地区，部落重新控制了幼发拉底河沿岸大片地区，从此地向伊拉克境内的走私活动为部落提供了新的致富机会。此外，新的民政管理体系也正在迅速地重组。

社会行政服务的恢复与新的社会政治团体的组建同步进行。[61] 为了满足这些需求，泛阿拉伯民族主义地下组织法塔特（al-Fatat）* 接纳了这些新来者，以期形成一个规模更广的阿拉伯民族主义组织。在几个月内，该组织就发展和吸收了几千名新成员。1919年2

月初，组织的领导人决定改变组织形式，将该组织重组为阿拉伯独立党（Hizb al-istiqâl al-‘arabî）。这一变化反映了阿拉伯地区“一战”前政党生活的重新恢复。阿拉伯俱乐部（Al-Nâdî al-‘arabî）以及其他社会政治组织也相继组建起来，并积极参与到新的社会政治运动之中。[62]

此时，这片迎来新生的土地的未来仍然是不确定的。此时的叙利亚境内，有支持阿拉伯民族起义部队的法国军队，这也是外国军事势力存在于叙利亚的最初雏形；英国方面的军队也并没有马上撤出叙利亚。一切问题都必须在1919年1月13日于凡尔赛举行的巴黎和会上做出最终决定，协约国各国代表团正在那里聚集。叙利亚的费萨尔埃米尔也抵达欧洲。很快，阿拉伯人开始大失所望，因为英国和法国都不支持阿拉伯人的民族主义要求。欧洲方面第一次反复进行的国际谈判，破坏了费萨尔一直致力其中的政治事业。费萨尔必须与那些掌握了足以用来控制阿拉伯世界的重要工具（军队、金钱等）的欧洲大国展开政治谈判，以确保阿拉伯王国的未来；同时还需与叙利亚人进行协商，而他还远未真正获得叙利亚人对他的忠诚。巴黎和会中关于叙利亚地区的谈判结果是，战胜国集团将派出一个由查尔斯·克兰（Charles Crane）和亨利·金（Henry King）担任主席的委员会，该委员会的主要任务就是确定奥斯曼帝国治下的叙利亚各省人民的政治愿望。

1919年上半年，叙利亚地区的政治舞台经历了重组，这主要出
于两方面的原因。首先，叙利亚地区甚至内部各地的分化，主要是 149
围绕当前的社会和政治现实产生的。比如，阿勒颇人密切关注法国在奇里乞亚地区遭遇的困境，而大马士革的居民却对这些并不关心，代尔祖尔的人们看到的则是帝国军队在动乱中向伊拉克方向的

转移。由此，每个省都形成了独特的框架和政治背景，而这种政治框架背景通常由一个大城市主导，不过这并不意味着农村地区不会受到这一政治化进程的影响。相反，自1918年以来，奥斯曼士兵在那些无人居住的农村地区的广泛分布，推动了叙利亚各地和民族口号的表达，并促使人们对当前外国占领的利害关系形成认识。由此，农民也同样进入了城市主导的地区政治建设的空间。

为了充分了解当时叙利亚地区政治人物的政治立场，我们必须追溯和了解每个地方的不同情况。我们不妨注意其中一些突出的特点。在阿勒颇，即使像贾布里这样与费萨尔政府有着某种联系的家庭，也仍对奥斯曼主义（Ottomanisme）怀有眷恋。[63] 在大马士革，贝都因部落领袖的到来引起了一些城市精英的不满，他们不能容忍自己的城市被这些来自沙漠的人统治。另一些人，如巴克利家族，则更支持谢里夫派，倾向于建立一个阿拉伯王国的政治主张，而阿拉伯王国也正面临越来越多的紧急情况。正如当时《首都报》（*al-'Asîma*）上发表的政治观点所展示的那样，社会上的政治辩论非常激烈。[64] 这些都是叙利亚地区常见的政治动态，且往往根据地方和人们立场的不同而有所差异。

1919年5月，费萨尔回国后不久，金-克兰委员会的到来就引发了一场重大的政治变革。谢里夫派在领袖的授意下，希望选举出一个代议制的议会，这将是现代国家主权的保证，同时应该在推动宪法的施行。[65] 然而，在一个被分割成三个军事占领区的国家里，谢里夫派所面临的困难越来越多，在继续遵循奥斯曼帝国前法律的前提下进行两级政治选举的做法，并没有让他们的政治建设变得容易。结果，从托罗斯山区到巴勒斯坦地区，共选举出了85名议会代表。其中，69名议会代表出席了6月3日举行的就职典礼。又一项新的议会建设的政治试验开始了，它担负起了实现上个世纪以来所有政治理想的希望：宪法和议会制度的设计者们能够解决所有的种族与宗教分歧和冲突，并确保新建立的国家在国际关系中拥有同其他国家一样的平等国际地位。

从1919年夏天开始，叙利亚出现了两个权力中心：费萨尔的宫 150
廷和叙利亚议会。其中，拉希德·里达（Rachid Rida）担任议会主席[66]，他是穆罕默德·阿卜杜（Muhammad 'abduh）的学生，也是《马纳尔报》（*al-Manâr*）的编辑，在政治上捍卫伊斯兰教。拉希德之后，担任议会主席的是哈希姆·阿塔西（Hâshim al-Atâssî），他来自霍姆斯一个奥斯曼帝国的大家族。[67]金-克兰委员会受到当地代表团的热烈欢迎，他们谴责巴勒斯坦地区的犹太复国主义者及其分裂叙利亚的企图，并表示支持在叙利亚建立一个立宪王国。[68]最坏的情况是在美国的监督下进行委任统治。与此同时，叙利亚议会开始为新建立的国家开展制定宪法和其他法律的工作。

1919年9月，叙利亚开始在地方建立和完善行政机构。在各个大城市中的不同地区，人民委员会（lajna sha'biyya）纷纷成立，负责城市的日常管理和社会服务。很快，委员会的成员不得不与那些卡巴达亚特（qabadayât）保持来往，而卡巴达亚特是由城市中那些负责保证街道安全和交通的地方势力的走卒们组成的。这些同地方势力的来往显示出这些新的行政机构的局限性——其成员并未真正在城市和地方掌握实权。这种情况的存在，导致城市各大家族和意识形态派别之间展开了激烈的政治斗争。建立全国性政治联盟的尝试并不会妨碍这些委员们在地区内积极推进活动。

1919年秋，费萨尔再次前往欧洲，目的是同法国就新成立的叙利亚的国家地位问题进行协商。费萨尔本以为，有了金-克兰委员会的最终结论，加之能够借已成立的国家议会来凸显阿拉伯国家现代性的特征，他肯定能够在此次协商中获得理想的成果。然而，在巴黎，他却并没有受到预期中的热情接待。他与法国总理克莱蒙梭（Clemenceau）会面，并达成了一致：在叙利亚建立一个法国庇护下的阿拉伯王国——不包括叙利亚海岸地区。这位激进的领导人没有忘记法国在叙利亚可以发挥的作用，尽管他并不支持法国继续进行殖民扩张。这一外交决定可以使法国在不移动其布置在莱茵河沿岸军事力量的前提下，在叙利亚地区获得威望。至于阿拉伯人的国王，他必须获得叙利亚议会对这项新提议的同意。费萨尔回国后，叙利亚的现实情况发生了变化：法国远征军总司令古罗（Gouraud）
151 将军率军在贝鲁特登陆，英国宣布军队换防，法国的远征军则打算占领贝鲁特这座军事要塞。

当下，法国占领军的注意力主要集中在奇里乞亚和叙利亚北部地区。[69] 在阿拉维山脉、阿勒颇周边的石灰岩高原和土耳其边境地区，穆斯塔法·凯末尔将军、奥斯曼帝国军官和当地居民同法军开展了游击战。[70] 阿拉维派的部落酋长谢赫阿里（'Alî），领导阿拉维派信徒拿起武器反抗法国入侵者，保卫阿拉维山区，给法国军队带来了不小的损失。这些新发生的战争冲突导致又一批当地人口流离失所，其中主要是那些在种族屠杀中幸存下来的亚美尼亚难民，他们暂时返回如今的土耳其南部地区的城镇和村庄，又被凯末尔主义者（Kémaliste）领导的部队驱逐。以上这种局面给法国军队占领叙利亚带来了不少的麻烦。

在大马士革，叙利亚议会以国家主权的名义拒绝了费萨尔和克莱蒙梭达成的妥协方案。议会随即颁布了一部宪法，宪法中特别承认了民众的普选权[71]，以及有少数族裔代表参与其中的一院制议会制度，并宣布费萨尔为国家元首。在宣布宪法的同时，议会还宣布了阿拉伯王国［即阿拉伯叙利亚王国］的独立。这种宣布独立的方式紧跟1776年美国独立的经验，阿拉伯人认为，这种方式可以对“一战”后形成的地缘政治秩序形成挑战。然而，阿拉伯人曾经得到的支持在此时却消失了。英国人对代尔祖尔发生的反抗行动极为愤怒，不仅在几个月前逮捕了起义军的参谋长，还停止向叙利亚提供物质和外交上的支持。1920年3月，在没有强大外国盟友支持的情况下，叙利亚作为一个国家从奥斯曼帝国的废墟中崛起，成为一个独立的宪政国家。

尽管叙利亚国家议会宣布了独立，法国当局却要求对叙利亚进行更为直接的控制，尤其是在克莱蒙梭卸任法国总理之后，费萨尔国王则充当法国统治的中间人，但叙利亚内部仍然存在着严重分歧，忠诚于叙利亚国家的势力仍旧处于相互敌对的状态之中。大多数叙利亚人关心的仍然是一个大家都知晓的属于自己的小片地区、村庄和土地，居民只希望它独立于外国势力。对于一些精英来说，比如那些居住在阿勒颇城中的基督徒们，法国势力的存在似乎为他们的地位提供了一定的安全保障。另一些精英则认为，叙利亚必须拒绝和驱逐一切殖民势力。

有两个因素使叙利亚议会代表们的政治立场更加激进。[72] 在 152
城市街头，代表们鲜明的民族主义立场成功地鼓舞了遭受着多重折磨的人们。在议会内部，将政治对手称为法国的支持者成为成功剥夺对手议会代表资格的一种政治手段。议会内外都是支持代表们同法国进行军事斗争的呼声，但是阿拉伯王国政府和国王本人却都还在迟疑。春季，法国将军亨利·古罗成功夺回了法军在贝卡谷地的阵地。1920年夏天，他命令军队进入叙利亚领土。在激烈的论战之中，几乎每个人都在呼吁同法国进行战斗，但只有战争部长优素福·阿兹马（Yûsuf al-'Azmah）在努力召集军队开往前线对抗法军。与此同时，费萨尔国王妥协并接受了古罗将军的要求，但这个消息却没有传到古罗将军那里。结果，叙利亚阿拉伯王国军队在麦塞隆（Mayssaloun）山谷中被法军击溃，优素福·阿兹马在战斗中牺牲，法国军队进入大马士革城。虽然人们热情地欢迎和支持叙利亚阿拉伯王国，但这个王国却因外国干涉而消失了。麦塞隆战役结束了1908年革命以来叙利亚的动乱局面。

1908年，对改革宪政的希望促使奥斯曼帝国的军官们发动了起义。他们加速了奥斯曼帝国数百年统治的终结，并使得叙利亚各省人口迅速政治化。新的思想、新的社会媒体和新的社会问题创造了一个全新的社会对话空间，并由此引发了诸多社会动荡。但1908年的希望破灭了，奥斯曼帝国未能避免参与到世界大战之中。为了恢复昔日的荣光，帝国当局加入了世界大战。在动荡、饥荒和无休止的军事征用与最后的社会改革努力并存的混乱局面之中，战争给叙利亚各省留下了深刻的印记。第一次世界大战结束后，创建宪政国家的政治理想，促使部分城市精英转而支持在哈希姆家族统治下的阿拉伯王国，以确立叙利亚人的阿拉伯民族身份。但国际地缘政治的现实与新建立的地方政治秩序仍是相矛盾的。所以，尽管叙利亚颁布了宪法，实行了普选制，也进行了反复的国际谈判，但叙利亚人之后还是被迫在法国的委任统治下生活了25年。

第五章 委任统治时期

在1920年4月的圣雷莫会议（La conférence de San Remo）上，国际联盟承认了法国和英国对已解体的奥斯曼帝国在阿拉伯地区各省的委任统治地位。随着法军麦塞隆战役的胜利，作为委任统治国，法国强大的军事力量进入叙利亚地区，这也暂时决定了叙利亚的未来发展方向，叙利亚成为法兰西帝国不可分割的一部分。然而，叙利亚问题还是困扰着殖民者们，他们想把对叙利亚的控制范围扩展到新开拓出来的地中海海岸地带[1]，但他们还没有形成一个完全明确的政治方案。相反，他们必须通过军事占领、控制、管理，并对这些地区进行明确的界限划定来实行统治。

对委任统治时期的叙利亚的历史文献资料记载一直被忽视，这一现象的出现有多重原因。在殖民时代后期，委任统治的独特之处常常被史学家们仅对奥斯曼帝国的历史分析所掩盖。史学家们仅对他们获得的来自英国方面的历史文献，以及对驻扎在伊拉克的英国行政官员发行的刊物进行研究和解读，也使得人们对这一历史时期的研究和认识形成了偏见。[2] 直到20世纪90年代，史学界对法国委任统治时期的研究和认识主要都是在英国的研究成果及经验基础上进行的。除了一些诋毁这种政治模式的历史文献记载，或者一些法国官员为赋予他们在叙利亚的切身经历一些特定价值而写出的回忆录外[3]，这一段历史时期仍然不为人们所熟知。自20世纪90年代开始，随着人们在接下来的十年里接触和获得的法国方面的历史文献资料不断增多，人们对这一历史时期的研究兴趣也重新燃起。[4]

菲利普·库里（Philip Khoury）在其关于后奥斯曼帝国时代的历史研究著作中，将奥斯曼帝国统治时期和法国委任统治时期联系起来，对叙利亚地区显贵家族及其在法国委任统治时期的情况进行了出色的研究。[5] 其他人，如雅克·维勒弗斯（Jacques Weuleverse），则对此时期叙利亚的宗教团体或行业群体的社会动态更感
154 兴趣。[6] 然而，直到大型历史研究项目启动后，这一历史时期的全部研究成果才浮现出来。在2002年和2015年的两次重大史学国际会议上，“委任统治时期研究”取得了两个里程碑式的进展。[7]

想要把握这个历史阶段的起源，并恢复其在叙利亚历史上的应有地位，是一个不小的挑战：南特地区披露的大量关于委任统治时期的原始文献档案浩如烟海；委任统治时期许多人所撰写的回忆录的不同版本也不断增加。[8] 因此，我们关于此段历史的研究目的并非是要详尽地描述法国在叙利亚的委任统治的特点，而是试图通过研究，梳理出这段特殊时期叙利亚社会历史的发展轨迹。

在几年的时间里，叙利亚地区出现了一个全新的政治版图。这片领土的产生，一方面是通过地区主导力量所进行的兼具创造性和破坏性的社会政治活动，另一方面，是通过当地人彼此对抗和相互妥协的政治斗争。围绕着这些政治对话，叙利亚作为一个国家实体诞生了，而那些倾向于捍卫叙利亚领土主权的人们则划定了新的领土疆界。

被“创造”出来的领土

麦塞隆战役的失败加速了阿拉伯叙利亚王国的覆灭。然而，对于新的统治当局来说，一切都还有待建设。对于法国军方来说，他

们在叙利亚的当务之急，就是在罗伯特·德·凯克斯（Robert de Caix）[9] 等政治人物的支持下，划定并明确法国的统治范围。为此，就必须把这片广袤的地区分割成小块，并纳入法兰西殖民帝国的统治之下。这种划分是若干政治进程的共同结果，有些是自然形成的，有些是法国政府在叙利亚地区做出的政治划分的结果，从中可以发现，法国当局是如何在没有预先计划的情况下控制叙利亚的。他们打算“保护少数族群”[10]，并以这个名义保留了大黎巴嫩地区，在这个大黎巴嫩的划分方案中，贝卡平原被纳入其中，这将为法国提供战争期间必需的粮食供应。他们同样将这一划分原则扩展到阿拉维派和德鲁兹派生活的地区，这两派各自组成了与其教派同名的行政区。围绕着大马士革和阿勒颇这两个主要的内陆地区，形成了一连串各自独立的省份，这两个地区则成为独立邦，这与前 155
奥斯曼帝国的省区划分大致重叠。然而，对大马士革来说，新划分的边界限制了其向南发展的可能；对阿勒颇来说，失去奇里乞亚，使它失去了纵深腹地。最终，这两个地区都被困在大陆之内，失去了出海口。不过，这张蓝图需要很长时间才能真正在叙利亚得以实行。

在北方地区，费萨尔的落败并没有让当地人看到地区暴力和对抗结束的希望。相反，随着穆斯塔法·凯末尔在土耳其确立领导地位，军事冲突在国际边界尚未确定之时又开始了。[11] 法国军队在1920—1921年迅速撤出奇里乞亚地区，试图遏制来自土耳其武装力量的袭击。1921年的《安卡拉协定》（*Accods d'AnKara*）划定了将法国委任统治下的叙利亚和土耳其的边界划分开来，巴格达铁路线正好划定了这条正在形成的新的国际边界。然而，所有的地区问题并未就此全部得到解决。聚集在安泰普（即如今的加齐安泰普）的武装力量，每年夏天都还在继续向叙利亚发起袭击行动，且一直持续到1924年。[12] 同样，还需要进行调整，以便将基利斯及其下辖的村庄置于土耳其的主权管辖之下。再往东，法国和土耳其就位于叙利亚和土耳其之间的贾兹拉地区的分界线问题展开了激烈的争论。[13] 1928年，北部地区的边界划定了。

这种政治版图的突变在叙利亚内部引发了新的变动。首先，它迫使地区内的居民选择认同叙利亚或土耳其国籍身份，在二者之中选择其一进行户籍登记，因为叙利亚国籍与土耳其国籍二者互不相容。[14] 不过这一选择过程没有引发大规模的土地转让，因为地方大家族也被分割成了两部分，这使他们有可能在叙、土两方的领土上同时保留其土地所有权。[15] 此外，地区部落的迁徙活动也仍在持续。但是，当局成立了专门的部门监督机构以进行追踪，最重要的是，通过这些措施来限制部落成员可能的暴力犯罪。新的地区突变也影响了货物的流通。流通货币改变了，土耳其货币里拉在叙利亚不再流通使用，新的关税和贸易流通限制措施废止了旧有的商贸活动方式。对于阿勒颇来说，由于失去了奇里乞亚这片临近的腹地，商贸流通停止了。虽然安塔基亚（Antakya）仍然是与贝鲁特竞争的
156 港口出口，但不再具备商品的过境功能。再往东，摩苏尔（Mossoul）成了另一个帝国的领地。但叙利亚北部同土耳其边境的划定，也不仅仅意味着对叙利亚现有地区局势的解构。

随着叙、土边境检查站的建立，铁路沿线出现了一连串的城镇。[16] 贾拉布鲁斯（Jarablus）、泰勒艾卜耶德（Tell Abyad）、阿拉伯布纳尔（Arab Pounar，即现在的Ayn al-'Arab /Kobane）、卡米什利（Kamishli）等小城镇打破了这片在此之前主要以部落的流动性为主要特征的空间。这些中心城镇很快就发展成为具备现代特征的

城市，比如建造起来的宫殿、方格状的城镇布局、带庭院的住宅民居等。这个孕育城市的温床的出现，使得叙土两国的边界逐渐稳定了下来，一些在叙土两国边界上蓬勃发展的中心城镇，成为逃离奇里乞亚地区的亚美尼亚人最终的避难所。他们中的一小部分人即将落入土耳其人的控制之下，另外一部分则在阿勒颇和大马士革找到了栖身之所。

在更远的东部和南部地区，边界的划分则取决于法国与英国的谈判情况。[17] 以伊拉克为例，曾一度被陶菲克·苏瓦迪（Tawfîq al-Suwaydî）[18] 领导的军队占领的代尔祖尔市，被划入法国委任统治下的领土。英法两国外交官随后沿着摩苏尔省的省界线划分了边界。至于摩苏尔省，由于发现了油田，并在第一次世界大战结束时被英国军队占领，而成为一个有争议的地区。法国总理克莱蒙梭同意将其割让给英国，以换取正在筹备的石油公司的股份。在这里，负责监督贝都因人的部落监督机构，成了管理这片广阔领土的当局。就像法兰西帝国在其统治的其他地区的做法一样，该机构的主要职责是控制和管理地区内的人口流动。

地区政治版图的改变直接影响了经济活动，在叙利亚，带来的是传统的部落“羊群的死亡”。[19] 在干旱和气候危机的地理背景下，沙漠旅行商队商贸活动的终结，叙利亚和伊拉克城市之间自由往来贸易活动的中断，以及新兴的、更有利可图的经济活动的开展，都见证了传统游牧部落游牧式经济活动的瓦解和衰落。小型骆驼养殖场取代了大型骆驼养殖场。一种新的社会等级制度正被建立起来，随之而来的是城市世界对游牧的贾兹拉地区的进一步控制。因此，即使叙利亚国土边界的划分不像北方地区那样伴随着城市化 157
进程的推进，城市的统治秩序也得到了强化。

关于外约旦的边界，英国当局规定了一条路线，这条通过大英帝国统治地区的线路，使外约旦这个叙利亚的南部邻国成为连接印度和欧洲的空中走廊。其中，争议更大的地区划分，主要涉及当时新成立的德鲁兹国①，那些拒绝法国托管“监护”的民族独立主义支持者们逃往这里，使德鲁兹国成为一个当局控制薄弱的边境地带。至于豪兰地区和戈兰高地地区，则在英国和法国谈判结束时就被分割了。在圣雷莫会议之后，英法双方花了三年多的时间才就两地的边界问题达成最终协议。1923年的公约确定了叙利亚南部边界，扎尔卡市虽被排除在外，但南部的边界线一直延伸到提比利亚湖沿岸。[20] 最后，在更西边，大黎巴嫩地区的范围延伸到前黎巴嫩山脉的山脊地带，并与大马士革接壤。不过其与大马士革地区的明确边界仍有待确定，因为两个委任统治当局并不急于确定这两个行政单位之间的明确边界。至此，在20世纪20年代中后期，叙利亚地区形成了新的地区行政分界线，人为地分割了这个历史上一直是一个整体的地区。

这种地区内部边界的划分，使叙利亚各地方更密切地联系在一起，也重塑了社会等级关系，推动了社会阶层流通和重组。这种融合在叙利亚地区内部产生了新的不平等：大马士革宣称自己为叙利亚的首都，就像费萨尔统治时期一样，而阿勒颇、哈马和霍姆斯这些城市则被边缘化了。贝鲁特成为主要的政治中心。直到1925年1月叙利亚各地重新统一时，法国委任统治当局才提出将霍姆斯作为

① 这种按照民族、教派分布特征建立的“德鲁兹国”等行政区域单元并非国际法意义上的现代民族组成的主权国家，而是在大叙利亚地区框架下建立的次级自治行政单元，实际上是一种行政相对独立的自治实体。具体可参见杨玉龙：《从边缘到中心：叙利亚阿拉维派的历史嬗变与现实挑战》，《中东研究》2021年第1期。——译者注

叙利亚首都。[21]但这一提议被拒绝了。与此同时，这种地理行政上的新划分，给阿勒颇带来了另一种形式的地位降级，因为这使得阿勒颇与其传统的腹地奇里乞亚相互隔绝。由此我们发现，叙利亚的城市中心框架，是围绕地区内各城市之间的竞争构建起来的，而这种城市之间的竞争，也部分地被反对外国统治势力的斗争所掩盖。

法国委任统治当局迫使叙利亚各社会团体明确表达他们对新统治当局的忠诚，这意味着这些社会团体必须承认其在政治上的从属地位，相当于完全确定谁才是叙利亚地区的合法政治代表，这同时也意味着对于身份的认同，即对之前提到的“我们是谁?”这个问
题的回答。建立基于教派模式的委任统治权，赋予德鲁兹派和阿拉 158
维派地方自治权，在叙利亚地区开启了对叙利亚人来说广泛多样的选择：我们是叙利亚人吗？还是都归属于“大叙利亚”这一基于“沙姆地区”居民的概念？是德鲁兹人？是基督徒？是法国统治的支持者？还是阿拉伯民族主义者？其中的每个称呼都反映出委任统治时期叙利亚各个地理社会空间内特有的文化和政治属性。这种身份认同问题在新成立的自治邦更为尖锐：宣称自己是德鲁兹人就等于暗地里支持法国的统治，而选择认同自己为叙利亚人则可以在当地构建起一种更为融洽的政治对话氛围。这些身份认同上的分化，分裂了叙利亚精英阶层以及他们的支持者，并构成了接下来的政治斗争的背景。

假如说麦塞隆战役的失败让叙利亚人梦想着能在叙利亚迅速实现和平，那么法国委任统治当局就必须充分认识到他们当下所面临的困难。在北部，阿里·萨利赫（‘Ali Sâlih）领导的叛乱导致阿拉维派控制的部分地区拒绝法国统治当局在该地实行自治。虽然萨利

赫领导的反抗行动最终在1921年失败，但是这次反抗斗争揭示了叙利亚的少数族裔是如何反对法国统治当局统治的。与此同时，来自土耳其边境地区的入侵活动一直持续到1924年。[22] 这些武装力量停驻在马拉特努曼（Maarat al-Nouman）郊区的夏季营地，直到法国和土耳其当局双方达成最终协议，这种频繁的武装袭扰才停止。地区冲突的结束显示了国家当局新的影响力。如果土耳其方面拒绝为这些武装力量头目提供便利，这些武装就会陷入困境，尤其是负责边境管理工作的法国情报机构已经严密掌控了这些武装在边境地区的行动。在起义行动的每一个阶段，前奥斯曼帝国时期的军官们都和叙利亚农村人口实现了相互融合，这促使农村地区进一步政治化。[23]

1922年，大马士革统治当局几乎没有就叙利亚北部地区的问题找到任何有效的解决方案。克兰宣布将于1922年4月5日抵达叙利亚的消息，使叙利亚几位本土政治活动家进行了会面，正如阿卜杜勒·拉赫曼·沙赫班达尔（'Abd al-Rahman Shahbandar）①博士所证实的，活跃于费萨尔时代的政治家们为此制定了新的政治行动战略。[24] 4月8日，大马士革市中心的倭马亚清真寺爆发了抗议游行
159 活动。他们聚集了8000人，以保证这些政治领袖能聚集起大量的抗议力量。随着法国当局一系列的逮捕行动，这场政治游行很快被终结，许多政治人物不得不流亡国外。运动中的叙利亚民族主义领

---

① 法国委任统治期间著名的叙利亚民族主义者，也是与法国妥协的反对派权威人物。他对阿拉伯民族主义的投入可以追溯到统一与进步委员会及其"土耳其化"政策的时代。他在第一次世界大战期间支持阿拉伯大起义，并在费萨尔的领导下短暂主持了叙利亚外交部。法国委任统治时期，他反对民族联盟政府的许多政治主张，于1940年6月在大马士革被暗杀。——译者注

袖们，利用新的国家间的政治逻辑，在外约旦或者开罗找到了政治庇护。[25] 对法国人来说，安曼或开罗成为叙利亚民族主义反对派们的藏身之所，而外约旦和埃及是由英国控制的。随着时间的推移，这两个地区成为法国委任统治当局在叙所有统治问题的发源地。[26]

在远离英国影响的叙利亚乡村地区，法国委任统治当局也面临着一些困难。1920年，豪兰平原地区发生了农民暴动，虽然这种对统治当局的不满情绪主要是经济上的原因，如价格上涨和粮食供应困难等问题，但同时也兼有政治方面的动因。阿卜杜勒·拉赫曼·优素福（‘Abd al-Rahman al-Yûsuf）和阿拉·丁·杜鲁比（‘Alâ al-Dîn Durûbî）这两名倾向于安抚和平息叙利亚国家动荡局势的代表人物，先后遭到谋杀，这表明，已有叙利亚人开始向那些接受法国当局权威的人发起战斗。在几个星期的时间里，法国殖民当局军队试图通过对农村进行分区包围占领来恢复乡村统治秩序。乡村地区的不满情绪也因世界大战前乡村地区的政治化进程而进一步加深。革命和世界军事冲突使叙利亚得以保持和延续了一种政治精神，并推动这些政治精神相互碰撞。尽管叙利亚经历了这些急剧的变化，但法国委任统治当局强制性直接殖民统治的模式并没有受到质疑和挑战。

20世纪20年代初，叙利亚各大城市强烈要求委任统治当局不要再依赖外来资金补贴。由此，1923年间法国向叙利亚的拨款预算大幅减少，甚至减少了52%。[27] 这些资金首先主要是用于维持军队，以及偿还奥斯曼帝国时期遗留下的债务。为了保证拥有独立主权，奥斯曼帝国遗产的继承者们——主要是伊拉克和叙利亚，通过他们的法国和英国代表，同意继续承担前奥斯曼帝国遗留下来的债务份额。[28] 偿还债务的主要问题在于确定还款所使用的货币，因为叙利亚当局试图使用法郎还款，而不是黄金。债务的偿还在1932年最终停止，这给新的国家当局造成了沉重的资源负担。不过，当
160 局成立之初所做的财政预算凸显了法国殖民政策的自相矛盾之处：法国希望在叙利亚建立一个全面且直接控制叙利亚领土的统治系统，但并不愿意为此提供财政上的支持，同时，就像在非洲地区那样，法国主要通过安排少量的政府官员，以及加重赋税，来减少法国在年俸津贴上的支出，从而形成专业的网格化统治管理模式。

新生国家的政府机关应该是何种面貌？在没有协调一致的计划的情况下，叙利亚的各个专门技术部门被并置在了一起，其中，一些负责满足公共卫生需求，另一些负责军事事务（如军事情报机构），剩下的负责地籍管理[29]，每个机构都承袭了之前遗留下来的做法，例如奥斯曼帝国时期在公共卫生事务、朝圣路线沿线的流行病学控制上主要依赖欧洲医生的做法。政府的职权范围非常广，且对目标没有明确的界定。因此，叙利亚第一届委任统治政府就像一个由军队、传教士和医生组成的政治集合体。这其中，政府中的行政人员姗姗来迟，这个在人力和物质上都遭到毁灭性破坏的大城市拒绝接受政府官员的离开。除此之外，为了维持社会统治秩序，法国还调来了殖民地的部队，这给当地居民带来了很大的冲击，他们并不欢迎那些黑人士兵，也不欢迎那些对叙利亚当地习俗和礼仪一无所知的白人军事长官。[30]

除了上述这一系列公共机构的设置外，一个初级行政系统在叙利亚形成了。法国高级专员负责行政管理和决策，叙利亚境内每个地区都由委派的高级专员负责管理；在各地方，高级专员与当地的代表委员会进行讨论，委员会的职责是向高级专员传达当地上层权贵的意见，但没有决策权。然而，这种政治平衡关系仍然是脆弱的

和高度个人化的，各地发生的主要变化主要取决于高级专员的个人意愿。在此背景下，加之1923年法国方面拨款预算的急剧减少，最终导致古罗将军辞职。尽管这种权力真空期只持续了非常短暂的时间，却反映出法国创建的这种强制性的托管行政体制的不确定性。古罗将军曾极力倡导对叙利亚进行殖民统治，但由于缺乏实现这一目标的有效手段，他最终放弃了在叙利亚的职位。于是，在他之后的继任者必须就此提出一套新的统治方案。

1924年，阿勒颇邦和大马士革邦的合并开启了一个新时代，但
大马士革街头的政治热情却并未因此而被激发。[31] 在德鲁兹派和 161
阿拉维派所在的两个地区，情况则有所不同。1923年，卡比耶特（Cabillet）上尉被任命为德鲁兹地区的临时总督，这使得当地权贵哈马德（Hamad）无法占据这一职务。这位法国军人继承了类似阿拉伯行政机构的传统，希望在平均主义原则的基础上对当地社会进行改革。他通过谴责来打击当地领导人，呼吁开展基础设施建设，加强对那些被认为是堕落了的精英阶层的控制，在德鲁兹地区开展他的改革事业。然而，在德鲁兹人看来，这不过是法国在试图控制德鲁兹人的土地，甚至是殖民，因而，卡比耶特的改革反而招致许多批评。此外，占统治地位的阿特拉斯家族看到他们一直以来的领袖萨利姆下台，更认为这次权力的剥夺是法国殖民者对他们家族原有权力的直接攻击。

卡比耶特上尉在其上级领导层的支持下继续开展改革行动[32]，促使德鲁兹地区的阿特拉斯家族与德鲁兹议会（由法国人创建的地方行政管理机构）内部各家族代表逐渐靠近。1925年上半年，德鲁兹地区的政治纠纷不断增加。德鲁兹议会的一个代表团前往会见法国高级专员萨拉伊（Sarrail），要求根据1921年签署的条约的条款，

任命一位德鲁兹人为德鲁兹地区的总督。但是，萨拉伊拒绝了他们的要求。在这种紧张的政治氛围下，议会于1925年7月3日召开了另一次会议。在激烈的会议讨论中，出席会议的法国军官莫雷尔（Maurel）中尉遭到了侯赛因·穆尔希德（Hussayn Murshid）的殴打。会议结束后，法国殖民当局要求将穆尔希德移交给他们处置，殖民当局驻大马士革代表还邀请3名德鲁兹代表前往大马士革参与和平讨论，以缓和当下的紧张局势。然而7月12日至13日夜间，这3名德鲁兹代表遭到了逮捕，同时，法国的装甲车开往杰贝尔（Jebel）地区[1]。随后，更多的德鲁兹人遭到了逮捕。

7月19日，苏尔坦·阿特拉斯（Sultân Atrash）向周围村庄的代表告知了德鲁兹代表在大马士革遭到法国当局监禁的情况，这使他征募到了几百名骑兵。当他和组建起来的骑兵队伍到达塞勒海德（Salkhad）时，这座杰贝尔地区的第二大城市已经被法国殖民军队洗劫一空。作为对德鲁兹人行动的回应，一支由诺曼德（Normand）指挥的法国军事分遣队向德鲁兹地区出发了。7月21日，这支分遣队遭到手持拜兰（bayrân）传统旗帜的的德鲁兹人的袭击。一场混
162 合了战争传统、民族情感和现代军事特色的地区运动形成了。诺曼德率领的分遣队遭遇失败后，苏尔坦·阿特拉什领导和动员德鲁兹山区人民组成革命委员会，他不想承担领导起义的政治责任，正如他在运动中所宣布的那样，他的目标是将叙利亚从法国的委任统治下解放出来。

德鲁兹人的起义最初是地方性的，尽管苏尔坦·阿特拉斯和巴

① 法国委任统治时期进行的政治区划中，将叙利亚南部的德鲁兹人聚集区划为“杰贝尔德鲁兹国”（Jabel al-Druze）。——译者注

克利等地方权贵家族之间的接触为叙利亚获得外部支持提供了可能。法国使用的那种通过建立固定的统治据点来控制整个殖民地的殖民统治策略[33]，遭遇了反复的挫败，加之起义的战斗人员在外国占领下取得的军事胜利，鼓舞了叙利亚人民发起了一系列新的军事行动。1925年夏末德鲁兹山区发动的起义，让法国人回想起了他们在摩洛哥里夫（Rif）地区目睹并经历过的骚乱局面。①其他地方发起的反抗行动也扩大了叙利亚人反抗法国统治当局的行动规模。前奥斯曼帝国军官法齐·卡乌吉（Fawzî al-Qawuqjî）召集起了临时武装部队，并向叙利亚中部城市哈马发起进攻。在巴拉兹家族一位著名政治人物的居中调解下，法齐被迫暂时撤离哈马市区，但仍继续在哈马市的郊区坚持斗争。当年秋末，通过相互串联和发起抗议行动，大马士革周围农耕区的农民也开始了他们的反抗行动。大马士革东部分布有树篱和低矮灌木丛的古塔（Ghouta）地区尤其适合进行游击作战，大马士革也成为叙利亚民族起义的战场。面对叙利亚人的起义，法国当局立即做出反应：当起义者们进入城区时，法国殖民军炮击了大马士革市中心，摧毁了市中心四分之一的区域。1925年底，法国殖民军队占领了大马士革市中心，但占领之后他们却很难脱身，并且只能尽量避免在夜间的行动。

起义向叙利亚全国的迅速扩展，促使叙利亚民族主义者创建了一个新的政治平台，来讨论叙利亚国家独立的问题。与此同时，法国统治当局正在重整他们的战斗系统，试图以规模更大、更具机动性的武装部署来阻止起义部队进入城市。以在殖民主义领域的自由

---

① 1921—1926年，西班牙与摩洛哥里夫地区柏柏尔部落的武装冲突，法国于1925年加入西班牙一方。——译者注

主义立场而闻名的新任高级专员亨利·德·茹韦内尔（Henry de Jouvenel）在叙利亚的就任，开启了殖民当局同叙利亚人的谈判，使得法国统治当局得以从起义者阵营中选择可以与之进行政治对话的对象。结果，起义领袖分成了两派：一派由阿特拉斯领导，要求
163 的是立即实现叙利亚国家独立；另一派则着手讨论在叙利亚实行政治改革。1926年底，经过激烈的战争，以及迫于粮食短缺的困境，起义军队逐渐向法国殖民当局投降。一切似乎都表明，紧张的局势正在趋于平静。然而，法国当局不得不接受一个显而易见的现实：他们永远不可能按照他们最初设想的那样来统治叙利亚这片土地。随着南部起义的爆发，德鲁兹这片土地成为叙利亚这个正在形成的新国家的一部分，这也决定了它将与叙利亚其他领土面对共同的命运。

新生国家的宪法

1927年1月29日，法国高级专员亨利·庞索（Henri Ponsot）在就职典礼上发表讲话，为法国委任统治当局与叙利亚人之间的关系勾勒了新的愿景。法国第一次认识到，想要在叙利亚实行19世纪以来法国一直惯行的那种统治方式，是一种不切实际的幻想，其中所需投入的人力和财力成本远远超过了20世纪20年代末法国自身所具备的实力。因此，法国必须下定决心在叙利亚当地寻找政治合作伙伴。他们开始采用自1920年以来英国在伊拉克实行的那种殖民统治模式：在一场大规模起义之后，英国使费萨尔成为伊拉克的立宪君主，并将这个新政权置于大英帝国的联盟条约框架之中。

法国这种统治策略的转变为叙利亚民族起义的城市领导人带来

了新的希望。阿拉伯民族主义起义的领袖们不再指望通过武力斗争来解决当前问题。但是，与法国委任统治当局展开任何和平谈判，又都有可能使他们在那些从叙利亚去往埃及、瑞士或外约旦地区的流亡者面前失去威信。同时需要注意的是，谈判达成的结果必须能够迅速得到一项国际条约或协定的认可，以免叙利亚再次像第一次世界大战结束之后那样遭到背叛和出卖。

1927年底，哈希姆·阿塔西（Hâshim al-Atâssî）①、贾米勒·马尔丹贝伊（Jamîl Mardam Bey）②等人聚集在一起，成立了叙利亚民族主义政党民族联盟（kutla al-wataniyya）③。[34] 这个新成立的政治联盟是一个真正的政党，主张通过与法国谈判来争取叙利亚的独立。成立之初，民族联盟就对法国高级专员庞索在演讲中提到的进行政治选举以组成制宪议会的内容很感兴趣。这些争取叙利亚独 164
立的政治代表们，确信他们将在接下来一场尚未规划好的政治选举中获胜。法国统治当局还有另一个摆脱当前危机的方法——效仿英国在伊拉克的统治策略。

从1928年开始，伊拉克人民的斗争策略越来越为叙利亚人民所接

① 叙利亚民族主义政治家，三次出任叙利亚总统。早期为奥斯曼帝国治下叙利亚政府官员，1919年当选国会议员。20世纪20年代领导反对法国占领和托管的民族主义运动，曾任国民议会议长。1936年代表叙利亚同法国当局签订了承认叙利亚独立的《法叙条约》，回国后当选为叙利亚共和国总统。——译者注

② 叙利亚民主主义政治家，法国委任统治初期因参加反法行动失败而逃离叙利亚，后因法国当局特赦返回叙利亚，组建叙利亚人民党，继续通过和平途径争取实现叙利亚独立。1936年与政治伙伴共同促成了《法叙条约》的签订，并一直坚持叙利亚民族解放斗争。——译者注

③ 1928年在叙利亚成立的一个政党，在法国统治叙利亚期间为争取叙利亚独立而成立，后分裂为两个政党。——译者注

受和效仿。为了应对英国在伊拉克业已拥有的特殊地位（例如拥有军事基地、任命政府顾问的权力等），努里·赛义德（Nûrî al-Sayyid）①的政府设法同英国达成了一项条约，使得伊拉克能够走向独立——自1920年以来被驱逐出叙利亚的费萨尔国王，再次成为一个独立国家的领导人，而这个国家即将加入国际联盟。这一事态的进展促使叙利亚的领导人试图为叙利亚寻求同样平等的国际地位，这重新引发了关于费萨尔在叙利亚角色的争议。费萨尔在叙利亚仍然拥有支持者，这些支持者将他视为阿拉伯世界的统一者，在他的支持者中，沙赫班达尔（Shahbandar）尤为活跃。[35] 出乎意料的是，成立叙利亚和伊拉克联盟的主张在叙利亚却并未得到人们全体一致的支持。在民族联盟内部，一些人对这种主张怀有敌意，这些人住在大马士革，大多与沙特阿拉伯王国关系密切。这种地缘政治的分化，最终分裂了叙利亚内部各政治阶层。

费萨尔组建叙利亚—伊拉克联盟的政治设想很快就被抛弃了，这项政治设想甚至都未得到欧洲大国的支持。[36] 对于法国统治当局来说，费萨尔仍然被视为可能危及法国在叙利亚现有统治的政治对手。同样的，英国人也不希望费萨尔留在叙利亚，因为费萨尔组建叙利亚—伊拉克联盟这一行动将导致伊拉克与叙利亚联合起来，从而增强伊拉克这个新生国家的实力，二者的合并将使法国的教育体系在阿拉伯世界中占据重要地位，从而危及英国在阿拉伯世界的影响力。很快，在伊拉克独立后不久，费萨尔国王就放弃了这一政治计划，特别是他日益恶化的个人健康状况，迫使他不得不前往欧洲进行治疗。费萨尔国王最终于1933年9月8日去世，他被叙利亚

① 伊拉克英国托管时期和王国时期的政治家。——译者注

政界称为叙利亚的政治伟人。

1928年，叙利亚根据奥斯曼帝国法律举行了两级选举。虽然塔伊丁（Taj al-Dîn）领导的叙利亚保守派在大马士革仅以微弱的优势获胜，但在叙利亚各省级城市却获得了更多的选票。于是，叙利亚保守派在国民议会中占据了多数的主导地位。[37]然而，阿拉伯民族主义者却团结在了哈希姆·阿塔西身后。

哈希姆·阿塔西这位民族主义领袖，留着修剪整齐的白色山羊 165
胡，经常戴着一顶土耳其帽来遮住稀疏的头顶，自1920年担任叙利亚议会主席以来，他就拥有丰富的政治经验。他于1875年出生于霍姆斯，父亲为霍姆斯市的穆夫提，阿塔西在那里开始了他的学习生涯，随后前往奥斯曼帝国首都君士坦丁堡继续学习。后来，他在奥斯曼帝国政府中任职，于1894年成为贝鲁特的卡伊玛噶（qa' imaqan）*。第一次世界大战之后，他加入费萨尔国王的队伍，并负责主持召开国民大会。

通过雄辩和党派凝聚力，民族联盟的民族主义者在新选出的众议院的政治辩论中占据了主导地位[38]，并直接反对法国提交给叙利亚国民议会的宪法草案。对民族联盟来说，这份宪法草案的主要条款没有任何问题，在叙利亚的公众看来，也同样不构成任何问题。20世纪二三十年代，法国输出的那种通过宪法创建合理的代议制政府的现代国家政治模式，受到了叙利亚人的普遍欢迎。这一时期，叙利亚大多数的民族主义政治家都是法学家，他们研究了法国的法律在社会各个领域（邮政、工程等）的最新实施状况。就结果来看，他们并不反对这种现代化的政治制度——在这种制度下，共和国的总统将被赋予广泛的权力，但其个人权力的影响力将和选举出总统的议院达成政治平衡，因此单一制议会比两院制议会的力量更为强大。根据宪法草案，单一制的议会将根据奥斯曼帝国时期的法律选举产生，即由叙利亚的选民直接选举出议会代表组成国民议会，其中最为重要的是，这种形式的政府给叙利亚选民们带来了施展其政治影响力的机会。

另一方面，这份宪法草案中的两条内容却引起了叙利亚人的强烈反对和批评。其中一个条款涉及黎巴嫩地区及其独立的问题，这是叙利亚政界人士普遍反对的，因为就像德鲁兹和阿拉维两个地区一样，黎巴嫩一直都是叙利亚的一部分。第二个条款，即宪法草案中的第116条，也受到了叙利亚人十分强烈的谴责，因为它要求承认法国的委任统治，并将法国的这种委任统治作为叙利亚永久的政治存在。

于是，叙利亚民族主义精英们开始了一场双重斗争：赢得足够的叙利亚民众的支持，以在议会中赢得多数席位；反对这部承认法国委任统治权存在的宪法。虽然宪法文本并没有得到国民议会的批
166 准，但法国高级专员通过强行颁布，从而绕过国民议会而通过了这一宪法。新的议会选举是在暴力的氛围中举行的，街头斗殴造成许多人死亡。最终，由马尔丹（Mardam）①贝伊领导的民族联盟温和派赢得了选举[39]，但新当选的议会成员的议员资格没有得到法国高级专员的认可。由此，叙利亚的政治斗争陷入了僵局，这也显示出民族联盟提出的通过政治协商谈判解决叙利亚独立问题这一方案的局限性。

20世纪20年代末，叙利亚在法国委任统治当局的一系列行动

① 叙利亚民族主义政治家，叙利亚民族联盟的创始人之一，曾于1936年《法叙条约》签订后，在1936—1939年任叙利亚国家总理。——译者注

下经历了重大转变。公路和铁路网不断发展和完善，稳定地连接起了阿勒颇和德拉之间所有的城市；第一条汽车公路的开通，打通了通向叙利亚沙漠地区的入口，使得通往代尔祖尔市的交通更加便利。[40] 殖民国家的成型与殖民势力对叙利亚领土的一步步占有和控制是相辅相成的。这种消除地区间交通阻隔的举措并没有彻底消除叙利亚各地区的独特性，例如，在地区家庭内部，族内婚的形式仍然盛行。另一方面，这些新变化将地域空间和人类社区进一步聚集在一起，使之不能再忽视彼此的存在。但是，人们之间的关系仍然是高度等级化的。游牧人口和定居人口之间仍然相互对立，但游牧部落的势力在很大程度上已经衰落了。由于贝都因人对游牧世界的控制，游牧部落对定居世界展开突袭和劫掠的生活方式受到了一定程度的牵制。[41] 朝觐商队活动终结带来的经济后果，在摧毁游牧部落生活的基础方面发挥了更大的作用，不过，他们的社会风俗和生活方式，已被人类学家所记录。最后，以部落领袖的名义登记集体土地的做法，使游牧部落的性质更接近城市土地所有者。在沙漠中，新的房屋住宅在游牧部落的土地上出现。法国考古学家在巴尔米拉或马里发现的历史遗址，其实都是那一时期人们积极投资的对象。

就其本身而言，城市成了一个处于全面转型中的世界熔炉。最为壮观的就是城市基础设施方面的变化。第一批现代自来水和供电网络系统出现在老城区外正在建设中的街区。它们首先出现在大马士革和阿勒颇这样的大城市，其次是拉塔基亚港口周边和代尔祖尔等城市。城市的覆盖范围逐步扩大，蚕食着作为第一外围空间，也即周边乡村的河流、花园和绿洲这些绿色地带。这种现象反映了那 167
些积累了社会财富，并希望过上与欧洲人相似的生活方式的社会名流们的现实需求。富人们也倾向于在新建成的社区定居，那里新建成的主干道让社区的交通变得更为便利。在大马士革，阿卜杜勒·鲁马内街（Abou Roumaneh）逐渐将法国委任统治当局聚居的吉斯尔·阿卜耶德区的房屋与马尔贾（Marjeh）周围的片区连接了起来。

新的道路规划方案的实施和城市交通基础设施的建设，保证了新城内外的交通。为了保护古塔地区免受叙利亚起义军的袭击，大马士革的郊区修建了宽阔的林荫大道。有轨电车公司的运营，补充了城市中仍较为缺乏的汽车交通，使得城市交通更加便捷。但这些交通公司的运营也依赖于现代化的城市公共管理，这使其他经济行业的重组得以继续。此时期叙利亚的大型公共市场，通常由法国资本经营的特许公司控制和管理。就像外国品牌在当地经济结构中的地位一样，这些特许经营公司也是叙利亚当地人揭露和谴责的主要对象。与此同时，叙利亚本土的工业资产阶级开始投入资本，以满足人民的期望，而那些在叙利亚获得特许经营权的其他外国公司，也同法国公司展开了竞争。[42]

最具本土性的叙利亚公司是由鲁特菲·哈法尔（Lutfî Haffar）和法里斯·库利（Fâris al-Khûrî）领导的一大群叙利亚实业家所创办的。他们调动了必需的资金，从大马士革城外的菲杰（Fijeh）水源地修建了一条引水管道，以为大马士革城内提供饮用水。[43]两次世界大战之间出现的其他叙利亚民族企业家也基本上通过这种途径创办实业。例如，哈利德·阿兹姆（Khalid al-'Azm）或穆罕默德·阿明·赛义德（Muhammad Amîn Sayyîd）就这样开始了他们创办民族企业的生涯。[44]更普遍地说，许多叙利亚企业家正在利用《股份有限公司法》来建立叙利亚本国的工业基础。[45]

法国在第一次世界大战后所面临的财政和政治方面的困境，促使其改变了关税政策。1928年，法国当局提高了进口关税。当时，当局正在设法获得新的收入，以维系委任统治当局的财政预算，这迫使他们创建“共同利益”（intérêts communs）机构，以管理所有 168
属于委任统治当局的相关土地资产，而这些事实上是不能共享的。[46]“共同利益”将叙利亚和黎巴嫩置于同一财政体系之中，最重要的是，这一政策确保了法国在不断扩大的工业资产阶层中获得支持。此外，在两次世界大战之间，纺织行业经历了第一次繁荣，阿勒颇成为叙利亚重要的纺织业中心。

此时期的叙利亚城市经历了蓬勃的发展，城市文化出现了一些新特征，比如现代广播代替了人流众多的咖啡馆里的说书人，不过土耳其毯帽仍流行于城市之中，传统意义上的城市空间也仍然保留在老城区里，并继续成为城市大家族的权力基础。他们的首领被称为扎伊姆（za’im），指的是那些在自己所在城区拥有支持者，并以不同的方式向其支持者支付报酬的家族领袖，扎伊姆往往依靠自己所在社区内部的追随者来维持社区的秩序。例如，这些卡巴达亚特可以鼓动社区居民投票反对一些资源和自由权上的分配，以便可以或多或少合法地从事商业活动。人们组建了家庭，以试图掩盖家庭成员是新近进入城市的事实，他们的血统使他们能够定居在城市并在其中拥有一席之地。这些空间纵横交错地分布着众多的人际关系纽带，确保了政治、经济精英与工人阶层之间的社会联系。城市精英阶层往往保留着宽敞的，新建成的或者已经建成的，可供众多人口居住的大住宅。如此，城市居民们往往因为其所在社区而实现了身份认同上的统一，这增加了他们所在社区本身的教派或部落元素。

这种依附与统治的政治关系在叙利亚城市和乡村世界比比皆

是。自1858年《土地法》（*le code foncier*）颁布以来，城市和乡村两个世界之间的不平等关系被强化了。城市居民占领了土地，从而缩减了穆沙阿（musha'a）或称社区共有土地的面积。[47] 城市周边的土地通常由几个大家族控制和管理，而非属于同一个土地所有者。比如蒂埃里·布瓦西埃（Thierry Boissière）就将霍姆斯的土地所有者分为三种主要类型。[48] 与此同时，拥有土地的所有权往往也意味着人们可以将土地出租，这通常可以使土地所有者获得高达50%的土地产出。除了土地资源占有的不平衡之外，还有债务关系上的
169 不平衡。这种借贷关系虽然可以帮助农民度过暂时的生活窘迫，并以现金支付他们所欠的债务，然而，这些借贷的平均利率约为12%，于是，以土地依附为基础的债务关系的反复循环开始了，因为法律禁止人们在负债的情况下离开其所经营的土地。

这是否意味着这是一场全国性的统一运动？这一时期的叙利亚，贫困现象是普遍存在的吗？这之中内含的矛盾，在于各种不同情况的并存和其中相互矛盾的社会变革。农场的规模的不同，将叙利亚的小农与拥有中等面积（通常为几公顷）土地的农民区分开来。一些家庭可能过着体面的生活，村里的小贵族就是这种生活水平差异的证明。同时，人们在预期寿命、家庭人口规模和健康状况方面也存在着差异。统治当局开展的疫苗接种工作、农村开办药房和确保道路安全方面的工作，促使人口死亡率逐渐下降。虽然不同宗教社区的人口增长趋势不同，但总的来说，伴随着人口总量的急剧增长，人口结构也开始转型。20世纪30年代初，叙利亚诞生了全新的一代，而一场无声的土地竞争也随之展开。

在这种时代背景下，1929年的世界经济危机波及了叙利亚本就脆弱的经济。危机带来的影响从1931年开始显现，首先是货币贬

值、商业贸易和农业生产的放缓。然而，在以物易物和自给自足的经济体系中，经济危机带来的影响各不相同。[49]不过，这种经济形态也并没有阻止失业人数的爆发性增长（失业人数约占总人口的15%—20%），1932年的农业歉收使经济情况变得更糟。城市中失业的工匠和乡村里的农民都对现有统治秩序非常不满。

这些经济社会方面的变动，使得社会和职业关系更加紧张，而
这些都发生在法国当局强行在叙利亚实行宪法之时。1932年的选举
凸显了叙利亚民族主义者的政治影响力，任何普通的政治行动都需
要叙利亚地方精英和委任统治当局之间加强合作，精英阶层可以很
容易地通过他们的支持者和政治心腹进行政治调动。而这些分歧足
以重新引发叙利亚社会的抗议活动。1932年，民族联盟在霍姆斯召 170
开了一次要求实现叙利亚独立的大会。作为回应，法国高级专员马
尔特尔（Martel）暂停了这些政治团体的正常活动。法国当局对公
共政治空间的关停，特别是法国当局试图在叙利亚实施地方分权，
从而实现对叙利亚土地分而治之的做法，只会加剧当前已然十分紧
张的政治局势。[50]

承诺、群众运动及政治舞台的诞生

1936年1月20日，大马士革露天市场没有开放。一场前所未有的罢工运动开始并逐渐蔓延到叙利亚所有主要城市的公共广场。大马士革卡瓦纳特（al-Qanawat）地区的民族联盟办公室被强行关闭，引发了一场前所未有的群众抗议浪潮。从形式、地点和领导人这些方面的特点来看，1936年的罢工展现出叙利亚的政治舞台在近十年中经历了如何深刻的变化。在谈判陷入僵局的情况下，叙利亚民族

主义领导人依靠社会中的工商业阶层，展开了标准的社会斗争运动：开展罢工、示威活动等。大马士革这座城市已然成为政治抗议者的聚集地。像“德鲁兹起义”那样自乡村发起反抗斗争的时代已经过去了。这种要求实现叙利亚主权完全独立的呼声，其实也包含了当时叙利亚群众对社会现状的不满情绪。

抗议活动确立了城市斗争的基本形式。[51] 抗议的人群利用传统的城市社会组织交替聚集，有时候聚集在城市的主要清真寺中，有时候分散在城市的小街小巷之中。游行队伍中大部分为男性，也有部分女性，他们举着写有政治标语的横幅，高喊着民族主义口号，占领了街道。正式的政治集会游行开始之前，通常会在支持抗议运动的个人的私人住所举行会议。社会人际关系在这些政治运动中发挥着重要作用。政治传单和报刊的使用使得政治游行的部署与开展更加缜密完善。最后，1936年初，这些民间的政治抗议活动，使大马士革这座城市成为反抗和夺取法国当局权力的运动中心。

171 委任统治当局对当前的罢工形势采取了回避态度，寄希望于罢工运动会自行消散。然而，法国国内的政治变化影响到了叙利亚的局势。1936年春天，法国“人民阵线”（Front populaire）赢得了议会选举，一个由法国左翼激进派和社会主义者组成的新政府上台。带薪假期、每周工作40小时，这都是新政府的《马蒂尼翁协议》（*Accords de Matignon*）中的规定。这份协议在殖民方面提出了更新、更自由化的方案，它要求驻叙利亚政治代表与当地人民重新展开政治协商。此后，叙利亚举行了新一轮的政治选举，民族联盟以压倒性的优势获胜。这一次，叙利亚议会完全成为叙利亚民族主义者表达自己政治诉求的舞台。

但是，这场政治运动中出现了两种趋势。对于贾米勒·马尔丹贝伊及其背后的一些支持者来说，与法国签订条约是迅速实现叙利亚国家独立的唯一途径，而其他人，则认为根据大马士革选民代表舒克里·库瓦特利（Shukrî al-Quwwatlî）①的说法，必须通过要求独立来反对激进路线。经法国高级专员任命，贾米勒·马尔丹贝伊作为叙利亚政府首脑，率领代表团前往巴黎，以确定下一步同法国签订的《法叙条约》的主要内容。双方的政治谈判进展得很快，1937年底，条约的具体内容基本成形。不过，条约内容也必须得到法叙两国议会的批准。对于叙利亚的各方政治人物来说，这样的政治程序似乎没有什么特别的问题。

叙利亚代表团从土耳其乘坐火车返回叙利亚时，基本上受到了热情友好的接待。新建立的叙利亚政府利用这一大好机会制定新的国家政策，以应对即将独立的叙利亚需要解决的问题。例如，面对经济危机的影响，国家粮食办公室的工作目标是保证粮食生产和贸易的正常进行。所有这些都使人们期待着，在不久的将来，国家权力将从法国委任统治当局移交至叙利亚当局。然而，这种政治设想几乎看不到任何实现的迹象，尤其是叙利亚人很快意识到，法国方面一直在推迟批准该协议。[52]

《法叙条约》的签订引发了两种不同类型的争议，并在很大程度上重塑了叙利亚当下的政治格局。随着叙利亚得到独立和加入国际联盟的政治承诺，一些政治上的不确定性消失了：两片独立领土（阿拉维自治区和杰贝尔德鲁兹国）重新加入叙利亚，国家权力将移交至大

---

① 叙利亚王国时期曾担任政府官员，法国委任统治时期民族联盟的主要领导人之一，资助了1925—1927年的叙利亚大起义，1943年当选为叙利亚独立后的第一任总统。——译者注

172 马士革，由一个代表叙利亚人民的政治团队先接管。针对这些政治方面的变化，出现了两种反对意见，我们有必要对之加以分析，以便对此有更加清晰的认识：第一种反对意见主要反对《法叙条约》赋予那些叙利亚边缘地区（亚历山大勒塔桑贾克、阿拉维地区、德鲁兹地区和贾兹拉地区的领土）自治权，另一种反对意见主要来自那些在叙利亚政府没有代表的派别。在这两种情况下，针对该条约的社会抗议的产生，都经历了相似的过程。

《法叙条约》的签订导致阿拉维地区和德鲁兹地区出现了相似的情况。由于该条约将几个原本互相独立的地区政治实体合并，从而导致地区内上层精英出现分裂。对一些精英来说，叙利亚的独立是首要问题，而对另一些精英来说，寻求地方自治或者法国的托管似乎是对远在城市中的地方权贵阶层的保护，而这些权贵对地方的影响是令人担忧的。从地方的角度来看，这两种政治倾向的力量是不同的。对德鲁兹人来说，地区内的内部对抗比阿拉维地区要少，这主要有两方面的原因：1925年德鲁兹地区起义被镇压后，该地区精英阶层内部相对混乱，以及流亡的起义者们在当地留下的亲叙利亚传统。同时，像阿特拉斯家族这样的德鲁兹地方部族虽一贯支持叙利亚国家独立，但其具体的支持方式并未明确。在阿拉维地区，许多派系以部落为标准，分裂并形成了各自实行自治的方案。基尔迪亚（Kildiyya）派的代表只需要表现出其支持大马士革的政治倾向，卡尔比亚（Kalbiyya）派就会站出来反对。在支持地方自治的阵线中，有一个人脱颖而出：苏莱曼·穆尔希德（Sulaymân Murshid）。

苏莱曼·穆尔希德出生于阿拉维山脉地区的苏莱曼·尤努斯（Sulaymân Yunus）家族，因为患有癫痫病，他很快就在当地受到特别的追捧，并因此受到当地权贵的羞辱。他的追随者被他的神秘所吸引，却引起了当地权贵和法国当局的忌惮，导致他最终前往拉卡。重新回到阿拉维地区后，他通过联姻与阿拉维地区上层精英们结盟，当地支持他的人也越来越多。苏莱曼在阿拉维地区的成功，帮助他赢得了法国委任统治当局的支持，在法国当局的支持下，他在1936年通过竞选成为叙利亚议会成员。苏莱曼这位神秘主义政客的发迹轨迹，凸显了法国在塑造叙利亚国家的最终谈判中所扮演的重要角色。同样支离破碎的法国委任统治当局，最终选择支持一种地方主义或地方自治主义的话语，因为从他们的角度来看，这种 173
政治主张旨在捍卫前任统治者（例如保护宗教少数群体、保护现代文明、延续法国留下的成就等）。最终，叙利亚地方自治派和法国当局行政力量互相接近，从而在叙利亚引发了新的社会分裂。

在亚历山大勒塔桑贾克和贾兹拉地区，这种社会演变产生了两种截然不同的结果。在这两种情况下，20世纪30年代叙利亚国内外的政治局面，在很大程度上都是“一战”后心照不宣的政治产物。我们找到的关于亚历山大勒塔的大量历史文献记载，揭示了导致其从叙利亚分离的波折的谈判过程。[53]“一战”后，大量的突厥语少数民族力量的存在，以及法国人对凯末尔军队态度的暧昧不明，都促使法国在叙利亚沿海地区建立了一个桑贾克自治省，这个自治省又以安塔基亚（Antakya）和伊斯肯德伦（Iskenderun）为中心城市。但是，1936年《法叙条约》的缔结引起了土耳其人的担忧。根据国际联盟一贯的政治逻辑，阿塔图尔克（Atatürk）①政府担心阿

① 即近代土耳其国父穆斯塔法·凯末尔·阿塔图尔克（Mustafa Kemal Atatürk）。——译者注

拉伯叙利亚政府可能会压迫这一地区讲土耳其语的人。因此，他们要求得到国际联盟的政治保证，因为就在同一时期，德国政府对苏台德的非德语居民采取了类似的压迫行动。于是，法国做出让步，宣布桑贾克地区将举行选举。

在亚历山大勒塔当地，教派、语言和部落成为主要的政治分界线。这里的阿拉维派信徒支持亚历山大勒塔桑贾克完全并入叙利亚。例如，扎基·阿苏兹（Zakî al-Arsuzî）①领导的国家行动联盟（La Ligue de la fraternité）就在这里开展了泛阿拉伯主义运动。他和他的支持者们在当地同法国当局对抗，致使当局最终关闭了他们的办事处，迫使他们流亡外地。相反的是，说土库曼语和突厥语的少数民族都支持土耳其的政治宣传。至此，在1936年《法叙条约》尚未得到承认之际，各地方势力的反对和派系冲突使得叙利亚面临着一触即发的紧张局势。最终，三个方面的“行动”致使亚历山大勒塔桑贾克被移交给了土耳其。颇具历史讽刺意味的是，穆斯塔法·凯末尔回到了他在1918年率领奥斯曼军队时最后一次参加战斗的原点。[54] 起初，法国人承认桑贾克地区的相对自治权，并反对一些地方领导人的阿拉伯主义立场。随后，法国当局与土耳其达
174 成了一项条约。最后，当地上层内部举行了选举，通过全民公投，确认了桑贾克地区想要重新加入土耳其的意愿。

地缘战略、地方立场、少数民族的选择、对新独立政权的担忧，所有这些都导致了叙利亚的分裂。1939年2月，叙利亚失去了

---

① 叙利亚哲学家、语言学家、社会学家、历史学家和叙利亚民族主义者。出生于叙利亚北部拉塔基亚的一个阿拉维派穆斯林家庭，1927年赴巴黎索邦大学求学，1930返回叙利亚，并于1930—1934年间创立了国家行动联盟，发动泛阿拉伯主义运动，1939年在大马士革创立阿拉伯复兴社会党，并在该党中发挥了重要作用。——译者注

一块领土。这种领土分离成为叙利亚人集体记忆中一个深深的伤口。它改变了第一次世界大战后的殖民地划分，并展示了政府之间的协议，是如何带给叙利亚新的不幸的。这一点从涌入叙利亚首都大马士革的难民潮中可以得到明显的印证。正是在大马士革，扎基·阿苏兹遇到了两位因为反对法国委任统治当局的统治而失去了工作的年轻教师：米歇尔·阿弗拉克（Michel Aflaq）和萨拉丁·比塔尔（Salâh al-Dîn Bîtâr）[55]，扎基和这两人一起成立了一个文学俱乐部，呼吁阿拉伯复兴社会主义。①这种领土割让引发的人口流动，也影响到了桑贾克地区的亚美尼亚人，他们担心》会再次面临屠杀事件。[56]

就贾兹拉地区而言，人口的多样性、居住区的复合性和鲜明的地方分化都阻碍了这片地区实现自治。法国情报官员鼓动贾兹拉地区的部落首领及其阿拉伯和库尔德支持者要求更大的自治权[57]，但他们的这种自治必然会受到法国委任统治当局的影响。叙利亚和土耳其边境地区城市规模的蓬勃发展，交通和地区经济网络的扩展带来的更大程度的地区一体化，以及阿勒颇或代尔祖尔的城市精英的统治，都与地方自治主义的政治话语相悖。最后，当地的库尔德

① 米歇尔·阿弗拉克，叙利亚哲学家、社会学家和阿拉伯民族主义者。他的理论对叙利亚复兴社会主义的发展及其政治运动产生了深远影响，被部分叙利亚复兴社会主义者视为复兴社会主义学说的首要创始人。他的主要著作有《为了复兴》《唯一的归宿之战》《反对扭曲阿拉伯革命运动的斗争》等。萨拉丁·比塔尔，叙利亚政治家，与扎基·阿苏兹和米歇尔·阿弗拉克在20世纪40年代共同创立了阿拉伯复兴社会党。作为20世纪30年代初前往巴黎留学的学生，他同米歇尔·阿弗拉克共同创立了一种结合了民族主义和社会主义的学说。比塔尔后来在叙利亚几个早期复兴社会党政府中担任总理职务，后因该党变得激进而疏远。1966年，他逃离叙利亚，此后大部分时间生活在欧洲，并一直活跃在政治领域之中，直到1980年被暗杀。——译者注

人并没有围绕一个共同的民族身份基础团结起来，这也使他们无法成为一个政治性的民族。[58] 最终，走向战争的结果，导致贾兹拉地区的自治问题迎来了与亚历山大勒塔完全相反的结局。就贾兹拉来说，没有任何进行中立谈判的必要，因为，大马士革对贾兹拉的控制反而阻止了任何有利于轴心国的倾向。

如果不考虑叙利亚政治舞台上激烈的政治活动，就无法理解这一时期叙利亚周边地区的人口流动与迁移。针对《法叙条约》，叙利亚内部形成了两种反对意见。拒绝批准该条约、亚历山大勒塔的
175 分离、1936 年开始的巴勒斯坦起义，以及 1937—1939 年的内战[59]，都是叙利亚部分民众谴责温和派谈判代表的原因。从那时起，舒克里·库瓦特利领导的民族联盟激进派的地位越来越重要，他尤其依靠像阿兹敏（'Azmih）兄弟这样流放归来的早期民族主义者的支持。[60] 通过他们，库瓦特利掌控了民族联盟的财政大权。然而，并不是所有回归的流亡者都加入了民族联盟。年轻的政治新人和退伍军人在阿卜杜勒·拉赫曼·沙赫班达尔身上找到了立即实现叙利亚国家独立的旗手的特征，他们认为，沙赫班达尔是瓦塔尼因（wataniyyin）*运动真正的替代品，但沙赫班达尔于 1940 年在大马士革意外身亡，终结了他的政治支持者们的希望。这两种政治倾向表明，1939 年初的叙利亚，要求立即实现独立的呼声越来越强烈。

与此同时，新的意识形态潮流在叙利亚出现了。这些新的意识形态，是叙利亚人民的共同愿景、归国学生所熟悉的欧洲思想和叙利亚地区政治立场三者相互交织的产物。其中有些意识形态与叙利亚大城市的政党所持政治主张大同小异。共产主义尤其如此，这种思想主张主要被宗教或少数民族，还有那些流亡在叙利亚和那些新

兴的亚美尼亚社区里的人们采纳，得到一些追随者的支持。[61] 然而，法国委任统治当局担心布尔什维克主义在叙利亚的发展会使这种主义的追随者们成为外国势力的代理人，因此，他们试图遏制其在叙利亚的发展。[62] 黎巴嫩、叙利亚和巴勒斯坦的共产党是在20世纪30年代仿照法国共产党成立的。1936年，叙利亚共产党与莫斯科结盟，他们支持与法国签订的《法叙条约》，这在一定程度上使得叙利亚共产党在叙利亚人中失去了信誉。

除共产主义之外，大多数叙利亚政治团体的成立都是为了捍卫叙利亚民族的某种理念。这其中有三种相互对立的倾向。第一种是从拉丁美洲归来的流亡者安东·萨阿德（Antûn Saadeh）①的主张[63]，即保卫“沙姆地区”这片有别于阿拉伯世界的文明土地，在黎凡特式的相互融合中跨越种族和信仰差异。萨阿德希望有一个独裁的领导人来领导这个国家，以帮助叙利亚赶上其他国家，缩小
差距。他创立的叙利亚社会民族党采用了法西斯政党的运作模式。 176
除了这个党派组织，穆斯林神学家组成的乌理玛委员会也因反对现代立法而闻名。乌理玛委员会成立于1938年，旨在将伊斯兰教教义带入政治领域。[64] 他们的组织得到从开罗学习回来的人的支持，这些人在开罗吸收了穆斯林兄弟会（以下简称穆兄会）创始人哈桑·班纳（Hassan al-Banna）的思想。在穆兄会叙利亚分支还未设立的情况下，将伊斯兰教作为社会和政治改革出发点的伟大理想激发了乌理玛的热情。他们将改革事业与保卫真正的伊斯兰国家乌玛

① 黎巴嫩政治家、哲学家及作家，1932年11月创立了叙利亚社会民族党，不久即因法国当局的压迫两度流亡南美洲，先后流亡于巴西、阿根廷等国，回国后，因发动起义反对黎巴嫩当局，被黎巴嫩政府处决。——译者注

(oumma)*以及对抗帝国主义联系在一起。最后一种政治倾向是阿拉伯主义，该主张主要体现在文学领域中，比如前述阿弗拉克和比塔尔，以及流行于咖啡馆中的阿拉伯主义思想。

因此，在“二战”前夕，叙利亚的政治舞台异常活跃。每个政党都有自己的青年组织和准军事组织，并采用雄浑和充满力量的政治话语。现在到了按照欧洲提出的标准，来保卫这个被殖民主义蹂躏已久的国家的时候了。人们穿着各种颜色的党派制服在街上游行示威[65]，这表明墨索里尼的思想得到了积极的反馈。叙利亚的知识界认为，这种意识形态的相互融合是解决民族斗争问题的真正途径。同样，对领袖的崇拜也得到了同情。另一方面，意大利法西斯在别国的侵略行径引起了人们对其的怀疑和不信任，对埃塞俄比亚的战争，对利比亚的最新殖民活动的侵略迹象，都使得人们对这个潜在帝国主义大国产生了猜疑。换个角度来看，即便叙利亚同德国的外交关系继承自奥斯曼帝国时代，且仍是德皇威廉时代的前外交官维持的那种良好状态，也没有证据表明纳粹主义得到了叙利亚当地人民的支持。[66]关于叙利亚支持纳粹主义，这一点在很大程度上是普遍的误解。尽管巴勒斯坦地区进行了反犹太复国主义的斗争，但这种种族主义意识形态并没有在叙利亚的土地上取得重大进展。

巴勒斯坦起义显示了部分叙利亚人起义斗争的缺陷，也给了其他人在起义战斗中展示自身的机会。领导1925年阿拉伯起义游击队的哈迈特军事领袖法乌斯·库瓦齐（Fawzî al-Quwaqjî）①，就领

① 两次世界大战期间出生于黎巴嫩的阿拉伯民族主义军事人物。他曾在巴勒斯坦短暂服役。——译者注

导了反对英国占领者和摧毁犹太复国主义者定居点的游击战，但他不得不在1939年逃出巴勒斯坦。英国无情的镇压永久地粉碎了巴 177
勒斯坦的精英阶层。另外，在叙利亚，巴勒斯坦起义的爆发成为大力宣传阿拉伯民族主义事业的大好时机。这一支持网络将使那些渴望实现自身理想和找到解决国家问题最新方案的年轻人政治化，而他们是叙利亚新一轮政治运动的生力军，正在等待着法国委任统治结束后，充分发挥自身的作用。不过，在此之前，他们首先经历了1939年爆发的第二次世界大战的洗礼。

第二次世界大战期间的国际冲突

通过最初的无线电战争，人们听到了第二次世界大战之初的消息。[67]巴里电台（Radio Barri）和柏林电台（Radio Berlin）向阿拉伯人民广播①，鼓励他们摆脱殖民枷锁。然而，1939年的叙利亚人，主要是通过亚历山大勒塔桑贾克问题来看待国际谈判的。为了使土耳其保持中立，法国放弃了叙利亚这片领土，并把它割让给了土耳其。更重要的是，战争的谣言与不批准《法叙条约》所引发的制度层面的障碍交织在一起，使得新宪法的施行被搁置。1939年5月，法国政府通过其新代表加布里埃尔·普奥（Gabriel Puaux）决

① 根据法西斯政权的决定，1934年，意大利巴里广播电台开始为阿拉伯语国家的听众播放宣传和反宣传节目，并伴有音乐和政治评论。这些广播从上午10点30分到凌晨3点定期播出，在整个地中海地区都能收听到，范围涵盖了埃及、巴勒斯坦、伊拉克、叙利亚、黎巴嫩、阿尔及利亚、突尼斯和摩洛哥等国家和地区。几个月后，该台也开始用希腊语播出。接下来的几个月里发生了一场真正的无线电战争，轴心国和盟军的无线电台之间互相进行无线电信号干扰，这场战争贯穿了整个“二战”。——译者注

定选择新的政治对话伙伴，于是，新的委任统治政府以执政委员会的新头衔而组建了起来。

这一转变反映了法国希望在即将到来的战争冲突中利用叙利亚。意大利在地中海地区表现出的好战倾向，德国在欧洲土地上的步步推进，苏联方面模糊不清的态度，使叙利亚这片土地成为法国一个极佳的后方基地。因此，法国当局必须确保它的安定和叙利亚人民的服从。按照惯常的殖民统治模式，叙利亚反对派领导人遭到了法国当局的逮捕，并被转移到与土耳其相邻的边境城市卡米什利（Kamishli）的监狱中。除了这一强有力的重新强化控制的举措外，法国当局还制定了在巴尔干地区发动军事行动的计划。即便是1939年9月2日德国闪击波兰这一突发事件，也没有使法国放弃这些准备工作。

第二次世界大战前期的几个月里，战争进行得十分有趣，军队随时准备行动，却没有直接面对敌人。随着1940年5月法国前线的
178 崩溃，情况发生了变化。法国在6月的投降，给丹茨（Dentz）将军和他的下属带来了强烈的精神震动。这些远离家乡的职业军人，他们应该做些什么呢？戴高乐主义“自由法国”的呼声已经到达了黎凡特海岸地区。然而，在达喀尔战役期间，戴高乐试图从维希法国手中夺取法属西非的行动被维希法军的大炮击退，同时，英国在梅尔斯·凯比尔港（Mersel-Kebir）摧毁了法国舰队，也阻止了法国舰队继续向维希法国集结。由此，一番犹豫过后，叙利亚的法国军官没有选择加入“自由法国”。

维希法国希望加强在叙利亚的统治，并为此攻击那些被指控谋杀阿卜杜勒·拉赫曼·沙赫班达尔的阿拉伯民族主义领袖。针对法国当局和民族联盟的攻击，阿拉伯民族主义者们展开了激烈辩驳，

他们指责民族联盟放弃了叙利亚的国家主权。阿卜杜勒的骤然死亡，使得主要与他联系在一起的支持者们四散而去；与此同时，贾米勒·马尔丹贝伊或舒克里·库瓦特利也因受到指控而被迫离开叙利亚，前往伊拉克寻求政治庇护。[68] 1940年初，尽管哈希姆君主制政权经历了军事动荡，但是巴格达仍然是阿拉伯主义流亡者们的避难地。在没有领导人的情况下，阿拉伯民族主义运动暂时沉寂了，运动的人数和规模也有所缩减。

这种情势在1941年上半年发生了深刻的变化，不过动因在叙利亚外部。1941年4月，在进行了几次尝试之后，四名自称为“金色广场”（le carré d’or）的军队上校、阿拉伯民族主义捍卫者，在巴格达策划了一场军事政变。他们迫使伊拉克摄政王和亲英的大臣们离开伊拉克，主张重新考虑与英国委任统治政府的关系，并十分乐意迎接著名的巴勒斯坦流亡者，即耶路撒冷的穆夫提来到巴格达。1939年巴勒斯坦起义失败后，这位穆夫提曾来到伊拉克首都避难，在向欧洲秩序发起挑战的过程中，他与伊拉克的新领导人进行沟通并达成了一致。然而，战争爆发时，保持谨慎的态度是非常必要的。在对德国宣战的命令下，伊拉克新政府的领导人盖拉尼（Kaylanî）宣称自己只是上校，并拒绝与意大利断绝外交关系。在1941年春天高涨的反法西斯浪潮下，英国首相温斯顿·丘吉尔开始直面 179
各条战线上的问题，他担心大英帝国的后方会出现任何哪怕是最为细微的变动。因此，他于1941年5月下令入侵伊拉克。

在巴黎，德国外交大使奥托·阿贝茨（Otto Obtez）向达尔朗（Darlan）领导的法国维希政府提出了一个新的德法协议：如果维希政府同意德国军队使用叙利亚的机场来支持伊拉克叛军的行动，柏林就会同意维希政府的某些要求。两国签订的《巴黎议定书》对这些外交决定做了备案。这之后，纳粹德国军队立即向阿勒颇派遣了少量携带军备武器的部队。对纳粹德国来说，在1941年春天入侵苏联的“巴巴罗萨计划”，不能再推迟了。面对德意志第三帝国行动的混乱局面，德国针对伊拉克采取了一些举措，但都未能成功赶走伊拉克当地的英国势力。伊拉克的局势吸引了许多叙利亚战士前往那里，如贾拉勒·塞义德（Jalal Sayyîd）或阿克拉姆·胡拉尼（Akram al-Hawrânî）。面对维希法国的这一转变，英国首相丘吉尔计划从法西斯集团手中夺回对叙利亚的控制权，法国的戴高乐主义者也希望参与此次行动。

1941年6月，一场法国人与法国人之间的战争爆发了。维希法国阵营希望正视当前战争局势，避免叙利亚参与到任何战争冲突中，这使得此次战争有可能在取得胜利的情况下，通过谈判得到解决。在盟军阵营正式进攻开始之前，卡特鲁（Catroux）将军受戴高乐所托，根据1936年签订的《法叙条约》宣布叙利亚独立，同时宣布该条约将在战斗结束时生效。由于叙利亚媒体界的严格审查，这一声明没有在叙利亚得到多少回应。6月25日，三支纵队沿着黎巴嫩海岸向德拉和戈兰高地挺进[69]，他们很快到达大马士革，但在占领贝鲁特时遇到挫折，因为那里的抵抗非常激烈。6月底，另外两支纵队向巴尔米拉和阿勒颇开进。1941年7月初，军事行动停止，英国和法国维希政府在阿卡开始了谈判，而戴高乐主义者只是部分参与了谈判。

戴高乐派的“自由法国”最终控制了叙利亚，叙利亚实际上已经远离“二战”战区。巴巴罗萨计划开始实施、德国在利比亚沙漠地区的停滞不前，以及土耳其的中立，都意味着叙利亚不可能再次成为“二战”的战场，但叙利亚加入盟国阵营还是引起了地区内的变化。“自由法国”方面必须如期履行未来实现叙利亚独立的承诺，此外，叙利亚成为英国建立的战争部署地，即“中东供应中心” 180（Middle East Supply Centre，MESC）的一部分。

缓慢的权力交接过程再次开启。1943年，宪法恢复，7月，叙利亚举行了议会选举。[70] 民族联盟似乎成了选举中最受人民欢迎的政党。反对党，即阿卜杜勒·拉赫曼·沙赫班达尔领导的政党，在其领导人于1940年被暗杀后销声匿迹。在叙利亚民族联盟党内部，舒克里·库瓦特利控制了该党的财政，从而形成了新的党内力量平衡。他可以更轻易地控制民族联盟内部的候选人，并设法使他自己在首都的候选人名单上居于前列。此外，民族联盟党在选举中的胜利，也有利于库瓦特利宣传自身作为国家“元老”（原文为拉丁语表述：primus inter pares）的地位。在根据宪法规定召开的国民议会任命总统的会议上，舒克里获得了多数选票，正式当选为叙利亚总统。

随着叙利亚正常政治生活的恢复，就像1918年的情况一样，党派组织激增，法国当局将这些党派分为极端主义、宗教激进主义和温和派，前两种一般是反对与法国有任何联系的派别，而另一种则指那些宣称伊斯兰教教义是对抗殖民者的武器的派别。[71] 这些党派组织大都聚集了数百名支持者，更多是俱乐部式的，而非有组织的政党形式。他们的出现，显示出叙利亚人是如何通过恢复宪法自由来复兴公民运动的。

多年的战争对叙利亚经济产生了很大的影响。英国建立的中东供应中心必须协调运输和生产之间的关系[72]，以防止进一步的粮食短缺和潜在的社会骚乱。这个机构很好地履行了职能，成功取代了战前行政机构的位置，但它无法在叙利亚建立一个统一的市场，这导致叙利亚出现了地区间的物价差异和偶发的物资短缺现象。于是，此时叙利亚的经济领域出现了一种双重现象：一方面，叙利亚国内生产总值（此数据为事后重新计算）以每年7%的速度增长，工业和农业生产也在加速发展，这一增长是盟军士兵对地区生产需
181 求旺盛的结果，然而，资本却不能投入生产之中；另一方面，高通胀和市场失衡给城市工人和农民造成了损失。1944年战争结束时，人们组织了反对高物价的示威活动。不过，战争还是给叙利亚留下了第一次有组织地发展经济的经验和投入生产活动的资本。

叙利亚的政治情形随着战争的进展而发生变化。直到1944年，“自由法国”一直在就叙利亚主权的移交同叙利亚新政府进行谈判，但却将谈判同叙利亚首都地区的解放强行联系在一起[73]，他们也拒绝将特别部队的指挥权移交给叙利亚政府，这给双方的谈判制造了障碍。与此同时，叙利亚作为一个国家，成了国际社会中的新成员，一个由法里斯·库利率领的外交代表团前往旧金山（San Francisco）参加国际会议，另一个由马尔丹贝伊率领的代表团则前往开罗，同埃及协商建立阿拉伯联盟（la Ligue Arabe）的事宜。由此，一个悖论形成了：在国际舞台上拥有独立主权的叙利亚，因国际联盟的授权而从属于法国，但是国际联盟此时已经不复存在。直到1944年，叙利亚才因为美国和苏联政府的承认，获得了真正的独立。

在这种局势背景下，1945年春天，法国开始在叙利亚进行驻军换防。[74]人们立即按照“一战”时的惯常模式解读这一消息——如果法国往叙利亚派遣新士兵，那就说明法国想继续维持其在叙利亚的殖民统治。因此，只有发动起义才能阻止法国在叙利亚重建其殖民统治。很快，叙利亚军队及其军官发动了起义，紧随其后的是

大马士革和哈马的人民。这两场运动的结合，加上在叙利亚不同地区发生（远至代尔祖尔）的罢工和示威游行，使得叙利亚的局势一度失控。法国高级专员对此实行一贯的镇压手段——下令开火镇压这些起义和罢工游行示威运动。在1945年5月28日至29日的两天时间里，大马士革再次遭到轰炸，叙利亚国民议会会址被大火烧毁，国家政要们躲进了外交办公室。美国大使打开了家门，他的政府则加入了英国政府的阵营，共同批评法国对叙利亚的暴力行径，认为这样有可能会把阿拉伯世界推向盟军的对立面。

1945年5月30日，英国政府向法国发出最后通牒：如果法国士 182
兵再不返回军营，英国军队将不得不向其开火。由于无力改变这种局面，法国政府屈服了。在接下来的几个月里，特种部队的控制权被移交给了叙利亚当局。在美国、英国和沙特阿拉伯王国各方的共同保护下，叙利亚共和国总统舒克里·库瓦特利批准并宣布了法国军队撤出叙利亚的时间安排。1946年4月17日，自1920年抵达叙利亚的法国军队的最后一名士兵撤离了叙利亚领土。

在叙利亚历史上，最令人感到意外的阶段是1920—1946年。在此期间，叙利亚立宪运动在费萨尔的领导下组建了政府，但法国根据“一战”结束时签订的国际协议内容，占领了叙利亚这片在其殖民计划之外的土地。法国占领叙利亚后——至少是在表面上占领，就开始在叙利亚致力于行政、交通和基础设施建设，使之成为法兰西殖民帝国新的一部分。然而，反复爆发的争斗和起义，很快证明了“一战”后的殖民秩序不过是殖民统治者们强烈的自负。他们必须找到其他控制和管理殖民地的方式。叙利亚以法国政治制度为蓝本而制定的叙利亚宪法，建立起了一种新型代议制国家制度。这种新制度，除了得到“一战”前公民运动支持者的拥簇以外，叙利亚的显贵大家族也在其中再次投入了政治资本，并通过议会加强了他们在各地方的政治网络和权力。这些显贵家族通过利用国家建立后产生的现代政治工具，以及参与民族斗争，确保了再次实现对国家的控制。这场争取国家独立的战斗，也将他们与以前被城市世界边缘化的其他组成部分联系在一起，比如德鲁兹人，他们的领袖苏尔坦·阿特拉斯，长期以来一直是叙利亚抗法斗争的一个鲜活例子。组建、重构，以及最终出现的新叙利亚，这一系列过程使得一个国家在其被重新分割的领土上宣布自己是一个主权国家，但叙利亚的精英们此时也面临着一项艰巨的任务：赋予过去的斗争以追求独立的意义。

第六章 独立后的叙利亚

（1946—1963）

1946年4月17日，舒克里·库瓦特利在叙利亚总统府的阳台上就座。在这个盛大庄严的日子里，在最后一名法国士兵离开叙利亚土地之际，他作为叙利亚共和国总统发表了全国讲话。54岁的他见证了这场叙利亚人民反对外国占领的长期斗争的胜利。他充满自豪地陈述了独立斗争的结果和叙利亚作为国家面临的挑战：在结束法国的殖民统治之后，我们必须建设这个国家，以确保国家的全面发展。他的演讲内容概括了关于叙利亚国家独立的承诺：国家主权必须为导致人民和国家在殖民统治下衰落的困境找到出路[1]。此外，通过纠正过去存在的问题，建立起完全多元化的代议制，叙利亚的所有组成部分就能共同组建成为一个强国。这是叙利亚历史上的转折时期，因为这个新生国家正在经历去殖民化的历史进程。

舒克里总统的这次演讲极具表现力：总统希望通过在演讲中叫出祖国名称的方式，来宣布叙利亚这个新国家的诞生；通过回顾叙利亚的过去和未来，他对叙利亚的历史进行了重构，从而使自己和叙利亚统治精英的政治地位合法化。更普遍地说，对国家独立的讨论意味着对国家主要历史的重新建构。这种重构下的历史观认为，叙利亚人民恢复其主权，是一件很理所当然的事情，因为人民的主权其实一直都存在，只是在过去的历史中遭到了长久的侵犯和践踏。这种对国家历史的重构，将这段历史时期纳入同一历史解读机制中，而在这一历史解读机制中，叙利亚在重获主权自由之前受到了外来殖民势力的奴役。这种历史观点在去殖民化时期相对来说是比较普遍的，不过这也使得国家的精英阶层无法对他们将要治理的国家的本质进行过多讨论。

184 叙利亚的独立不仅仅是一个自然的历史进程，它还开启了一段崭新的历史时期，在这一时期，叙利亚的法律体系正在迅速发生变化。1946—1963年的历史，是一段叙利亚在经济、社会、政治、文化和外交领域探索和确立国家主权的历史。[2] 经历了同法国殖民统治的长期斗争之后，叙利亚的一切都百废待兴。

这项建设国家的任务并没有什么既定计划。相反，正如我们所看到的，尽管受到法国殖民势力的掣肘，新生国家的领导人还是可以让自己的政策施行下去。另外，大家族和显贵们能否在国家中成为重要的政治角色，主要取决于他们在外国势力和叙利亚地方势力两方力量之间进行政治平衡与调解的能力。因此，叙利亚的地方势力在这种博弈中受到了挑战和质疑。此外，如果叙利亚的政治人物继承了前代的那部宪法，就将不得不面对第二次世界大战引发的前所未有的社会经济动荡，而这些动荡是由卫生健康事业的改善和社会财富的增加所带来的。叙利亚的政治人物致力于向人民兑现实现国家独立的承诺，却不一定有办法了解国家当前的现实情况。

这一历史时期在叙利亚和外国史学界的研究中长期受到贬损。[3] 鉴于独立后发生的历史事件、阿拉伯复兴社会党的出现、独裁统治和社会主义的出现，这一时期被人们一再解读和重构。从那个时候起，根据人们对下一个历史时期的解读，这段历史成了叙利亚殖民时代的“替代品”，人们普遍认为，此时期的统治者只不过是外国势力温顺的奴仆；抑或被解读成是腐败统治。围绕这一时期的两大重要历史事件——法国的委任统治和复兴党政权的影响，使得这段历史被人们遗忘了将近40年。

进入21世纪后，一切都改变了。为民族解放而斗争的那代人，大家族的继承人，甚至是阿拉伯复兴党的第一代领导人都消逝了。随之而来的是多部自传体作品的问世，在这些作品中，作者向我们呈现了那个时代的氛围，以及这个时代在复兴党独裁统治以外开辟的多种国家发展道路。无论是阿克拉姆·胡拉尼（Akram al-Hawrânî），还是阿德南·萨阿德·阿尔丁（'Adnân Sa'ad al-Dîn），他们笔下数千页的文字照亮了叙利亚历史的新纪元。[4] 此外，他们的文学创作在很大程度上满足了当地的社会需求。在被遗忘的时代 185
之后，2000年之际，20岁的年轻一代渴望了解他们童年时经历的那段被人们遗忘的沉默时期。就连政府官员也无法容忍这种重新解读，大马士革和阿勒颇的书商此前被禁止公开发行的作品又被允许重新公开发售。

这种反对历史重新解构的态度反过来又产生了其他对该段历史的陈见。忽然间，20世纪40年代和50年代成了叙利亚历史上一个真正的黄金时代[5]，这一时期，公民和民主自由制度，赋予了国家公民所有相关的政治权利。

我们需要在这两种极端的历史认知之间，重构叙利亚实现独立的综合动力。这是一个充满各种可能性的时代，也是一个获得各种成就的时代，这一时期，叙利亚正在转变为一个地区参与者、社会革命的推动者和冲突问题的解决者。

一个新生的国家?

1946年，叙利亚有300万人口，有两个中心城市：大马士革和阿勒颇，这两个中心城市各有50万人口。这是一个以农业为主体的国家，其农产品都先流向城市，再销往周边辐射地区。20世纪下半叶，出现了一种新型的经济关系。国内的工商业家族在“二战”期间积累的财富，为农业生产的发展提供了资本，从而产生了采用现代化学技术的机械化种植业。[6] 广布在贾兹拉地区的棉花种植园，开启了叙利亚的“白色黄金”种植业。此外，由于土地迅速集中在大地主手中，法国委任统治时期铺就的国家道路网也经历了新的调整。

除了充满发展活力，但严重破坏了农村社会经济平衡的农业部门之外，城市同农村地区之间仍然通过高利贷式的土地租赁维持着一贯的主导和被支配的关系。[7] 不过，这种关系同时也受到两个方面的影响。农业生产技术的进步促使人口快速增长，进而产生了土地竞争。早在1948年，叙利亚议会就有关于农村人口外流和城市新
186 定居者定居问题的讨论记录。[8] 与此同时，传统的部落关系较之以前变得松弛了，由此产生的对土地和由土地产生的利润的渴望，加剧了弥漫在叙利亚农村地区紧张的社会关系，而这种紧张关系是由生产技术的进步而引发的。

20世纪40年代，国家独立并没有给叙利亚各城市带来什么重大变化。然而，社会财富的积累和政治制度的创建，强化了城市在国家中的优势地位。叙利亚实行的是议会制，并分别在1943年和1947年进行了两次议会选举。两级选举的实行对来自城市的精英阶层代表更为有利。据此，城市大家族能够派一名家族代表为了家族利益而参加议会。独立后的第一届叙利亚政府的构成情况，反映了大马士革-阿勒颇对国家的双头垄断：共和国总统是来自大马士革的舒克里·库瓦特利，叙利亚国民议会主席是来自阿勒颇的萨阿达

拉・贾比里（Sa‘ad Allah Jabrî）①。更为重要的是，这种政治局势，也反映了一种新的政治模式在叙利亚的形成。

独立后，叙利亚的国家权力金字塔发生了变化。国家议会由那些拥有支持者的议会代表们控制，在民族联盟的组织框架内，人际关系将各扎伊姆们相互联系在一起。从这个角度来看，库瓦特利总统俨然成了国家“元老”，他凭借对民族联盟资金流动的控制[9]，建立了个人的政治基础，为自己赢得了国家总统的位置。他像哈立德・阿兹姆（Khâlid al-’Azm）②那样，他要求议会代表们忠于他。[10] 作为回报，他利用国家的拨款和其他方面的资源来帮助代表们实现在自己选区内的项目。由此，叙利亚形成了这种“以物易物”式的制度：议员们接受其政党在外交政策、投资等方面的统一立场，反对国家对基础设施建设、学校建设等方面的投入。当然，这并非意味着国家政治就此失去了约束力，而是对领袖和代表双方都有利。通过这种馈赠和回赠的形式，叙利亚的议会制度在全国得以贯彻实行。

国家独立赋予了一些机构以新的重要意义。议会代表们负责为国家创建新的立法框架。1946年，《劳工法》在工会的积极推动下进行了修正，一项关于军队组织的法案也先后经历了提出、讨论和
放弃的过程，议会中关于海关、税率和税收的辩论更是进行得异常 187
激烈[11]，关于拉塔基亚海港扩建的初步研究业已开始。这几个案例向我们展示了新的国家当局是如何利用手中的特权来对这个新国

① 叙利亚国家领导人，两次担任叙利亚国家总理与叙利亚国家外交和侨民部部长，20世纪40年代担任叙利亚国民议会主席。——译者注

② 叙利亚重要国家领导人，叙利亚著名政治家，曾五次出任叙利亚国家总理，并于1941年4月4日至1941年9月16日间代理叙利亚国家总统一职。——译者注

家进行改造的，也即如何赋予她完整的主权。在进行国家建设的过程中，有三个领域相互冲突：货币、国家在国际组织中保持独立，以及国家权力平衡。

第一个问题涉及黎巴嫩和叙利亚之间的关系，这是由二者的货币共同利率决定的[12]，正是这些共同利率使独立后的叙利亚选择继续留在法郎区，而法国在实施其货币政策时却不会征求叙利亚方面的意见。脱离法郎区货币同盟，不仅意味着实现国家独立，也意味着同黎巴嫩这片被认为是最后一块法国殖民者分割去的叙利亚领土的分离。1946—1950年，叙利亚向黎巴嫩运送小麦和石油、关税收入的分配、货币问题，成为黎巴嫩和叙利亚关系中的三个核心问题。叙利亚和黎巴嫩渐行渐远，互相指责对方的不近人情。最后，在1948年初，叙利亚单方面退出了法郎区，发行了自己的货币。1950年，又宣布废除叙-黎双方的货币共同利率。

叙利亚的双重身份，即作为一个阿拉伯省份和一个独立国家，造成了其在外交关系上长期处于紧绷状态。政治家和知识分子阶层一致支持叙利亚作为一个主权国家加入联合国等主要国际组织，因为这是国家独立和国际平等地位的保证。例如，叙利亚正在努力满足国际货币基金组织的加入条件。[13]另一方面，其他国家议题却引发了国内各界更多的争论。

叙利亚政治界因其参与的国际阿拉伯主义运动而四分五裂。1946—1947年，三种政治倾向相互对抗，形成了“二战”后的五大外交潮流。对一些人来说，叙利亚与外约旦地区（“大叙利亚”地区）或伊拉克（“新月沃土”地区）的合并将是阿拉伯世界统一的决定性的一步，因为前一种方案的支持者与外约旦地区关系密切，而后一种方案的支持者则与伊拉克领导人关系密切。对另一些人来

说，阿拉伯世界的统一只能通过所有阿拉伯地区的政治实体的联合 188
来实现，而阿拉伯联盟则为这种联合提供了框架。在这种框架内，每个国家实体的独立都将成为阿拉伯联盟的基础，这种形式可以对抗前述两种政治倾向的发生。最后，还有一部分叙利亚人支持另外两种创建阿拉伯联盟的方式，一种是围绕穆斯林大会，即乌玛的联合；另一种是围绕沙姆地区，即阿拉伯西奈半岛的托罗斯山区联盟，但其中并不包括贝都因人和那些被同化了的穆斯林群体。

这些不同的政治倾向在各社会政治团体中造成了诸多分歧。人们很快就发现，来自霍姆斯和阿勒颇的民族联盟的大多数成员，如哈希姆·阿塔西，都表示支持“伊拉克方案”。与此相反的是，苏尔坦·阿特拉斯并没有拒绝“大叙利亚方案”，这令来自大马士革的共和国总统舒克里·库瓦特利感到不安。在阿拉伯主义运动中，各方意见与倾向的对立，往往与地区关系、个人的过往经历或者经济方面的政策等因素交织在一起，不过，来自阿勒颇的议会代表的自由主义倾向比来自大马士革的代表们更加强烈。

在1947年的议会选举前，上述的所有政治分歧似乎都被暂时搁置了[14]，议会选举必须为叙利亚人发声。其中的关键问题仍然是国内各方政治势力的平衡。首先需要确定的是首都大马士革的中心地位。外围地区可以向中央派出代表，但他们自身不能获得任何自治权。大马士革当局就是以这种分裂国家的名义，逮捕并处决了以捍卫阿拉维山脉地区自治权而闻名的阿拉维派宗教人物苏莱曼·穆尔希德。随后，内政部长的兄弟、民族联盟主席阿迪尔·阿兹米（‘Adil al-‘Azmih）被派往阿拉维地区担任拥有广泛权力的省长，从而终结了该地区的自治。[15]上述阿拉伯地区的变化在德鲁兹山区引发了更为复杂的动荡，使得围绕其领导人舒克里·库瓦特利的民族联盟内部关系更加紧张。苏尔坦·阿特拉斯质疑舒克里的统治地位，并要求在自己的领地上获得更多的地方自治权。鉴于德鲁兹地区在1925年起义中的作用，中央政府显然无法指责他们为新殖民主义或在搞国家分裂。然而，阿拉维和德鲁兹这两个地区对自治的要求，也使得其他候选人站出来，要求削弱库瓦特利的代表性。[16]

189 叙利亚的第一次议会选举就是在这种时代背景下进行的，此次选举将对议会进行新一轮的革新和重组。选举出的议会将负责为叙利亚选举出新总统，因为宪法只规定了这一项授权。很快，舒克里·库瓦特利公开宣布他希望再次担任总统。与黎巴嫩一样，此次选举的重点是进行宪法改革。[17]

即将到来的议会选举也是第一次没有外国士兵在场的选举活动，这也意味着，新的政治团体会组建起政党来参加竞选。1947年4月，叙利亚文化界的一群年轻知识分子举行了第一次代表大会，成立了复兴党（Parti Baath）。[18] 萨拉赫丁·比塔尔（Salâh al-Dîn Bîtâr），米歇尔·阿弗拉克（Michel Aflaq），以及萨米·容迪（Sâmî al-Jundî）和贾拉勒·塞义德（Jalâl al-Sayyid）在大马士革会面，成立了一个金字塔结构的组织，并将其扩展到整个阿拉伯世界。该组织以从原殖民地分离而独立出来的阿拉伯国家为单位，各阿拉伯国家派出代表，在召开国民大会（watâni）期间成为一个统一的整体。该组织的基本准则是“团结”“自由”和“社会主义”。[19] 这三个口号反映了一个更为整体性的革命目标：道德革命，即以阿拉伯主义的名义发起革命（inqilâb），以重建土耳其和欧洲占领之前，父辈时期的那个伟大的阿拉伯国家。

与此同时，其他政党也出现在叙利亚的政治舞台上。民族联盟分裂为两个派系（国民党和人民党），造成双方分裂的分歧主要有四点：一是来源地的不同（来自大马士革或者阿勒颇的支持者）；二是支持还是反对现任总统库瓦特利；三是主张严格遵守当前共和国宪法还是对宪法进行修正；四是外交上对伊拉克的哈希姆家族开放，还是对埃及和沙特阿拉伯开放。[20] 国民党（hizb watanî）继承了阿拉伯民族主义政党的遗产，而人民党（hizb al-sha'ab）结合此时叙利亚人民新的愿景和战后的自由主义激情，凝聚起了像马鲁夫·达瓦利比（Ma'rûf al-Dawâlîbî）这样的叙利亚青年一代。[21] 马鲁夫于20世纪30年代末进入叙利亚政坛，在前往巴黎继续学业之前，他曾与法国在阿勒颇的统治当局进行过斗争。因而，他成为叙利亚学生界的代表。叙利亚独立后，他回到叙利亚，与年轻的逊尼派神职人员建立了联系。这标志着叙利亚政界的更新换代。

除了上述这两个主要的政治派别以外，此时的叙利亚还有其他 190
人数更少的少数派政治团体。在叙利亚的穆斯林圈子里，之前去往开罗的叙利亚学生回来了。[22] 在他们看来，阿拉伯世界的乌玛必须团结起来，回归伊斯兰教的原始戒律，重建伊斯兰国家。1947年，他们宣誓效忠哈桑·班纳（Hassanal-Banna），创立了穆兄会的叙利亚分支机构。但是，他们并没有以这一身份参加国家议会选举。他们中的一些成员成为议员，并在议会中提出了保守倾向的社会主张。同时，其他议会代表则呼吁在叙利亚建立独裁政治，比如费萨尔·阿萨里（Faysal Asalî）领导的叙利亚合作党（Parti Coopératif Syrien）就用法西斯的徽章作为本党的标志。[23] 叙利亚社会民族党最终通过选举提升了自己的知名度。只有叙利亚和黎巴嫩共产党因为刚刚成立，而被禁止参加正式选举。

于是，1947年的议会选举在叙利亚的大城市中变得高度政治化了。然而，新的候选人并不熟悉选举规则。因此，叙利亚国民党在叙利亚宪兵队、地方权贵和政府代表的政治操作下，在几乎没有任何选举舞弊的情况下，轻松赢得了选举。[24] 正如亚历克西斯·德·托克维尔在叙述1848年法国历史时所指出的那样，赋予民众投票权并不意味着对行动和言论自由的解放。在新的国家政党队伍中，充满了对社会道德腐败的失望和谴责。[25] 在不考虑政治舞弊的情况下，我们必须承认，这一选举结果确是经历了投票流程的产物：在农村和城市各个社区，地区领导人和地主们想方设法维持他们对当地的控制。就如《日子报》(*Al-Ayyâm*) 中所提及的，在必要的情况下，武装人员可以围住投票站，以确保投票“顺利”进行。[26]

因此，总的来说，除了一些零星发生的暴力冲突外，此次议会选举结果反映的是总统舒克里·库瓦特利的个人政治资本清单。[27] 这其中，德鲁兹山区尤为突出。在中央政府的压力和发生动乱的风险下，投票流程被推迟了。很快，德鲁兹地区发生了暴动，此次暴动同半个世纪前的德鲁兹农民起义在形式上没有什么区别。这一次，大马士革中央同样派出了军队进行镇压，而总统则在该地区对
191 准军事部队进行训练。此次暴动中，随着苏尔坦·阿特拉斯流亡海外，德鲁兹地区的局势首次稍稍得到了平息。[28] 新选举的议会因此次动乱而受到了损害，总统的支持者和阿特拉斯的反对者很快在议会中占据了席位，但大马士革中央政府这种直接干预地方的做法，也使得所谓“德鲁兹问题”悬而未决。德鲁兹人和叙利亚民族主义者曾在1925年的起义中团结一致，这两片土地也在1937年合并，但德鲁兹地区的起义活动重新点燃了地方分裂的火焰。

1947年底，新选出的叙利亚国民议会召开并投票通过了宪法修

正案，库瓦特利总统成功获得连任。总体而言，这两件事情的完成使得共和国政局更为稳定，独立英雄们也兑现了他们当初对抗法国的承诺。但是，库瓦特利刚刚再次当选，就把议程集中在了当前的重大国际问题上：巴勒斯坦内战。[29] 自1946年布鲁丹会议①以来，阿拉伯国家就明确表示，他们拒绝接受在巴勒斯坦地区出现一个犹太人的国家，并将对此发起军事干预。但对叙利亚来说，来自其南部地区的冲突可能会导致约旦国王阿卜杜拉一世正式占领大马士革以进行保护，这实际上是在实现他的“大叙利亚计划”。因此，舒克里·库瓦特利的第二个总统任期，是在叙利亚一步步走向一场非常古怪的战争情况下开启的。

1948年的第一个季度，经过了两次流离失所的巴勒斯坦人的问题成为叙利亚面临的现实。由犹太人依舒夫（yishuv）*组成的哈加纳（haganah）*军在加利利、雅法和特拉维夫周围地区发动的军事进攻，使得大量难民大规模地撤离。战争时期常见的大批逃离暴力冲突的难民们纷纷来到叙利亚南部，在斯贝内赫（Sbeneih）和内拉布（Neyrab）的废墟附近安顿下来，并于不久后来到首都大马士革南部的郊区地带。当下的局势，反映出叙利亚政治话语中的痛苦和困境，更引起了群众的愤怒。叙利亚各城市举行第一次抗议活动，这加重了执政者们的政治压力。与此同时，在法乌斯·库瓦齐领导下的志愿军的加入，加强了阿拉伯世界前线的力量。由年轻军官组成的非正式的阿拉伯解放军（jaysh al-inqaz），如阿迪布·希沙克里

① 布鲁丹会议于1937年和1946年各举行过一次。1937年9月，埃及、伊拉克、叙利亚、黎巴嫩、外约旦在叙利亚的布鲁丹举行会议，强烈反对犹太人建国。1946年的布鲁丹会实则是这一年的第二次会议（第一次在开罗举行），讨论的是英美调查委员会迁移10万犹太人至巴勒斯坦的计划。——译者注

（Adîb al-Shîshaklî）①，以及像如阿克拉姆·胡拉尼（Akram al-
192 Hawrânî）②，纷纷离开议会奔赴前线。这批年轻军官们因信仰投入战斗，但却没有因此而得到叙利亚政府的物质支持。

1948年5月15日，当大卫·本-古里安宣布以色列建国时，叙利亚周边地区局势发生了根本性的变化。阿拉伯武装部队立即进入巴勒斯坦，每个阿拉伯国家都派出了大约6000名士兵的特遣部队，但这些部队的重型装备都很差。很快，这场阿以冲突就演变为一场时而休战、时而交战的地区冲突，在休战阶段，冲突各方都在寻求新的武装力量，并努力提高其外交地位。[30]不可否认的是，叙利亚士兵成功坚守住了他们的阵地，但在加利利地区却难以继续向前推进。阿拉伯各国之间缺乏统一作战协调、主要军事力量被牵制在豪兰平原地区、武器购买方面的财政贪污以及军队的政治指挥方面的困难，都是造成阿拉伯联军军事进展缓慢的原因。在大马士革，军事行动开始的3周后，叙利亚战争部长沙拉巴蒂（Sharâbatî）辞职，国民议会主席贾米尔·马尔丹贝伊接替他的职位，继续负责此次军事行动。在城市内部，社区议会被组织起来，以统筹安排军事

① 一位有土耳其血统的叙利亚库尔德人，1930年被任命为法国委任统治当局的叙利亚军队军官。1949年12月2日发动军事政变后，兼任叙利亚总统和政府总理，左右叙利亚政局直至1954年被推翻，1964年9月27日在巴西被暗杀。——译者注

② 叙利亚政治家，在叙利亚广泛的民粹主义形成过程中发挥了重要作用，阿拉伯社会党及之后的阿拉伯复兴党的重要成员，曾在叙利亚共和国政府内部担任多个要职。在阿拉伯联合共和国时期担任联合共和国副总统，后因为不满纳赛尔对叙利亚复兴党的镇压，转而支持叙利亚脱离阿拉伯联合共和国的运动。复兴党分裂后，1962年离开复兴党，与其支持者重新建立阿拉伯社会党。1963年复兴党政变后，他离开叙利亚，到黎巴嫩生活，政治影响力也随之下降。此后在黎巴嫩生活，直到1966年去世。——译者注

行动和后方工作。[31]

然而，以上的一切都无济于事。1948年10月，军事行动恢复后，阿拉伯的主力部队进入了以色列国防军（Tsahal）营地。到当年11月底，叙利亚政府以及埃及、约旦和黎巴嫩政府都表示希望停战。这个消息于12月2日抵达大马士革。大马士革立即爆发了大规模的街头集会。[32] 在选举中失利的政党活动家们进行会面和讨论，并领导了一场基本上是自发的政治运动。不久，大马士革当局不得不承认，他们已经无法控制当前局势。12月3日晚上，参谋长胡斯尼·扎伊姆（Husnî al-Za'îm）①担负起了恢复国家秩序的责任，在两天内完成了这一任务。自1947年以来担任叙利亚国民议会主席，并于1948年5月开始担任战争部长的贾米尔·马尔丹贝伊，不得不在此次政治运动中引咎辞职，这也是他本人政治生涯的结束。在经历了几天的内阁危机后，哈立德·阿兹姆受邀组建新政府。他在1949年1月[33] 宣布开始在叙利亚实行改革，以使国家实
现现代化，叙利亚国家议会成立了一个调查委员会来确定谁应对此 193
次阿以战争（第一次中东战争）的失败负责。议员阿萨利立即指责胡斯尼·扎伊姆为恢复统治秩序的所作所为。然而，这种试图恢复政权的尝试是徒劳的。

① 叙利亚军官和库尔德政治家，曾是奥斯曼帝国军队的一名军官。第一次世界大战后，他成为法国军队的一名军官。1946年叙利亚独立后，任叙利亚国家总参谋长，奉命率领叙利亚军队与以色列军队交战。1948年阿以战争中，阿拉伯联盟军队的失败震撼了叙利亚，削弱了人们对该国混乱的议会民主的信心，这使他在1949年成功夺取了政权。然而，他作为国家元首的统治是短暂的，在几个月后就被处决。——译者注

战败后的叙利亚

1949年3月31日，大马士革在遍布大街的坦克中迎来了她的清晨。到了晚上，胡斯尼·扎伊姆调动军队占领了首都的主要建筑。[34] 他的军队立即逮捕了共和国总统和议会主席。接着，政变者发布了第一份公报，公报指出了过去一段时期国家经历的失败、政府对国家和军队的背叛，以及此次军队采取行动是出于对建立国家新秩序的渴望。政变基本上是成功的，因为库瓦特利政府让人们累积了太多不满的情绪。不过，胡斯尼·扎伊姆并没有立即宣布他的政治意图——建立一个考迪罗式的军事政权，成为一名独裁总统。在此之前，他曾寻求阿拉伯国家的支持，与伊拉克有过接触，然后又在4月底通过阿拉伯联盟秘书与埃及接触。[35] 他还得到了美国和法国的支持。

之后，胡斯尼提出了一项规模庞大的政治改革方案，呼吁叙利亚国家的发展，这意味着首先需要解决叙利亚当前面临的问题，主要是巴勒斯坦难民问题 [36] 和从伊拉克到叙利亚的石油输送管道问题。他恢复了与以色列的谈判，在罗得岛达成了与以色列的停战协定，并在靠近提比里亚湖的前线地带建立了一个非军事区——这里是诸多紧张局势的发源地。他希望利用这些外交成就来为自己获得资金和物质支持。

但胡斯尼·扎伊姆几乎没有时间完成他的这些政治计划。6月，他通过公民投票当选为叙利亚共和国的新总统。他的当选受到共和国其他政治团体的蔑视，在共和国老一辈政治家和军官团体中，对他的不满情绪成倍地增加。这时发生的一个事件加速了他的倒台。

在胡斯尼·扎伊姆的邀请下，叙利亚社会民族党领袖、颇具威信的领导人安东·萨阿德来到大马士革寻得政治庇护。由于黎巴嫩政府方面的不满和愤怒，安东很快被秘密地移交给黎巴嫩，并很快在边境被捕并被处决。安东·萨阿德的死在叙利亚军队中引起了骚动， 194
因为军队中有一部分人支持他的政治思想。各方不满情绪的汇合加速了胡斯尼·扎伊姆政治生涯的终结。8月14日晚，他和总理一起被捕，两人都被处死。新领导人萨米·辛纳维（Sâmî al-Hinnâwî）①表示，他将把国家权力交还给人民。

胡斯尼·扎伊姆的倒台为叙利亚开启了一个新时代，人们呼吁召开新的制宪会议。过渡政府中的所有政治派别（包括米歇尔·阿弗拉克）都认为法国人留下的基本法存在缺陷。叙利亚政治舞台上为期两年的动荡时期开始了。一方面，各政治派别满怀热情地加入政治讨论，参加政治选举。其中，那些指责政府当局拒绝流亡的前总统库瓦特利归国的叙利亚国民党的老党员们，却被排除在政治生活之外。因此，在1949年12月选举产生的议会中，人民党占相对多数，当然，新议会也包括许多其他政治团体，其中就有一名复兴党代表，以及三名穆兄会代表组成的伊斯兰社会党。

新选出的议会主要就以下问题进行了讨论：[37]“共和国”的含义是什么？人民的基本权利都有什么？国家当局可以享有什么样的特权？针对这些问题，一部以“自由”而闻名的宪法诞生了，宪法规定了国家权力的分立，由一院制的议会、有任期限制的民选总统

① 叙利亚政治家和军官，此时为胡斯尼·扎伊姆的同事，于1949年发动军事政变，推翻了胡斯尼·扎伊姆的统治，建立了自己的军政府统治，后于1950年10月31日在贝鲁特被他之前推翻的胡斯尼政府总理穆赫辛·巴拉齐的堂兄谋杀。——译者注

组成，人民享有普选权以及其他一系列社会权利，如受教育和就业的权利。另一方面，议会对其他方面的问题也进行了讨论。比如，伊斯兰教在国家中处于何种位置？总统是否必须为穆斯林？最后，伊斯兰教被确认为国教，但没有说明这一地位的价值所在。

虽然关于宪法问题的讨论很重要，但议员们也就其他社会问题进行了讨论。诸如通过基础设施建设来实现国家现代化，比如拉塔基亚的港口建设、阿勒颇的引水系统工程、土地改革和同贫穷农民共享国有土地，以及特许经营企业的国有化改革，这些举措都是议
195 会在这几个月的时间里做出的决定。事实上，叙利亚的国家立法机构，以及此时叙利亚的经济、社会和文化面貌，都是在议会讨论中形成的。

然而，此时的叙利亚依然无法迎来一个平静的时代。与之相反的是，军队和人民之间的政治分歧使得军方再次采取行动。在军队内部，一系列的谋杀削弱了军官们的力量。[38] 在宣布与伊拉克结盟后，新上任的叙利亚参谋长阿迪布·希沙克里发动军事政变，迫使当前政府集体辞职。此外，独立后的叙利亚，政府的执政非常不稳定。[39] 从1949年8月到1951年12月，叙利亚前后经历了八届政府的更迭。必须指出的是，国际局势对叙利亚未来的影响越来越大。这反映出围绕着巴以冲突中对于叙利亚失败的独特解读，关乎叙利亚错综复杂的内部和外部政策问题：叙利亚在巴以冲突中的失败，在内部是由于国家实力和军备方面的不足，在外部则是由于获得的国际支持的不足。

对武器装备方面的研究与国家实力的提高是齐头并进的。国家需要在这两方面都做出努力，以壮大实力，使得国家能够利用其资源来面对任何逆境。但是，在缺乏工业基础的情况下，就需要寻求

外国合作伙伴的支持。自1948年战争以来，西方大国一直对叙利亚实行武器禁运，并在1950年重申了这一政策。作为回应，叙利亚外交部长马鲁夫·达瓦利比表示，叙利亚已经准备好寻求东方大国的支持，而不是成为西方国家的走狗。这一立场得到了穆兄会等政治团体的支持。[40] 以色列对提比里亚湖边界的侵袭活动仍在继续，该水域地带仍处于共同主权的状态之中。[41] 在此背景之下，在东方，朝鲜战争爆发了。对此，叙利亚人感到震惊和恐惧，他们担心为阻止苏联终将爆发战争，而叙利亚将成为战场，但这个国家却没有任何武器装备。在美苏冲突的国际大环境之下，叙利亚需要采用一种战略——秉持必要的中立立场。[42]

除了与冷战局势相关的冲突之外，阿拉伯国家之间的斗争也仍在继续。参谋长阿迪布·希沙克里在没有得到议会授权的情况下，于1950年2月与沙特阿拉伯达成了一笔600万美元的贷款协议。这一举措打击那些支持与伊拉克和解的人的力量。[43] 同时，它还展示了一个政府官员是如何在议会及时采取行动，以纠正某些方面的变动的同时，又在官方框架之外发挥强有力的政治影响的。这也允 196
许政府通过这种方式解决日常遇到的一些问题，比如由那些被剥夺工会代表资格的公务员们发起的罢工运动。同时，政府还必须对那些震动了叙利亚农村地区的无声反抗做出回应。

20世纪40年代末和50年代初以来，乡村世界的发展变化充满了各种相互矛盾的现象。一方面，机械化种植的推广和农业资本的投入，使一些地区，如贾兹拉地区，成了土地开发的先锋地带。建设与完善灌溉设施，扩大小块土地的面积，以使其更为有利可图，都是土地开发过程的一部分。叙利亚的土地开发过程，与我们在南美洲的大庄园看到的情况大不相同：农业资本主义和生产主义的出现，为阿勒颇到霍姆斯的工业区的形成与发展提供了重要动力。与此同时，土地经济价值的增长，促使大地主在负债的个体农民破产时更为积极地购买他们转让出去的土地权利，从而扩大土地占有面积。因此，农业工人的贫困化与乡村世界的日益富裕联系在一起。此外，“二战”后卫生条件的改善，加上各地区内医生和诊所的出现，促使人口数量显著增加。人们对土地的渴望随之也不断增长。所有这些情况，都成为乡村地区发生暴力事件的重要条件。

大地主周围都是真正的私人警卫，以确保他们的土地权利得到尊重。另一方面，自由职业者、工程师和教师根据议会制定的激励政策进入乡村地区，在国家现代化的名义下，推动学校、医院和灌溉系统的发展。自由职业者往往来自进步主义的政党或那些容易接受进步主义思想的政党团体，主要为复兴党党员、共产主义者、“胡拉尼分子”。其中，“胡拉尼分子”以哈马的政治领袖阿克拉姆·胡拉尼的名字命名，阿克拉姆的个人政治生涯也建立在保护农民利益和反对帝国主义的斗争之上。以上这些自由职业者都支持和保护农村青年一代的利益。他们鼓励乡村地区小贵族的儿子移居到城市，因为城市是一个充满希望的地方。这些移居到城市的青年
197 人，又为乡村中组织分散的抗议活动提供了重要的政治框架。[44]
20世纪50年代上半叶，乡村地区的各种抗议活动愈演愈烈且形式多样：从拒绝纳税或缴纳租金到攻击收税者，从夜间逃往城市到占领社会公共设施。这种情况反映出国家存在的一种潜在的暴力，且这种暴力倾向与乡村地区农民运动所取的进展并行不悖。农民运动在1951年达到了高潮，在阿勒颇举行了第一次全国性的大会。在议会议员胡拉尼的推动和倡议下，人们乘坐卡车聚集在一起。[45]
这一系列新现象突出地反映出此时的叙利亚乡村地区正在经历的多

重变化，以及由于乡村地区庞大的人口规模而给叙利亚带来的社会甚至政治上的紧迫性。

在这种背景下，在议会试图通过任命马鲁夫·达瓦利比为议会主席以向叙利亚军方发起挑战的时候，军方的阿迪布·希沙克里策划发动了新的军事政变。12月2日上午，叙利亚军方占领了国家广播电台和政府各部门。[46]议会主席被逮捕，共和国总统哈希姆·阿塔西被软禁在家。这一次，阿迪布·希沙克里这位新兴政治强人并没有继续组建议会制政府，而是组建了一个由他的亲信法乌齐·塞卢（Fawzî Salu）领导的政府委员会。法乌齐·塞卢接任了政府总理一职，总统职位则空缺，共和国宪法也被暂停施行。

最初，希沙克里得到了包括阿克拉姆·胡拉尼和米歇尔·阿弗拉克在内的政界人士的支持。然而，他们在关于国家的政治设想上很快发生了分歧。1952年4月4日，叙利亚所有政党都被命令自行解散。复兴党、穆兄会、叙利亚共产党以及传统的人民党和国民党都消失了。很快，那些拒绝停止政治活动的武装分子遭到了军方的追捕，但这并不能阻止胡拉尼分子、复兴党和共产党党员们聚集在叙利亚农村地区，在农民的支持下继续进行政治活动。另一方面，他们的领导人则被迫流亡。尤其是米歇尔·阿弗拉克、萨拉丁·比塔尔和阿克拉姆·胡拉尼，这些人先是去到贝鲁特，然后又跑到了罗马。共同的逃亡经历，拉近了复兴党和胡拉尼分子之间的距离。至此，叙利亚被一个人统治着：那就是阿迪布·希沙克里。

42岁，中等身材，这个剃了胡子、留着短发的男人，从十几岁 198
起就一直穿着制服。[47]他来自哈马，在法国委任统治时期，他凭借职业精神和参加阿以战争的经历，在军队中得到晋升。1948年，他成为阿拉伯解放军的支柱之一，在参加1945年的起义后，他重串了关于实现泛阿拉伯主义的承诺。在军队中，他接受了安东·萨阿德的大叙利亚思想。因此，他的思想更倾向于保卫叙利亚国家自身，而不是其他阿拉伯主义者的那种政治设想。在没有明确政治计划的情况下，叙利亚的一系列政治事件，使他逐渐获得了叙利亚军队的领导权——胡斯尼·扎伊姆和萨米·辛纳维的派系先后在1949年3月和8月的政变中被推翻，在这两次政变中，希沙克里均积极参与其中。1951年12月，随着叙利亚第四次军事政变的结束，在政变中崭露头角的希沙克里为叙利亚带来了新的前景。

起初，希沙克里没有将他的政权制度化，而是通过在军队中的地位保持在国家中的影响力。政府启动了一系列的国家发展项目，如加卜平原地区排水系统的建设①、为扩建拉塔基亚港提供资金，以及在幼发拉底河周围开发农业灌溉系统。当时的叙利亚盛行这样一种思想——科学技术可以帮助解决政治问题，而国家实现现代化，即购买新技术设备和建设国家工业基础，可以弥补和解决国家当下面临的困难。但是，这并不意味着此时的叙利亚形成了一个完整的国家发展计划。面对资金缺乏和一系列困难，希沙克里邀请了国际复兴开发银行的一个代表团来对叙利亚经济的弱点进行评估，并为叙利亚提出了一个切实可行的解决方案——提供信贷支持。[48]

经过一年的政治实践，希沙克里的执政团队开始采取措施以稳定政权。为此，政府修订了新宪法，加强了共和国总统的权力。[49]

---

① 加卜平原是叙利亚西北部的一片平原谷地，大部分位于苏恰拉比耶区境内。奥龙特斯河由南至北流经加卜平原，之后在玛哈德附近注入大海。此谷地曾被奥龙特斯河的河水浸没而形成一片沼泽，几个世纪以来一直如此。20世纪50年代，叙利亚政府启动了“加卜计划”，他们将谷地中的河水排出，使该地成为可居住及可进行农耕的地区。——译者注

全民公决的结果通过后，希沙克里当选为共和国总统。他的当选使得各派政客聚集在霍姆斯发表声明，呼吁恢复宪法自由（即霍姆斯公约）。紧接着，希沙克里创建了一个新的组织——阿拉伯解放运动（hakara al-tahrîr al-'arabî）。该组织旨在聚集新统治秩序支持者，以见证新一代政治人物登上国家政治舞台。例如，马蒙·库兹 199
巴利（Ma'zum al-Kuzbarî）就是通过这一途径进入叙利亚政坛的。最后，叙利亚举行了议会选举，选举中优先考虑出身中小城市中显贵家族的代表的名额。[50] 显然，城市和乡村地区的议会代表开始了一种新的互动。新成立的阿拉伯解放运动在议会中占据主导地位，也有一些人来自其他政党，如叙利亚社会民族党。至1953年底，阿迪布·希沙克里似乎已经完成了通过合法选举途径建立独裁总统制政权的过渡。

大马士革大学修改其入学条件的做法，打破了当前的局势。这所大学是叙利亚当时唯一一所拥有数千名学生的大学。大马士革市中心很快爆发了抗议活动。1954年初，这场运动被警方镇压。与此同时，德鲁兹地区的问题也变得更加尖锐。阿迪布·希沙克里多次对叙利亚南部地区展开报复性的军事行动。在严格执行法律之后，除在萨哈（Sakha）和苏维达（Suwayda）之间修建柏油公路这个项目外，他放弃了大部分的国家建设项目。希沙克里为了支持工业的发展而给予工业领域的特权和国家的高关税政策，限制了农业的发展，影响了边境地区居民的收入。因此，1953年夏天，德鲁兹山区发生了骚乱，总统派出军队进行镇压，并下令逮捕所有带头闹事的头目。这是复兴党激进分子曼苏尔·阿特拉什（Mansur Atrash）第一次入狱，他是苏尔坦·阿特拉斯的儿子。1954年1月，曼苏尔在分发传单时再次被捕，这是他此时期内第二次被捕入狱。

曼苏尔·阿特拉斯被捕的消息在德鲁兹山区激起了一场起义。[51]起义者喊出了他们的政治和社会口号，突出强调德鲁兹山区的精英代表将如何处理当下面临的社会问题。大马士革当局对此次起义采取了暴力的镇压手段。彼时，叙利亚军队在镇压起义时的常规部署往往伴随着空中军事轰炸，这引起了叙利亚知识分子和政治家们的强烈愤慨。叙利亚的老一辈政治家法赫里·巴鲁迪就曾亲自给总统写信表示反对。[52]1954年2月初，德鲁兹地区的局势似乎
200 又恢复了平静。2月23日，阿勒颇的驻军发动起义。霍姆斯和代尔祖尔的驻军紧随其后。哈马、拉塔基亚和大马士革仍忠于政府当局。在两天的时间里，阿迪布·希沙克里犹豫不决。1954年2月25日，希沙克里做出了决定，他拒绝承担引起国家内战的政治责任，并试图利用武力重新征服这个国家，但最终，他辞去了职务并流亡海外。

一切再次变得皆有可能

阿迪布·希沙克里的匆匆下台开启了叙利亚历史上一段特殊的时期。这一时期，大多数政治参与者都主张恢复并全面实施1950年宪法，这就是霍姆斯公约的意义所在。但是该公约所声明的内容、推翻独裁政权的动员，与叙利亚国内长达两年时间没有任何政治对话与讨论的现实之间，存在着十分剧烈的反差。各政治团体的主要领导人，无论是阿拉伯复兴党的米歇尔·阿弗拉克、萨拉丁·比塔尔、阿克拉姆·胡拉尼以及他的儿子，还是人民党的哈希姆·阿塔西或他的儿子阿德南（Adnân）以及马鲁夫·达瓦利比，抑或是穆兄会叙利亚分支的穆罕默德·西拜（Muhammad al-Siba‘î），都必

须首先重建他们在希沙克里独裁统治时期被解散的政党组织，同时参与即将到来的政治选举。

1954年4月至9月，在希沙克里倒台后第一个政府成立和进行政治选举之前，叙利亚的政治气氛非常紧张。这一时期，报刊再次出现，这标志着媒体行业最新技术的发展。[53] 第一批彩色杂志在大马士革和阿勒颇发售。市中心主干道上的咖啡馆里充斥着人们关于叙利亚未来的讨论。清真寺仍然是国家政治社会化的重要场所。最后，由于新近的教育改革，学生队伍不断扩大，大马士革大学也政治化了。由于必须首先清除希沙克里独裁时期留下的臭名昭著的印记，因此，那些已经商定的国际协议被系统性地中止了（特别是1953年签订的与黎巴嫩关系正常化的协议），1949年的议会成员也被召集起来举行国家会议。议会不得不面对各部门针对通货膨胀和工资停滞的各种动议与谴责。每个人都在期待着举行议会选举，并 201
将之作为解决当前国家所有政治问题的办法。

1954年9月24日和10月6日，先后举行了两轮议会选举。[54] 经过激烈的谈判协商，无论是关于政治流亡者返回叙利亚的可能（特别是前总统舒克里·库瓦特利），还是关于保证中立立场（如在选举中采用投票箱和秘密写票室，以及在选举前实行省长轮换制），叙利亚国内所有政治派别均宣布会参与选举活动。但是，只有进步主义政党才有能力提出一个严密的选举程序和具有广泛代表性的候选人名单，这里提到的进步主义政党主要是指新成立的共产党和阿拉伯复兴党，而复兴党只能在一半的选区中提名候选人。其他政治团体则正在努力进行改革。穆兄会正面临着一场重大危机——其埃及分支正受到埃及总统纳赛尔的严厉打击。人民党正在努力整合新的政治人物，国民党仍然受到库瓦特利留下的政治遗产的不良影响。然而，并没有哪个政党宣布将抵制此次选举。

在此次选举之前，很少有暴力冲突发生，但是，在两轮选举之间的暴力威胁增加了。第二轮选举结果令人们感到非常惊讶。总的来说，议会被分成了四个规模相当的团体：复兴党、国民党、人民党和无党派人士。此外，还有一些席位属于叙利亚社会民族党、穆兄会或其附属机构，共产党秘书长当选为议员，这一结果让西方各国的大使们颇为惊愕。各政治派别之间的分歧如此之大，以至于最后82岁的法里斯·库利成为政府首脑。只要各党派对此认可……或者至少他们这么认为，这个在历史上获得普遍共识的政治人物就是政府中立立场的保证。那么至少，第一次选举之后的叙利亚可以开始实施其政府的第一批内政措施了。

1955—1957年的立法工作尤为重要，因为有关社会日常生活的主要法典都进行了修正和改革。比如，根据《劳动关系法》，农民在负债时将不再会被没收住所；还有《国家发展法》，对阿尔及利亚的民族解放斗争给予了支持，推进加卜地区的排水工程，推动巴
202 蒂亚（贝都因草原）地区的植树造林工程，为定居人口提供法律援助；通过法律为租赁金额设限；建造新社区，设立农业银行和农业学院……通过阅读当时议会的立法讨论记录，这份普雷维尔①长篇诗一样的立法清单，还可以被扩展得更长。[55] 由此可见，叙利亚的社会面貌此时已发生了深刻的变化，而这也反映出国家法律体系的变化。

国家正在迅速经历变化。叙利亚的总人口从1953年的360万增加到1957年的420万。经济的快速增长，主要表现为贸易额增加和

① 即雅克·普雷维尔(Jacques Prévert)，法国诗人与剧作家。——译者注

农业、工业生产的增长。这是一个库姆斯亚（Khumsiya）主导叙利亚国家工商业领域的时代，库姆斯亚是经营和控制大部分叙利亚国家经济活动的五大公司的名称。因此，此时的叙利亚是一个充满活力的国家，是一个充满创造力的舞台。

社会主义成为此时叙利亚国内诸多政治潮流的主旋律。在复兴党内部，1954年的议会选举结果确认了社会主义与胡拉尼主义两派的合并，该组织自此更名为阿拉伯复兴社会党（hizb al-baath al-arabî al-ishtirâkî）。[56] 复兴社会党对自身的政治立场进行了重新定义，明确表示支持农民的利益，反对大地主的封建负担。复兴社会党内部也就土地改革问题进行了讨论。该党的另一个变化是，党员数量超过了2000人。埃及国家元首纳赛尔，一直以来都被该党批判为独裁者，被质疑为是希沙克里的翻版。但是，自1955年以来，纳赛尔的政治中立立场开始受到该党的赞赏。[57] 除此之外，一些政党内部也经历了意识形态上的变化。在没有完整计划的情况下，人民党投票赞成对叙利亚国内特许公司进行国有化改革。来自穆兄会叙利亚分支的一位思想家甚至在几年后出版了《伊斯兰社会主义》（*Socialisme Islamique*）一书。[58] 叙利亚此时在社会和经济思想上的变化，使得其国内政局日益向左倾斜。这种左倾的趋势也体现在当时创作的文学作品中，许多作品都描绘了社会的苦难。

除了各党派及社会思想上的变动，叙利亚国内的局势也变得日益
紧张。1955—1958年，每年都有一场外部和内部政治因素相互交织而 203
引发的重大危机。1955年，土耳其总理曼德列斯（Mendérès）和伊拉克内阁首相努里·赛义德（Nûrî al-Sayyid）签订并宣布了一项军事

同盟协议，即《巴格达条约》（*Pacte de Bagdad*）①，这打破了叙利亚国内的政治共识。尽管复兴党②软弱无力，但他们还是成功地在国家议会外交事务委员会中占据了一席之地，利用这个政治平台，他们力促叙利亚政府采取反伊拉克的外交政策。这种外交上的倾向，还有一个民族情感上的因素：土耳其仍然占领着亚历山大勒塔地区，而这片土地是叙利亚官方宣布拥有主权的国土。土耳其和叙利亚边境地带发生了第一轮小规模的武装冲突。[59] 这年春天，叙利亚外交部长哈立德·阿兹姆受印度尼西亚总统苏加诺的邀请，前往印尼万隆。[60] 在那里，他与其他国家的代表团一起，庆祝独立于美苏两个超级大国的“第三世界”的出现，并谴责“犹太复国主义运动”是一种新的殖民主义行径。他于1955年4月25日回国。同一天，马尔基（Malqî）上校③在大马士革体育场被刺杀。马尔基上校是阿拉伯复兴党在军队中崛起的军事代表，他是被叙利亚社会民族党的一名支持者杀害的，此事件也暴露出两党在军队中的争斗。最后，夏天的时候，在埃及流亡7年的前总统舒克里·库瓦特利回到叙利

① 1953年起，美国分别同土耳其、伊拉克、伊朗等国先后缔结双边军事协定，并策划土耳其和伊拉克签订《巴格达条约》，1955年，该条约签订，全称《伊拉克和土耳其间互助合作公约》，英国、巴基斯坦和伊朗也分别于同年4月5日、9月23日和11月3日加入该条约，共同构成巴格达条约组织。巴格达条约组织建立后，中东分成了两大阵营，一是北方得到美国财政和军事支持的巴格达条约组织国家。另一方是以埃及为首的阿拉伯国家。——译者注

② 阿拉伯复兴社会党的简称。——译者注

③ 阿德南·马尔基上校来自大马士革一个富有影响力的逊尼派穆斯林家庭，在希沙克里倒台后，获得了广泛的名誉，在军队中拥有大批追随者，支持与埃及进行政治与军事上的统一。1955年4月22日，马尔基在大马士革体育场参与叙利亚军队与埃及军队比赛时被枪杀，袭击者随后自杀。因袭击者是叙利亚社会民族党党员，借此机会，叙利亚复兴党和共产党展开了一场对叙利亚社会民族党的大清洗。——译者注

亚。在全国团结的政治口号下，他成功当选为叙利亚共和国总统，并与议会选举中的获胜者哈立德·阿兹姆展开竞争。鉴于反对伊拉克的政治倡议，以及个人情感，库瓦特利总统立即开始与埃及和沙特阿拉伯进行政治磋商，并于1955年10月签署了一项三方军事防御协议。黎巴嫩贝鲁特美国大学的历史学家马尔科姆·克尔（Malcolm Kerr）就在他的著作中提及了这两个冷战期间成立的对立的阿拉伯阵营。[61]

1956年似乎预示着立法机构的内部成就，对阿拉伯事务分析人士来说，这也预示着阿拉伯地区紧张局势的缓和。在叙利亚，阿尔及利亚战争展示了该国是如何在支持非殖民化斗争的情况下避免国际冲突的。[62] 自1953年以来，叙利亚与以色列的边界地区再没发生过大规模的武装冲突。然而，这三重政治动因的结合却引发了一场新的重大危机。对马奇上校暗杀者的审判导致人们谴责和批判政 204
客，参与意识形态斗争被定为犯罪。万隆会议后翌日，在来自捷克斯洛伐克的武器运达后，1956年10月，库瓦特利总统前往苏联，叙利亚政府随后还派遣了一个议会代表团前往苏联。再加上叙利亚共产党总书记在叙利亚议会中获得席位，有人开始担心叙利亚会倒向共产主义阵营。艾森豪威尔政府与英国协商，准备采取秘密行动来“纠正”叙利亚的这一外交走向。[63] 美国中央情报局和英国军情五处与在贝鲁特（希沙克里倒台后逃往黎巴嫩）的阿迪布·希沙克里以及叙利亚社会民族党的支持者们取得联系，计划在叙利亚发动政变。[64] 政变计划于10月25—30日这一周进行……自1956年夏天起，“阿拉伯之声”（La Voix des Arabes）广播的声音开始响彻叙利亚的街头，7月26日，在一阵欢呼声中，埃及总统贾迈勒·阿卜杜勒·纳赛尔（Gamal Abd al-Nasser）突然宣布埃及将苏伊士运河收归国有。苏伊士运河危机开始了。

同其他阿拉伯国家一样，叙利亚以一种近乎“精神分裂”的方式经历了这场危机。[65] 聚集在咖啡馆和抗议活动中的人群赞扬埃及国家元首的壮举，认为这是对西方大国的真正挑战。阿拉伯各国政府对埃及的这一行动大加赞赏，但仅在外交上表示支持，并没有采取任何具体行动。和纳赛尔一样，阿拉伯各国政府都相信，此次危机会通过和平方式得到解决。10月底，阿克拉姆·胡拉尼率领的叙利亚议会代表团前往开罗，表示叙利亚将同埃及团结一致。舒克里·库瓦特利总统首次正式访问苏联。叙利亚的报刊媒体对过去一周发生的“匈牙利事件”基本上保持缄默。然而，到了1956年10月29日，所有事态都开始急剧变化。早上，贝鲁特的阴谋者们打开秘密电台，开始为发动政变做最后的准备工作。就在此时，以色列刚刚开始了入侵西奈半岛的军事行动，这使得贝鲁特的阴谋者们停止了所有的行动，因为他们害怕被指控同以色列勾结。在接下来的几天里，法国和英国向埃及与以色列发出了停止军事冲突的最后通牒。接着，两国向塞得港（Port-Saïd）①空投了部队。

英法联军袭击塞得港的消息，使只满足于发表支持声明的叙利亚政府目瞪口呆。与政府相反，街头的抗议活动愈演愈烈。阿勒颇
205 的抗议群众扬言要烧毁法国领事馆。叙利亚与法国和英国的外交关系就此破裂。第二天，叙利亚议会主席胡拉尼告知埃及，他准备向埃及派遣军队以表支持，胡拉尼致力于为战争做出贡献。但是，纳赛尔巧妙地谢绝了这个提议。莫斯科方面，苏联就此事件发表了极

① 埃及东北部地中海沿岸靠近苏伊士运河的港口城市。——译者注

其严厉的声明。马林科夫（Malenkov）①甚至威胁要使用核武器。叙利亚共和国总统高度赞扬了苏联这个新伙伴支持阿拉伯人民的决心。苏伊士运河危机发生的第四天，叙利亚第二局②局长阿卜杜勒·哈米德·萨拉杰（'Abd al-Hamîd Sarrâj）策划了一场针对伊拉克输油管道的袭击。[66]这使得欧洲国家失去了他们的第二大石油供应源。最后，在华盛顿，美国政府采用了口头威胁、提高对英镑汇率的金融攻势，以及石油禁运措施来强迫英法联军停火。11月6日，法国和英国做出了让步，宣布停火。几周后，以色列从西奈半岛撤军。

苏伊士运河危机带来的冲击是相当大的。纳赛尔带领埃及打败了那些进步主义党派口中的"帝国主义敌人"，他的个人名望也随之水涨船高。12月初，萨拉杰揭露了在贝鲁特策划的政变阴谋。很快，伊拉克的哈希姆家族同阴谋分子的勾结和部分议会议员对政变的支持也被揭露。参与谋划政变的议员逃往土耳其，其他人则被逮捕。1957年1月初，约100名密谋政变者被推上法庭接受审判。根据《艾亚姆报》（*Al-Ayyâm*）和《阿里弗·巴报》（*Alif Bâ'*）的头条新闻报道，超过10人被判处死刑，这一判决震惊了整个阿拉伯世界。与此同时，1月2日，苏伊士运河危机进入了一个新阶段。艾森豪威尔在他的国情咨文中表示，任何受到安全威胁的国家如果向美国求助，美国都将随时准备向其提供帮助和支持。

此时，叙利亚的国家立法机构任期即将结束。在苏伊士运河危机后动荡的国内外背景下，人们对新一轮的议会选举既担忧又期

---

① 苏共领导人，彼时在苏联政治局中任部长会议副主席及电力部长。——译者注

② 叙利亚情报部门在当时被称为第二局。——译者注

待。地方选举可以对当前形势进行测试，进而重新部署地方各势力，并凸显国内政治力量的重组情况。1955年艾哈迈德·尤尼斯（Ahmad Yunis）和哈希姆·阿塔西的儿子阿德南·阿塔西在霍姆斯的政治冲突，就向我们展示了叙利亚的进步主义者和自由主义者之
206 间的政治分界线是如何形成的。[67] 1957年大马士革的议会选举预示着几个月前就已存在的国家问题。虽然旧城和新的市中心的墙壁上仍保留着1954年的海报，但两位相互竞争的政治对手已宣布了他们各自派别的候选人：1955年4月被暗杀的阿德南·马尔基（‘Adnân al-Malqî）的兄弟里亚德·马尔基和穆兄会的代表马鲁夫·西拜（Ma‘rûf Siba'î）。其中，前者吸引了叙利亚进步青年们的选票，而后者则代表了大马士革资产阶级的利益。巴布图玛（Bab Touma）和卡塞（Qassa）的基督教区以支持穆兄会的代表而闻名，因为在基督徒看来，穆兄会是唯一真正可以保护他们财产和维护正常社会秩序的一方。最后，马尔基成功当选。

在其他地方，原定于议会选举前举行的市政选举被推迟了。因为复兴党的议员担心，共产党和哈立德·阿兹姆的支持者将通过市政选举而崛起。哈立德·阿兹姆本人曾前往苏联，他对这个在几十年内成功实现工业化的“红色亿万富翁”国家大加称颂，他还准备与苏联展开合作，签订贸易协定，以改善叙利亚的总体状况。此外，共产党在军方及总参谋长阿菲夫·比兹里（‘Afîf Birzî）周围也有不少支持者。由此，叙利亚的政治分歧在政界、军方和情报机构（第二情报局）内部都出现了。在这种背景下，1957年夏末，“叙利亚危机”爆发了。[68]

3名美国领事馆工作人员被指控在阿勒颇从事间谍活动，这本是一件无足轻重的事情，但叙利亚政府要求美国召回其驻叙外交人

员。美国正好以此为借口，试图改变叙利亚政府的左倾走向。美国总统特使于1957年9月初在巴格达条约组织会议期间会见其地区内的政治伙伴。曾听取并参与颠覆叙利亚政府计划的伊拉克领导人听到美方的这一提议后，表示拒绝。他们明确表示拒绝以色列的介入。美国人同样把改变叙利亚的政治计划告知了以色列，要求以色列保持中立。最后，只有同叙利亚关系紧张的南部邻国土耳其接受了美国的这一提议。艾森豪威尔总统的计划，主要是通过在叙利亚国内策动骚乱，让国内的亲美派掌权，向美国寻求支援。然而，土耳其边境的军队调动和美国的表态却产生了与美方预期相反的效 207
果。叙利亚人反而被这种外部威胁动员起来，成立了民兵部队。新成立的民兵部队对叙利亚复兴党和共产党都非常忠诚，这意味着叙利亚的立场将变得更加强硬。苏联很快就确定了对此事件的立场：土耳其对叙利亚的任何入侵行动都将导致苏联加入战争。10月，赫鲁晓夫的特使要求叙利亚的邻国停止一切颠覆叙利亚现政府的活动。10月17日，埃及的纳赛尔总统在与美国政府讨论后，提出埃及将支持叙利亚政府，从而恢复叙利亚国内的政治平衡，援助叙利亚的埃及军队也在叙利亚拉塔基亚港登陆。

1957年夏天，这场“疯狂的”地区危机结束了，但它暴露了叙利亚国家制度中存在的脆弱性，尤其是叙利亚国内政治力量极端的两极分化现象。在叙利亚军官团体中，有一群与复兴党思想接近、高度泛阿拉伯主义和中立的人，他们担心叙利亚共产党和阿兹姆的盟友，即总参谋长比兹里领导的派系会阴谋夺取国家权力。于是，他们前往开罗，要求立即与埃及结盟，并再次提出1956年2月曾在议会中提出过的计划。这标志着军方和叙利亚政客在埃及首都来回奔走的开始。对此，纳赛尔犹豫了。因为他担心埃叙两国实现联合是否真的切实可行，他不仅对叙利亚军队（至少是军官阶层）的政治化倾向心怀忧虑，更担忧同叙利亚的联合行动可能引起的各种反应。为此，他针对埃叙联合提出了一系列条件：废除并解散叙利亚的一切政党，开罗将成为联合国家的首都，新的联合国家将颁布和实施一部新宪法。在大马士革举行了关键性的深夜会议后，叙利亚政府成员表示将遵循军方的指示。12月初，安瓦尔·萨达特（Anouar al-Sadate）来到叙利亚议会并发表讲话。1958年1月，建立联合国家的计划经全民公投获得批准。2月2日，叙利亚成为“阿拉伯联合共和国”（République Arabe Unie）的北部省份。曾在1946年为最后一名法国士兵的离开而欢呼的叙利亚总统库瓦特利，签署了埃叙双方《联合条约》。

联合与分裂

叙利亚和埃及的联合，是震撼地区局势的一系列运动的一部分。[69] 在埃及和叙利亚成立联合国家的最初几个月里，阿拉伯联
208 合共和国几乎没有经历任何制度化的过程。国家权力由北部省份（叙利亚）和南部省份（埃及）共同分享。纳赛尔为国家总统——4位副总统共同辅助他，其中包括两名叙利亚副总统，阿克拉姆·胡拉尼和萨布里·阿萨利（Sabrî al-‘Asalî）。1958年4月，纳赛尔在叙利亚各主要城市进行了一次巡回之旅，吸引了大量民众随行，这充分展示了他的个人魅力。甚至连他在黎巴嫩的支持者也来到大马士革为他欢呼喝彩。在这个联合国家中，建立“阿拉伯联盟”的伟大梦想主导了一切，但是关于国家的发展方向，联合国家内部却有不同的想法。埃及方面，主要是纳赛尔，他想要集中精力建设这个

新国家；而其他人，如胡拉尼或萨拉杰，则打算扩大联合国家的规模。

联合国家建立之初发生的一系列事件似乎都在践行后者的计划，即扩大阿拉伯联合共和国。1958年3月，也门宣布加入阿拉伯联合共和国。同年春季，在黎巴嫩，夏蒙（Chamoun）总统的支持者和反对者①爆发了武装冲突。[70] 其中，夏蒙总统的反对者与纳赛尔关系密切，并得到了萨拉杰和叙利亚相关机构人力与物质方面的支持。随着双方开始利用各自的支持者加入暴力冲突，黎巴嫩国内的冲突变得更加激烈。在这种地区背景下，7月14日，巴格达的居民在《马赛曲》的歌声中醒来。从14日清晨开始，以伊拉克的阿卜杜勒·卡里姆·卡塞姆（‘Abd al-Karîm Qâsim）和阿卜杜勒·塞拉姆·阿里夫（‘Abd al-Salâm ‘Arif）为首的一群军官占领了巴格达的王宫并杀死了王室成员。②面对这些事件，美国与英国军队在贝鲁特和阿曼登陆并投入了空投部队。一场狂热的革命似乎席卷了这个地区。但是，通过纳赛尔的斡旋，黎巴嫩的政治危机找到了解决方案，夏蒙总统离开黎巴嫩，黎巴嫩总参谋长福阿德·谢哈布（Fouad Chehab）接任总统，这让热衷于扩张联合国家领土的叙利亚人颇感沮丧。尤其是，巴格达成了泛阿拉伯运动的首都。在巴格达引起地区轰动的审判中，叙利亚与之前的伊拉克君主制王朝的勾结

① 在纳赛尔阿拉伯民族主义的鼓舞下，黎巴嫩穆斯林要求分享权力，但夏蒙政府接受了艾森豪威尔主义，于是反政府的穆斯林与亲政府的基督徒发生了冲突。——译者注

② 即费萨尔二世及其家庭成员。政变者们认为，费萨尔家族的统治已经腐化，不能再继续。伊拉克的此次政变使美国担心整个中东会发生连锁反应，伊拉克王国本是美国对抗苏联的可靠盟友，而费萨尔王朝的灭亡损害了美国在中东的地位。——译者注

被揭露，这使阿拉伯联合共和国副总统萨布里·阿萨利名誉扫地。而发起政变的卡塞姆自立为伊拉克领导人，相比加入阿拉伯联合共和国，他更倾向于同纳赛尔展开政治竞争。从这个角度来看，这是泛阿拉伯运动经历的第一次挫折。

1958年9月，政变后的伊拉克当局决定进行土地改革，阿拉伯
209 联合共和国的北部省份也紧随其后。叙利亚的土地被分割成小块，分配给了农民耕种。农民运动的梦想正在实现。[71]然而，叙利亚进步主义阵营在“阿联”问题上仍然存在分歧。从1959年1月开始，叙利亚政府当局对共产党人进行了残酷的镇压，他们或被流放，或遭到秘密处决，又或被投入监狱。与此同时，为了使叙利亚军队去政治化，大批军官被调往埃及。这些军官到了埃及后发现，自己失去了在叙利亚所拥有的权力。在这些军官中间，萨拉赫·贾迪德（Salâh Jadîd），哈菲兹·阿萨德（Hafiz al-Assad）和乌姆兰（‘Umrân）决定联合起来并彼此协调，以便在时机成熟时共同采取行动。[72]

阿拉伯联合国家曾经的支持者（复兴党）和埃及当局之间的政治破裂，是在“阿联”南北两省的民族联盟议会选举中完成的。在联合共和国议会的9445个职位中，叙利亚复兴党仅获得250个。与此相反的是，纳赛尔却可以亲自从叙利亚的权贵阶层中自行遴选人员进入议会任职，为自己的政权建立统治基础。为了表达对纳赛尔这种做法的不满，副总统阿克拉姆·胡拉尼辞职并开始谴责纳赛尔——胡拉尼毕生的梦想破灭了。[73]

在叙利亚，随着一个新词塔姆西尔（tamsir，埃及化）的流行，人们的不满情绪也在逐渐增加。“阿联”南部省份的官员和军官的到来，似乎夺走了原叙利亚政府官员的职位，大马士革和阿勒颇也

沦为二级城市。“阿联”提高关税壁垒的做法还导致贸易活动的停止。最后，第一套社会主义措施的实施，使叙利亚一部分地方资产阶级感到不安。为了应对这些困难，叙利亚第二局局长萨拉杰的权力得到扩大，情报人员的数量也大幅增加，叙利亚陷入了警察独裁统治之中。为了为当前的困局找到解决办法，纳赛尔委派阿卜杜勒·哈基姆·阿梅尔（‘Abd al-Hakîm ‘Amer）前往管理叙利亚这个北部省份，但并未达到预期效果。

1961年初，“阿联”同伊拉克的竞争变得更加激烈。卡塞姆召集了欧佩克成立大会，开始将开发石油的土地国有化。随着商业和银行国有化措施的实施，叙利亚引入了新的社会主义法律。统一埃及、叙利亚两种货币的计划，在经历了提出、推迟的过程后，最终被采纳，这使得这个连续三年遭受旱灾的国家产生强烈的不满。巴 210
蒂亚草原地带农民的生活状况因此而严重恶化，大量人口外流。1961年9月，叙利亚政治纷争和社会不满的加剧，迫使埃及当局开始从叙利亚的萨拉杰手中收回政治权力。

1961年9月28日，阿勒颇的军营发生了起义。发动起义的领袖呼吁对当前的“阿联”进行修正。[74]他们在发布的第8封公报中宣布：叙利亚将脱离“阿联”。大部分叙利亚军营加入了此次分离运动。虽然纳赛尔曾一度考虑进行武装镇压，但在看到分离运动得到的支持后，他放弃了这一计划。纳赛尔委派的阿梅尔离开了叙利亚，叙利亚重新获得独立。在接下来的几天里，反对“阿联”的政客们签署了一份声明，呼吁废除“阿联”。曾经的“阿联”合并方案的发起人和追随者阿克拉姆·胡拉尼与萨拉丁·比塔尔，也在宣言上签署了他们的名字。这让他们的一些支持者感到惊讶，这些支持者们可能对“阿联”的某些做法不满，但无法理解为何要退回到之前的状态。如此，叙利亚的一切都要重新来过。

经过三年半的“阿联”和警察的独裁统治，军方主导的新政府迫切需要恢复政府机构的正常运作。1950年宪法被恢复施行，1961年12月，议会选举匆忙举行，这使得叙利亚国内的政党和政治力量几乎没有时间进行重组。此次议会选举投票的结果，显示出人们对“阿联”政治遗产的强烈抵触。土地改革、一些社会主义的举措、军队的力量和伊斯兰教的地位都是引发“阿联”分裂的主要因素。

此时的叙利亚政治领域可以观察到三个重大转变。因之前“阿联”对政党活动的取缔而受到打击的进步政党，试图保卫在这一时期获得的政治成果，但现实是，他们还无法重建他们的选举基础。其中，得到乡村地区农民支持的复兴党尤其如此。[75] 不过，其他方面的政治力量已经重新集结，这指的主要是穆兄会，其领导人伊萨姆·阿塔尔（‘Issâm al-‘Attâr）在大马士革的选举中赢得了胜利。[76] 穆兄会仍有一些重要派系，如哈马派、阿勒颇派和大马士
211 革派等重要派系。但这些派系之间的差异并不十分明显，因为大马士革派在内部占据了主导地位，将该党带入议会并在选举中获得了10个席位，从而在议会中获得了好感和支持。最后，更为传统的政治力量，比如人民党和国民党，往往经历了子承父业式的继承过程，库瓦特利的支持者就是如此。由此看来，脱离“阿联”后的叙利亚，选举出的是一个构成极其松散的议会。

1962年初，叙利亚新政府成立，新政府废除了“阿联”时期颁布的社会主义法律。但是，议会讨论的主题仍然主要是寻求“社会正义”（adala ijtimâ‘ya），这反映了“阿联”之后，叙利亚国内价值观和政治术语的变化。[77] 土地改革的变化引起了农民群体的关

注和担忧，叙利亚农村地区再次出现了紧张局势。那些在回忆录中讲述了自己在叙利亚乡村童年经历的军官，是对此时乡村土地关系变化最为不满的群体。1962年3月，一场军事政变动摇了叙利亚的政治体制。

1962年3月28日，纳赫拉维（Nahwâlî）中校领导的军官们率军占领了霍姆斯，要求共和国总统纳兹姆·库德西（Nâzim al-Qudsî）下台。一开始，他们似乎取得了胜利，但很快就被反政变的军事力量扭转了局面。4月6日晚，反政变力量决定保留库德西总统的职位，罢免总理，任命巴希尔·阿兹玛（Bashîr Azmih）接替总理职位，并流放了叛乱的中校。[78]这一事件凸显了叙利亚的新兴政治力量是如何在国内政局中发挥作用的。

此次军事政变的基础是一个由军官派系、国家情报机构和政客组成的联盟，这个政治联盟的人数在叙利亚“阿联”时期有所增加，互相保密和所谓的政治信任为权力创造了新的基础。国家总参谋长扎尔丁（Zahr al-Dîn）在他的回忆录中就提及这些来自同一地区、同一教派且共同武装的军官们是如何相互理解和信任的。[79]大马士革对阿勒颇，德鲁兹派对阿拉维派，纳赛尔派对复兴党，这些都是存在于叙利亚军队内部的分界线。此外，联合和政变的失败，也加速了叙利亚军队中军官团体的更新，他们大多都是三十来岁，是叙利亚独立之子，如穆斯塔法·特拉斯（Mustafâ Tlâss）、哈菲兹·阿萨德、易卜拉欣·阿里（Ibrahim ‘Alî）等人。

政变后新一代的军官大多来自叙利亚农村地区的小贵族家族，
与新的进步团体关系密切。在复兴党内部，1962年的党内代表会议 212
也显示出该党的内部变化。成立之初的领导人们因放弃“阿联”路线而陷入困境，而如来自德拉、拉塔基亚或代尔祖尔等边远地区的地区派系的领导人，则开始向新选举的国家议会发起进攻，以阻止资产阶级重新掌权。他们在斗争中使用马克思主义理论和第三世界的革命话语，呼吁立即实行国家变革。即使是像贾马尔·阿塔西（Jamâl al-Atâssî）①这样曾支持1954年叙利亚议会选举的知识分子，也没有呼吁推翻人民民主制度。[80]

分裂而又高度政治化的军队，松散的议会，以及努力在国内确立自己政治地位的政客——为解决这些问题，纳兹姆·库德西总统不得不定期深入各政治派系进行斡旋——都反映出叙利亚这个刚从独立中诞生的国家陷入了困境之中。此时叙利亚政局的代际更新，已经脱离了传统的政治框架。1962年9月另一场失败的政变，凸显了政府在军队中薄弱的政治基础。到1962年底，为了建立起更为牢固的政治统治基础，新一轮的政治谈判又开始了。由于在议会中的影响力越来越大，来自穆兄会的一些新代表敦促其领导层向政府要求担任更为重要的部长职位。[81]最后，库德西总统请年事已高且已病重的老将哈立德·阿兹姆出任政府总理。新总理马上试图实行政治改革。他进行的人口普查措施，剥夺了土耳其-叙利亚边境的一些库尔德人的叙利亚国籍。面对威胁，特别是在1963年2月复兴党在巴格达发动的政变之后，政府感到有必要宣布国家进入紧急状态以自保。这种国家紧急状态直到2011年4月才宣布解除。此时的叙利亚政府是一个脆弱的政府，在面临1963年的国家危机之时，甚至需要由一个病重的政府总理来出面应对。

① 叙利亚阿拉伯民族主义者、政治家、作家。他是新生的复兴党最早的理论家之一，在复兴党成立后不久就加入了该党，他帮助制定了复兴党的党章，还担任复兴党日报《复兴党》的主编。——译者注

作为反殖民主义斗争的继承者，城市中的主要精英阶层从1946
年开始，就试图在叙利亚建立起完整且全面的国家主权。这种政治
追求反映在议会和政客们的精神风貌上，具体体现为他们对法制的
宣传和推广。其中，只有法制看起来可以解放叙利亚，并为国家提 213
供权力。首都大马士革的中央集权加强了，这损害了地方各省的利
益；多数派的当政，使得那些进步党派中的少数派难以表达他们的
政治诉求。因此，定期的选举活动成为叙利亚国内各股政治力量组
织政党和进行政治斗争的重要契机。但此时存在的两个障碍削弱了
政府本身的力量。从外部环境来看，阿以冲突和冷战使得国内外政
治氛围越来越激进。特别是在叙利亚国内，由于政府改革步伐缓
慢，新的无地一代的崛起和乡村地区精英加入军队，叙利亚国内的
土地问题变得愈发紧迫。军队军官们登上政治舞台，给国内政局带
来了更大的震荡，甚至于一支小规模的军队就能动员其领导层，去
向政府施加压力。军队武装力量正迅速成为叙利亚整个国家的主导
力量。这场从根本上加速改变叙利亚社会的政治运动，与出身叙利
亚军事学院和技术院校的新兴社会精英的崛起相结合，成为他们在
全国确立统治地位的社会政治基础。最后，新近获得独立的叙利
亚，遵循了此时世界历史的大趋势，他们大力抨击议会制度，转而
采用能够提升和保证政府行政效率、国家发展和社会转型的总统
制。在叙利亚南部各省，主要的政治责任落在了政治家、研究人员
和分析人士所吹捧的那些实现国家现代化的代理人——军官身上，
而军队中的军官们必须对此时叙利亚国内的社会政治问题做出革命
性的反应。

第七章 复兴党执政时期

1963年3月8日早上，大马士革的街头被停在各战略要地前的军队装甲车所占领。自恢复国家紧急状态后一个多月以来，叙利亚首都的政治气氛，预示着一场新的政变即将发生，而这是自1946年叙利亚独立以来发生的第十次政变。同其他军事政变的情况一样，大马士革的居民在发动政变的军方发布的第1号公告中醒来，公告严厉谴责政府的腐败、前政府对人民的奴役以及帝国主义对叙利亚的阴谋。不过，此次政变的特别之处在于，混杂了各方政治势力的军官们竟呼吁由复兴党的领导人来组建新政府。当复兴党伊拉克派别于1963年2月在巴格达掌权[①]后，叙利亚复兴党人明白，自己的历史性机遇已然来到。一个新的历史时代正在到来。

几周后，叙利亚的国家政权倒退至过去的状态。军队的军官们继续掌握政权，政变的节奏也并没有放缓。就像阿拉伯地区的大多数国家一样，一个新的时代到来了——并不是改革的时代，而是一个彻底变革的时代。军队的新一代领导人们承诺，面对眼前的紧迫局势，他们将做出决定并取得成果。借用那些歌颂革命（thawra）美德的政客的话来说，是时候进行革命了。

大量的历史文献试图对叙利亚新出现的专制政体进行分类。本章进行的最有价值的历史研究，是回归到了对1963年后叙利亚新

---

① 1963年2月8—10日，阿拉伯复兴党伊拉克派别在巴格达发动“二八政变”，也称“斋月革命”，此次政变推翻了总理卡塞姆的政权，建立了复兴党的军事专政。——译者注

兴执政力量的社会起源的探索上，着重讨论了此时期内这支源自乡村地区的政治力量是如何掌握国家权力的。叙利亚的这种政治变化
216 是否同20世纪60年代至70年代第三世界普遍建立的军政府相类似？还是说他们发动的是一场社会革命？有两位作者就这些问题对此次政变进行了清晰的分析。汉娜·巴塔图（Hanna Battatu）通过对埃及、伊拉克和叙利亚三国的革命进行比较，试图寻找这些革命之间的相似之处。《世界报》（*Monde*）和《东方日报》（*L' Orient le Jour*）的记者爱德华·萨博（Édouard Saab）则提出了将叙利亚1963年政变视为“一场由怨恨引发的革命”[1]的观点。他认为，进入叙利亚政局的新政治角色，会对既有的有产者进行社会报复。

1963年政变在叙利亚历史上至关重要，因为从19世纪中叶开始的社会演变进程，在另一种社会运转显现时被打断了。之前的掌权者很快地，有时甚至是暴力地被抛到了一边。他们留下的物质和记忆的遗产，正因法制在叙利亚的确立和对过去历史的改写而受到双重挑战。[2]从更广泛的意义上说，1963—1971年的叙利亚，有多种建立国家权力的政治事业相互交织。这种政治、社会、经济甚至文化上的动荡局面，在当时给人一种轰轰烈烈的感觉，而国家领导层的不断更迭，更是让人们头晕目眩。

在叙利亚这个国家中，充斥着政治派系间的相互斗争。我们必须看到并清楚了解各政治派系是如何利用国家工具来改变经济和社会秩序，以便将他们自身创建的政治秩序强加给整个国家的。这些都是处于相互斗争之中的社会模式。由此，革命的动力最终被无休止的政治斗争耗尽了，整个社会疲惫不堪，建立正常社会秩序的渴望随之产生，而这是一群来自叙利亚人口中的少数群体所提出的社会诉求。自20世纪50年代中期以来，这群人发现，可以将国家作

为树立权威和实现社会变革的力量，他们及时地抓住了国家权力，并开始按照自己的意愿重塑国家。于是，一股以“革命”为名的政治漩涡席卷了整个叙利亚。

巩固政权

1963年3月主导政变①的领导层，其构成非常复杂。[3] 政变是由一名叫齐亚德·哈里里（Ziyâd Harîrî）的军官发起的，但他本人并没有表现出明确的意识形态倾向。作为一名阿拉伯民族主义者，哈里里与复兴党关系密切，与纳赛尔的关系也很密切，属于对叙利亚脱离“阿联”深感失望的一代。因此，在政变后他同意将权力移交给一群寻求与埃及重启谈判的复兴党人。为了了解政变后几个月 217
内的叙利亚局势，我们有必要对此时的局势进行初步观察。叙利亚在20世纪50年代实行的招募政策，使得军队中军官的人数相对多了不少，与此同时，由于叙利亚先加入“阿联”而后又脱离“阿联”，军官团体内部也因政治倾向不同出现了严重分化。对许多叙利亚人来说，“阿联”首先代表了难以放弃的国家愿景，也代表着叙利亚即将迎来一个新时代，这个新时代并不是基于个人和宪法自由这些精神，而是建立在叙利亚人共享社会财富、树立国家尊严和建设高效政府的理想之上。[4]

对于新上台的国家领导人来说，当务之急是了解如何利用他们已经获得的权力。保密性成为叙利亚国家政治管理的主要特征。叙

① 1963年3月8日由阿拉伯复兴社会党发动的一场军事政变，也称“三·八”革命或叙利亚革命，政变受到了伊拉克斋月革命的启发。——译者注

利亚人把希望寄托于新的权力机构。正如帕特里克·希尔（Patrick Seale）所说的那样，由煽动政变的三人组成的秘密委员会在当时并不为人所知。[5] 哈菲兹·阿萨德、萨拉赫·贾迪德和穆罕默德·乌姆兰组成了政变三人组，他们利用阿兹姆政府在紧急时刻的一时迟疑，发动政变并导致阿兹姆政府垮台。三人委员会凭借他们在军队中的关系网而得以调遣军队以支持他们的政变行动。

政变三人组的3名军官都来自叙利亚西北部阿拉维派的哈亚廷（Khayyatin）或卡尔比耶（Kalbiyyin）部落。年纪最长的乌姆兰出生于1922年，其次是出生于1926年的贾迪德，最后是出生于1930年，最年轻的阿萨德。他们都是在法国委任统治时期长大，并在叙利亚独立初年成长起来的一代人。作为农村孩子获得社会晋升的唯一途径，他们都选择了加入叙利亚军队，然后又都在20世纪50年代加入了复兴党。哈菲兹·阿萨德在高中毕业后成为复兴党学生团体的代表，声名初显。三人都积极参与了20世纪50年代的政治纷争。乌姆兰甚至在推翻阿迪布·希沙克里政权的过程中发挥了一些作用。最后，在叙利亚加入阿拉伯联合共和国时期，这几人走到了一起。“阿联”时期，他们发现自己远离国家，也不知道该如何在开罗打发时间。于是，他们开始一起讨论进行斗争，以纠正叙利亚加入“阿联”这条错误道路。叙利亚脱离“阿联”后，他们觉得，是时候碰碰运气了。

政变后成立的第一个全国革命指挥委员会聚集了20名成员，该委员会向一个由平民组成的政府发出指令。新政府成立了一个权
218 力有限的议会，将决策权保留给当选的几位议会代表，同时也考虑了在1963年因支持不同社会思潮而相互冲突的代表们的意见。议会中的职位由胡拉尼派、纳赛尔派、独立派和复兴党四个政治派系

共享。根据议会的讨论结果，并在“指导”议会讨论过程的三人委员会接受决议的掩护下，国家政治决定得以付诸实施。三人委员会习惯于对政府和议会的讨论方向进行指导，但是，“三巨头”的政治力量与其说是出于他们在国家制度中的地位，不如说是由于他们能够将自己置于决策群体的边缘，并通过各种方式与叙利亚军队联系在一起，从而为国家做出最终的决定。对他们来说，在政府中任命一个特定的政府职位，可能比做出某项政治经济决策更为重要。

不公开透露军事委员会成员的姓名，对每个军事委员会成员发挥的政治作用保持高度谨慎，灵活地指导议会和政府的讨论，这些都是新的国家权力运行模式的一部分。新的国家决策制定者需要关注细节、个人及其行动轨迹，以便有效地向国家施加政治影响。要做到这一点，就需要依赖行政机构、非正式会议，特别是对情报信息的全面控制。那么，政府之上的三人委员会对治理国家有什么整体计划吗？答案是没有必要做什么计划。他们需要做的，只是找到合适的政治盟友，将那些可能给他们带来损害的人排除在外。对从政40多年的哈菲兹·阿萨德来说，当下最重要的事情就是在政治斗争中生存下来……

很快，在开始对行政、民事和军事部门进行清洗之后不久，新的统治当局便开始处理当时的重大问题，而这正是政变行动的初衷。然而，在缺乏像“阿联”时期那样的议会和外来参照物的情况下，政治斗争并不能通过政治谈判和协商这些公开形式来解决。由于这些政治斗争涉及不同派系、军事集团以及各派的平民政治领袖，叙利亚的国内政局很快就演变成了二元对立的局面：支持或反对纳赛尔领导下的“阿联”，支持或不支持在叙利亚社会推行法制，等等。这种政治局面的形成是因为每个政治派别联合在一起时，其

219 内部不允许有任何细微分歧的存在。如今的叙利亚，如果没有一股团结的力量在背后支持，这群正在崛起中的军官集团就会面临被解职而失势的风险。

在缺乏权力监督机构（当局承诺会在不久的将来进行设置）或临时宪法的情况下，各个政治团体很难评估各自的政治实力。目前，叙利亚当局需要决定前往开罗代表团的成员，因为人员构成问题决定了谈判是否能够取得成功，该代表团将在开罗与埃及方面就“阿联”问题进行谈判。[6] 1963年3月19日，叙利亚代表团开启了同埃及的谈判，纳赛尔在谈判中向叙利亚代表回顾了两国关系的过往历程，包括1957年叙利亚加入“阿联”时做出的政治承诺，以及后来叙利亚脱离“阿联”这一系列的历史。此次谈判以双方达成原则性协议而结束，两国关系也在此次谈判之后和解了。[7] 事实上，在此次双边会谈之初，双方就已经在究竟谁该为阿拉伯世界的分裂负责这个问题而相互指责。埃及动用军队加入刚刚爆发的“也门战争”①，也表明了开罗方面领导人对阿拉伯地区局势的态度。

叙利亚与埃及的政治谈判为叙利亚国内带来了诸多新情况。国内银行和某些经济领域社会主义化政令的实行引起了人们对当局的不满。为了加强对国家的控制，权力机构的范畴被限制在革命委员会和政府。为了让人们了解权力当局的政治倾向，当局更愿意采取其他形式的行动。首要的途径就是采取内部的、秘密的、纠正性的军事行动。5月8日，又一场政变推翻了纳赛尔派的军官。[8] 这场

① 即“北也门内战”，为1962—1970年北也门境内发生的一场战争，战争双方为也门穆塔瓦基利亚王国流亡王室的亲王室派（获沙特阿拉伯幕后支持）和支持阿拉伯也门共和国的共和派（获“阿联”支持）。——译者注

政变之后，当局对政府职位重新进行分配，加强了对国家权力机构的控制。此后，一个新的政治人物被推上台，他就是阿明·哈菲兹（Amin Hafez）[①]，其在巴勒斯坦战争中参战的经历帮助他在军队中树立了威信。

叙利亚的国家权力所在也发生了改变。国防部长和内政部长仍可以影响权力运行，但此时国家权力的运行不再是让这个或那个政府部门发挥领导作用的问题。举例来说，阿明·哈菲兹身兼叙利亚军队第70装甲旅的旅长、霍姆斯或卡塔纳（Qatana）的驻军首长、新的军事情报局局长，如此之多的职位，已经足以让他在军队中建立起个人的影响力，并能够向政府的决策者施加压力。此时，属于军队的时代来临了。在没有任何常规政治调解机构的情况下，国家公共空间仍然是各政治人物利益的争斗场。

示威和罢工接踵而至。但是，此时叙利亚社会运动组织仍远未 220
统一。1963年5月8日至9日，阿勒颇爆发了支持“阿联”和埃及总统的示威活动。纳赛尔的肖像被举起来在人群中挥动，示威人群聚集在阿勒颇的商业场所。在大马士革，人们关闭了露天市场，以抗议当局实行的社会主义法律。复兴党武装分子被派去强行打开商人们的铺面。渐渐地，那些新上任的，年轻时候喜欢用拳头解决问题的国家领导人们，明白了控制城市街头秩序的重要性。

政治上的动荡也反映出叙利亚政界重要的代际更迭，以及叙利亚国内政党活动减少所带来的不利影响，尤其是在“阿联”解散一

---

① 叙利亚政治家、将军和复兴党成员，于1963年7月27日至1966年2月23日期间担任叙利亚总统。他任总统期间，在叙利亚推行社会主义改革，后于1966年2月23日被总参谋长萨拉赫·贾迪德领导的复兴党激进派推翻，被推翻后，先后流亡于黎巴嫩、巴格达等地，后回到叙利亚，于2009年在阿勒颇去世。——译者注

切政党的时期，所有的政治力量和机构都受到了影响。国家权力最初被授予齐亚德·哈里里，这是因为秘密委员会的年轻成员们大都在30岁左右，大多是在1955—1960年在军队中晋升的军官。在政治圈子中，无论意识形态为何，政治环境都在发生着变化。这些政治新人的到来，颠覆了叙利亚政界一贯的政治思维框架，因此，我们有必要对叙利亚的政治思想演变历程进行简明的梳理，以理解叙利亚政治的划分线及其个人化的特性。

议会的解散和公民投票选举的缺失，使得我们无法对此时叙利亚各股政治力量的构成形成清晰的认识。当下叙利亚国内主要的意识形态潮流中，有一个阵营将自己定性为进步派（taqadumiyyin），还有一个在意识形态上更加多样化的阵营，主要是因其与第一个阵营的多种对立而形成。[9] 在第一个阵营中，主要有共产党、复兴党、纳赛尔派和胡拉尼派。在第二个阵营中，有两个政治团体与第一个阵营是对立关系，即叙利亚社会民族党和穆兄会。反复发生的军事政变、新一代政治人物的崛起以及不可能召开集体会议进行政治讨论，这些现象带来的影响及后果大致相同。所有这些政治分化及政治现象共同形成了一系列的政治运动，却并未形成统一的政党组织，因为这些政治运动因单个政治人物的影响而严重两极分化——这些政治人物吸引了一批政治同情者和支持者聚集在他们周围，但那些正式的政治团体却无法形成明确的意识形态和相应的实
221 践方向。这其中，有两个政治组织值得进行更为详细的研究及讨论，因为它们在接下来几年的叙利亚历史中扮演了重要角色，它们就是复兴党和穆兄会。

复兴党依据以下几条界线发生了分裂：平民与军队；米歇尔·阿弗拉克和萨拉丁·比塔尔周围的元老级党员与20世纪50年代加

入的青年党员；来自大城市的复兴党成员与来自德拉、代尔祖尔、拉塔基亚这样大中型城市的成员；来自逊尼派的成员与来自少数教派的成员等。这些都构成了复兴党鲜明的政治特征，且这些特征可以暂时地同此时的社会意识形态立场结合在一起。其中最重要的分歧，主要涉及对叙利亚加入“阿联”和1961年脱离“阿联”的不同立场，也涉及叙利亚的社会主义运动，以及社会主义政策在叙利亚经济领域中的实施。各党派活动分子的政治倾向因城市居民（主要指阿勒颇和大马士革的居民）之间明显的社会文化差异而有所不同，城市居民往往能够在欧洲或黎巴嫩接受教育，但有些人却是家族中第一个接受中等甚至高等教育的。

由此可见，复兴党远非一个统一的政党集团。1963年夏季的复兴党全国代表大会也显示出其内部存在的分歧。[10] 当新一代党员们对党内职位提出要求，并要求对复兴党实行改革的时候，复兴党的主席团刚刚将之前的领导人米歇尔·阿弗拉克推上了党首的位置。除了这种年龄上的差异之外，复兴党内部还存在着地域、宗教和民族的差异。其中，来自代尔祖尔、拉塔基亚和德拉的势力在复兴党内掌握了权力，他们得到少数民族的支持，如叙利亚西北山区的阿拉维派或巴蒂亚地区的伊斯玛仪派。这也显示出来自边远地区的派系力量对叙利亚此时正在形成的政治中心的冲击。他们虽渴望重建一个伟大的阿拉伯国家，但也倾向于改变中小城镇地区居民的社会生活状况。总的来说，无论是来自代尔祖尔的贾拉勒·塞义德（Jalâl al-Sayyid），还是来自拉塔基亚的瓦希卜·加尼姆（Wâhib al-Ghânim），他们都是复兴党先驱们政治理想的继承人。

在第六次复兴党全国代表大会结束时，复兴党党内没有达成什么实际的政治共识，只是在总的政治方案上取得了一致：必须采取

行动支持阿拉伯世界的团结，反对以色列，重新分配土地和国家财
222 富，粉碎前统治者的反攻。这在那些希望将整个经济国有化的人和提倡对土地资源进行有序分配的人之间，留下了很大的回旋余地。此外，政治立场越来越个人化，不同派系之间往往会跟从这个或那个政治人物，暂时性地联合起来支持某个政治方案。军方可以在平民中找到盟友，一再重申进行土地改革的重要性，并反过来中止与埃及的谈判。复兴党内的各派系在敌友关系的基础上，根据“二进制”选择的原则进行分化和重组。每一次政变后，复兴党党内都会经历一次重组，其中一些人消失了，而另一些人则占据了更多重要的位置。

穆兄会内部也如复兴党一样，存在着同样的多样性。1963年政变前夕，穆兄会在国民议会和政府职位上都有着坚实的政治基础，这一大好局面还曾促使他们要求得到议会主席的职位。[11] 但1963年3月的政变阻止了他们的这一政治计划。虽然穆兄会具备不容忽视的政治力量，但这并不意味着他们在叙利亚拥有一个统一的政治平台或者一个充分重建起来的政治组织。在前领袖穆罕默德·西拜离开后，穆兄会的领导层出现了长时间的空缺，使得以伊萨姆·阿特尔（Issâm al-Attâr）为代表的新一代穆兄会成员接任该组织的领袖。对阿克拉姆·胡拉尼来说，阿特尔是个雄心勃勃的政治人物，对阿德南·萨阿德·阿尔丁来说，阿特尔属于温和派[12]，因为阿特尔并没有来利用权力来调整穆兄会的政治方针。议会制在叙利亚的终结，使穆兄会分裂成了几个地方派别，政治上更为保守的穆兄会哈马分支更是与大马士革和阿勒颇的分支冲突不断。由此，穆兄会各种不同的政治特征相互交织在一起。这种特征首先要看当地的穆斯林群体对本地的宗教少数群体和经济政策的态度是什么。在哈

马地区，与穆兄会关系密切的商人的财产被暴力没收，这使得他们的立场更加强硬。其次，宗教信仰在穆兄会的派系划分中起着重要作用，在宗教教育方面尤其如此，穆兄会中担任教师的年轻成员，往往怀有更为明显且强烈的宗教倾向。

总的来说，三个因素决定了穆兄会在20世纪60年代期间在叙利亚的活动：内部组织的严重分裂，造成了穆兄会内部派系斗争激烈；穆兄会在宗教和经济问题上的立场越来越保守，他们普遍反对进步主义政治团体的主张；最后，穆兄会采用了革命的政治话语，利用组织本身的政治目的来为其采取的政治手段正名。

正如我们所看到的，复兴党和穆兄会这两大政治力量更像是围 223
绕着一个领袖人物的地方派别，而在这两大政治力量之间，还活跃着无数或大或小的政治集团。其中，纳赛尔派在“阿拉伯民族主义运动”中被组织起来。胡拉尼分子们虽未创建政党，但他们认同之前共同的领袖胡拉尼的政治主张。叙利亚民族社会党的支持者仍然积极活跃于叙利亚的某些地区。总的来说，议会制的暂停为各政治派别创造了一个相同的现实环境：政治在各派所在地的意义，主要取决于该地的政治联盟和利益关系。这是由一个或多个大城市主导的国家或国家领土结构的重生。虽然叙利亚是由共同的社会动力驱动的，但这些动力似乎只有在各地区的小范围内才会发挥影响。

经历了1963年一系列政变和反政变事件一年后，以阿明·哈菲兹将军为代表的新领导层开始在叙利亚实行社会主义改革，其主要内容就是扩大土地改革法的实行范围和对库姆斯亚等经济部门进行国有化改革。[13] 这些初步的社会主义改革措施，以及在各城市部署的安全部队，引发了新的纠纷和冲突。此时的冲突与20世纪40年代的那种街头冲突并无二致，但新的情报组织穆哈巴拉特

(mukhâbarât）开始对城市的冲突进行监视。叙利亚复兴党和空军内部都设置了情报机构，每个权力机构内部也都有负责监视和监督民众相互竞争的军事情报组织存在。

在这种背景下，在沿海小城巴尼亚斯（Banias)，来自农村地区的新移民的到来引发了城市原有居民的敌意，因为巴尼亚斯位于塔尔图斯和拉塔基亚之间，其发展水平与这两个受益于新建港口基础设施的大都市不同。城市原有居民对来自农村的新移民的不满，逊尼派对阿拉维派的指责，对城市内缺乏工作机会的谴责，以及中产阶级和大众对新统治秩序的质疑，都加剧了不满的情绪。[14] 12月中旬，来自逊尼派和来自阿拉维派的学生之间爆发了冲突。当局迅速进行了镇压，并且在镇压过程中也毫不掩饰他们自身的宗派立场。此外，这种新的人口管理方式，也使叙利亚的少数群体注意到
224 国内占多数的人口与当局继续争执的危险，上述这些事件并不是孤立发生的，还引发了国内其他的抗议活动。

在霍姆斯，城市里的商人发起罢工，反对复兴党全国代表大会在1964年2月闭幕时颁布的新法律。对此，当局立即决定通过强制性方案解决问题，并通过无线电台宣布了这一消息。用当时的政治术语来说，不允许出现任何“反抗”政府当局的行动。这里是叙利亚第三大城市和最大的工业基地，对于当局来说，这里绝不能成为当前社会和政治运动的舞台。这些事件引起了众多传闻。关于阿勒颇和哈马新领导人的谣言四起。各家族之间的内部联系，依然存在于上述这些地方之间。在这种紧张的社会氛围中，诸多事由都可能会带来额外的麻烦。4月28日，当轮到大马士革关闭露天市场并罢市的时候，当局派出了国民警卫队，强令商人们开店营业，其中10人被判处死刑。复兴党正在进行的革命，绝不容许存在任何障碍……

1964年4月5日，哈马成为越来越多反政府抗议活动的中心。几个星期以来，被每周五谴责新当局的布道所吸引的保守派学校的青年学生们，发起了示威活动。他们在街上遭遇了负责驱散他们的警察。从农村地区招募了大量新成员的警察队伍，其使用暴力手段镇压示威活动的倾向逐渐增强。[15] 其他政治团体在街头的示威行动中逐渐团结一致。胡拉尼主义者、纳赛尔社会主义者和穆兄会肩并肩站在一起，要求恢复宪法自由。哈马市社会政治运动正在以前所未有的规模发展，激进的政治传统和各种不同政治倾向在此地汇聚，可以清楚地显示这一特征。

很快，哈马的苏丹清真寺成为大规模静坐活动的场所，清真寺还向那些在公共场所对抗当局统治的和平抗议者们分发食物、提供住宿。1964年4月14日，叙利亚中央当局选择对抗议活动进行武力镇压。当时的领导人，包括领导法院和部分镇压行动的穆斯塔法·特拉斯（Mustafâ Tlâss）、三巨头（尽管乌姆兰后来退出了最终的镇压决定）和哈马省的省长阿卜杜勒·哈利姆·卡达姆（‘Abd al-Halîm Khaddâm），都同意动用一切力量来粉碎这场政治运动。在向 225
哈马部署了国民警卫队之后，坦克开到了清真寺附近。当静坐群众拒绝离开时，大炮的轰鸣声响彻整个清真寺，清真寺的圆顶倒塌在栖身其下的群众身上。[16] 在一片废墟中，刚从开罗归来的穆兄会活动人士马尔万·哈迪德（Marwan Hadîd）承诺，在不诉诸于武力的情况下，他将不再同一个不信教的政府当局对抗，这也是他对复兴党的看法。最终，武力镇压驱散了哈马苏丹清真寺的所有抗议者。

“哈马暴动”具有极其重要的意义，因为它是叙利亚历史发展道路上一个转折性的事件。这是城市运动第一次被镇压，而各政治派别选择了常规的城市抗议的斗争形式来提出宪政要求。罢工、公众集会和请愿曾经推翻了法国委任统治政府和20世纪50年代的历届政府，为什么现在面对这些政治新人却要改变斗争方式？无论如何，在前所未有的强权面前，政治运动的参与者们感到恐惧。坦克上的大炮并不能让国家振奋，而只会让人民躲藏起来。其次，共同的血脉将一个注定要在未来很长一段时间内领导国家的政治团体连接在一起。从这些事件中得到的最后一个教训是，叙利亚的社会肌体被撕裂了。政治运动的动员是按照城市和地区进行，并通过社区运动传播开来的。如今，这些运动再也不能在这个框架内进行，因为整个框架已被封闭在复兴党政权严密的控制之下。

新的国家政权结构确保了复兴党代表可以实现对国家的全面监视和控制。地方议会成为复兴党渗透进地方、部落、家庭和社区的重要途径[17]，它们是向政府当局反映叙利亚乡村地区不满情绪的场所。财产划分不明确、土地所有权未明确、家庭纠纷、新的经济活动等，所有这些都是需要进行审查、清查和处理的主题。例如，在1964年发生在叙利亚北部小镇杰拉布鲁斯（Jarablus）的最后一次学生示威游行活动[18]中，复兴党迫使学生运动的领导人加入复
226 兴党的学生组织来解决冲突和问题，并由当地议会来处理学生们最后的不满情绪。渐渐地，复兴党被赋予了一个新的行政意义上的形象：它主要负责让人们提出不满，并为个人提供必要的补偿，以使他们加入复兴党的运动之中。尽管复兴党用社会主义和阿拉伯主义等口号来装饰自己，以创造一种集体意义上的归属感，但这场社会运动的性质远非是意识形态上的。统治当局也会在这种地方管理上自我限制。例如，他们并不会侵犯部落酋长的权力，而是更倾向于煽动各部落内部的分裂。由此，复兴党和叙利亚中央政府进入了叙利亚国家社会结构的核心位置。

在这个由1963年军事政变开创的变革时代，新的国家领导人开始寻找新的国际合作伙伴。萨拉丁·比塔尔在国际舞台上的亲疏关系就是例证。1963年，比塔尔出席了1963年与纳赛尔举行的谈判会议，纳赛尔为了嘲笑他，让比塔尔回顾了自己在1957年叙利亚和埃及建立“阿联”时曾发挥的作用，这让比塔尔认识到，自己必须放弃与埃及建立泛阿拉伯联盟这个政治梦想。1963年底，当伊拉克的复兴党政府被其国内的军事联盟推翻时，比塔尔的第三届政府也随之倒台。此时，复兴党执政下的叙利亚发现，自己在中东地区已完全陷入孤立。不过，叙利亚与苏联的伙伴关系仍然存续着，这使它能够获得来自苏联的技术和基础设施方面的援助。因此，比塔尔的最后一届政府可以为幼发拉底河大坝项目谈判取得进展而感到高兴。[19] 然而，这也并不能保证叙利亚可以在与以色列在双方之间的非军事区再次发生冲突的情况下，有可靠的武器装备来源。

1966年，1963年政变后新成立的叙利亚政府当局面临着双重层次的紧张局势。第一重是国家内部斗争，这种内部斗争主要是在不同地区之间，军队和平民之间，不同意识形态之间。这使得叙利亚的革命支持者控制了各地方当局，并使得国家权力的重心发生了转移。第二重则是各阿拉伯兄弟国之间的无线电广播和意识形态上的斗争。这两重斗争的结合，使得叙利亚的内部斗争变得更加激进。

1965年，在叙利亚中央政府方面，一切都似乎非常不稳定。哈马的暴动被镇压后，中央委员会的三名成员之一，穆罕默德·乌姆兰，向政客们公开了1963年政变后国家“三巨头”的存在，这引发了一场新的政治危机。整个1965年，与复兴党前领导人关系密 227
切的军方势力，以及主张恢复叙利亚宪政秩序的支持者们，都在试图将他们的权力置于复兴党和政府当局的权威之上。与此同时，针对纳赛尔派和胡拉尼派展开的政治清洗，使得萨拉赫·贾迪德和哈菲兹·阿萨德有机会把他们的亲信安排在政府中的关键位置。于是，1965年，哈菲兹·阿萨德的弟弟成为复兴党禁卫军司令。对于当前国家权力，存在着两种解读：对于复兴党当局的反对者们来说，他们联合起来反对阿萨德和贾迪德，是为了让军队势力再次服从于国家行政机构；对于阿萨德和贾迪德来说，军队和情报机构确保了他们手中的权力。到1966年初，这种政治紧张局势进一步升级，1966年2月，第五届比塔尔政府开始尽其所能地迫使军队重新服从于国家。

叙利亚现代社会的萌发

1963—1966年，叙利亚局势发生了多次动荡，令人眼花缭乱。当时的外交官们写的每一份时事通讯，都让人感受到这其中不断的变化。同样，当时主要政治人物们的自传中未曾提及这几年中的诸多时刻，以试图证明这期间的许多事情是正确合理的。这种激愤的动荡状况实际上是更深层次的社会变化的结果，如果要理解此时正在形成中的叙利亚，就有必要了解这些变化。20世纪60年代，围绕着对公共领域的不同定义，两种理想的社会形态和两种极其暴力的社会实践相遇了。

回顾自坦齐马特改革以来的一个世纪可以发现，一种城市秩序已经在叙利亚蔓延开来，并且这种秩序的规范、象征和实践形式在不断强化。这种秩序带着一种文明的理想，试图跨越文化，减少宗教教派的影响，主张各方围绕各种思想重新进行对话。这一建立在对法制崇拜基础上的城市制度规范，以一种相对一致的方式，标准化并协调了每一个社会个体的情况，从而使其能够表现出最佳的可能性。这种城市秩序的确立，还伴随着新的知识和权力机构的出现，无论是学校、军队、咖啡馆还是集会活动，都发挥着促使社会 228
各方彼此发现和进行对话的作用，也为政府当局提供了实施统治的权力工具。这是一个属于文明的领域，它将罕达拉（hadâra）、阿达卜这些概念扩展运用到政治领域。在经济领域之中，它还指一种跨越了自由、新兴资本主义和公共权力干预的经济交换与生产方式的兴起及发展。

因此，这种新秩序具有了实现社会变革的能力，而且其带来的影响是国家制度的设计者和思想家们并未发现的。在短期内，新秩序促进了国家的人口增长。自1946年独立以来，叙利亚在1965年迎来了近200万的新生人口，占叙利亚原有人口数量的一半。他们是国家可以动员的年轻一代，只是根据各自的原籍地、社会阶层和家庭而被划分开来了。毫无疑问，农村和城市地区之间有很大的差别，但具体情况要复杂得多。新秩序的另一个影响，则与城市对周边地区的吸引力有关，城市要么是农村人口为逃离贫困而来到不断扩大的城市郊区的汇集地，要么是作为中小学、大学和军事学院的教育培训场所。然而，诸多证据显示，虽然知识的传播对社会上所有人都有好处，但这并不意味着社会差异就随之消除了。婚姻，对他人的看法、判断和态度，都强化了这一文明秩序的另一侧面。

在理想的社会形态下，每个人都有属于自己的位置。实际上，此时社会文明与对他人的看法和极其粗暴的社会经济统治密切相关。在商业发展的名义下，农村地区成为创造社会财富的竞争场所，但在知识和文化先天优越的名义下，农民和他们的孩子被认为天生就是低人一等的。那些不属于城市大家族的人，如阿拉维派、德鲁兹派和伊斯玛仪派等少数教派的许多成员，也因此而不能与那些来自城市大家族的成员们处于完全平等的地位。城市大家族大力称赞国家发展、法律以及农村和部落世界的和平带来的良好效果，但随着国家秩序的发展，这些大家族也表现出了一种无声的、无形的暴力。

229 另一种理想的社会形态，在很大程度上是前一种社会形态的产物。它关乎社会正义、集体的自由解放和恢复并重建所有人的尊严。关于这个主题，爱德华·萨博在其著述中谈到了“怨恨”。[20]但这种情感并不足以解释这种社会形态为何成功，也不足以解释它在既定的文明框架内的地位，因为“怨恨”本身就是一种辩证的结果。社会正义意味着通过对社会上的富人及其经济基础的切实打击，来改变经济上的不平等。自由解放则需要那些农村地区的孩子进入城市之中。对于那些出身地位不高的孩子来说，城市中医学院、法学院或军事学院的大门是为他们敞开的。对另一些人来说，政变、领导人为保护自己而组建的定期轮换的人员和私人警卫，以及通过瓦斯塔（wasta，阿拉伯语音译，意为“裙带关系”）晋升的希望，则使他们有机会在军队、情报、警察和行政部门担任低级职位。

第二种理想社会形态以一种前所未有的方式从城市扩展到了农村。土地改革也遵循同样的理念。土地改革的目的是为在田地中劳作的人们提供生计。针对土地资源，国家既要进行土地分割、灌溉、机械化建设和建立合作社，也要为农民提供生产工具以实现土地的价值，并防止因生产效率的下降而导致农业产量下降。[21]土地改革的这些影响是缓慢的。渐渐地，之前传统大地产的存在基础瓦解了，形成了一个由城市、中小城镇和农村组成的新社会。这种进步口号得到了特别的回应。在西部哈马省的塞莱米耶（Salamiyeh）地区，共产党的队伍壮大了起来。同样，在叙利亚和土耳其交界的边境地区，纳赛尔派的势力也很强大。借用当时埃及的口号——“农民和他的孩子们，抬起了头颅”……这至少是象征性的。

然而，在真正的社会实践中，社会不平等现象依然很严重。贾兹拉乡村地区的部落酋长们毫不犹豫地让他们的亲戚回来分割最好的土地。[22] 土地国有化的法律并没有禁止地方家族选择他们原来拥有的土地。因此，在幼发拉底河流域的行政区内，那些河流周围水源最丰富的土地资源，仍然属于地方大家族。另一方面，大城市
附近的花园则很容易被那里的中农们收回。土地改革在各地区的结 230
果各不相同，我们不应该仅仅从土地和经济的角度来看待与评价此时期颁布的这些土地改革法。

在土地改革中，还新设立了其他国家公共系统及设施：乡村小学、医疗诊所、部分地区的引水设施，如果可能，还配备了电动水泵，这为乡村这个与城市相比落后许多的地区提供了相对的便利。因此，同前者文明的理想社会形态相比，在第二种理想社会形态下，政策的实施主要遵循的是解决国家迫切需求和当务之急的原则。在这种社会形态下，强制手段被再次恢复使用，即由国家公职人员使用垄断性的暴力手段。但是，这种国家运作方式，并不能阻止政治腐败的并行发展。一些人之前累积的社会财富和另一些人在国家机构中推行暴力统治的手段，这二者相互交叉，又产生了其他形式的政治交易。

国家的地理环境就这样被改变了。1965 年左右，当塔布卡（Tabqa）大坝开始施工时，一个巨大的湖泊出现在叙利亚拉卡城的西部地区。来自苏联的财政和技术援助，催生了一场新的工业化运动，重要工业设施的建立，完善了叙利亚原有的大型基础设施。[23] 位于输油管道末端的霍姆斯炼油厂、拉塔基亚的港口以及从 1962

年开始建设的塔尔图斯港口，还有塔布卡的电力综合体的周围地区，都成为叙利亚新的定居人口分布地区。

城市地产本身也是投资的对象。随着农村移民的到来，城市定居点的规模不断扩大。新拓展的城市空间是按照相对统一的施工标准建造的。带有圆形阳台的四至五层楼房成为新建民居的统一规格，人们可以轻松地从主要交通要道到达这里，这也使得城市的交通更加顺畅。同时，人们的着装也开始遵循新的标准。军人穿卡其裤，白领穿欧式西装，蓄胡子成为新风尚，城市中心的妇女穿裙子，这些都显示了社会生活风尚的转变。城市的这些新发展及所诞生的新生活方式，支撑了城市生活公约的重新制定。城市的商业贸易空间成为政治斗争的场所，也成为中产阶级激烈批判的对象。

如此，第一种理想社会形态让位于第二种理想社会形态。这种变化是通过暴力实现的，它直接体现在使用军队对城镇居民的抗议
231 运动进行武力镇压。这种理想社会形态把那些想要解决私人或过往仇怨的人们聚集在一起。它同时还利用法律工具，实行国有化措施。文明社会的成员、专家出身的高级官员以及军人们，都怀有这种社会理想，而为了实现这个理想，就必须清除之前那个腐败的旧秩序。叙利亚建立的这种革命统治，是以实现更高目标的名义，来使其统治手段合理化，因而每种统治手段都披着“主义”的外衣。由此，泛阿拉伯主义或社会主义成为团结人民的引擎，它向人们承诺实现一个美好的未来。

这种社会形态的替代绝不是机械性的。为了使改革取得预期的成果，必须不断地探索、尝试、纠正和调整。这就可以解释为何比塔尔和萨米·容迪两个政府之间会出现诸多的政策逆转，其中前者被称为自由主义者，后者则被称为社会主义者。同样，在政变期

间，军方也试图加强自身的政治地位，但由于他们不能直接占据所有职位，所以又不得不迅速退出。因此，革命时代是建立在形势的反复和不确定基础上的，这些不确定性不断地提醒我们，叙利亚此时的革命其实并没有什么宏伟的计划，只有诸多成功、转折、失败和淘汰，在此过程中，才缔造出了国家统治机构和强权的代理人。

造成叙利亚国家分散性特征的最后一个因素，在于人们原始身份的政治化上。这种政治化，主要体现为社会关系中兄弟优先于表兄，表兄优先于邻居，邻居优先于外国人，这些毕竟都是很寻常的事情。而对同一种族、同一地区或宗教信仰相同的人的偏爱，又是一个非常普遍的依据身份这个变量进行社会管理的问题。同族通婚这种婚姻形式普遍存在，其主要的共同单位就是村庄或社区，再附加上宗教信仰和民族这两个因素。20世纪60年代，权力斗争和深刻的社会变革，深刻撼动了过去50年里相互有过接触的各个地区。人口增长和农村人口外流带来的人口交融与重组，将原本不可能相 232
互认识和交流的社区聚集在一起。这个过程中主要的创新之处，就是在政治生活中更加系统地使用社会身份属性这个变量。

所有这些都给叙利亚这十年的历史带来了截然不同的氛围。在一个充满无限希望的时代，年轻人的着装和发型风格焕然一新，许多新一代年轻人在街头、咖啡馆和政治集会上喊出了他们的社会理想。现代性同样也出现在与城市世界接触的乡村地区。此外，用来推翻旧秩序的工具，也就是产生这些希望和做法的旧秩序，都是以肢体暴力为基础的，肢体暴力也成为国家政治调节的普遍方式。暴力产生了非正式的财富交换，一些人的社会财富被拿走，转而给了另外一些人，而这些社会财富的转移并没有统一的规则。这一社会背景构成了1963年和1967年权力斗争的基础，也成为1966—1970

年革命热潮形成的动因。

但是，绝不能把这些革命想象成那种传统意义上普遍的、统一的社会运动，因为现实恰恰相反。对于一个拥有少数派宗教信仰，来自农村家庭的儿子来说，接受教育为他提供了成为工程师、医生或军人的新的可能性。但在他的成长过程中，他始终无法与那些来自城市中产阶级家庭的儿子们实现事实上的平等，因为后者的父母已让他们的孩子早早融入了20世纪50年代产生的文明社会中。同时，这两者和那些来自保守家庭的后代之间的差异更大，对保守家庭的后代来说，戴头巾是保存和维护传统道德的必要条件，对他们来说，就像严格遵守男女两性之间的区别一样，传统的习俗和习惯也必须受到尊重。20世纪30年代出生的新一代政治代表们，对叙利亚有着截然不同的社会记忆，这可能导致他们在争取和维护权力的斗争中团结在一起，却未必拥有一致的斗争目标。社会阶层、少数族群的意识、文化世界和社会生活的投射，构成了这种新的理想载体内部的诸多分歧，而这种社会理想希望的，是恢复这个农民占人口主体的国家的尊严。

233 政变与反政变

1966年2月23日上午，首都大马士革响起了爆炸声和枪声。①

① 1966年2月23日政变，时任空军司令哈菲兹·阿萨德在政变中发挥了关键作用，政变成功后，阿弗拉克、比塔尔等复兴党老党员被开除出复兴党，支持阿弗莱克和复兴党元老派的伊拉克复兴党自此与叙利亚复兴党分道扬镳，阿拉伯世界的复兴党逐渐形成两大派系。而新生代复兴党人(新复兴党人)重组国家政权。将国家权利完全置于复兴党控制的国家革命会议之下。——译者注

几个小时后，阿明·哈菲兹将军的住宅燃起了大火[24]，一群军官袭击了这所房子。霍姆斯和拉塔基亚随后也发生了此类事件，但阿勒颇的情势并不明朗，因为那里的驻军及领导人表现得犹豫不决。与之前其他企图推翻政权的政变事件不同，这是一次流血事件。哈菲兹将军的孩子们于当天晚上被送进了医院。不少平民被逮捕，前总统很快受到审判。

这样的事件是闻所未闻的。根据当时的说法，这是一次“左派”反对右翼浪潮、军队势力反对平民、地区议会反对国家中央议会的运动。这一新运动爆发的直接原因，是政府当局决定将政府中的军官和士兵送回军营，以阻止军队在国有化改革时期从社会财富分配中获益。但这种说法本身却忘记了，当前的复兴党政府最初就是上一次军事政变的结果。

自那时起，革命运动又开始了。叙利亚人开始向内部和外部的敌人大肆进攻，并准备向他们展开自1948年以来一直期待的大规模报复，以及再次寻求阿拉伯世界的统一。革命者们迅速前往开罗或巴格达展开国际联络工作，却都未能成功，阿拉伯兄弟国家之间的隔阂进一步扩大。相反，纳赛尔派和叙利亚复兴党之间的无线电台宣传战很快又爆发了，形式也更为激烈，双方都激烈谴责对方的不作为和叛国行为。

就目前的情势而言，新成立的当局并没有寻求得到承认，这一简单的事实表明，它就是1963年政变的延续。[25]新当局的组织责任落到了一个由平民马胡斯（Makhûs）医生领导的政府，几周后，努尔丁·阿塔西（Nûr al-Dîn al-Atâssî）组建了新政府。自此，过渡时期开始了。在此期间，出现了两种权力，第一种由政府机构掌握，另一种则由军队掌握；同时出现了两大政治人物——萨拉赫·

贾迪德和哈菲兹·阿萨德。在他们周围，一批国家情报机构在偏执
234 的政治氛围中建立起来。二人很快进行了政治分工：哈菲兹·阿萨德接管了国防部，并领导国防部直到1970年；萨拉赫·贾迪德则接管了复兴党。他们将分别代表和体现此后叙利亚国家发展的两条道路：第一条道路涉及叙利亚军队在国家中的作用，以及军队成为国家政治领域仲裁者和经济领域监督者的能力；第二条道路涉及复兴党政要（通常是平民）在叙利亚国家中的地位，这些政要主张在叙利亚实行类似社会主义制度的社会发展模式。

在接下来的四年里，复兴党的政要们占据了政治舞台的中心。他们把平均主义的社会理想和随之而来的暴力推到了顶峰。国有化法律的实施不断被强化，国营企业以外的对外贸易、大宗贸易、银行活动等均被禁止，国营农场的数量大幅增加。同时，围绕着民兵组织重新设计了国家防御工具。根据一种极度阳刚的尚武精神，国家必须武装起来，增强实力，整齐划一，才能对抗来自以色列的敌人。[26] 革命准则的形成也伴随着象征性措施的实施，比如减少政府公务人员的薪资。阿萨德和贾迪德两位领导人的生活方式都很朴素低调。此外，情报眼线、警察和其他监察人员人数的增加，给叙利亚营造出了沉重的气氛。这种一片狂热的情势正在与地区内的国际局势相互关联，并发展出新的形势。

第一个让叙利亚感到不安的是盟国苏联。新政府与这个东方大国关系密切，并提议通过各种途径让叙利亚共产党参与新政府的决策。事实上，叙利亚共产党并没有在政府中得到什么实际职位。尽管如此，他们仍可以在叙利亚国内自由举行集会。[27] 随着新政府社会主义措施的不断强化，所有的一切都让人们认为，新政府将使叙利亚成为苏联的卫星国或附属国。在这种背景下，1966年4月，

苏联指出，苏联的军事力量目前过于集中，在其盟友遭受侵略的情况下，他们无法分散力量以提供保护。

与以色列的冲突在很大程度上源于1949年罗得岛停战协议内容的模糊性。协议中划定的非军事区是叙以双方都觊觎的目标。根据摩西·达扬（Moshe Dayan）①的描述，通过拖拉机进行的侵袭活 235
动，为以色列边境向前推进提供了机会，叙利亚通过炮火射击对该行动进行了回击，以色列的推进也为叙利亚发起更为持久的军事行动提供了理由。[28] 此外，自1965年以来，叙利亚一直在进行约旦河的改道引水工程。这些正在进行的土方工程，也因为叙以此时的边境冲突而不得不停工。由此，叙以双方边境地区的军事挑衅、反击、回击事件不断上演，并在1966年10月达到顶点——两国发生了空战，叙利亚损失了一架飞机。在这种紧张局势下，叙利亚的阿拉伯兄弟国也面临着压力，它们被要求更明确地承诺支持叙利亚的利益。

在政府当局领导层内部，哈图姆（Hathum）上校是围绕两位非正式领导人（哈菲兹·阿萨德与萨拉赫·贾迪德）形成的第一军事圈子的成员，他对自1966年2月政变以来取得的成果感到失望。不过，他还是领导了袭击阿明·哈菲兹住宅的行动，并为胜利做出了贡献。作为一名德鲁兹派教徒，他试图改变当局内部的权力平衡关系。1966年9月，在进行了几次无声的抱怨之后，他邀请萨拉赫·贾迪德来到苏维达。贾迪德和他的一些部下到了那里之后，却发现自己被囚禁了。哈图姆上校试图发动政变。哈菲兹·阿萨德立即在

① 以色列政治家和军事家，在第二次世界大战中失去一眼而有“独眼达扬”之称。1967年至1974年间，任以色列国防部长。——译者注

大马士革宣布，他绝不会屈服于哈图姆的要求，并威胁要轰炸德鲁兹地区。军队内部的暴力交锋和力量关系，使哈菲兹·阿萨德在冲突中占据了上风，他可以动员比叛乱分子更多的军事力量。哈图姆上校最终逃往约旦。在接下来的几个月里，德鲁兹派的军官们被政府当局搁置在了一边。德鲁兹问题，即地方及其内部精英与中央之间的关系，此时开始呈现出一种新的色彩。

1967年初，中东地区非军事化联合委员会举行了八年来的首次会议，以色列和叙利亚代表团之间的谈判很快陷入僵局。以色列方面拒绝从非军事区撤回和放弃任何主权。于是，地区冲突事件又再次上演。以色列领导人希望找到对叙利亚实施制裁的理由，以稳定局势，至少在公开演讲中，他们面对沉浸在一片战争狂热中的叙利亚，表现得尤其紧张……

在这种情况下，叙利亚军队在戈兰高地附近的再次集结，引起
236 了人们对战火重燃的担忧。叙利亚当局对阿拉伯兄弟国家亮明了自己的态度，并公开谴责纳赛尔的消极。纳赛尔被迫对局势做出回应。一系列对形势的误判开始了。对叙利亚来说，让埃及卷入地区危机是为了确保叙利亚免遭军事冲突的影响；对埃及来说，当前的威胁将开启新的谈判，或者至少可以推迟冲突的发生；对以色列来说，这些威胁重新点燃了他们将遭遇毁灭的想象，对他们来说是致命的；对苏联来说，向盟友发出警告，有助于增强盟友对在东方的伙伴关系的信心，而不是把他们推入战争。对于此时政治视野正聚焦在越南战争上的美国来说，如果中东地区没有点燃战火，这里就不会成为苏联的势力范围。这就解释了为什么纳赛尔下令联合国武装调停部队撤出，封锁了蒂朗海峡（le détroit de Tiran），而不担心任何方面的反应。在以色列，前任领导人本-古里安卸任之后，成

立了一个新的民族团结政府。当以色列军队总参谋长踌躇之际，以色列政府选择发起攻击。

6月5日上午，以色列空军对埃及方面的军事设施进行了大规模轰炸。在获得制空权后，以色列军队进入西奈半岛，击退了埃及军队。尽管如此，埃及方面仍然继续宣称他们取得了胜利。为了不让自己的兄弟国家孤军奋战，约旦的侯赛因国王也加入了军事行动。以色列国防军利用这一机会征服了耶路撒冷和约旦河西岸。6月9日晚上，叙利亚和以色列军队开始交战，叙利亚空军被摧毁殆尽。这时，摩西·达扬截获了一份苏联发出的电报，电报宣布苏联不会干涉双方的军事冲突。于是，以色列开始了夺取戈兰高地的极其冒险的军事行动。大马士革的人们大受震动。尽管前线战斗人员仍在反击以色列的进攻，但由于担心以色列绕道至贝卡谷地发起攻击，叙利亚决定命令军队从戈兰高地撤退。更糟糕的是，在一片混乱中，叙利亚国家广播电台宣布，高地上的大城市库奈特拉已经沦陷，这使得叙利亚军队的撤退陷入一片混乱。而事实上，库奈特拉这座城市仍然在叙利亚的控制之下。

叙利亚这一撤军的命令引起了人们大量的议论。[29] 许多人，主要是穆兄会的支持者们，将这一决定解读为政府当局打算将戈兰
高地交给以色列，并进而认为政府当局与敌人相互勾结。另一些人 237
则指责政府这样做是想保护大马士革，以防止人们发动起义。还有一些支持政府当局的人则谈到了美国和以色列两国的背信弃义，并将其解读为新的帝国主义行径。这些解释说明了当时叙利亚全国对该事件的重视程度，最后一种说法则使我们得以看清叙利亚政权此时的内部运作。

此时叙利亚国家统治的个人化倾向，向保卫边境和拯救叙利亚

革命的方向前进的意愿，反复的政治清洗造成的政局混乱，以及军事指挥链的日益非正式化，都可以解释叙利亚此时为何会发布与现实情况完全相反的命令。6月10日，也就是叙利亚军队遭受失败的当晚，政府不容许出现任何针对政府领导人的批评，这凸显了哈菲兹·阿萨德和萨拉赫·贾迪德是如何设法与一群能够参与他们未来统治的军事指挥官建立政治联系的。苏联领导人列昂尼德·勃列日涅夫威胁说，如果大马士革受到战争影响，苏联将进行武装干预，彼时战争就会结束。

这场冲突对整个阿拉伯世界造成了创伤。单凭革命意志并不足以赢得战争的胜利。而对于战争的失利，国家迫切需要做出新的解释。1948年因缺乏武器装备而失利，1967年则是因为意外而遭遇军事失利。叙利亚人必须为国家，特别是为战败的军队做好复仇的准备。对此，军官团体内部出现了分化。他们中的一些人致力于发展军事技术和扩充军备，他们找到了哈菲兹·阿萨德这个强有力的盟友，反对那些主张通过运用社会意识形态和发动人民群众进行战斗的人。

在接下来两年半的时间里，这两种国家发展方向的主张，主要体现在两位国家领导人身上：贾迪德和阿萨德。前者更关注复兴党本身，至少在地区（即叙利亚）层面是如此，而不是之前的领导人（主要是米歇尔·阿弗拉克）倡导的那种国家主导的领导模式。贾迪德与他的支持者们一起，试图重组并更新叙利亚国内的复兴党组织结构。他提出了更大程度的经济社会化措施，还提出了一项重新
238 改造军队组织的计划。[30] 最后，他坚定地认为，巴勒斯坦问题是一个地区性的国际问题，而不仅仅是叙利亚的问题，必须把黎巴嫩和约旦作为进行战斗的支点。因此，叙利亚复兴党必须向外输出本

党的革命理念。

相比之下，哈菲兹·阿萨德则处于军事、政治之间的分界线位置上，军队是掌握权力的机构。阿萨德的创新之处，在于他构建（或重组）了一个支持网络，该支持网络采取类似于之前权贵的那种扎阿玛（za‘ama）*的组织形式。阿萨德成为军队中唯一的领导人，控制了军队中关键职位的调动和安排，并能确保主要旅和防卫部队的安全。他主要依靠他的亲信进行管理，即那些和他一同晋升的人，比如穆斯塔法·特拉斯；又或是来自于复兴党的同一个部门，如阿卜杜勒·哈利姆·哈达姆；与他有斗争往来的，如库利；或有家族联系的，如马克鲁夫和里法特·阿萨德。潜在的政治对手都被送到外国大使馆或更偏远的地方去就职。1969年，与萨拉赫·贾迪德关系密切，并在国家情报组织穆哈巴拉特中举足轻重的军队情报部门领导人，阿卜杜勒·卡里姆·容迪（‘Abd al-Karîm al-Jundî）自杀，而与阿萨德关系密切的人，则扩大了自己在国家权力中的影响力。

1968—1970年，萨拉赫·贾迪德集团的统治逻辑走到了尽头。从经济角度来看，政府各部门的不规范行为和国家的孤立状态，给政府带来了财政危机，例如石油红利的损失；资本外流和经济活动放缓，削弱了城市的贸易组织结构。从社会角度来看，越来越多的农村人口为了寻求不确定的未来而进入城市，这与城市为他们提供了就业机会或城市经济环境的改善并无关联，但农村问题被转移到了城市之中。在外交方面，巴勒斯坦解放组织的崛起，也增加了叙利亚与邻国的争斗。

7月17日，伊拉克复兴党发动政变，重新掌握了伊拉克的国家权力。哈菲兹·阿萨德提议恢复与伊拉克复兴党这个兄弟党派的联系。[31] 但他的提议被政府拒绝，他本人也被淘汰出局，并辞去了地方指挥官的职务。不过政府没有解散，阿萨德也保留了国防部长的职位。他利用这个机会加速了军队内部职位的更迭，将伊扎特·
239 贾迪德（'Izzat Jadîd）调离了第70旅的指挥部。1969年2月25日，以色列空军轰炸了首都大马士革的郊区。为了应对当前局面，哈菲兹·阿萨德掌控了报社总部等重要战略位置，以确保政府当局对信息发布的控制。在阿拉维山区，他成功孤立了贾迪德的支持者。从那时开始，首都和山地这两个地区，在叙利亚的权力逻辑中联系在了一起。然而，阿萨德并没有组织和发动一场全面的政变。第二年，即1970年9月19日，针对向约旦的侯赛因国王发起暗杀的企图①，约旦国王对约旦境内的巴勒斯坦解放组织的营地发动了进攻。萨拉赫·贾迪德和他的支持者们呼吁叙利亚通过武装干涉支持巴勒斯坦解放组织。随后，一队装甲部队从叙利亚出发开往约旦，但哈菲兹·阿萨德拒绝为这支装甲部队提供空中掩护，与此同时，以色列空军也与侯赛因国王相互勾结，威胁也要进行干预。于是，叙利亚派出的军队决定撤退。埃及总统纳赛尔紧急召集巴勒斯坦解放组织领导人亚西尔·阿拉法特（Yasser Arafat）和侯赛因国王进行调解，他在调解完成之后几个小时就去世了。1970年11月12日，贾迪德在叙利亚召集了复兴党的地方机构，推翻了阿萨德及其忠诚的支持者穆斯塔法·特拉斯的领导。次日，阿萨德率军包围了复兴党

① 1967年约旦失去对西岸的控制权后，被称为"敢死队"的巴勒斯坦武装将其基地迁往约旦，并加强了对以色列和以色列占领的领土的攻击。约旦国王侯赛因对巴勒斯坦流亡者表示赞许和支持，约旦和阿拉伯世界其他地区也对巴勒斯坦敢死队加以支持。此后，巴解组织在约旦的力量不断壮大。但到1970年初，巴解组织内部的一些团体开始公开要求推翻哈希姆君主制，并试图刺杀国王。——译者注

的办公大楼，忠于他的军队占领了复兴党的办公室，并逮捕了包括萨拉赫·贾迪德在内的复兴党主要领导人，此后，贾迪德被终身监禁在梅塞（Mezze）监狱。接着，阿萨德宣布他已经“纠正”了复兴党的运行轨迹，而不是发动了政变。一个新的国家领导层正在叙利亚组建起来。

20世纪60年代，革命风暴在全球兴起，这场革命风暴以不同
的方式盘旋在不同的国家。就叙利亚而言，这场革命风暴导致军队
进入叙利亚政界，并以国家永久紧急状态的名义消灭了原有的政治
体制。围绕着国家尊严、社会平等和公正等政治口号，一种新的社
会政治秩序在叙利亚形成了。其直接后果就是持续的暴力冲突和血
腥的权力斗争。叙利亚社会也在几年内发生了深刻的变化：土地改
革、农村人口外流、经济国有化，所有这些都赋予叙利亚国家一个
新的形象。充满热情并高度政治化的叙利亚青年们、被政变打破的
政党结构，以及各方在公共空间的冲突斗争，是这种社会变化的另 240
外一面。叙利亚在1967年地区战争中的失败是一个转折点。它不
仅证明了一直以来革命口号的空洞，更强化了要求统一民族成分、
以同仇敌忾的名义来缓和阿拉伯诸国之间的紧张关系，以及恢复国
家领导人和人民之间相互信任的国家政策。此次战败也充分反映出
叙利亚社会在为实现社会变革的暴力冲突之后疲惫尽显的实际情
况。不过，战争为哈菲兹·阿萨德的上台铺平了道路，他最终成为
斗争中唯一的赢家。

第八章 阿萨德时代（一）

1970年11月，哈菲兹·阿萨德将军终于可以享受他所发起的 241
“纠正运动”的成功。他不再需要为此发布什么1号公告或胜利公告。经过长达七年的派系、领导人和各种意识形态的争斗，他成功地战胜了各式各样的对手而生存下来。正如著名传记作家帕特里克·希尔（Patrick Seale）所指出的，如果没有前几年沉重的政治斗争和冲突带来的经验，哈菲兹·阿萨德不会在接下来的几十年里继续生存下去。[1] 在这一时期，他制定了一条“阿萨德式”的政治行为准则：任何斗争的最终目标都不是改变什么，而是让一切保持现状。这种着重于当下即合理的社会政治情势最终在叙利亚被确定下来。

这段历史时期受到政治学家和历史学家更多的关注[2]，他们主要关注两个领域：阿萨德政权的性质及其在这一时期的叙利亚外交政策中所发挥的作用。前一个领域的相关研究，揭示了阿萨德执政团队逐渐宗教化的趋势，主要围绕哈菲兹·阿萨德这个新兴政权展开，以及这位新统治者的农村血统导致其制定公共政策的特殊方式。这种解读导致一些人将穆兄会的反对行动视为一种双重斗争——不同于之前传统的世俗与宗教间的多态冲突，也不同于城市商人与乡下人之间的冲突等。第二个领域的研究旨在了解叙利亚是如何通过不断反思、组建联盟而成为中东地区体系的一个重要支点的。

其中有一部社会学家米歇尔·修拉（Michel Seurat）撰写的著作，因其对阿萨德政权和处于变化中的叙利亚的全面关注而脱颖而
出。该书在对德勒兹（Deleuze）的政治哲学和马克思主义关于政治 242

组成的学说进行的综合分析思考中，提出了一些最有希望理解和把握阿萨德政权现实情况的线索与途径。[3] 在米歇尔写下这一系列文章的30年后，我们或许可以更充分地看到并理解这种所谓的“野蛮状态”，用伊本·赫勒敦（Ibn Khaldoun）的话来说，就是国家外围地带最终征服了政治中心。而这种征服，主要依靠阿萨德政治团队的精神将人们凝聚在一起，进而又呼吁围绕该政治团队凝聚成一个国家。

阐述这一时期的历史时，我们面对的主要困难之一是如何历史性地阐明阿萨德政权的统治系统在叙利亚的形成和演变。叙利亚历史上的阿萨德时代远不是国家秩序恢复和稳定的时代，政权、社会及其相互作用在这一时期正在经历着重大变化。请记住，叙利亚在1970年有630万居民，到1985年有1020万居民，这就足以理解阿萨德政府统治时期的社会剧变。[4] 另一个挑战是如何去感知和体会这一时期叙利亚的多重性，即各省之间的交流互动。哈菲兹·阿萨德的崛起，伴随着叙利亚现代政治生活的变革，加深了叙利亚这个多元社会中既有的按照权力利益为导向进行管理的裂痕。叙利亚人从社会历史分析人士的观察视野中消失了。

然而，就社会文化变革和政治动荡而言，这一历史时期的内容非常丰富。某些事件在很大程度上构成了我们对这一时期的理解：1973年10月的战争、1979年阿勒颇军事学校学生被暗杀、哈马事件、1984—1985年的兄弟斗争，这些都是阿萨德政权进行重构的过程中里程碑式事件。因此，我们必须回到叙利亚的历史发展轨迹之中，以了解叙利亚在这漫长的20世纪70年代经历的千锤百炼。

巩固政权

哈菲兹·阿萨德将军留着他引以为傲的小胡子，头发梳成普通的波浪形，他的这些外貌特征成为政府的新形象，而这个政府能否长久持续下去，当时没有人知道。单从外貌上看，哈菲兹·阿萨德并没有什么过人之处。在经历了军事飞行员的培训学习后，他于 243
1956年起担任叙利亚空军飞行员，并于1958—1963年参与数次政变，在复兴党组织中成了一个隐秘的幕后领导人，40岁时他庆祝了自己在叙利亚的崛起。1950年，他与阿妮莎·马赫卢夫（Anissa Makhlûf）结婚，二人育有5个子女。40年前（1830），他出生在卡尔达哈一个坐落于阿拉维山脉的小村庄。阿萨德经历的许多战斗教会了他谨慎和忍耐，现在，他可以利用这些品性来建设属于他的政权。

自1949年以来，叙利亚不断增加的政变表明，通过武力获得的权力是多么脆弱。哈菲兹·阿萨德上台后，立即采取措施压制他的政治对手，以及那些可能会推翻政府当局的机构（穆哈巴拉特）和组织。为此，他选择采用一种合议的策略，这种策略虽然事先未经充分考虑，但在接下来的25年里却成为一种常态。这也是对叙利亚长久以来权力变动不断适应的结果。如此，阿萨德的身边环绕着他的亲信，这些人大多在之前的战斗中成名，且对阿萨德十分忠诚。阿萨德提拔他们在政府中担任重要职位，并确信他们不会背叛自己。从官邸的理发师到空军情报负责人员，皆是如此。

阿萨德政府的权力系统是以环环相扣的权力圈子为基础形成的。[5] 在顶部，哈菲兹·阿萨德的身边聚集了他所信任的人，如担任外交部长多年的阿卜杜勒·哈利姆·卡达姆，国防部长穆斯塔法·特拉斯，负责空军情报部门的穆罕默德·库利（Muhammad Khûlî），以及负责军事情报部门的希克马特·希哈比（Hikmat al-Shihâbî）和阿里·杜巴（‘Alî Dûba）。[6] 他们每个人又都与其他的权力层相联系，形成了同样多且复杂的权力圈子。

这个中央权力圈子通过毛细血管式的权力网络覆盖了整个叙利亚。他们的周围都是可以信任的人，这些人本身就能吸引来更多的支持者……这些关系可以通过某些政治头衔和职衔（陆军将军、旅长）正式确立，也可以是非正式形式的。比如，将军办公室的负责人可能在阿萨德政权的系统中更为重要，因为他可以直接接触到国
244 家元首或政权的主要人物。于是，每个政治人物都能在多个领域发挥其能力。在所有的这些关系中，人际关系最为重要，而后者的选择最终则取决于邻近原则（如所在团体、所在村庄等）。

阿萨德政权的这个严密的统治系统建立在所有领导人极其细致的日常管理基础上。哈菲兹·阿萨德经常告诉他身边的人，自己能记住每个人的过往经历，知道所有行动的具体情况，并根据他收到的报告内容来决定对之进行严厉惩罚或者宽大处理[7]，这意味着他要花不少的时间在个别事件的细节上。正是由于阿萨德的这种谨慎态度，这个统治系统才不会出现失误。此外，选择有才干并且忠诚于他的人，遵循每个人的行事节奏，了解每个下属的具体情况和背景，仍然是阿萨德创立的政府的一贯做法。然而，阿萨德政府仍然需要对政府运行的程序、方式和后续行动保密，以防止遭到潜在政治对手的反击。

1970年，阿萨德政府创建的新制度在一定程度上受到了人们的支持和欢迎。在前一个统治集团犯下罪行之后，在前任政府各部门

人员做出令人发指的行为之后，新的阿萨德政府表现出的谦逊态度，实用主义的作风，以及它一上台就宣布的开放政策，让人们觉得叙利亚有希望迎接一个全面和解的新时代。[8] 在执政两年后，阿萨德政权显示出走向自由化的迹象。全国进步阵线（Front National Progressiste）召开的会议上允许复兴党之前的政敌发声，叙利亚共产党、纳赛尔派和叙利亚人民党都再次得到了发声的机会。

上述阿萨德政府的权力安排，突出了政府的另一面。除中央的保密性和非正式性外，中央政府还在让人们默默接受国家权力分配的基础上，不断努力地将自身整合为一个整体。任何人都可以在这个权力体系中占有一席之地，保住自己的职位。此外，与持异见的人进行政治对话的做法还有一个优点——它分裂了那些赞成和反对加入全国进步阵线的党派。除整合政府外，阿萨德政府的权力安排也扩大了全国进步阵线潜在人员的来源。全国进步阵线未必有明确的特权，但它成了政权的人才库，政府可以从中挑选官员来为各级行政管理部门以及中央各部门等机构服务。这种来源有限的、非正 245
式的、保密性强的人员组成的行政管理团队和机构，又为政府提供了一种新的稳定性。

在农村以及中小城镇，主要有三位政治人物代表阿萨德政府进行地方管理。各地方情报机构穆哈巴拉特的负责人仍然是将政府决策推行于地方的保证。他们的权力主要取决于其所在省份的战略地位、情报线人的分布密度以及其所在省同首都之间的联系。穆哈巴拉特根据政府的授权对土地纠纷、婚姻和离婚案件进行仲裁，干涉家庭事务。此外，我们应该考虑到各地的省长和地方政党的领导人，二者都可以作为联系起地方和中央的潜在中间人。正是阿萨德政权实行的权力委托下放原则，使他们成为地方上的实权人物。作为回报，他们帮助复兴党的领导人将其政党建设成为一个拥有数万名党员的群众性政党[9]，自己则作为地方管理的负责人，成为中央政府规划和决定的直接执行人。

在掌握政权最初的几年里，阿萨德通过走访全国各地来听取人民对国家的不满。[10] 他在叙利亚进行了一次伟大的全国巡访，在那些偏远地区停下来倾听人民的心声，展示他自己。在巡访的场合中，他向德鲁兹派领袖苏尔坦·阿特拉斯致以崇高的敬意，弥合了后来更名为杰贝尔阿拉伯（Jebel al-'arab）的叙利亚南部山区和中央政府之间的长期裂痕。由此，德鲁兹地区的问题得到了解决：他们得到了中央政府的荣誉和尊重，并保留了某些职位，代价是放弃那些关键的政治职位。这一方案确保了德鲁兹派这一少数群体重新长久地融入叙利亚国家组织之中。更广泛地说，这次的全国性巡访活动，为阿萨德将军提供了一个新的政权基础。

新领导层掌权之后采取了一系列措施来解放国家的经济活动。他们结束了对进出口许可的严格控制，降低银行的国有化程度，放开了零售贸易，限制之前那种苛刻的土地改革标准，所有这些措施，都给人一种国家社会主义已经过时的印象。[11] 这些措施的实行，是新政权在向叙利亚商界做出承诺，因为商界的人们已经被上届政府的行为激怒了。相比之下，在边境或拉塔基亚省等战略性地
246 区，政府官员，甚至是总统办公室，依然控制着土地的授予、分配和再分配的权力。[12] 然而，政府的经济政策并没有质疑各种产品所获得的补贴，这也导致政府的经济政策在一开始就染上了指导经济的色彩。

这些措施的实行，为新总统和为他欢呼的群众提供了举国同庆的机会。开到阿勒颇的汽车，大马士革居民肩上高高竖起的总统

像，为欢迎总统到来而聚集的人群，都是愉快欢庆的标志。

哈菲兹·阿萨德致力于在叙利亚建立起新的政治秩序。1973年初，宪法文本在正式颁布之前进行了讨论。但是，文本的宣布在叙利亚国内引发了围绕国教问题的动荡，并在哈马市引发了骚乱。抗议者认为宪法的第一个表述版本才是正确的，因为其中提到了国家总统是穆斯林，而伊斯兰教法法基赫是宪法立法的来源。[13] 另一方面，在全国进步阵线内部，复兴党保留了领导者的角色，其他党派的行动自由则受到了限制。这一宪法文本的颁布结束了临时政府时代，并使国家权力制度化，尽管其运作仍然是非正式的。宪法的颁布还伴随着地方议会（majâlis mahlîya）的设立，未来将由地方议会来负责与行政当局协调政策。然而，对于在“六日战争”（第三次中东战争）中担任国防部长的哈菲兹·阿萨德总统来说，他意识到自己必须洗清叙利亚在那次战争中的耻辱，从而使他的政府完全合法化。

在阿萨德掌权几个月后，叙利亚就开始一步步迈向“十月战争”（第四次中东战争），这一战争也因其爆发时间而被称为“赎罪日战争”。[14] 阿萨德联络了埃及新的国家领导人安瓦尔·萨达特（Anouar al-Sadate），萨达特也希望为苏伊士运河上爆发的消耗战找到解决办法。此外，萨达特还希望改变埃及当前的国际同盟关系，在他看来，这是对抗以色列并取得政治成功的唯一保证。通过驱逐苏联顾问，同时与叙利亚和美国取得联络，埃及的这位总统希望对叙美两国进行安抚，并尝试发起一场决定性的战役，以战争胜利者的身份为他的人民在国际上发声，从而结束与以色列的斗争。与此同时，叙利亚也在为即将到来的战争做着准备。

对阿萨德来说，叙利亚在1967年战争中的失败有一个新的解 247

释：一切都是阴谋诡计的结果。因此，叙利亚必须武装自己，装备军队，训练兵士，让他们做好应对战争冲击的准备。以下这些数字凸显了叙利亚军备的增长。叙利亚在1967年的兵力为4.5万人，到1973年则超过了20万人。[15]配备的地对空导弹防御系统，是为了保护叙利亚士兵在戈兰高地的顺利推进，空军的伞兵也完善了他们的战术，以便在战争开始的最初几个小时内能迅速占领战略要地，如位于以色列军队侦察范围内的黑门山（Jabal al-Shaykh）。叙利亚的空军、坦克部队和炮兵部队是其取得战争胜利的重要保证。

这种军事力量上变化的另一个影响，就是军队政治立场的中立化。自1963年以来，叙利亚军队已经历了多次变化和重组，最终，哈菲兹·阿萨德获得了军队中大部分指挥官的忠诚。他赦免了军队中那些穆罕默德·乌姆兰或贾迪德的支持者，因为他们对他全身心的忠诚和奉献。萨拉赫·贾迪德被长期监禁在梅塞监狱，乌姆兰也在从贝鲁特返回叙利亚后发生了意外，这些事件都让那些潜在的反对者打消了继续制造事端的念头。此外，军队中兵员人数的增加也无意间使得军队无法轻易地再发动起义和政变行动。一场4万人发动的政变，意味着需要几百名军官的共同谋划；在40万的总人口中，必须有几千人在不引起情报机构注意的情况下彼此串通一气。

1973年10月6日，一场水陆两栖的军事行动将埃及军队带到了苏伊士运河的另一边。他们越过并攻占了以色列在那里布下的“巴列夫防线”。在这场军事行动中，待在军事指挥所的阿萨德将军派出了他的伞兵突击队，他命令军队全面开往前线。在戈兰高地，1400辆坦克配合部队一同作战，他们必须突破以色列的防线，才能到达提比里亚湖。面对来自加利利平原的以色列军队的威胁，叙利亚军队的动员迅速而全面。几个小时后，叙利亚军队的预备役人员就到达了前线。这场战斗进行得非常激烈。从10月8日开始，叙利亚军队开始遭到以色列的反攻。到了10月10日，除黑门山上的军
事据点以外，以色列军队夺回了他们最初失去的所有领土。叙利亚 248
迅速请求埃及军队继续向西奈半岛前线施压，但以色列军队已经越过叙利亚和埃及1967年“六日战争”之后的分界线（即“紫线”），开进到了距离大马士革仅40千米的地方。

面对叙利亚军队的撤退，埃及军队被迫继续向前推进。在此期间，在美国的持续援助下，以色列成功架起了一座空中桥梁。在南部前线，阿里埃勒·沙龙（Ariel Sharon）率领以军成功地在苏伊士运河的另外一个侧面撕开了一个突破口，并从后方袭击埃及第三军，致使埃及的两支主力军队面临被包围的威胁。就像在以往几次阿以冲突危机中一样，当苏联宣布其军队开始局部动员时，各个大国陆续敲响了结束冲突的警钟。在战争的最后几小时内，叙利亚军队失去了黑门山的阵地。最后，叙利亚没有占领任何之前的失地，大批难民却涌入郊区乌塔大马士革和贾拉马纳（Jaramana）周边地区的村庄。虽然哈菲兹·阿萨德向敌人发起了挑战，但并没有取得什么军事上的胜利。不过这一军事行动的尝试足以赋予他的政府一定程度的合法性。

人口爆炸和城市化

经济领域的自由化进程，伴随着叙利亚在20世纪70年代经济的强劲增长，在十年时间里，国内生产总值平均每年增长7%。这种情况反映了叙利亚国家经济领域中生产和贸易结构的区域的与总体上的变化。三种社会经济现象相互补充：人口增长、城市化和公

债经济。这些现象的出现，首先是因为此时的叙利亚进入了人口转型的第二阶段，具体表现为人口死亡率的下降，以及出生率的稳定。从具体数量上来看，1970年，叙利亚的人口为400万，到70年代末，增加到了600万。国家必须为新增人口提供住房和食物，并满足他们的日常生活需求，这为企业创造了一个强大的需求。

与此同时，城市化的的进程也在不断加快。霍姆斯的人口从1971年的21.5万增加到了1981年的34.6万，大马士革人口从90万增加到了120万。随着城市新移民的涌入，城市的规模急剧扩
249 大。[16] 城市郊区的民居建筑质量在很大程度上取决于居住者的经济条件，穿过旧城区的道路将城市分割成不同的区域，郊区工业区的建立，这些都从根本上改变了城市的面貌。基础设施正在成为一些城市的显著特征，例如拉塔基亚港的建成关闭了以往从市中心通往大海的通道，霍姆斯新建的炼油厂结束了城市规模的进一步扩张。从这方面看，叙利亚亲历了这场革命式的城市发展，南部各地区的城市规模呈现出指数级的增长。

然而，促进城市这种大发展的农村移民的流动，也遵循着一种特定的逻辑，这种逻辑具体体现在城市中新出现的那些社区。就像所有人口迁移的普遍现象一样，新移民组成的社区往往会寻求社区关系的重新组合，这使得城市组织结构愈发宗派化，或者像在拉卡和代尔祖尔那样，城市中的某些地区出现了与传统的历史中心相对立的部落化趋向。[17] 国家政治权力的运作也加强了城市的这种发展趋势，比如在霍姆斯和拉塔基亚两座城市中，在国家政治权力的作用下出现了少数教派居民集中居住的现象，这种集中化虽割裂了城市本身，但可以防止少数派与多数派民众力量上的不平衡。1975年更名为拉塔基亚大学的提什林大学（l'Université Tishrîn），其校园

容量的扩大就体现了这种社会现象。

叙利亚此时期的城市化，也表现为中小城市经历的快速发展。[18]中小城市通过将贸易活动（市场）和教育培训活动（小学和中学，甚至职业培训）集中在其周围，扩大并充实了城市的组织结构，充分连接起了叙利亚中央当局与周边的农村地区。鉴于此，哈菲兹·阿萨德政府继续从教育和征兵两方面着手，推行促进城市发展和相关服务职能的政策。这些城市成为复兴党现代化改革的实验场，电力、自来水和教育的建设与发展体现了这一时期社会进步的一面。此时期成立的一系列学校就是为了帮助推动这种发展，也特别注重对教师的培训[19]，虽然培训出的宗教教师也可能导致学校出现比如萨菲泰（Safîta）或塞莱米耶地区在社区管理上的宗教化倾向。如此，一种互惠关系形成了：现代技术的改进使得以上政府 250
设立的这些新项目获得了人们的赞成和支持。从长远来看，城市规模的这种扩张，是城市地区对巴蒂亚地区的再征服和19世纪以来一直在进行的人口定居化过程的最终篇章。

从农村地区过剩人口的离开，到政府实施相关社会经济政策，叙利亚城市周边的农村地区正经历着经济上的相对繁荣，而这主要是由土地改革带来的影响。1973年7月塔布卡大坝工程的落成，标志着叙利亚国家和乡村的地理环境是可以被改变的。大片新的土地被开发成了农田，豪兰平原地区的霍姆斯和地中海沿岸的哈马两个地区，农业产量也依然维持着较高的水平。中等规模的农场与国营农场并存，国营农场的规模也通过从之前的权贵手中夺取的大片土地而进一步扩大。然而，部分农村地区正处于危机之中：城市绿洲花园、大马士革附近的乌塔、霍姆斯和哈马附近的奥龙特斯花园都面临着巨大的农业压力。[20]在某种程度上，这是乡村地区的复兴。

在这其中，农业工程师发挥了重要作用。农业区内部的多样性仍然得以维持，但大农场和小农场的重要性相对下降；尽管农业灌溉条件得到了改善，但农业发展仍然受到气候条件的限制。

重工业领域的首次飞速发展，使叙利亚的一些城市变得更为重要。拉塔基亚和塔尔图斯成为重要的港口，受到政府当局的严格管理。通过发放许可证的形式，政府可以对过境运输的商品货物征税。霍姆斯被建设成了国家主要的二级生产中心。总的来说，此时的工业生产活动出现了某种程度上的复苏。大规模的资本流入和对这些资金选择性的使用，推动了此时叙利亚经济的蓬勃发展。

新政权的主要财富来自政府发行的公债。在经济学家和政治学家看来，这一时期的公债经济，指的是相对于居民数量而言，生产更多的财富，使当局有办法自给自足并对资源进行分配。[21] 在中
251 东地区，对碳氢化合物需求的增加和各国石油开采政策的协调，推高了石油价格，而中东各国抵制支持以色列的国家的呼声又加剧了油价的上涨。1970—1974年，油价从每桶1.2美元骤然上升到了每桶14美元。[22] 各石油生产国的收入有了惊人的增长。在1967年的喀土穆大会上，阿拉伯各石油生产国决定向阿以冲突的前线国家（埃及、约旦、叙利亚和黎巴嫩）提供资金上的支持。矛盾的是，这种援助直到20世纪70年代才真正开始，也就是上一次阿以冲突之后。

这一时期，叙利亚每年可以从各阿拉伯国家获得18亿美元的资金援助。这份“甘露”通过各种途径滋养了阿萨德政权。首先，叙利亚组建起了一支近45万人的军队。[23] 随着兵员数量的增加，从兵营建造到食物供应，各种各样的经济需求在叙利亚出现了，这又创造了许多新的市场。其次，政府为开展特定的工业项目提供资

金支持。政治逻辑很快就凌驾于经济逻辑之上，因为提供市场准入和特别商业补贴成为将商人纳入政权网络的一种新途径。最后，这些援助资金也被用于国家的基础设施建设和支持国家机构的具体运作，这使得这些财富在整个社会之中得到广泛运用。

在不断增加的财富资源、大幅增长的国内生产总值和经济自由化措施的推动下，一个新的资产阶级在叙利亚出现了。[24] 他们通过与阿萨德政府的关系，从不断发展的市场中获利。政府情报机构、军队和商界的代表人物们走得更近了，甚至通过联姻将彼此紧密联系在一起。这个新社会阶层的出现也使得其他社会群体——主要是传统的城市精英阶层，或者那些收入不受通货膨胀影响的自由职业人士，失去了他们原有的社会地位。总之，这一时期社会财富 252
的增长引发了诸多社会阶层的分化。

20世纪70年代中期叙利亚所经历的繁荣，得益于各方资源的涌入，但社会资源分配不均和国家体制改革的困难，加之情报机构穆哈巴拉特影响力的不断增强，加剧了人们的不满情绪。这些不满主要源自经济因素。那些社会地位下降的阶层，如哈马或阿勒颇的商人群体，还有那些失去职位的知识分子等，成为坚定的政府反对派先锋。另一个原因则与感觉有关。阿萨德政府的权力，是围绕着武装集团建立起来的。因此，政府和反政府双方的互相指责变得更加激烈。

从宏观角度上看，我们还必须对这段历史进行更为详细的解读，这意味着我们要考虑到叙利亚各社会群体发生演变的地方性条件。在阿勒颇、哈马或大马士革，资产阶级与之前已全然不同，而民族关系、对话空间和制度框架正日益受到控制。在掌控国家权力的同时，阿萨德政权部署了一系列社会组织，以联合社会中的活跃力量。农民工会、学生联合会、医生和工程师协会等社团组织逐渐被纳入政权网络。随着政治生活的衰落，其他形式的组织出现了，这一点阐明了20世纪70年代叙利亚政治的特点所在。

国内外的政治斗争

与叙利亚历史上的其他时期相比，这一时期叙利亚国内外局势动态的相互交织正在进一步强化，这也许应该被视为阿萨德政权体系运作的标志。因此，我们有必要简要回顾一下叙利亚国内和国外
253 政治角色之间进行的多层次对话。前者自然包括政府代表，主要是叙利亚共和国的总统，也包括那些能够对政府决策产生影响的其他政治势力的成员，例如伊拉克的萨达姆·侯赛因（Saddam Hussein）政权在巴格达接收并为之提供政治庇护的阿德南·萨阿德·阿尔丁。[25] 与之相反，后者指的是地区和国际社会中的大国，主要是美国和苏联，它们的行动，在某种程度上可以说是步调一致的。

1970年，叙利亚的这位新总统通过正式访问阿拉伯各国的首都（包括埃及的亚历山大）和参加阿拉伯国家联盟会议，获得了其他阿拉伯国家的承认。为了在对以色列展开报复行动一事上获得国际支持，他经常对埃及这个伙伴国家进行访问。哈菲兹·阿萨德和阿卜杜勒·哈利姆·卡达姆向伊拉克代表传达了同样的意愿，试图在两国之间推动建立一种新形式的联盟。当时，叙利亚总统的外交目标是建立一个团结一致的阿拉伯国家集团，以防止其他阿拉伯国家给自己的政府带来威胁。于是，一个统一的共和国象征性地诞生

了。①最后，黎巴嫩成为阿萨德政权重点关注的对象，因为在相对稳定的谢哈布（Chehab）时代结束时，越来越多的黎巴嫩政客希望在大马士革找到可以进行合作对话的政治伙伴，以加强他们在国家政治舞台上的地位。于是，此时的叙利亚卷入了别国事务。

在国际上，叙利亚的外交政策在与苏联紧密联系和与美国实现和解这二者之间摇摆不定[26]，一切都取决于叙利亚的国家利益与两个大国当下的政治目标是否一致。苏联方面对叙利亚推翻萨拉赫·贾迪德的做法持批评态度。哈菲兹·阿萨德对苏联进行了外交访问，同苏联就武器和技术方面的援助进行磋商，这是自20世纪50年代以来叙利亚共和国总统首次进行的外交访问之一。叙利亚与苏联的这种关系，建立在该大国向叙利亚做出的帮助叙利亚与以色列作战的政治承诺之上。从这个角度来看，1970—1973年对叙利亚来说是一个繁荣时期。但是“赎罪日战争”结束之后，叙利亚面临的国际局势前景发生了变化。在官方层面，面对埃及、美国和以色
列的突然和解，叙利亚仍然把苏联作为地区合作伙伴，所有关于冲 254
突解决的方案都必须有苏联的参与，但是，叙利亚的合作大门也同样向美国敞开，美国方面对叙利亚也是如此。

通过采取行动和主动倡议，叙利亚开始与美国恢复自1967年以来就已断绝的外交关系。戈兰高地成为叙以两国的缓冲地，库奈特拉在遭到毁城之后，被归还给了叙利亚，这座已经被以色列摧毁的城市，被推土机夷为平地，成为叙利亚与以色列对抗斗争的永久纪

① 1971年4月17日，埃及、利比亚和叙利亚拟订组成阿拉伯共和联邦的方案，这一联邦被三国认为是“阿拉伯统一的核心”。10月，联邦领导人在开罗开会，埃及领导人萨达特被选为联邦总统，开罗为联邦首都，该联邦后因埃、利关系恶化而失败。——译者注

念地。美国总统尼克松继国务卿基辛格之后对叙利亚的访问活动，展示了叙利亚及其政权新的国际地位。但是，与尼克松总统的期望相反，两国之间的外交进展未能得到推进，只收获了失望。不过，哈菲兹·阿萨德仍然可以与美国大使接触[27]，因为他希望寻求恢复对他有利的谈判。这也成了阿萨德外交政策中的一个常态。

20世纪70年代中期，一场跷跷板式的地区平衡局势出现了，这在很大程度上是由地区冲突各方商定的和平解决方案决定的。埃及退出阿以冲突的现实，黎巴嫩的巴勒斯坦革命抗议活动的觉醒，以及不可能实现的“美利坚治世式”的和平，都使得叙利亚开始重新定位自己的国际政策。1974年也是叙利亚国内政治局势的一个转折点。随着1973年宪法的颁布，叙利亚国内爆发了一次抗议运动。抗议者们的行动使得政府进行了一些局部改革，这些形式多样的抗议活动自20世纪60年代初以来一直要求恢复宪法自由，它们让人想起了人民运动的重要性。运动中的各派都展示出了自己新的政治立场。例如，在哈马，抗议活动由穆兄会主导，而不再是以前那种所有政治派别共同反对复兴党统治的政治运动。这也意味着，叙利亚在野的政治派别之间出现了分裂。

复兴党十年的统治使得叙利亚的政治领域经历了深刻变革。一个政党在整个国家占主导地位，其组织成员不断增多，在国家中占据了决定性的位置[28]，再加上地方行政机构（地方议会）的改革，复兴党当然要负责执行中央政府下达的政令，但最重要的是，它可
255 以尽其所能地管控地方各派的冲突、竞争和个人发展轨迹，任何人社会地位的上升，大多需要建立在对复兴党党政机关的原则性依附之上。

然而，其他社会政治团体依然坚持自己的立场，其中一些对阿

萨德政权持不信任的态度。但这些团体内部也是四分五裂的，因为部分成员接受加入全国进步阵线。对一些人来说，这些团体不过是那些试图寻求新的政治晋升途径的政客们的集合。其中，有些人有参与政治运动的经历，有些人是新近成为政治活动分子的，还有些人与流亡国外的政客们有联络，比如流亡巴黎的萨拉丁·比塔尔。其他人则试图通过在叙利亚当地组建政治团体的方式来对抗阿萨德政权。总的来说，这一系列的小政治团体通过出版物、秘密会议、在各专门机构中占据位置、短暂的请愿或示威活动，发起对政府的抗议，而这种抗议活动似乎每天都在增加。

尽管穆兄会的内部分歧日益加深，但此时它在叙利亚获得的支持却不断上升。[29]穆兄会新一代成员在其组织内部的迭代更新以及新领导层的崛起，给其内部的派系构成带来了新变化——各派系的分布呈现出地域化的特点，以大马士革、阿勒颇、哈马三个城市为各派系的中心，并分别以一个人为该派系的领袖。其中，大马士革派在穆兄会中的重要性随着伊萨姆·阿塔尔（‘Issâm al-‘Attâr）的流亡而下降，而阿勒颇派和哈马派则发挥了更大的作用，他们也提出了更符合时代背景的政治口号。

叙利亚穆兄会所获得的同情和支持主要源自三个因素。第一，由里法特·阿萨德（Rifa‘at al-Assad）领导的叙利亚防卫旅越来越专横的行动，在人民中引发了一种很容易被人加以利用的怨恨情绪。第二，农村人口和少数民族进入城市和阿萨德政府领导层带来的后果，某些政府职位被优先且非正式地授予阿拉维派或德鲁兹派，这让其他人意识到，正是他们的逊尼派身份导致出现这种情 256
况，而这正是穆兄会所要捍卫并为之斗争的，一个教派式的组织结构就这样建立起来了：所有人都要根据自己的教派身份来定义自己的政治属性。第三，叙利亚社会重新热衷于伊斯兰教，并将其作为对帝国主义和20世纪50年代以来相继出现的历届政府的反抗工具。在1967年战败之后，对穆兄会来说，他们可以轻易地批评政府当局的“叛国”行径，并强调伊斯兰教才是应对各种挑战唯一的和真正的答案。

要理解此时穆兄会的政治活力及其活动向武装斗争形式的转变，我们就必须牢记1960—1970年间叙利亚政界变化无常的特点，以及部分叙利亚穆兄会成员一直以来声称所拥有的公民运动的力量。对他们中的一些人来说，反对当权者的斗争意味着要找到所有人共同的答案，以便重建议会。除了穆兄会组织的这种运动，其他形式的抗议活动也出现了。

20世纪70年代仍然是一个武装斗争看起来似乎完全正当合理的时期，这些武装斗争的目的是实现民族解放，进行世界革命。从拉丁美洲到亚洲，一些社会团体反对将暴力作为向国家进行抗议的唯一手段，但国家意识形态领域的斗争往往伴随着战争的展开。在叙利亚，阿拉伯民族主义垄断了意识形态领域，作为其变体的“武装保卫巴勒斯坦”即是如此。为避免冲突，叙利亚政权资助成立了一个新的组织，即闪电（Sa’iqa）①。另一方面，那些声称是政治伊斯兰的激进分子，却向叙利亚引入新的暴力冲突，比如叙利亚穆兄会组织的战斗先锋队（Talia al-muqatila）。

战斗先锋队组织采用了当时的革命字眼。通过采用赛义德·库特布（Sayyid Qutb）提出的严格解读，以及20世纪60及70年代各

① 全称为巴勒斯坦人民解放战争先锋队，通称“闪电”，1968年10月创建。——译者注

革命组织普遍的行动模式，它有可能使得阿萨德政权及其支持者变成蔑视宗教的代表而信誉扫地。战斗先锋队丰富的武器和大片的军 257
事训练场地，使它成为一支有能力发动政变的武装力量。1964年，该组织的创始人马尔万·哈迪德（Marwân Hadîd）从哈马的苏丹清真寺的废墟中走出，走上了暴力反抗政府当局的道路。随后，该组织招募了几百名新成员，开始在市中心以外的叙利亚偏远地区进行军事训练活动。[30]使用枪械火力（主要是卡拉什尼科夫冲锋枪）不需要太多的技术诀窍。这支武装力量于20世纪70年代初半期开始其武装准备。

1976年，在黎巴嫩某些派系的邀请下，叙利亚军队进驻贝卡谷地，并全面参与了黎巴嫩几个月前爆发的内战。[31]很明显，叙利亚政府的立场，主要取决于其自身的国家利益，即维持黎巴嫩各派系之间对叙利亚有利的力量平衡。但联盟关系的反转——从保卫与巴解组织（OLP）和卡迈勒·琼布拉特（Kamâl Jumblâtt）①的民族运动关系密切的巴勒斯坦部队，走向同黎巴嫩基督教部队结盟[32]——这使大部分叙利亚人感到非常震惊。对叙利亚国内的进步派来说，这是对阿拉伯民族解放事业的背叛；对伊斯兰主义者来说，这是少数民族相互勾结反对逊尼派的证据。泰尔扎塔尔（Tall Za’atar）的巴勒斯坦难民营地遭到屠杀，成为黎巴嫩局势的一个转折点。

叙利亚军队进入黎巴嫩产生了两个后果，而我们必须清楚区分两个后果。对阿萨德来说，这场战争很快成为一个机遇。首先，我

① 黎巴嫩政治家，创立了进步社会党。在1977年被暗杀之前，一直是巴解组织的主要盟友。——译者注

们绝不应该低估黎巴嫩问题在中东地区局势中的杠杆作用，通过介入黎巴嫩这种方式，叙利亚向各国重申了其国家力量以及在地区发展中的核心地位。袭击、释放人质，以及对城市事务的武装干预等，都是叙利亚在地区局势中为自己树立威信的手段。黎巴嫩问题在外交上，甚至在军事上，都起到了加强和巩固阿萨德政权的作用。其次，对于黎巴嫩问题的处理，迅速成为阿萨德政权与其他各派政治力量进行对话往来的一种新途径。如果他们接受叙利亚的地
258 区优势地位，就可以获得权力。这对那些黎巴嫩商人来说尤为重要，因为他们发现叙利亚穆哈巴拉特的代表对他们开展公司业务很大的助益。[33] 最后，军队在黎巴嫩部署的各级别军事人员，与叙利亚武装部队在黎巴嫩进行的多种行动密切相关。通过在黎巴嫩的行动，驻扎在黎巴嫩的叙利亚军队非常方便地获取了补给。在尊重内部等级制度的前提下，通过对军事驻扎人员进行轮换，军队中的每个派系就都能够得到好处。

在叙利亚国内，军队干涉黎巴嫩内战的行动引起人们强烈的批评，并引发了抗议活动。战斗先锋队认为，这是叙利亚政府对阿拉伯民族事业的背叛。他们展开了对与阿萨德政府关系密切的人物的暗杀行动，例如哈马情报部门负责人穆罕默德·加拉（Muhammad Gharra）。叙利亚此时正与伊拉克围绕着黎巴嫩问题展开新一轮的对抗，因而叙利亚当局指责伊拉克是这些暗杀行动的幕后黑手。而叙利亚行政部门内部还没有人能理解这场斗争。[34] 面对越来越多的暴力案件，叙利亚政府当局下令禁止人们使用摩托车，因为这是暗杀人员迅速逃离现场的一种手段。甚至连苏联方面的专家也受到了当时局势的影响[35]，他们对这些抗议活动产生了同样的恐惧。

除战斗先锋队外，其他的抗议运动也以不同的形式重新出现在

叙利亚。在外流亡的阿弗拉克和比塔尔等前领袖强烈谴责政府当局
在大马士革的“恶行”，但他们的谴责从两个不同的角度出发，一
个赞扬伊拉克复兴党，另一个则呼吁“恢复民主”。在国内，一些
政治团体试图进行重组，但是这些政治组织很难在叙利亚的公共空 259
间进行大规模行动。

在阴郁的政治气氛下，阿萨德举行了选举，这是他恢复其政权合法性的第一次尝试。[36] 阿萨德再次当选国家总统，新的国家议会诞生了。

对于阿萨德政府来说，所有的敌人都来自国家外部。在伊拉克、黎巴嫩和埃及出现反对派，以及激烈的地区国际紧张局势的背景下，阿萨德政府的管控达到了新的高度。由此，在叙利亚社会各组成部分的关系之中，在包容性的政治对话（相对于社会运动主角们的沉默）和政府严格的管控之间，存在着诸多不确定性。另一方面，此时期的运动仍旧主要是城市发起的抗议活动——这些活动试图推翻一个在反对派看来在叙利亚历史上非常不正常的政权——因为自法国委任统治时期以来，有组织的社会动员行动曾成功地击败了历史上历任的非法统治者。然而到了1979年，一切都变了。

这些运动是对伊朗伊斯兰革命的响应吗？是不断增加的来自伊拉克或是埃及方面支持的结果吗？1979年，战斗先锋队的激进分子参与了一系列的城市游击战。阿勒颇成为穆哈巴拉特的部队和战斗先锋队武装分子之间进行小规模巷战的战场。战斗先锋队选择加入这些斗争之中，似乎是一些像阿德南·乌克拉（‘Adnân ‘Uqla）这样的地方领导人的意愿。然而，此次行动仍然局限在一个小范围之内——被集中在了一个城市之中，并与国家整体联系。政治运动仍然在继续，阿萨德政权对国家的控制也在持续。

260 1979年夏天，一项新的计划似乎短暂地改变了这种情况。伊拉克总统哈桑·巴克尔（Hassan al-Bakr）和哈菲兹·阿萨德进行了多次谈判，双方达成了一项协议，重新恢复了正常关系，并开放了两国间的输油管道。[37] 另外，两国又于1979年上半年拟订了一项军事和政治联合领导的计划。这些都促成了伊拉克和叙利亚这两个复兴党执政的国家的合并。然而，仅仅40天后，伊拉克的萨达姆·侯赛因（Saddam Hussein）掌权并废除了两国的联合关系，并重新点燃了两个兄弟政党的斗争之火。1979年夏天，叙利亚发生了一系列事件，而这些事件推动了另一个重大事件的发生。

从阿勒颇到大马士革[38]

1979年6月16日，获得晋升的一批青年军官在阿勒颇炮兵军事学院举行会议。这个在叙利亚排名第二的军事院校汇集了大批军事精英，其中也包括那些有希望在阿萨德政权中拥有光明未来的国家领导人的子弟。军事学院中的教派构成情况，可以反映叙利亚精英阶层的变化——80多名学生来自叙利亚阿拉维派。会议当天，优素福（Yussif）上校让其他信仰不同的学员离开了庆祝大厅。紧接着，几名蒙面男子冲进大厅并向人群开火，有82人死去。消息迅速传到国家指挥中心，这对于阿萨德政府来说是一个巨大的冲击。[39] 对于阿萨德政权的政要们来说，这一事件重新唤起了他们对过往遭受的屈辱的记忆，并说明了阿勒颇这个以逊尼派教徒为主的城市社会中，一直以来的对新政府的傲慢和蔑视，这些教徒只懂得运用武力和暴行。这一事件成为叙利亚历史上的一个转折性事件。

阿萨德政府很快就发现了围绕在其政府周围的阴谋，这使得政府改变了对策。面对这种现实，阿萨德政府转而运用更为严厉的管控措施：武力镇压。从1979年夏天开始，政府的姿态发生了变化。在城市中，出入清真寺变得不再安全，政府开始进行有系统的逮捕。这些逮捕行动的对象也涉及其政府政要的子弟，而政府在此次行动中显得决断。针对上述发生在阿勒颇的屠杀事件，政府还做出一种新的解读，而这种解读在政府的对话者中广为流传——这些屠杀者是伊斯兰主义者，是来自另一个时代的反动分子，西方国家在 261
德黑兰带着惊讶和恐惧发现了这一点，总之他们是一群无法适应现代化的人。从阿萨德政府支持者中流行的革命话语来看，任何反对派都是叛国者。

另一方面，一小部分人通过行动赋予当前的武装运动以意义。战斗先锋队呼吁人们用武力推翻现政权。武器、军事训练场地以及来自外部的援助，都支持这一组织实现它的目标。无论是与哈桑·贝克尔（Hassan al-Bakr）分道扬镳以及和叙利亚脱离同盟关系的萨达姆·侯赛因，还是在黎巴嫩或约旦，抑或是埃及的安瓦尔·萨达特，许多人此时都成了叙利亚的对手，且利用重返叙利亚的所谓恐怖主义这一利器，来对抗叙利亚政府。这就清楚解释了为什么对之前的阿勒颇恐怖袭击原因会出现混乱的解释：昨天认为伊拉克指使发动的恐怖袭击，现在却认为是穆兄会所为。但事实上，发动阿勒颇袭击事件的是独立于穆兄会的其他伊斯兰政治派别，只不过他们的袭击行动得到了穆兄会领袖的默许。

很快，那些反抗阿萨德政府的人受到了一定的支持，这扰乱了政府机构。志愿者的大量聚集，意味着不可能对每个人都进行检查，从而导致更多的秘密反政府分支小组的出现。战斗先锋队受到的支持，迫使穆兄会的其他派系也不得不对这一行动加以支持。

1979年夏天，战斗先锋队向政府“宣战”（Jihad）。

面对愈演愈烈的抗议活动，政府当局选择了强有力的应对方式，而这将被后世铭记。刑罚和死亡是政府对同一个社会群体进行管控的一部分，政府当局必须实施这些措施，来使人们对此时的社
262 会抗议运动保持缄默。

大规模的逮捕行动并没有成功遏制国内日益增加的抗议行动。1980年，除了偶发的武装冲突之外（叙利亚国内不存在特别意义上的游击战区或叛乱区），还出现了大大小小的民间抗议运动。例如，代尔祖尔的学生示威运动，阿勒颇的“周五总动员”以及阿勒颇穆兄会与政府支持者之间的巷战。这些都使得伤亡和暴力冲突不断增加；拉塔基亚的群众集会使人们担忧邻近的山区会发生暴力冲突；代尔祖尔市中心升起了伊拉克国旗等。这些现象都表明此时叙利亚的抗议运动正在逐步武装化。但是，这并不意味着，阿萨德政府就会像纳粹主义那样，每个人都必须全身心地为保卫政府而加入其中。在充满政治阴谋和泛阿拉伯主义斗争的时代，人们只需要接受政府在民间的代理人就足够了。例如，在叙利亚商界之中，只要不批评或谴责政府的政策，关于经济政策上的讨论协商就仍然是畅通的。不过，这种管理方式也改变了阿萨德政府与民众的关系。

这一因素对于理解阿萨德政府至关重要。因为这样就有可能把当前全国性的斗争减轻为地方级的。这也在叙利亚国家组织上留下了裂痕，但斗争冲突却没有结束。在吉斯尔舒古尔（Jisr al-Choghour），约100人在企图发动军事叛乱后死去。在阿勒颇省，两个城市之间爆发了冲突。在地中海沿岸，针对逊尼派的暴力行动旨在安抚山区的居民，希望将他们与阿萨德政府的未来统治联系起来。然而，伊斯兰武装派想向政府发起挑衅的企图并没有就此停止。1980

年6月26日，哈菲兹·阿萨德成为他们袭击的目标，但袭击并没有
成功。为了政府的存续，阿萨德政府将一部分人纳入契约中，让他 263
们参与、了解并接受自己所处的这种状态。警察机构往往通过精细
的和个性化的管理，利用人们的社会和宗教分歧来行动。

正是在这种局势背景下，哈菲兹·阿萨德参加了苏尔坦·阿特拉斯的葬礼，重申了默许其他团体组织的协议，条件是他们承认他为国家的合法领导人。帮助政府压制反对派的力量的构成，见证了不同种族、部落和教派之间的巧妙融合。阿勒颇的一些部落向阿萨德政府表示忠诚，代尔祖尔的其他部落则利用政府的强制机构来改善自己的境遇，库尔德人在哈马地区比其他部落拥有更大的影响力。阿萨德政权的精细化管理，是建立在与身份不同的各派别首领展开合作的基础之上的，首领们可以凭借这一身份标准（例如库尔德人、德鲁兹人等），以保卫国家的名义动员其社区的一部分人，而政府则以能帮助其存续的所有地方各派系为基础，联合各股力量对社会运动做出应对。

经过6年的武装斗争，穆斯林兄弟会各派系之间仍未就关于未
来的战略目标明确达成一致。1982年1月初，新一波的逮捕行动开
始波及军官队伍。一切似乎都预示着，一场政变正在酝酿之中。在
这种背景下——一个调查委员会试图揭示逮捕事件之后在穆兄会内
部发生的事情——1982年2月2日晚，在哈马这个曾经分别于1964
年和1973年爆发过两次叛乱的城市[40]，几百名全副武装的战斗先 264
锋队士兵发动了一场政变。几名阿萨德政府士兵和穆哈巴拉特的人
员在政变中死亡。清晨，叛乱者发出武装起义的命令。清真寺的穆
安津（muezzin）*们呼吁信徒们拿起武器，而不是进行祈祷。叛乱领
袖们相信其他游击队员也会效仿。复兴党在当地的政府机构遭到破

坏，一些政府官员被杀害。武装分子象征性地占领了这座城市几个小时。

首都对哈马叛乱的反应十分迅速。在国防部长穆斯塔法·特拉斯的领导下，叙利亚军队第47师1.2万人包围了哈马。防卫旅的士兵也投入此次战争之中。阿萨德政府军就此次战斗行动制订了一套新的作战方案，军队通过坦克射击和重型火炮打开了起义军占领的社区。

起初，此次逮捕行动的目的是逮捕那些已确认身份的穆兄会武装分子。一队队的人马向分拣区、棉纺厂和体育场进发。这个阶段伴随着大量的暴力行为，一切都是为了惩罚哈马这个发动叛乱的城市。虽然军事冲突仅持续到2月6日，但对城市的接管工作持续了整个2月。在2月的最后几天，叙利亚政府军驻扎在城市周围。一切都沉浸在无声的沉默之中，但一切都被展示出来了。

当时的人们对此次事件的损失做了初步的估计，这些估计数据几乎没有再被修正过：约1万至4万人死亡，城市的三分之一被完全摧毁，另外三分之一遭到严重破坏。在一些问题上，人们有不同
265 的说法，如运动的原因，使用的武器类型……除了这些说法之外，此次带来的影响更是“立竿见影”。突然之间，所有反对的迹象都消失了，而政府的逮捕浪潮却仍在继续。同时，对这一事件的牢固记忆在叙利亚形成了，前几年那种充满激奋的社会氛围消失了。在叙利亚截至目前的历史叙述中，这场风暴的发生，源于复兴党和穆斯林兄弟会的不和，且通常被描述为进步统治者与社会反动派之间的对抗。30年后，这个故事才得以继续发展。

此时，阿萨德政府宣称他们战胜了反动派。在第七届国民议会上，里法特·阿萨德宣布，即便伤亡惨重，革命也必须取得胜利。

对此，学者米歇尔·修拉（Michel Seurat）评价说："哈马，25万居民，2.5万人死亡，这只是一场简单的数据计算。"在整个国家层面，像阿勒颇这样的反叛城市，在此后叙利亚的国家基础设施建设计划中被降级，这使得其社会发展的相关活动放缓，且这种情况一直持续到20世纪90年代。哈马市很快被重建，在被保全下来的哈马水车和哈马古城遗迹的阴影下，再没有人会谈论过去那段伤痛的记忆。

1983年，叙利亚国内的乱局刚刚结束，哈菲兹·阿萨德就开始集中精力处理黎巴嫩事务。1982年夏天，以色列军队曾向贝鲁特挺进，尽管美国做出了保证，但以军还是在贝卡谷地摧毁了叙利亚军队的军事设备，连叙利亚空军也被摧毁。黎巴嫩总统、以色列人和美国人三方正在就一项和平计划展开谈判，美国人甚至已经在贝鲁特登陆。为了挫败此次行动，叙利亚军队向美军和法军部队发起了
两次异常激烈的袭击（美、法各阵亡251人、58人）只有意大利部 266
队幸免于难，因为穆斯塔法特拉斯说[41]，洛洛·法拉利（Lolo Ferrari）不能受到伤害。与此同时，叙利亚的军事装备也在苏联的帮助下得到彻底更新，苏联为叙利亚军队提供了更好的武器配备，确保了该地区战略上的平衡。哈菲兹·阿萨德成功地在黎巴嫩的政治斗争中重新确立了自己的地位。

到1983年底，阿萨德政府看起来似乎在长期不稳定的状态之中趋于稳定。突然间，在进行了一天的工作之后，哈菲兹·阿萨德感到不适而后病倒。[42]医生对他进行了身体检查，发现他有严重的心脏问题，他不得不住院接受治疗。他不在的时候该怎么办？如果国家领导人不在了，政府该如何运转？这就提出了新的国家领导人的问题，各种秘密和非正式的暗中联络行动开始了。在任命3位国

家副总统时，各方得出了第一个谈判结果。不过，法国领事代表指出，对3位副总统各自拥有的职权和级别没有做出明确规定。[43] 政府中有权势的政治人物都想获得国家的领导权，他们或相互斗争或相互合作。里法特·阿萨德也想趁此机会来确立自己接班人的地位。他领导着叙利亚防卫旅，有近3万人的力量，他还担任着叙利亚大学毕业生协会（Association des diplômés de Syrie）主席，在叙利亚国内拥有强大的政治光环。他开始着手为他的手下争取更多的政府职位，这激起了其他军事和政治领导人的反对。

1984年1月，在总统缺席的情况下，政府宣布了将获得晋升的120人的政府职位。里法特·阿萨德对于他的亲信仅获得其中一小部分职位而感到愤怒。与阿卜杜勒·哈利姆·卡达姆关系密切的希克马特·谢哈比（Hikmat al-Shihâbî）①想要阻止总统的这位兄弟凌驾于其他安全部门领导人之上。政府分化成了里法特·阿萨德的支持者和反对者两个阵营，双方的斗争愈演愈烈。与此同时，哈菲兹·阿萨德通过穆罕默德·库利向政府高层人员传达了他的命令，他表示，政府高层的内斗可能会在国内引发一场极其残酷的内战。面对生病的国家总统，一个由六人组成的委员会暂时确保了国家政权的正常运行，他们强烈反对里法特·阿萨德权势的扩张。里法特·阿萨德试图通过武力解决当前的问题，并于1984年4月将军队开进大马士革。关键时刻，总统亲自会见了他这位持不同政见的兄弟，这场行动最终停止了。

---

① 叙利亚职业军官，曾在1974—1998年担任叙利亚阿萨德政府的军事总参谋长，作为逊尼派，他被认为是当时叙利亚总统哈菲兹·阿萨德统治核心圈的几个非阿拉维派成员之一。——译者注

当阿萨德宣布自己身体康复时，议会迫使总统在国家主要机构 267
（及其领导人）的忠诚和他的兄弟之间做出选择。“兄弟之争”在大马士革终于结束，暴力冲突也随之结束。里法特·阿萨德被派往驻外使馆，并被剥夺了在政府中的要职，他很快就被迫离开了叙利亚。这最后一局，也标志着阿萨德政府统治的第一阶段的结束。

当哈菲兹·阿萨德成功就任叙利亚国家总统时，没有人想过他建立的政府会长久持续下去。然而过了15年，他的政府却显现出长久存在的希望。在此期间，叙利亚系统地建立起了一种新的社会和政治管理制度。各种维持社会秩序的机构成立，激烈的政治斗争摧毁了所有形式的政治生活，一系列或多或少同复兴党有联系的议会、委员会机构建立，通过对政府中各政治角色的社会政治经历的分析，来决定对其进行奖励或惩罚，成为国家领导人及全体领导层普遍的国家治理方式。

随之而来的，是叙利亚正在经历一场巨大的社会转型，城市化进程加速，人口在城市和农村结构中固定下来，通过发行国家公债得到的收入使城市和农村充满活力。此外，阿萨德政府在国际关系上采取了进攻性的地区政策，这也导致叙利亚面临来自多方的外部干预。尽管政府试图在国内各方之间实现政治和解，或者整合部分政治势力，大部分人仍然呼吁一个开放的宪政政府。此外，从泛阿拉伯主义者到伊斯兰主义者，其他派系的政治力量都在呼吁发起革命，这使得暴力手段在叙利亚的政治斗争中变得司空见惯。

第九章

阿萨德时代（二）

1985年2月11日，哈菲兹·阿萨德总统在公民投票中成功获得 269
第三次连任，全民投票结果显示：99.97%的选票支持他。在执政15年后，阿萨德所面临的问题主要在于现有国家体制的可持续性。“哈马事件”和穆兄会在首都的斗争暴露了阿萨德政权的弱点，这使得政府本身做出了重要转变，这些转变也是确保其政权生存的第一批战略调整。

除一些历史学家将阿萨德的总统任期分为几个不同时期以外，大多数分析人士都提出将阿萨德政府时代视为一个前后完整的历史阶段。[1] 不过，阿萨德政府的统治理念在此期间确实经历了深刻变化。一些政治学家尝试去厘清每个细节，比如丽莎·维登（Lisa Weeden）。[2] 通过总结他们的研究成果，或许可以对哈菲兹·阿萨德政府时代这个“一成不变”的历史时期进行重新思考，并将其视为叙利亚历史上的一个特殊时期，在此期间，阿萨德政权通过遵循所谓“即时的合理性”，对政府进行了一系列的精心重组，从而使其能够生存得更久。

两个外部变化也影响了叙利亚此时的局势。两伊战争促使沙特阿拉伯在1986年改变了其石油政策。沙特降低原油价格的决定，加上叙利亚国内的其他经济问题，导致叙利亚出现收益下降和重大的经济危机。1991年，美国领导的国际联盟迫使伊拉克军队从科威
特撤军。这是美国霸权主导下的中东地区局势的开端[3]，而苏联 270
对中东地区的影响已然消失。在这些地缘政治因素的背后，叙利亚正在形成一种新的权力运作方式。

政治学家早在20世纪90年代就指出了中东地区的悖论。随着拉丁美洲、东南亚和非洲独裁政治的终结，中东地区的总统任期却在延续。[4] 对于这种现象，一些人谈到了该地区的特殊情况，另一些人则谈到了那些巩固政权的机制。以叙利亚为例，国家的领导层并没有经历变动，但他们与社会的关系却发生了明显的变化。20世纪90年代的叙利亚与哈菲兹·阿萨德刚执掌政权时几乎没有什么相似之处。

因此，我们必须从新近解密的馆藏档案、新闻报刊和自传作品中寻找线索，尝试去勾勒出叙利亚是如何在此期间经历一段历史发展停滞期的。[5] 从1985年到2000年，叙利亚社会经历了深刻的变化，这个国家陷入了困境。

“就像是”

美国政治学家丽莎·维登用“就像是”这个词描述了20世纪90年代初出现的阿萨德政府的悖论。[6] 那个时候的叙利亚，总统的肖像无处不在，赞颂哈菲兹·阿萨德的歌曲到处传唱，没有人敢去破坏这位总统的形象。穿着卡其色制服的叙利亚人从很小的时候起，就要在学校里唱赞美总统的颂歌。总统的雕像遍布叙利亚全国。公共场所的巨幅壁画，则是为了纪念这位永远致力于国家进步的伟人。这种接近大众民主美学的做法，赋予了阿萨德政府新的力量。与此同时，嘲笑国家政要的有趣轶闻也在叙利亚到处流传，人们依然强烈谴责腐败行为……

阿萨德政府的行为遵循着一种新的行动原则：“就像是”事情原本的样子。叙利亚人必须采取行动来对抗以色列和美国，“就像

是”他们的领导人长久以来一直致力于与这两个敌人进行无情斗争 271
那样，他们的实际立场其实并不重要；叙利亚人把自己定义为阿拉伯民族的成员，“就像是”他们内部以及他们与其他阿拉伯各国之间并不存在宗教或种族上的差异一样；叙利亚人相信他们永远的总统，“就像是”他们相信他的立场和观点永远都是正确的一样。事实上，叙利亚社会各组成部分和阿萨德政府之间正在形成一种新的对话机制。

实际上，这种对总统的崇拜从1985年就已经开始出现。[7] 第一波政府支持者的游行活动发生在阿萨德的总统任期延长之际。游行的人们喊出了叙利亚人对总统的依恋。在接下来的几年里，阿萨德的雕像在市中心成倍地增加。叙利亚人对此的资金投入强化了这种崇拜的机制：当地精英阶层通过向社区提供总统的“化身”来证明他们对总统的依恋。

在20世纪80年代初的动荡中，复兴党未能成功平息叙利亚民众的不满情绪。[8] 这改变了复兴党在国家权力关系中的位置。从制度层面上看，复兴党仍然是国家的执政党，负责为国家提名总统候选人，但在1985年，一些迹象表明，复兴党的影响力正在不断减弱。它的老对手叙利亚社会民族党再次获得了政治发言权，社会民族党的党派领袖甚至赞扬阿萨德在1985年的成功连任。[9] 由此，阿萨德家族对叙利亚党派的好感对象发生了改变。

这都要归功于马赫卢夫家族在其中所发挥的作用。当哈菲兹·阿萨德与阿妮萨·马赫卢夫结婚时，马赫卢夫家族支持的是叙利亚社会民族党。尽管社会民族党曾在1955年被取缔，并在20世纪六七十年代经历了复兴党的上台，但马赫卢夫家族的姻亲仍然与其保持着密切的关系，甚至提供资金支持。因此，社会民族党在黎巴嫩内战中显得异常活跃。更普遍地说，叙利亚社会民族党为叙利亚提供了一个新意识形态。它的目标是在社会管理方面实行专制，由一位熟悉国家事务的领导人来领导国家的命运。它推行“大叙利亚”的概念，即坚持叙利亚和黎巴嫩的重新联合，建立起新的利益共同体。只要能确保社会的繁荣，它就不反对国家实行的自由经济政策。

272 由此，尽管其他党派的政治网络正在形成并不断活跃起来，复兴党却表现得“就像是”它在统治叙利亚这个国家。值得注意的是，叙利亚各地区从这种变化中所受的影响是不同的。叙利亚社会民族党活跃在卡拉蒙（Qalamun）和阿拉维山脉地区[10]。在他们的支持者中，来自卡拉蒙山脉地区的基督徒占据的比例很高；而在阿拉维山脉地区，宗教少数群体，如阿拉维派和伊斯玛仪派则占据了很高的比例，他们共同组成了社会民族党进行动员的政治基础。最重要的是，各地区的本土精英，如马赫卢夫家族的参与，也证实了这种社会变动的普遍程度。但是在德拉或代尔祖尔等其他地区，复兴党的历史根基阻止了这种势力的植入。

复兴党成员在阿萨德政府权力体系中的地位也显著下降。他们在各地区与国家各级情报机构的成员，即穆哈巴拉特们，保持着一定的权力平等关系。国家情报机构的高效运作，使得叙利亚国家领导层越来越依赖他们。于是，一种新的政治组织方式也在逐渐发展。所有政府工作人员都拥有执行法律和维护秩序的相关权力，他们仅受到来自其他政府机构的限制。当时流行的一个笑话说，当一个人从监狱中被释放出来时，会被第二个部门命令“过来喝咖啡”，也就是开始接受审讯。这种统治，最重要的就是了解每个人的一切。现在，只有他们共同承认的国家领袖，才能限制各部门之间的激烈竞争。

这种形式的国家管理以社会的一种具体运作方式为基础的，它直接呼应了哈菲兹·阿萨德政府的管理模式。它的运作以一些具体因素为依据。政府行政机构的运作以个人为基准，尽可能减少那些难以控制的个人联系，并通过多种手段来达到这一目的：在从拥有汽车到婚姻证明等各个领域中颁发授权，从而使得这种管理甚至可以深入私密的家庭关系之中。政府依靠一个庞大的国家代理人网络（每1000名居民即有265人）来实现这种社会渗透[11]，并在其中发挥仲裁作用。因此，对于那些使用权已私有化并已经完成继承关系 273
转让的集体土地，政府成了这些土地转让合同的唯一持有人，也只有政府才知道各部分土地之间的界线。

在“泛阿拉伯主义”的斗争中，叙利亚表现得“就像是”一个统一的整体，但其内部实际上正在分裂成若干个人类社会子空间，这种分裂与整合主要取决于几个因素：第一个是以婚姻为基础的家庭关系；第二个是职业方面的社会联系，这种职业联系往往围绕着一个中心城市；第三个是人们共同的社会身份认同；最后一个是地区间交通运输的减少。以上这些因素，共同造就了阿勒颇与哈马、地中海沿岸地带和阿拉维山区的差异。此外，幼发拉底河沿岸地区的各部落也依据不同习俗分为拉卡和代尔祖尔两个地区。再往南，卡拉蒙、大马士革及其周边乡村、豪兰平原地区和德鲁兹山区形成了另一批人类社会子空间。这些地区是叙利亚现代化、中等规模城市产生，以及叙利亚现代土地关系变化的直接产物。然而，在将近两个世纪后，它们也揭示了叙利亚地区间划分的某种持久性特征，并同19世纪初形成的第一批人类社会子空间重新联系在了一起。[12] 当代叙利亚社会的悖论，即在于这些地区划分的持续存在。

在一个日益受到管制、社会组织分散的社会中，阿萨德政府的支持者网络在全国蓬勃发展，社会中个人的生存得以确保。那些被阿萨德政府选中或保留下来的精英阶层，与他们自身所处的社区建立了社会联系。按照国家最高领导人的原则，所有人都分享着共同的官方历史和社会身份。在现实中，那些凭借自己的特殊社会身份而上位的人，往往更容易在国家精英集团中找到和确立自己的政治地位。通过行政选举活动，德鲁兹派、基督徒或阿拉维派的政治代表们成了新一代的国家统治者。

274 政府对国家社会的有效控制阻止了反对派的所有敌对行动。此外，每次选举投票活动都会有新的独立政治人物登上政治舞台，他们不是来自全国进步阵线或者复兴党，而是来自那些新兴地方势力。政府通过接纳其参加选举，从而将这些地方势力整合进政治网络之中。这也意味着，这些地方势力承认目前既存的统治秩序。20世纪90年代，商人、在60和70年代被驱逐的地方大家族的子弟、传统部落的领袖和宗教人物因而都在人民议会中占据了一席之地。只要他们不反对国家情报机构在当地的活动，就可以参与地方问题的讨论协商，通过获得来自国家权力的承认，他们在当地的社会政治地位也得以加强。

随着腐败活动变得猖獗，定期展开的社会运动开始针对这些问题。1985—1988年，叙利亚成立了一个特别法庭来打击腐败。[13]然而，政府未能真正遏制这一现象。那些积累了足够资本来对某些政府机构进行贿赂的人，反而增加了财富。如此，在商业阶层和某些腐败的政府机构间形成了一种“相互依赖”的关系。这些腐败促进了社会财富的私下转移，所有这些都将叙利亚社会包裹在许多非正式的联系之中，然而，由于国家经济困难和总统的健康状况不佳，该统治系统的持久性值得怀疑。

叙利亚的内部困境

当哈菲兹·阿萨德康复后，国家权力的过渡成为他要处理的优
先事项之一。流亡的里法特·阿萨德的命运引发了潜在的权力继任
者的问题。两个相互关联的问题，使我们能够理解阿萨德第三、第 275
四和第五届总统任期（1985—2000）期间发生的社会政治变化。第
一个问题与经济模式的衰落和崩溃有关，第二个问题与权力问题以
及谁能接替哈菲兹·阿萨德有关。

1986年，叙利亚因外汇短缺而陷入严重的经济危机。[14] 此次经济危机源自几个因素的共同作用。自20世纪60年代经济国有化改革以来，叙利亚的一些私人资本开始在国外进行投资。至1970年，这个国家谨慎的经济自由化措施并未使人们恢复对经济的信心，以至于这些资本带来的收益都被保留在了叙利亚国内而未再向国外投资。[15] 其次，叙利亚的经济收益建立在政治管理的基础上的，单一的石油经济制度并不以盈利为目的。来自石油生产国每年18亿美元的援助阻止了叙利亚提出任何关于资本投资的疑问，而仅片面依靠这些外来援助。然而，在1986年，作为打击伊朗的措施之一，各产油国承诺增加石油产量，以破坏伊朗的收入来源。这使得这些产油国对叙利亚的援助减少了约10亿美元。最后，叙利亚在黎巴嫩参与的战争，消耗了其高达54%的国家预算资金。种种问题的汇聚，最终使叙利亚的经济陷入了瘫痪。

为了应对经济危机，阿萨德政府大幅限制国内消费，并向沙特阿拉伯等合作伙伴寻求新的援助。政府实行的严格的社会薪资和进

口限制政策，在一年之后产生了效果。以上措施还伴随着对出口经济活动的各种激励措施，目的是赚取更多的外汇。因此，这种经济开放措施本身就是自相矛盾的。一方面，某些行业，尤其是机械化的纺织行业，从这种经济社会环境中获利颇丰。这些活动已经完全融入了国际市场，货币的贬值可以加强它们的外部地位。一些具有重要战略地位的工业领域也因为重要的国内销售市场而获利颇多。与此同时，贸易量的增长是以农业受损为代价的。一个新的富裕阶层正在崛起，他们提供了国内稀缺的商品和服务。另一方面，政府
276 的这些对策，并没有解决破坏叙利亚经济活动的外汇短缺问题。

在接下来的几年里，持续的短缺问题使得叙利亚的经济发展普遍放缓。在缺乏零配件的情况下，交通运输业变得困难。叙利亚航空公司不得不对其航班数量加以限制。小型客车运输业无力再连接起叙利亚所有的城市，这使得叙利亚国家的空间分布变得支离破碎。[16] 国内的所有长途旅行路线都变得模糊不清。不少地区都因为缺乏同外界的交通及经济上的往来而陷入孤立。在大城市及其周边地带，也面临着燃油短缺的问题。为了获得供应不定的几瓶瓶装燃气，人们需要排起长队耐心等候。

1986年，叙利亚召开了一次关于人口统计的大会，指出了叙利亚自国家独立以来人口急剧增长所带来的风险。[17] 大会提出了一项新的家庭生育政策，旨在降低人口出生率，因为1980—1984年，叙利亚的人口出生率一度达到了每个妇女生育超过7个孩子。这次大会标志着叙利亚的国家政策开始发生转变，而非引发了这种转变。对于叙利亚人来说，生活在一半以上人口分布在城市中的叙利亚，进入城市之中，并确保自己过上体面的生活，变得越来越困难，被破坏了的舒适生活，以及部分男性劳动力的迁移，所有这些

都在几年内促使叙利亚人口曲线发生逆转。因此，根据统计，叙利亚人口数量最多的几代人都是在1980年到1990年之间，在2000—2010年，这批人口将年满20岁。

一部分中产阶级被迫移居国外，留在海湾国家、利比亚或其他阿拉伯国家一段时间，可以为他们带来更高的收入。叙利亚的公务员制度对公务员缺席现象的容忍，使得他们能够在国外居住几个月甚至几年，这就导致叙利亚本土有技能的人大量外流。这场无声的社会变革，改变了国家权力与社会的关系。国家权力本就是为了反对城市阶层而建立起来的，不论是在象征意义上，还是在实际上，它都赢得了许多方面的胜利，确立了对国家的长期控制，但持续的 277
经济危机及其内部的分裂推动了新的政治联盟的形成，这些联盟成为叙利亚城市阶层复兴的根源所在。

这些新情况使得阿萨德政府的权力派系发生了转变，两个派系组成了新的政治关系网。国家安全部门的成员，以在任的各部门领导者为中心，分成了若干分支[18]，几位政治人物占据了主导地位。其中，阿里·海达尔（'Alî Haydâr）掌握着大批军队，穆罕默德·库利接受了哈菲兹·阿萨德的任命并加强了自己的政治地位；希克马特·希哈比在政府集体领导层内部成功阻止了里法特·阿萨德的政变企图；总统与阿卜杜勒·哈利姆·卡达姆关系密切，卡达姆也是总统在叙利亚逊尼派和复兴党内十分重要的政治伙伴。然而，这3位有力的政治人物都无法与阿里·杜巴（Alî Dûbâ）匹敌。阿萨德政府中所有政治方案都通过他来执行，由于自1973年以来一直负责领导情报部门和空军，阿里·杜巴在这些部门的存在也不断强化。杜巴的手下还将部门的活动范围从黎巴嫩一直扩大到叙利亚。同时，他的支持者们确保了他在阿拉维派等少数派中的优势地位。

他与哈菲兹·阿萨德总统一样，努力为手下获得重要的职位。

1986—1991年，叙利亚的经济政治格局经历了深刻的变化。由一群商人领导的经济开放（infitah）①在短期内让国家安全部门的代表们看到了共同的利益。经济和安全两个领域的融合，加速了1980年以来执政的卡西姆（Kassem）总理的倒台。他的继任者祖阿比（Zoubî）在叙利亚实行了更大范围的贸易开放政策[19]，并由此形成了两个相互对立的官僚体系。自20世纪70年代以来，纠正运动的支持者们一直主张实行温和的社会主义措施，相反，自由主义者则认为，叙利亚有必要在未明确界定国家政策的情况下释放社会产
278 能[20]，这几乎等同于是要放松国家对经济控制的一种形式。在经济危机的背景下，自由主义者们赢得了国家安全部门和政府的信任。

这一时期，叙利亚成立了投资公司，大量资本被投入在短期内就能够迅速盈利的经济领域中，如旅游业和能源行业。[21]因此，这种模式并不是为了发展国家，而是为了实现经济量的快速增长，使投资者能够迅速致富。这些投资的商人之中，一些是来自叙利亚大家族的子弟，另一些是20世纪70年代以来的新人，他们为这些投资公司提供了市场和资源方面的专业知识，政府行政人员也打破了官僚机构的限制。他们的投资范围一直延伸到了黎巴嫩。商人和政府人员的联合，使得叙利亚的投资公司有可能战胜来自黎巴嫩的竞争对手，尽管后者在贸易领域更有经验。[22]

叙利亚的这种经济发展模式以及经济和安全部门的重新配置，主要依赖于此时叙利亚新油田的发现。尽管新发现的油田规模有

① 来源于埃及萨达特统治时期的一项政策，意思为“开放”。——译者注

限，但阿萨德总统还是在1988年的政府演讲中不辞辛苦地宣布了这一重大发现。[23] 通过签署石油开采合同，叙利亚得到了对其至关重要的外汇。从1994年开始的对这些石油矿藏的持续开采，为叙利亚的经济危机找到了出路。从那时开始，阿萨德政府每年可以获得最低60万桶原油价值的收入。然而，叙利亚的这项收入来源，也受到世界市场的经济动荡，以及可能会发生的国际制裁的影响。例如，1987年，叙利亚政府被指控在伦敦实施了恐怖主义行为，美国和英国对其实施制裁。不过，即便在实施制裁的同时，叙利亚对石油的开采也并未停止。

经济模式改革的多次尝试最终在叙利亚于1991年颁布的第10号法案中得以完成。第10号法案再次允许人们在诸多经济领域进行投资，并可以将投资的收益汇回国内。叙利亚形成了一种新的经济发展模式，这种经济模式以一种新的现代城市性为基础，而这种城市性，体现在通过投资那些有发展前景的经济领域来确保经济的增长上，体现在国家贸易和安全领域的联合协作上，体现在农村人口的大批外流和城市郊区的不断扩展上，也体现在以最少的制度化为代价实现对相对自由政治空间的庇护上，例如保留召开乌理玛会 279
议。[24] 在20世纪90年代，这些改革措施使国民经济得以实现平稳运行，并以对某些产品的严格限制为代价，一定程度上恢复了人民的舒适生活，城市成为一座座“汽车博物馆”。总之，阿萨德政府通过对城市的重新改造，在城市中确立起了自己的统治地位。

20世纪90年代，叙利亚呈现出不止一种面貌。在幼发拉底河周围和巴蒂亚的边缘地区，泥土房遍布的村庄仍然存在。由于花费非常昂贵，硬化道路的分布范围仍然很有限。一些男性进入城市寻找工作，这对那些仍以小规模农业生产活动为生的乡村家庭至关重要。电视是一家人晚上的消遣，家庭成员聚集在公共休息室里，铺上床垫过夜。人们的日常食物主要包括面包、茶、一些香料（比如Za'tar“扎塔尔”）、鸡蛋、蔬菜，偶尔还有鸡肉。除了这些生活条件欠佳的地区，其他农村地区的生活则要舒适得多。交通道路网络得到了发展，昔日里那些偏远的地区，如德鲁兹山、阿拉维山和加卜平原地区都得到了开发。这些地区兴建起了许多乡村别墅，象征着来自这些地区的子女们通过移民或获得政府职位所得到的成就。一些产品成为这些土地所有者重要的收入来源。在这些叙利亚乡村之中，集体农场的建筑和设施仍然遭受着时间的侵蚀。[25]它们曾实现了一个时代的梦想，但在这个时代因腐败和缺乏精心维护而日渐损毁。

叙利亚国家的千种面貌，也反映在其正在经历着复兴的国家组织结构之中。在哈马和霍姆斯之间，塔尔比沙（Talbissah）和拉斯坦（Rastan）这些城镇代表了新兴小城镇发展取得的成就，大量来自这些小城镇的年轻人加入叙利亚军队，这些地区的干果生产也经历了蓬勃发展。哈马市进行了现代化的城市规划，抹去了20世纪80年代留下的暴力冲突痕迹。霍姆斯的重工业发展使这座城市变得
280 富有。由于阿萨德政府推动下的教派关系调整，城市被逊尼派、阿拉维派和基督徒所划分，社区内部的分裂状态被悄无生息地掩盖了。大马士革和阿勒颇两地的民众变得越来越富有，而国家官员却需要用1500—2000英镑（相当于1990年的150—200法郎）费力过完一个月。在这个不断重组的社会之中，这种收入差距的对比变得更加明显。

当这些社会变化发生的时候，一代战士，即夺取和征服了国家权力的那些人，渐渐年老了。无论是在叙利亚的政治部门，还是在

安全部门，统治集团各家族的下一代开始登上国家权力舞台。例如，马纳夫·塔拉斯（Manaf Tlâss）加入了叙利亚共和国卫队，穆罕默德·希哈比（Muhammad al-Shihâbî）加入了叙利亚情报部队。最为重要的是，一个新名字开始经常出现在人们的视野之中：巴塞勒·阿萨德（Bassel al-Assad）。这位阿萨德总统的长子，生于1962年，时年30岁，在体育方面表现出色，后参加了叙利亚军队。从1988年开始，巴塞勒·阿萨德开始参与国家重要事务的管理。

对于这样的权力格局变化，那些安全部门的阿拉维派精英们最初并不是很支持。[26] 他们认为阿萨德总统的儿子是一个没有战斗经验的政治暴发户，其他人则觉得他很傲慢。然而，几年后，他成功地在叙利亚军队中获得一席之地，马纳夫·塔拉斯等其他大家族的儿子们都聚集在他的周围。巴塞勒还提出要成为叙利亚现代信息技术发展的推动者，为此，他成立了叙利亚计算机协会，该协会为叙利亚的信息技术行业提供了最初的基本设备。在阿萨德政权的权力关系之中，一个新的因素似乎可以保证其政府能够延续更久——在哈菲兹总统之后，巴塞勒将能够确保叙利亚整个国家的继续生存，前提是，叙利亚国家内部和其所在地区的局势不能受到任何干扰。

权力交接 281

1985年，哈菲兹·阿萨德在政府演讲中阐述了政府主要关注的核心问题：发展国家经济，继续推进阿拉伯民族的抵抗事业，并在苏联的援助下，维持与以色列的战略平衡。然而，到了1987年，当他同两年前在苏联发起“改革”的米哈伊尔·戈尔巴乔夫会晤时，他发现了一个显而易见的现实：苏联放弃了对中东地区的援助。更广泛地来讲，叙利亚的国家政治领导层正在给社会主义阵营带来“麻烦”。[27] 此时，阿萨德政府面临的是寻找新的地区合作伙伴，以维持其在该地区施加影响的问题。然而，即使是东欧其他的合作伙伴也不再可能成为叙利亚的政治盟友。罗马尼亚的齐奥塞斯库政权在20世纪80年代获得了诸多的国际荣誉，但他于1989年倒台了。首都大马士革一度出现了大批关于“沙姆塞斯库”（shamcescu）的涂鸦。“沙姆”在当地方言中指的是大马士革，人们认为这里将会是下一个爆发人民革命的地方。然而，并没有人在大马士革进行抗议。

阿萨德政府并非对当前面临的威胁无动于衷，政府很快制定出了一条旨在防止出现社会批判浪潮的新路线。阿萨德总统没有在叙利亚发起改革，而是继续通过打击腐败的社会运动对行政、政治和经济领域进行更新。除此之外，他发表在《提什林报》（*Tishrîn*）和复兴党党报上的演讲内容中，还呼吁对当前的国家形势进行批判性的审视。于是，叙利亚新闻界出现了新的出版物，对这项或那项政府政策进行评价。在不对阿萨德政府进行质疑的前提下，叙利亚公众的意见有所放开。另一种变相的自由化统治措施，就是与其政治对手展开谈判协商，这是一种提前了解赢得对手的支持需要付出什么代价的方式。但是，任何形式的谈判协商，其最终目的都是分裂对手的阵营。最后，在1990年的议会选举中，特别是在1994年的议会选举中，议会中新成员所占的比例特别高，在250名议会成
282 员中，约有150名是新成员。这种统治路线，为阿萨德政府的官僚体系注入了新的活力。

叙利亚的这种内部变化也伴随着其在外交问题上做出的新抉择。在中东地区，叙利亚施加影响力的能力仍然很强。叙利亚军队

虽驻扎在黎巴嫩，但未能成功结束黎巴嫩内战，因为叙利亚也不得不尊重以色列的势力范围，以避免两国之间再发生冲突。然而，黎巴嫩国内每一场地区危机都要借助大马士革方面的力量才能找到解决方案，例如1986年的“难民营战争”。1988年举行的黎巴嫩总统选举可能为各方之间的持久和解铺平了道路。但这位得到美国和沙特阿拉伯支持的候选人并没有得到叙利亚领导人的青睐。在这种情况下，从1989年开始，大马士革更加明显地向美国开放。大马士革政府保留了一些必要手段，以阻止某些不利于叙利亚自身的解决方案产生。叙利亚与其他阿拉伯国家关系正常化也是这一外交进程的重要组成部分。胡斯尼·穆巴拉克（Hosni Mubarak）对叙利亚展开正式访问——这是自1972年以来埃及国家元首对叙利亚的首次正式访问——表明此时阿拉伯各国之间的关系恢复到了平静的状态。至此，阿萨德发现自己已然处于地区权力平衡的中心：他在不与波斯湾国家决裂的情况下与伊朗进行谈判，反对伊拉克，同时又声称自己是复兴党的一分子，以“阿拉伯民族抵抗运动”的名义介入黎巴嫩事务，又将一部分势力范围让给以色列。不过，叙利亚面对的这种外交形势仍然是不稳定的。

1990年8月2日，萨达姆·侯赛因命令伊拉克军队入侵科威特。在与革命的伊朗进行了八年战争之后，伊拉克巴格达政府宣称自己是阿拉伯民族主义和保卫巴勒斯坦的坚定支持者。丰富的战斗经验使伊拉克政府能够装备起一支具备相当现代化水平的军队，并得到了西方各大国的同情与支持。然而，与伊朗的这场战争也摧毁了伊拉克这个国家，使其负债累累。与伊拉克的预期相反，各债权国要求其偿还债务。为了向伊拉克施加压力，一些国家，比如科威特，
增加了石油产量，压低了原油价格，又使伊拉克的收入受到威胁。 283

在这种国内外背景之下，萨达姆·侯赛因夺取了科威特王国。伊拉克以反对前殖民主义留下的边境线为名义，使这一占领行动合法化，又将巴勒斯坦和科威特这两个占领区的问题联系起来①，从而分裂了伊拉克的反对势力。

叙利亚政府当局最初对伊拉克的这一举动感到惊讶，政府命令外交部长法鲁克·沙雷（Farûk al-Shara‘a）返回大马士革。这位新外交官在1990年的危机中真正地崭露头角。[28] 沙雷之所以能取代阿卜杜勒·哈利姆·卡达姆的位置，首先是因为卡达姆在黎巴嫩问题上与总统发生了冲突，总统希望其子巴塞勒·阿萨德在这个问题上承担更多的责任。其次，卡达姆的儿子参与秘密运输化学材料的行径，给叙利亚带来了外交问题。最后，卡达姆与希克马特·沙哈比的相互勾结。法鲁克·沙雷的出现，标志着一系列政治新人在叙利亚政界出现。在他身边，有布赛娜·沙班（Buthayna Sha‘aban），她在担任政府发言人职务之前，曾经从事翻译工作；瓦利德·穆阿利姆（Walid al-Mu‘allim）被任命为叙利亚驻美国大使，为叙利亚同在大西洋彼岸的美国建立了强有力的联系。这些新上任的外交官们，必须在当前紧急的地区局势下找出各方都能接受的伊拉克危机解决方案。

伊拉克占领科威特引发的地区危机对叙利亚构成了三重威胁。如果说对巴格达政权采取支持立场十分困难，那么以维护阿拉伯国家团结和同帝国主义斗争的名义，对伊拉克采取咄咄逼人的姿态，似乎也是有问题的，因为团结阿拉伯国家，与帝国主义作斗争，一

① 面对美英政府的要求，萨达姆提出，伊拉克的撤军应与以色列占领巴勒斯坦问题一视同仁。——译者注

向是叙利亚外交立场的主旨所在。同样，要求伊拉克停止一切占领他国的行为，也可能会引发其他阿拉伯各国反对叙利亚在黎巴嫩的势力存在。最后，与巴勒斯坦的接近，以及亚西尔·阿拉法特与萨达姆·侯赛因的会晤及双方之间的承诺，还有这位伊拉克领导人在叙利亚公众舆论中的声望，都阻止了叙利亚采取任何形式的单边行动。新上任的外交官们和总统就此问题进行了商讨，最终以发表一项“咒语”一样的政府声明结束：伊拉克占领科威特的行动，使阿拉伯国家面临着潜在的国际报复，从而危及各阿拉伯国家的国家安全。

事实上，当美国国务卿詹姆斯·贝克（James Baker）前往大马士革邀请叙利亚加入地区国际同盟时，叙利亚对当前局势的立场很
快就发生了转变。[29] 经过同美国长达20年的谈判，哈菲兹·阿萨 284
德已经清楚了解该如何与美国这个来自大西洋彼岸的对手周旋。作为同美国的合作（至少是表面上的）——阿萨德政府命令叙利亚部队不得在表面上反对其他阿拉伯兄弟国家——的交换，叙利亚军队可以继续维持在黎巴嫩领土的现状，并摧毁所有反对者（除了以色列控制的南部地区）的势力，这也使叙利亚能够重新融入国际社会。从表面上来看，伊拉克危机问题的国际化也将苏联卷入其中。但在现实中，阿萨德政府正在改变其结盟的对象。

1991年初，联盟军队取得了对萨达姆·侯赛因政府的军事胜利，结束了6个月以来人们对此次地区危机结局充满疑惑的等待。然而，和平的结论是自相矛盾的。联盟军队的军事干预虽解放了科威特这片土地，却也使得科威特人民的起义被伊拉克政府扼杀，因为它对伊拉克发起了挑战，而国际制裁非但没有推翻伊拉克萨达姆政府，反而使其得到了喘息机会而东山再起。叙利亚在此次冲突中

成为“伊拉克问题”的参与者。[30] 这次地区冲突也对叙利亚产生了四个方面的影响。伊拉克在冲突之后陷入衰败状态，使得霍姆斯、拉卡和代尔祖尔之间产生了新的走私网络，这个走私网络主要用来向伊拉克输送稀缺的食品供应。[31] 在广阔肥沃的新月地带，新的地区联系形成了。其次，伊拉克和叙利亚复兴党在大马士革举行了新的会议。[32] 双方之间的这种历史性和解，为伊拉克的政要们在叙利亚提供了政治庇护，也为叙利亚提供了在东部地区施展影响的新途径。再次，伊拉克问题的悬而未决也催生了伊拉克局势长期不稳定的状态，在这种不稳定的国际格局中，阿萨德政府找到了属于自己的位置。最后，战争的直接后果是，以色列和阿拉伯国家之间开启了新一轮的谈判，而阿萨德政府希望从此次谈判中获益。

1991—1996年，叙利亚的经济恢复了一定的稳定，叙利亚人民也因此得到了一定程度上的舒适生活，但阿萨德政府面临着一项重大任务，总统的儿子承担了一项非常重要的事务：与以色列达成和平协议。对哈菲兹·阿萨德来说，叙利亚在1967年的战败和领土丢失，仍然是其政府难以抹去的败笔。1973—1974年，总统可能还
285 会相信，美国开放的外交姿态会使以色列归还之前占领的叙利亚的土地。然而结果却令他大失所望。叙利亚外交部对1992年召开的马德里会议也持谨慎态度。外交部对美国和欧洲各国宣言内容的理解与掌握，使他们能够重新定位叙利亚与西方大国之间的关系。叙利亚在和平谈判中获得的进展，取决于其新的不会轻易改变的诉求：阿萨德政府获得了三个重要的让步——归还戈兰高地（恢复到叙利亚和以色列1967年时的边界，包括提比里亚湖的出口），在黎巴嫩继续保持强大的影响力，叙利亚被各国承认为中东地区事务中不可或缺的力量。

自海湾危机爆发以来，叙利亚在其中已经明显获利。从与欧洲共同体的关系来看，叙利亚参与海湾战争使得欧共体结束了自1987年以来对叙利亚实施的制裁。最重要的是，欧洲市场对叙利亚的重新开放，以及欧洲承诺为这个处于重建中的地区提供发展援助，能够帮助叙利亚稳定本国经济。最后，叙利亚石油的开采和销售成了欧洲公司的责任。每年60万桶的产油量，虽然没有使叙利亚成为一个石油大国，但是为政府提供了不可或缺的外汇储备。有了这些资金，叙利亚从1997年开始不再需要制定国家预算。为了继续与欧洲进行合作，阿萨德政府着重强调其打击毒品和恐怖主义犯罪的能力。[33]但对于叙利亚外交官员和总统来说，他们同美国的关系才是真正重要的。

顺利实现同美国关系的和解，是为了找到与以色列冲突的一个持久的解决方案。实现和平将使得阿萨德政府改变其内部的权力关系。哈菲兹·阿萨德将为他的继任者（可能是巴塞勒·阿萨德）提供控制内部政治对手的工具。此外，埃及的例子让总统发现，实现和平可以帮助叙利亚恢复自身的战略利益，因为美国和欧盟可以为恢复地区和平提供资金支持。谈判活动受到了密切关注。鉴于上述考量，叙利亚外交官准备在与以色列的问题上做出让步。1994年 286
初，美国总统比尔·克林顿出席了谈判会议。美国随后提出了一项要求：叙利亚“恐怖主义”头目，即那些因在黎巴嫩和其他地方的行动而被确认为“恐怖主义分子”的人，应被解职，并停止对外部各阿拉伯民族主义组织的所有援助。于是，叙利亚国家情报部门的主要负责人成为其主要针对目标。

如此，阿萨德政府的权力交接过程最终形成了。国家财政部门和安全部门新一代的领导人采用了一种不同的发展模式，这种模式也为他们提供了在全国范围内组建支持者网络的重要资源。无论是促成黎巴嫩签订《塔伊夫协议》来结束内战，还是通过与被削弱的伊拉克巴格达政权达成默契，抑或是与以色列改善关系，总之，总统解决了那些可能会威胁到权力过渡的国际问题。此时，一个人成了未来叙利亚的化身：巴塞勒·阿萨德，他的照片和形象在叙利亚全国各地流传。这些宣传品展示的是巴塞勒在俄罗斯文化中心打桌球，在经济部的电脑前埋头工作，亲自指挥军队，或者身穿制服出现在兵营中。[34]

然而到了1994年1月21日，这一权力继承进程却戛然而止，巴塞勒·阿萨德，就像阿萨德政权的“金色青年”（jeunesse dorée）①一样，全速驾驶着失控了的汽车，离开了他的国家。叙利亚人民在广播和电视中唱诵古兰经经文的声音中醒来，全国降半旗，各地竖起了吊唁用的帐篷。巴塞勒·阿萨德去世了。叙利亚为他举行了40天的哀悼仪式。这一刻标志着叙利亚历史又进入了一个转折点。阿萨德政府让叙利亚举国哀悼，但并未利用这一事件引发民众情绪。[35]强令商店关闭的事实令人们恼火。这显示出这位将自己关在国家权力中心的领导人与一个被视为动荡来源的社会群众二者之间的关系。在这个以“就像是”为政治逻辑行事的叙利亚，对巴塞勒这位年轻的烈士进行崇拜是非常必要的。悬挂已故儿子的肖像，
287 举国进行哀悼活动，与在大马士革山冈上落成新总统府的做法，其目标是一致的，都是为了显示政府的力量。

巴塞勒去世后，哈菲兹·阿萨德召回了他的第二个儿子：巴沙

① 原是指法国大革命时期的年轻强盗，后演变为代指任何富有的年轻社交名流。——译者注

尔·阿萨德（Bashar al-Assad）。1992年，巴沙尔·阿萨德在伦敦完成了他眼科博士的学习。他在那里遇到了阿斯玛·阿克拉斯（Asma al-Akhras），她来自霍姆斯的一个富裕家庭，当时在伦敦工作。1994年，巴沙尔回到了叙利亚。在陪同他的父亲参加完兄长的葬礼后，巴沙尔·阿萨德被提拔至国家领导层，这在国家安全机构中引起了强烈的批评。但是，这一波批评浪潮持续的时间并不长。又一种新的国家统治模式形成了：政府情报部门的政要们被搁置在一边，他们的情报信息网络被转而用于其他事务。在短短几个月内，各政治派系都被重新控制了。与此同时，巴沙尔的弟弟马希尔（Maher）也得到了提拔和支持。[36] 从1994年5月起，阿萨德的两个儿子之间形成了默契的分工，年长的巴沙尔十分有希望成为下一任总统，而年轻的马希尔则很可能接管叙利亚军队。

此时，65岁的阿萨德总统患上了白血病，并因工作过度而变得虚弱，他开始尝试将政府的主要文件交给巴沙尔来处理。为了稳定国家权力过渡期和提升这位未来领导人的影响力，政府开始着手解决一系列问题。第一项就是让其他国家的政要接受巴沙尔·阿萨德。对于总统来说，处于次要战略地位的欧洲各大国可以在这个问题上帮到他。在这种背景下，1995年上台的雅克·希拉克（Jacques Chirac）政府给了阿萨德政府一个好机会。[37] 叙利亚欠了法国一些债，这个问题受到叙法双方的特别关注。法国派出一个代表团前往叙利亚，提出了一套让叙利亚满意的方案。与此同时，巴沙尔·阿萨德也前往法国进行访问，并得到了法国授予的荣誉勋章。法国的这种认可，赋予了巴沙尔新的国际地位。

在叙利亚国内，巴沙尔·阿萨德恢复了之前他哥哥开始的推动 288
叙利亚计算机信息技术发展的事业。他继续在军队中晋升，并于

1998年成为叙利亚共和国卫队的军官，但他不能参与管理共和国卫队的核心事务。此时叙利亚的官僚机构只负责处理国家的日常事务。在此背景下，一场边境危机差点引发叙利亚与土耳其的战争。1989年，土耳其政府开始进行一项大规模的水利工程建设计划——在叙利亚和伊拉克的幼发拉底河上游建造水坝，此举引发了大部分叙利亚人的批评和谴责。得到叙利亚政府当局支持的伊拉克，也严厉谴责土耳其水利公司。对于叙利亚来说，尽管代尔祖尔即将成为叙利亚的“石油之都”[38]，但是水资源问题限制了叙利亚东部地区的发展。

对土耳其发起抗议的另一个动力，来自叙利亚的库尔德工人党（PKK）的活动。他们中的一些人在叙利亚的阿夫林（Afrine）、科巴尼（又称“艾因·阿拉伯”）和卡米什利等地避难。然而，随着1993年伊拉克北部地区库尔德人势力的增强，土耳其和叙利亚两国境内的库尔德人团体也逐渐政治化了。在土耳其，由库尔德工人党及其极具威望的领导人阿卜杜拉·奥贾兰（‘Abdullah Ocalan）领导的武装斗争重新恢复，此时的奥贾兰正在叙利亚流亡。1998年，随着土耳其国内斗争局势的升级，当土耳其政府不得不向武装反对库尔德力量的军队提供支持时，叙利亚政府受到来自土耳其方面的压力，要求停止叙利亚对库尔德人的一切援助。巴沙尔·阿萨德似乎要开始与土耳其进行对话，这是两国之间的首次和解。[39]他负责找出折中方案以避免两国之间发生战争。奥贾兰被要求离开叙利亚领土，一段时间后，他在肯尼亚被捕。就这样，叙土两国之间的合作恢复了。

到20世纪末，叙利亚看起来似乎经历了翻天覆地的变化。随着传统游牧部落的定居化和灌溉农业的发展，人口分布格局已经稳定下来。经社会主义法律改造的土地组成的中型农场，与相邻的国营农场像马赛克一样相互交错分布。新建的道路网使大多数之前难以进入的地区，主要是阿拉维山脉地区和地中海沿岸地区，得以与 289
外界相连。人口主要集中在城市，全国大概有800万城市居民和800万农村居民。然而，不同城市之间的生活条件相差甚远。就功能而言，庞大的城市网络，就像是村庄的扩展和延伸。在这些地区，有集市，有学校，有时是中学，文化中心负责播放国家新闻部批准的会议内容，这些都是当局强加给政府公务员的一种国家文化，因为正是他们构成了主要的受众群体。市议会负责执行奖励和制裁措施，充当国家当局权力传送带的作用。霍姆斯、哈马和拉塔基亚属于大型城市，这些城市市中心的老城区代表着他们经历的遥远的过去，而其内部出现的新城区则让人们看到了它们的迅速发展。涌入的人口并没有完全融入这些城市之中，相反，城市宗族和教派势力支配着城市的慈善、互助、就业和婚姻等社会关系。阿勒颇和大马士革最终在叙利亚占据了主导地位。它们仍然是许多人眼中的大都会，而非省级首府，拥有20世纪50年代的老式美国汽车和少量70年代的商店铺面，而非省级首府。以上这些社会变化，反映出在哈菲兹·阿萨德的统治下，叙利亚这个国家的人口是如何从600万增长到1600万的。而此时70多岁的哈菲兹·阿萨德，已经是一位老人了。

1999年，哈菲兹·阿萨德第五次连任叙利亚总统。先是复兴党党内任命总统，然后得到议会的批准，再到全民公决予以最终确认，现在的总统就职程序已经完全程式化了。在这一任期内，哈菲兹全身心地投入到唯一重要的事务之中：与以色列的谈判。自1994年以来，谈判工作已经取得了进展。[40] 彼时，美国总统克林顿的任期已经结束，英国埃胡德·巴拉克（Ehud Barak）领导的工党政

府上台，以及英国政府愿意达成和平妥协的意愿，都使这一时刻成
为实现和平的有利时机。美国代表在领土问题上对叙利亚做出让步，
保证叙利亚可以收回其1967年时的所有领土，于是，哈菲兹·阿萨
德飞往日内瓦，他将在那里同美国和以色列代表会面。但在第一次
290 会议上，他希望就提比里亚湖的归属达成正式协议。在遭到拒绝
后，叙利亚代表团回国了。未得归还领土，和平就无法实现……

这位叙利亚总统最终被病痛所吞噬。2000年6月21日，整个叙利亚在遍布全国的安全部署之中愣住了：他们的总统去世了。

与阿萨德政府有关的形象展现出两个激烈但截然不同的历史时刻。第一个是指阿萨德政府的上台和对抗议活动的压制；第二个则是20世纪90年代，对国家元首的个人崇拜，国家元首主导的安全部门在国家中占据突出地位，政府内部的权力斗争冲突不断。选举活动、腐败以及反腐败运动，促使那些接受了这种国家体制运作的政治精英的更新和上位。与此同时，叙利亚经济的深刻变革、发展模式及其所处的区域和国际地位，使得叙利亚重新融入国际贸易关系之中，从而获得了对社会经济正常运作至关重要的外汇储备。这种变化改变了叙利亚的社会关系：中产阶级遭遇危机，农村人口继续减少，富裕阶级出现。在哈菲兹·阿萨德第四届任期结束和第五届任期开始之时，他所领导的国家，已与他刚掌权时不再相同。巴沙尔·阿萨德成为新总统，给叙利亚带来了许多新的气象。

第十章 阿萨德时代（三）

2000年6月10日，叙利亚全国的交通运输暂停，政府官员们被 291
要求回家，电视上唱诵着古兰经经文，因为执掌叙利亚30年的哈菲兹·阿萨德总统去世了，享年70岁。一个问题开始困扰着这个国家所有的人：接下来将会发生什么？这个拥有1600多万居民，一半人口不满15岁，一直生活在哈菲兹·阿萨德总统治下的国家，现在正在经历一些新的变化。

当时的政治分析人士普遍关注的问题，是整个阿拉伯国家的年轻领导人是如何接掌他们父辈留下来的权力的。[1]那时出现的一个术语描述了这一过程：共和君主制（jumlukiyya），即君主制（mamlaka）和共和制（jumhurriyya）的结合。随着巴沙尔·阿萨德的崛起，叙利亚政府成了首个面临这种情况的阿拉伯国家。当时的巴沙尔只有34岁，这个蓝眼睛的年轻人给了叙利亚国家复兴的希望。

但是，对于叙利亚来说，这是一项艰巨的任务。两极世界格局的终结打断了既定的世界经济循环，并改变了叙利亚在国际社会中的地位。在美国总统比尔·克林顿的专断行动下[2]，在以美国霸权为标志的中东地区，叙利亚的发展轨迹在当时似乎有些反常。新总统被鼓励在叙利亚实行开放政策，将其带入该地区正在寻求的现代化。新总统的主要赞助人是法国总统雅克·希拉克，他毫不犹豫地支持巴沙尔总统自1996年以来一直坚持的改革事业。[3]

关于这位非凡的叙利亚总统，一直流传着各种相互矛盾的形 292
象。巴沙尔最初被认为是一个被叙利亚政府守旧派阻挠的现代化主义者。当笔者写下这几行字的时候，叙利亚还未从血流成河的内战中恢复过来，因此，我们需要努力让自己不从事件的后果来解读这段历史，而是重新梳理社会和政府发展所经历的轨迹，以便理解叙利亚最后为何会爆发大动乱。

我们只能接触到一部分叙利亚国家档案馆的资料。不过，其他来源的资料补充了这方面的不足，有时甚至让我们感到眼花缭乱。智库的记录，越来越多专业人士的各种分析，记录了时事的书籍、视频材料，最后是网络博客，都使得我们进行研究的信息成倍增加，有时甚至很难确定事实所在。通过追溯阿萨德家族统治下的叙利亚最近一个阶段的历史，我们就有可能看到本书所观察到的缓慢的社会变化，是如何成为一场前所未有的危机的基础的。一个处于危机中的叙利亚暴露了出来，而这场危机，凸显了当代叙利亚社会发展的所有矛盾。

当政的年轻总统

时年34岁的巴沙尔·阿萨德本人就象征着叙利亚这个国家某些方面的特征。他很年轻，与当时大多数叙利亚人的年龄相差不远。在精英阶层中，无论是政治精英还是经济精英，普遍都是“儿子”一代接替了其父辈的权力位置，而巴沙尔也是属于“儿子”一代。这些精英的父辈，大多都在20世纪70年代得到并稳固了自己的地位。2000年，他们纷纷自愿或被迫退职。巴沙尔的经历体现出当代国家领导人的变化。巴沙尔·阿萨德没有在自己的国家学习，而是去往英国完成学业，1992—1994年，他一直住在英国。在那里，他遇到了在摩根大通商业银行工作的妻子。他们两人的婚姻体现了叙利亚政治、安全部门精英和经济精英，以及阿拉维派和逊尼

派之间的相互结合。虽然巴沙尔妻子的父亲是一位著名的医生，但 293
他的家庭出身还是凸显了这一血统。

巴沙尔得到了父亲政治盟友的支持，主要是穆斯塔法·特拉斯。[4] 穆斯塔法对叙利亚复兴党和军队的内部运作非常熟悉。在哈菲兹·阿萨德去世后的几天里，他积极活动，以确保仍未明朗的国家权力实现平稳过渡。当时，巴沙尔的叔叔里法特·阿萨德企图重返叙利亚政坛，但很快就被赶了出去。叙利亚人民议会召开修宪会议，降低了就任叙利亚总统的年龄条件。2000年7月10日，复兴党举行了一次特别代表大会，宣布巴沙尔·阿萨德为总统候选人，这之后，巴沙尔通过公民投票成为叙利亚新一任总统。[5]

在这个看似自然的权力过渡的背后，政府内部的关系却非常紧张。对政府的许多追随者来说，权力的过渡应该伴随着改革。作为前任政府统治核心圈中最后一个活跃的政治人物，阿卜杜勒·哈利姆·卡达姆提出了另一种统治路线。他认为，此时是恢复复兴党执政秩序的好时机，也就是说，政府执政应该更多地依靠复兴党组织，也就是回到已经被奉为“神话”的20世纪70年代。

在新总统就职后的几个月里，叙利亚，主要是在大马士革出现了一些沙龙。知识分子、上层社会各行各业的公民、被驱逐的政治活动家们在沙龙中大谈叙利亚和叙利亚当前政府的未来，并讨论了政府应该如何实行政治改革。[6] 一些沙龙还对叙利亚政府情报部门进行了批判，认为它们是过去几年来所有创伤的根源所在。

这场被称为“大马士革之春”的改革运动收到各方不同的回应。[7] 对于那些在10年后（即2012年）回想起这段社会改革插曲的年轻人来说，此次改革无非是一群老人提出的和之前没什么差别的统治方式，根本无法改变什么。对于住在首都之外的叙利亚人来

说，这种“改革”只是一种附带现象，随着新总统执掌国家政权，
294 它也就变得不那么重要了。“大马士革之春”远未表现为对阿萨德政权统治秩序的挑战，它更像是前几年镇压抗议活动的替代品。最后，与当前国际和外交事件密切相关的政治口号对大马士革当地人而言也许并没有什么意义。尽管如此，“大马士革之春”还是让叙利亚的政治活动家们重新对社会集体组织产生了兴趣，并为他们提供了新的政治运动经验。

巴沙尔总统任期的头几年充满了象征意义。这位新总统身边都是他上台时所信任的人，比如萨米·基亚米（Sâmî Khiyâmî）或伊马德·穆斯塔法（Imad Mustafâ）。这两人都有专业的技术学习背景。作为叙利亚计算机协会的主席，新总统在行政和政府各部门中给30多岁和40多岁的工程师们晋升了职位。他邀请了一些专家担任关键职位，比如尼布拉斯·法迪尔（Nibras Fâdil）。他亲自走上街头，和妻子一起去餐馆就餐，在叙利亚全国巡游。他使国家权力对普通民众开放，甚至触手可及。[8] 这些新举措一改十多年来叙利亚总统的传统形象，因此，看起来是容易被人接受的。然而，“大马士革之春”的退场也让我们看到了其中的局限性。相比之下，旨在发展叙利亚迄今尚未发展的领域而进行的对文化和经济项目的激励，更可以调动渴望变革的年轻人的社会能量更为可行。

与此同时，新总统必须保持对国家情报机构的控制，更广泛地显示他对整个国家权力的掌控，因为此时执政的各派系总是有可能挑战他的政治地位。巴沙尔·阿萨德和他的亲信，包括马希尔·阿萨德和担任大马士革安全局局长的哈菲兹·马赫鲁夫，都再次采用了哈菲兹·阿萨德曾使用的统治方法。大批的政府人员轮换，打破了各政府部门间的权力平衡。巴沙尔主要依靠政府部门的重要人物

进行统治，如曾在罗马尼亚接受过军事训练的巴哈贾特·苏莱曼
（Bahjat Sulaymân）将军，就提出了一种改革主义的方法，并以笔名
发表了关于这个问题的各种文章。巴沙尔的政府的改组，必要时还
强行要求人们退休。尽管如此，各部门的调整，还是确保了新组成
的权力指挥系统的顺畅运行。最重要的是，这些变化限制了政治操 295
作的余地。再一次的，总统像职业生涯管理专家一样，培养人们对
其的忠诚，保持对国家权力的完全掌控。

当时的媒体报道称，这是政府守旧派和新当权者之间的斗争。现实情况是，此时的叙利亚政府所实行的，是将其自1994年开始的强制政府元老退场，以及推进改革事业这两项工作相结合的策略。但是，其矛盾之处在于，它将社会中来自不同背景的人聚集在了一起，从而引起了文化方面的激烈冲突。政府部门的负责人在20世纪70年代接受了苏联式的教育，而其年轻的副手却来自英美的大学。当后者为部门领导解释新的行政管理方式时，领导却很难理解该项新政策的意义所在。另一方面，政府耐心而巧妙的人事调动、解雇、施压和激励的种种举措，搭建起了一个全新的政治框架。叙利亚经济领域的开放，也为经济的发展提供了前所未有的动力。然而，此时政府采取的所有措施，都只是90年代业已启动的政策的延续，而不是在实行一项新的改革方案。

由此可见，巴沙尔·阿萨德政府的统治具有二元性的特征。其中，正式统治和非正式统治两种方式并存。[9] 议会负责召开会议、进行讨论、修改法律并进行投票，但实际上，决策过程更为复杂，因为一些部门可以对政府的决策者施加压力。国家实行总统制，并以执政党作为执政基础，与此同时，叙利亚国家元首首先是家族的领袖，管理着家族中每个成员的利益，确保家族的每个人都按照领

袖的意愿工作。于是，在国家权力的日常运作中，一些细节上的事务，比如政府人员职位的变动、市场的准入等，往往会比国家的重大政策更为重要。一系列的关系链就这样围绕着总统，组成了一个
296 巨大的权力关系网。如此，阿萨德政府的中央核心就以这种网状方式管理着整个国家及其全部资源。

另一种二元性也主导着巴沙尔·阿萨德政府统治方式的形成：地方和地区决策者强大的自主权与国家总统的核心地位并存。如果省长经过一个村庄并决定为该村庄供水，那么工程就可以马上开工。如果当地情报部门负责人与一家公司的经理发生纠纷，那么公司经理将很难获得公司正常运作的认证。当地社会组织发生冲突时，当地情报局局长会成为冲突的仲裁者，根据需要采取对策。经历了十年来的挑战，复兴党虽然仍然在村庄和社区中发挥作用，但它已经无力再担任领导角色，也无力再进行权力竞争。由此，叙利亚形成了一种两极化的权力格局：在中央，总统和他所信任的下属管理着所有事务；在地方，只要遵守基本的准则，政府机关和地方势力的代表们就会一直拥有广泛的权力。

政府的统治阻碍了地方冲突通过政治途径得到解决。在缺乏准确信息和调查数据的情况下，人们的不满无法在法庭上得到解决。在此我们仅举一个例子，比如政府情报部门准确地知道所有土地关系的变动，但这些信息并没有与冲突各方共享，从而造成了土地和邻里关系上的诸多纠纷。

2000年，当这位年轻的总统掌权时，豪兰平原地区的贝都因人入侵德鲁兹地区，造成了不小的损失。[10] 对此，德鲁兹地区的人们要求获得政府保护和赔偿。大马士革大学的德鲁兹学生们也开始发起静坐运动。然而，这些活动并不受政府当局的欢迎，德鲁兹代

表因无法将他们的诉求与国家问题联系起来而被抛在一边。于是， 297
德鲁兹地区和叙利亚中央当局产生了裂痕。由于大量的德鲁兹人居住在大马士革的郊区，他们的态度也就显得尤为重要。十年之后，这些德鲁兹社区的领袖们将会铭记他们彼此在此时的行动。

这一时期的政治格局显示出阿萨德政府数十年统治所产生的效果。叙利亚的领土被旨在加强这种或那种社会身份的政策分割开来。由于缺乏正常的政治解决途径，各方缺乏进行政治谈判和协商的空间，进而产生了一系列无法找到可持续的解决办法的社会分歧。如果说在阿萨德政权的早期阶段，各党政机关和各市议会的存在尚能弥补社会自由终结带来的影响，那么到此时地方社会组织的肌体上早已被划出了微小的伤口，当这些伤口重新显现时，各地便借此利用教派和种族身份作为发起政治动员与防御的武器。

伊拉克和黎巴嫩

此时发生的两个系列事件打乱了国家的发展轨迹，并严重影响了人民对国家形象的描述。为了更清晰地展示，我们将把二者放在一起进行叙述。2003年，美国乔治·W.布什（George W. Bush）政府打着打击恐怖主义和大规模杀伤性武器的旗号，对伊拉克发动了军事行动。几周后，伊拉克萨达姆·侯赛因政权垮台。但是，与人们的预期相反的是，美国并没有制订和执行重建伊拉克的任何计划。“去复兴党化”和非军事化剥夺了伊拉克这个国家的军队和情报机构的所有权力，成千上万的政府公务人员流离失所。[11] 在安理会拥有席位的叙利亚，原本支持法国反对入侵行动的倡议，然而战争打响之后，口径一致的叙法双方很快就出现了分歧。法国认为，伊拉克必须恢复和平；而叙利亚则认为，必须阻止美国在伊拉克取得军事胜利。[12]

对叙利亚政府来说，伊拉克和叙利亚的相似之处，使其不得不担心美国会在所谓“中东民主化”的框架内对叙利亚也进行同样的
298 干涉。不过之后伊拉克武装叛乱带来的困境，使得美国无法再发起任何新的行动。伊拉克沦为一个各种游击战的战场，复兴党、伊斯兰主义者、萨德尔派（穆克塔达·萨德尔率领的什叶派迈赫迪军①）和库尔德人的武装力量佩什梅格（peshmergas）②在反抗美国军队占领的同时也相互对抗。[13] 叙利亚政府利用了这一情况。自20世纪90年代以来，叙利亚和伊拉克两国复兴党领导人之间一直保持着友好关系，许多伊拉克政府的政治人物在叙利亚和约旦避难，叙利亚军队也支持他们同美国进行对抗。另一方面，2003—2004年，大马士革政府在伊拉克乱局中的表现出了双重的立场。叙利亚成为打击恐怖主义的重要伙伴，并且自2001年以来，一直通过签署协议与法国等国相联系，执行着这一反恐任务。

与此同时，叙利亚也成为反美武装分子——无论是外国人还是叙利亚人——的转运地带。一些人因从事武装分子的招募活动而闻名于世，比如阿勒颇的马赫穆德·阿布·卡卡（Mahmûd Abû al-Qa‘qa‘）谢赫。德拉也成为大批武装分子离境前往伊拉克的地方。捍卫伊斯兰教和反对美国敌人的斗争相互交织，成为鼓动那些很可能采取行动的穆斯林青年的重要动机。巴勒斯坦人发动的第二次起义引起的

① 迈赫迪军名字中的迈赫迪指的是一个早已消失的伊玛目，什叶派认为他会在世界末日之前降临世界。——译者注

② 佩什梅格意为面对死亡的人。——译者注

广泛反响更加坚定了他们参加战斗的决心。此外，在对伊拉克实行贸易禁运期间（1991—2000）活跃的走私活动，也随着伊拉克国家生产系统的崩溃而重新活跃起来。自2005年以来，叙利亚政府似乎受到了保护，而未受到来自美国的攻击。每当美国国务卿科林·鲍威尔（Colin Powell）向叙利亚发出威胁时，大马士革政府就会通过逮捕“圣战”分子中的重要人物来向其做出保证。[14] 但是，美国在任何时候都没有试图在叙利亚发起军事行动。

伊拉克的战争局势给叙利亚人民带来了强烈影响。[15] 原因之一是卫星电视对这场战争的报道。根据人们后来的回忆，美军占领巴格达被认为是世界的崩塌，萨达姆·侯赛因的死使这个暴君的形象失去了神圣的色彩，人们无情地抛弃了他，这也使得伊拉克人非常担忧国家命运。叙利亚人第一次通过政府官方宣传以外的渠道来关注一场战争。受此影响，叙利亚人发起了自发的社会游行运动，比如阿勒颇学生发起的示威游行，只要这些游行运动不偏离阿萨德 299
政府的路线，就是可以容忍的。

为躲避战争外逃别国而引发的难民潮，传递出了伊拉克战争的内在特征。2004—2008年，进入叙利亚的伊拉克难民不断增加。[16] 关于难民的具体数量仍存在着争议，实际数量最初被低估了，然而在2008—2009年，为了获取更多的生活补贴，这些数字又被人为地夸大了。在大马士革的一些地区，如塞伊达·扎伊纳布（Sayyida Zaynab）和贾拉玛纳（Jaramana），或者是阿勒颇，伊拉克难民数量的增加最为明显。叙利亚人和伊拉克人之间的经常接触，使得这场战争给了叙利亚人前所未有的熟悉感。由此，此次战争的事实及其背景更为清晰地呈现在叙利亚人面前，对他们来说，这不再是简单而无任何显著特征的军事行动。大批从巴格达逃到阿勒颇的基督徒难民，激起了人们对伊斯兰军队会对他们进行打击的恐惧，重新唤起了人们对1860年的记忆。在这种情况下，一种从别国出口而来的教派化问题在叙利亚出现。

2004年，库尔德人发起反抗活动，这一反抗活动发生于各种内部问题的交叉点之上，阻止了叙利亚国家多元化的表达和伊拉克危机的解决。[17] 在叙利亚，有12万库尔德人没有叙利亚国籍，他们的身份没有得到国家的认可，并由此而难以获得财产，遭受了各种歧视，这使他们倍感沮丧。像德鲁兹人一样，叙利亚公共政治空间的现状和阿拉伯主义话语占据的霸权地位，使库尔德人所面临的问题无法找到任何解决途径。2004年3月12日，在贾兹拉地区库尔德人占主体的小镇卡米什利，两支球队的球迷在一场足球比赛前互相辱骂，然后陷入群殴。根据目击证人所述，两支球队之中，一支是阿拉伯人球队，另一支是库尔德人球队。叙利亚国家安全部队进行了干预。此事件是库尔德人发起反抗的催化剂。

随着2003年后伊拉克北部地区建立起“库尔德斯坦自治政府”，叙利亚贾兹拉地区的库尔德人也开始要求完全意义上的政治平等地位，甚至要求实行区域自治。贾兹拉地区的一些大城市爆发了抗议运动。叙利亚政府派出军队进行应对，这一过程中的伤亡数字仍然不确定。马希尔·阿萨德领导了军队。此次库尔德人抗议运动产生了几个主要影响。首先，巴沙尔政府对库尔德人提出的要求
300 做出了策略层面上的回应，这反映在新制订的政府五年计划中，计划要求库尔德人所在省份必须得到发展。其次，当地的库尔德人在此次事件中注意到了他们所遭受的和公众舆论之间存在的差异，这加强了他们对自己作为叙利亚少数民族的身份认同。最后，这些事件也显示出叙利亚各社会群体之间的差异。虽然伊拉克战争并没有

摧毁叙利亚巴沙尔政府，但它确实改变了叙利亚人内部各组成部分之间的关系。

2004年，在黎巴嫩，叙利亚政府支持埃米尔·拉胡德（Émile Lahoud）再次当选黎巴嫩总统，这导致叙利亚与黎巴嫩亿万富豪拉菲克·哈里里（Rafîq al-Harîrî）关系的疏离。拉菲克本人是黎巴嫩议会主席，负责黎巴嫩的战后重建工作。[18] 自1986年以来，他与法国总统雅克·希拉克和叙利亚的阿卜杜勒·哈利姆·卡达姆保持了密切的联系，并通过卡达姆资助了叙利亚总统府的建设工程，但他反对巴沙尔·阿萨德进行的政府重组。叙利亚国内的政治斗争仍在继续，哈里里在卡达姆的支持下，试图挑战大马士革政府。他被邀请参加2004年8月26日在叙利亚首都举行的会议，但回来时他却显得有些不安。2005年2月14日，哈里里乘坐的汽车在贝鲁特圣乔治酒店附近发生爆炸。谋杀他的真凶仍未完全弄清，尤其是犯罪现场立即就被清理了。然而哈里里的意外去世，似乎没有让事态向着叙利亚所期望的方向发展。

在接下来的几天里，贝鲁特市中心发生了大规模的群众游行抗议。整个2月，黎巴嫩国内参加抗议活动的人数不断增加，民众要求叙利亚军队撤出黎巴嫩。不过，3月8日发生的一场反抗议活动又对叙利亚人在黎巴嫩的存在表示感谢。3月14日，几十万黎巴嫩人举行游行，要求立即改变黎巴嫩国内现状。与此同时，雅克·希拉克也发起了一场激烈的外交攻势，以促使联合国对叙利亚政府进行谴责。法国在2003—2005年对叙利亚态度的逐渐转变是惊人的。法国总统并不想保卫美国式的那种民主化计划，而是想要强行改变局势。

法国方面施加的压力，加上街头游行，使得叙利亚于2005年4 301

月28日宣布从黎巴嫩撤军。许多大马士革的知识分子趁此机会呼吁进行内部改革，实现叙黎两国外交关系正常化。他们的行动同黎巴嫩记者和知识分子萨米尔·卡西尔（Samîr Kassir）的呼吁相互呼应。[19] 几个月后，萨米尔·卡西尔在一次袭击中丧生。在叙利亚政府内部，巴沙尔这位年轻的总统因决定从黎巴嫩撤军而受到激烈的指责，称他没有处理好这场危机。事实上，黎巴嫩事件凸显了叙利亚政治制度的某种特征：人际关系在其中占主导地位，比起让埃米尔·拉胡德在总统选举中落选，与政敌妥协付出的代价更小些。① 而与政敌的斗争，最好是通过武力强行解决，即使这意味着有时必须进行重大的战术撤退，以应对这一武力行动引发的后果。

伊拉克和黎巴嫩两国引发的地区问题产生了几个后果。2005—2008年，叙利亚政府改变了外交政策，决定向中东地区各国开放，邀请他们向叙利亚进行大规模投资。提供给潜在获得投资者的条件给了他们广泛的权利。伊朗因其什叶派阵地的宗教地位，而首先获得在叙利亚投资的机会。特别是海湾国家，获得了在叙利亚全国进行投资的权利：巴尔米拉的新社区建设计划、大马士革的新建筑。最后，与土耳其的和解，包括对亚历山大勒塔问题的妥协，为叙利亚打开了两个市场，结束了自1998年以来针对土耳其实施的许多举措。叙利亚和土耳其都开始在两国长期无法进入的邻近城镇进行土地丈量。通过与新的区域伙伴合作，巴沙尔·阿萨德政府倾向于迅速充实支持它的政治团体，即使这意味着要打破政府内部的权力平衡。

在法国总统尼古拉斯·萨科齐（Nicolas Sarkozy）的邀请下，叙

① 埃米尔·拉胡德是叙利亚在黎巴嫩的可靠盟友。——译者注

利亚成功重返国际舞台，圆满完成了叙利亚外交政策的转变。2008 302
年7月14日，叙利亚总统参加了在香榭丽舍大街举行的法国国庆日游行，这使他品尝到了复仇般的满足感。叙利亚这一国际地位的恢复，主要是依靠对邻国伊拉克和黎巴嫩保持政治影响力的能力而实现的。在邻国内部各集团之间的混乱和对立的局面下，叙利亚宣称将继续为中东而战。然而，这种做法给国家结构和地方经济带来了更大的压力。

萌芽中的新叙利亚[20]

在巴沙尔·阿萨德担任总统期间，叙利亚总体上呈现出一种矛盾性，这也是其社会运行矛盾性的根源。[21]一方面，国家在社会实践和活动中具有很强的创造性，构成了一种对过往时代的弥补。另一方面，与日益不平衡的社会发展相关的社会"枷锁"，正在为这个国家制造明显的裂痕，只要看看这个国家的计算机覆盖范围就可以知道了。然而，就叙利亚社会的不断变迁和在空间上的变动而言，这两种社会运动处于一种持久的变化之中，在这个过程中，国家不断重组其社会代表，尝试进行社会变革，又让每一个社会个体感到沮丧。

叙利亚于20世纪90年代开启的新经济政策，随着"塔什欣"——这种经济政策，呼吁对过去的经济政策进行调整修正，而非在叙利亚实施经济自由化措施[22]——运动的消失而得以延续。叙利亚的新一代围绕高速增长的行业建立起了垄断或者为自己创造卖方市场。电信、旅游、能源和建筑业成为此时叙利亚经济增长的引擎。然而，仅少数公司被赋予承担这些行业的全部供应工作，这些公司由一个新兴的商业阶层主导，而这个阶层是由以前的精英阶层或军事领袖的儿子们组成的。在巴沙尔·阿萨德的领导下，这些公司之间保持了和睦的关系。沙姆（Cham）和苏里亚（Surya）两家大型控股公司间的联姻，象征着巴沙尔政府所期望的各精英阶层之间新的融合。[23] 财团成为一系列社会投资的合作伙伴，它接近国家权力及国家在经济领域的代表，推动了一系列大公司的发展。

303 叙利亚财团的崛起伴随着深刻的社会变革，并影响到了叙利亚的金融行业。此时的叙利亚取消了对进出口的限制，取消了服务业经营许可的要求，银行业也实现了自由化。在2009年大马士革证券交易所开业之前，黎巴嫩和约旦的证券特许经销商在叙利亚成倍地增加。另外一个显著标志，就是叙利亚各主要城市中广泛设立的自动取款机，人们在商业银行取款不再需要大排长队了。这一变化的推动者，正致力于让大马士革和阿勒颇这些大城市来发挥经济主导作用。

大马士革和阿勒颇这两个叙利亚的首府，成了总统执政成就的展示窗。得益于老城区进行的大规模城区改造和新建设的一批建筑，城市的外貌发生了变化，这些新建筑都采用了海湾地区的城市规划标准。大马士革建起了现代高层建筑，首先建起的就是四季酒店。阿勒颇经历的这种转变，吸引了大量的房地产投资，加速了房产价格以及房屋租赁价格的上涨。随之而来的城区居民的中产阶级化，使得普通阶层从市中心地区搬离。大马士革的巴拉姆克（Baramké）、卡塞（Qassa）以及大马士革南部的提杰拉（al-Tijâra）聚集起了大批中产阶级居民。新婚夫妇中的妻子越来越不愿意住在公婆的房子里，他们纷纷搬到大马士革乌塔地区的东部或西部附近的郊区居住。随着城区范围的不断扩张，居民间的贫富差距逐渐扩大，阿勒颇东部和西部地区的经济差距尤为明显。

在市中心，人们的消费行为随着社会供应限制的结束而发生了改变。这些变化既涉及社会消费品，比如出现了从前并不存在的特许专营店，也涉及社会文化活动。[24] 奢侈的消费方式改变了城市的面貌。酒吧和庆祝活动蓬勃发展，那些在经济开放环境中受益的年轻人纷纷在此聚集。这些年轻人虽然在国家总人口中不占多数，但也不少。此外，一系列受管控较少的社会空间的开放，使得越来越多的人可以在其中相互交流并对当前的社会问题进行讨论。[25]
2008年，大马士革被评为阿拉伯世界的文化之都，这使得其文化场 304
所和文化活动不断增加。从某种程度上看，一切似乎都是为了让国家中的一部分人参与到与政治无关的一切活动中去。但是，这些社会文化活动的经历，却在叙利亚引发了人们对国家的集体反思。

最重要的是，对那些来自农村和其他城市的移民来说，大城市也是他们遭受各种社会不公的熔炉。他们从巴蒂亚草原地带的外围，迁移到中小城镇之中，然后再迁移到大马士革和阿勒颇这两个大都市中。只有这样，他们才能够真正融入现代城市生活。

在大城市中，新来者依然无法真正融入城市之中。在这十年中，乡村世界（包括扩展到中等规模的城镇）和城市世界之间的双重关系再次上演。新到来的年轻人中的极小一部分，通过在城市上大学和就业，成功地在城市扎根，从而感受到他们的出生地和正在形成的新的现代都市之间的鲜明对比，而这主要是由于他们更容易接触到现代互联网或城市中心的专营产品。但是，其他人数更多的群体，却挤在破旧的社区之中，他们与城市比邻而居，却无法从现代城市中获得任何益处。因此，尽管叙利亚此时的交通流量很大，但除了那些到达更遥远的西部各地的道路以外，交通仍然以国内有限的几个大都会为中心。

任何时候都会出现新的不平等的社会规则。在教育领域，私立大学向社会地位更高的人们吹嘘，通过他们提供的教育服务，可以获得世界上著名大学传输的知识，而不必把孩子送到国外去求学。这些私立院校选择性地开放教育合作渠道，以便帮助上层阶级在法国或美国培养他们未来的行政管理人员。财富是叙利亚的年轻人特别关注的一个问题。如果他们的家庭和长辈可以提供给他们资金，那么这些财富的继承人，就可以进入到对以前的他们来说未知的世界。

国家行政管理人员逐渐开始轮换。于是，年轻一代的阿拉维派成员在2002年新开办的行政学院的第一届学生中占据了多数，该学院实行同法国行政学院（ENA）一样的学制。与政府关系密切的官员子女平均教育水平的提高，促成了该现象的出现。而且，该校优质申请人的社会存量也是足够的。与此同时，年轻一代的阿拉维
305 派成员逐渐放弃在叙利亚政府情报部门和军队谋取职位，其他人，如来自代尔祖尔和阿勒颇部落的人，占据了这些位置。

城市内部的这种两极分化掩盖了乡村地区日益边缘化的问题。乡村地区的矛盾性特征依然非常明显。一方面，普通小型公共汽车的投入使用和交通道路条件的改善，结束了乡村地区的闭塞状态，乡村供电工程也取得了明显进展。另一方面，乡村地区依然缺乏新的经济活动，粮食作物和中型农场从事的生产活动中，仅有部分产品有利可图。尽管仍有很多叙利亚家庭生活在乡村地区，但对那里的年轻劳动力来说，他们的将来充满了不确定性。摆在他们眼前的有前景的地方似乎只有两个：叙利亚的大都市或黎巴嫩……

乡村地区取得的发展进步，并没有为当地带来更多的发展活

力。许多地方的旅游业发展情况都显示了这一点。在德拉，一些最适宜耕种的农田被用于建设酒店；在邻近戈兰高地的地区，人们打算发展绿色或冰上旅游项目；在巴尔米拉，通往大马士革的道路上建成了一个新社区，该社区旨在成为海湾地区居民的第二居所。乡村经济项目的开发，主要目标始终是追求高利润，为此，那些接近政权的企业家甚至可以在当地施加政治压力。造成这种情况的原因，是经济收入仍然集中在少数人手中，以及经济开发者的目标对眼前经济利益的片面追求，而不是寻求实现乡村地区经济中长期的增长。

正如彼得·哈林（Peter Harling）所说，此时的叙利亚开始出现了一系列新的政治话语，领导人开始与联合国开发计划署（UNDP）对话。巴沙尔和阿斯玛·阿萨德以及其他叙利亚主要领导人并没有像哈菲兹·阿萨德时代那样，大力提倡那种英雄式的社会主义革命和泛阿拉伯主义运动，而是主张公民社会、市场经济、国家开放，也主张打击恐怖主义，维持地区国际局势的稳定与和平。政府的反以色列的立场仍然没有改变，并且，自1992年以来的政治话语也未发生变化：叙利亚一直致力于寻求和平。这些政治话语促使国家内部采用一些新方法来解决社会问题。

此时的叙利亚，成立了一些新的社会组织，以解决那些因社会投资不均而造成的经济不平等问题。在阿斯玛·阿萨德的赞助和支持下，叙利亚成立了一个慈善协会联合团体，这代表了受到政府当 306
局支持的公民社会。联合团体中的组织都是独立的社会组织，以实现农村地区的发展为目标，例如叙利亚农村综合发展基金（FIRDOS）。[26] 引导人们在应对社会挑战时求助于非政府组织，是此时叙利亚新统治方式的一个典型案例。

从2005年开始，由于需要在伊拉克和黎巴嫩危机后再次寻求经济社会发展，叙利亚制定并走上了一条新的国家经济发展路线。在叙利亚复兴党第十次代表大会上，巴沙尔·阿萨德宣布了叙利亚经济发展的新方向："社会市场经济"必须能够解决当前存在的矛盾。随着经济开放程度的提高，巴沙尔政府寻求吸引更多的投资。2006年，外国资本在叙利亚的直接投资超过了50亿美元，2007年后回落至20亿美元，但这其中只有个别针对性的行业才能确保经济增长。电信行业中的"叙利亚电信"和"叙利亚MTN公司"，应该可以确保叙利亚经济能够在第十个五年计划中有两个增长点。

第十个五年计划中也包括一系列社会改善措施。教育和卫生仍然是优先支持的领域。关于这些方面的计划，主要是通过提供足够的资源来改善偏远地区与新发展起来的郊区的卫生与教育设施。阿勒颇的乡村地区以及叙利亚北部和东部的广大地区，即代尔祖尔省和拉卡省，也是这些计划的重点支持地区，因为那些地方的困境非常明显。地方性疾病，如利什曼病，公共基础设施薄弱，高文盲率和身体畸形，都是日益累积的造成发展滞后的问题。2004年发生的骚乱，让人们注意到了这种情况的政治风险。

围绕这些国家计划而展开的其他社会行动，为叙利亚政府新的统治机制做了补充，也显示出叙利亚行政部门和民众之间关系的变化。2007年，阿斯玛·阿萨德成立了一个协会组织，这个机构具
307 有"政府的非政府组织"特征。该组织旨在解决具体社会问题，如青年人的融入、农村活动等。此外，叙利亚政府还首次授权西方非政府组织来处理伊拉克难民的问题。在叙利亚红新月会（Croissant-Rouge）的监督下，一个人道主义市场在叙利亚被组织起来。大多数新来的人道主义者的愿望是逐步接触叙利亚普通民众。新的

社会形势表明，巴沙尔政府是如何按照自由主义的新标准，对社会问题的解决采取外包处理的。

与此同时，叙利亚生态和经济方面的迫切现实需要，给该五年计划及巴沙尔政府的雄心壮志造成了沉重的负担。从2006年开始，叙利亚接连遭遇旱灾，干旱的气候破坏了从阿勒颇南部到豪兰平原这片横跨全国的肥沃土地，对传统的巴蒂亚草原地区来说简直是一场灾难。面对水资源缺乏的问题，叙利亚政府以保护地下水的名义，毫不犹豫地下令停止农业耕种活动。例如，在塞莱米耶的农村地区，人们突然间发现自己无法再从事农业生产活动，年轻人纷纷去到城镇之中谋生。在一个有两三千人的村庄里，这种现象可能影响到90%的男性人口。[27] 为了恢复经济活动，政府在乡村成立绿色旅游公司发展旅游业，但仍无法满足当地的就业需求。生态环境状况越来越差，到了2010年，人们甚至寄希望于“祈雨”活动，得到的却是大雪即将覆盖大马士革和阿勒颇的消息。

于是，两种经济现象结合在了一起。第十个五年计划开始实施以来，叙利亚政府开始运用国家强制手段。豪兰平原地区为开发旅游项目而进行农业土地收购的过程尤其如此。同样，霍姆斯省省长也希望对像哈尔迪亚（Khaldiyya）这样人口聚集的社区进行改造，而当地的代表们直接向总统府投诉此事。与此同时，2008年的金融危机削弱了叙利亚新兴的银行业，进而波及整个国家经济。然而， 308
以上这些经济措施本应为年轻的毕业生们提供就业机会，因为随着他们进入劳动力市场，待业的毕业生人数在不断增加。

政府开展的这些经济事业在另一方面给叙利亚制造了经济和社会障碍。2010年的叙利亚议会选举活动投票率非常低，这反映出叙利亚人民与政府的疏离。这次选举和以前的选举活动一样，也有一些政治层面上的变化。议会中无党派议员更新了，而且在不知不觉中，议会中的多数党正从复兴党变为叙利亚社会民族党，但是党派关系并没有改变。

2010年对叙利亚来说就像是一切都暂停了的一年。针对叙利亚面临的困境，许多分析人士都期待叙利亚政府能够采取一些行动以摆脱困境。然而，政府并没有进行新的有效改革。国家情报部门在他们的工作报告中指出，社会上的不满情绪不断增加。在大部分叙利亚人的生活越来越困难的现实情况之下，民众与政府渐行渐远。与20世纪80年代和90年代的情况不同，此时人民与政府的这种关系并不是基于政治意识形态，而是基于人们的直接感受。那些热衷于追求新奇事物的年轻人，被限制和束缚在叙利亚国内；那些无法进入有发展前景的经济领域的人们，目睹城市之中其他傲慢无礼的人变得越来越富有。以上种种都构成了叙利亚2010年时的社会政治局势。如果叙利亚政府不在2010年采取任何行动，那么它只能在第二年采取行动。而叙利亚近期获得的外交成就，如恢复同以色列的政治对话[28]，与伊拉克政府达成协议，以及可能在叙利亚恢复美国大使馆，也只是带来一些希望而已……

人民想要……

2010年12月，突尼斯爆发革命，这一事件最初在叙利亚的反
309 响非常微弱。覆盖城市的大雪减缓了人们的社会活动，每个人都不得不在家中的油炉旁待更长时间。不过，叙利亚人在电视前目睹了突尼斯总统本·阿里（Ben ‘Alî）的离开。几周后，埃及也燃起了革命的火焰。社会言论的限制被放开，无论是从深层次上，还是

以审慎的方式来看，在开罗和突尼斯的街道上，一种新的阿拉伯意识出现了。叙利亚政府立即采取相应措施，以避免国内受到影响。巴沙尔总统有关突尼斯和埃及的讲话立场，直到2012年夏天都没有发生改变：穆巴拉克和本·阿里都是西方国家和以色列的盟友，他们被突尼斯和埃及两国人民的意愿所打倒，而叙利亚政府知道自己应该倾听人民的意愿。[29] 另外，演讲中还提到，任何针对政府的破坏行为都是针对叙利亚的政治阴谋。然而，各种孤立的反政府行为却不断增多：一名库尔德军官在叙利亚东北部自焚，大马士革市民发起自发性反政府示威运动等。有人在社交媒体脸书上向其他阿拉伯国家发出了类似的呼吁，呼吁人们在议会大楼前举行集会。在寒冷多雨的星期六，叙利亚政府情报机构和特工被部署在选定地点的各个角落，一些“看热闹的”人在现场附近来回徘徊……

3月中旬，叙利亚南部和东部地区发生的两起事件引起了政府当局的注意。[30] 巴尼亚斯（Banias）的抗议者们要求获得更多的社会公平，政府当局随即以该运动是社区性质为由，将这一抗议行动归咎于逊尼派的蓄意煽动。然而，当局却无法阻止德拉市居民发起的抗议运动。在2011年3月18日星期五的几天前，在一些家庭与地区和国家政府当局进行谈判之后，一群年轻人终于被送回到他们的父母身边。事件的缘由是，他们在学校的墙上写了“哎！医生！轮到你了！”这样的言论。3周后，短暂消失的他们回来了，他们伤痕累累的身体，点燃了人们心中的怒火。周五的祈祷活动结束后，德拉市的居民们走上街头，高呼社会公正，并要求审判那些犯下罪行的人。

德拉市周围的社区一个个地被动员起来，周围村庄的居民纷纷加入游行队伍，城市被参加游行的群众所包围。抗议政府的运动扩 310

散开来。大马士革郊区的杜马（Dûmâ），然后是霍姆斯，再到拉塔基亚的沿海地区，都爆发了抗议活动。除了拉卡北部的幼发拉底河流域地区以外，叙利亚大部分地区都爆发了群众的反政府抗议活动。大多数抗议者都没有政治经验，不过他们找到了一种新的寻求自由权利的途径，他们想要像埃及人那样，通过在城市中占据一个关键位置，来迫使政府当局屈服。4月18日夜幕降临时，抗议者们在霍姆斯市的时钟广场（Place de l'Horloge）举行了一场大规模的集会。政府当局迅速做出回应。到了次日清晨，广场上已恢复如常。

在两个月的时间里，前所未有的局面出现了。被压抑了如此长时间的社会言论终于解放了。无论在哪里，政府的支持者和反对者都在互相讨论、争论、攻讦、谴责并不断高喊出新的政治口号……整个叙利亚迅速地陷入政治斗争之中。政府当局对此主要做出了三方面的反应。当局批准并进行了一些改革，如宣布结束国家紧急状态，以新的反恐法取代紧急状态法，恢复在1962年人口普查期间被剥夺了公民身份的库尔德人的公民资格，提高各种社会工资标准等。当局承诺在不改变选举投票规则的情况下举行新的政治选举。

面对政府当局的行动，抗议运动通过发挥社会力量来组织自身。这些力量主要分布在两个层面。在地方层面，抗议者们在社区和村庄寻求庇护，并成立委员会来组织抗议运动。这些民间性质的协调委员会往往遵循一个共同的模式，它们通常由5至20名成员组成，设有一个办公室（maktab），负责信息的发布、数据的收集、
311 日常动员、伤员管理和全国抗议行动计划的制订，委员会内部人员间建立了紧密而强大的联系。在国家层面，出现了一些新的政治组织，如自由学生组织（al-tulâb al-ahrâr）、地方协调联盟等。这些

组织在反政府运动中既十分重要，又都面临着共同的问题。政府当局连续的行动破坏了它们的组织结构，现有的社会公共空间也使得他们难以建立起统一的政治话语，而其组织内部政治活动的私密性，却推动了个人政治野心的膨胀。尽管如此，正是这些组织将反政府人员组织到了一起，并为城市的抗议运动注入了新的力量。

由于未能成功遏制第一波抗议游行，政府决定从4月开始征召全国男性人口加入军营，从而找到了控制局势的新手段。这种军事动员，在4月底产生了意想不到的后果。由于面临两难选择，一些新兵逃到国外，另一些新兵则带着武器逃到农村和叛乱地区的游击队中。与此同时，也有一些军官也叛离了叙政府军队。8月1日，在一个军事典礼的现场，里亚德·阿萨德上校在电视上出示了他的军人证，号召他的同僚们和他一起对抗现政府，该事件标志着“叙利亚自由军”的诞生。事实上，“叙利亚自由军”是一个将叙利亚全国各地的各种反政府武装团体组织在一起的旗帜性的标签。

2011年斋月期间[31]，推翻政府的希望破灭了。同年秋季，其 312
他形式的抗议活动也出现了。在清真寺出口处的“星期五动员”中，出现了短暂的示威和象征性的反政府抗议活动。2011年11月底发生的两起事件，表明新的格局已然形成。先是在代尔祖尔，然后是在一周后的大马士革，一个组织使用撞车攻击的方式强行闯入叙利亚空军总部，目的是释放在游行中被逮捕的人。实际上，声称对袭击事件负责的武装力量是在试图攻击叙利亚政府所在地。叙利亚也很快成立了新的国防部队。许多地区和空间脱离了叙利亚政府的控制，在那些脱离政府控制的地区，人们开始了另外一种生活。[32]一切变得皆有可能。

2012年初，叙利亚大多数城市都出现了反政府抗议运动。面对这种生存威胁，叙利亚政府命令军队进入城市各居民社区。2012年2月2日，可能是由于巧合，也可能是已向其支持者发出了明确指示，叙利亚政府决定全面压制霍姆斯的叛乱街区。在哈马事件30年后，现在又轮到霍姆斯来经历战争的痛苦了。在试图和解、有限改革和进行镇压之间犹豫了一年之后，叙利亚政府使用了所有可用的手段，整个国家陷入战争之中。

这场反政府运动蔓延得非常快，它迫使每个人都表明自己的政治立场。政府的武装行动从霍姆斯一直蔓延到叙利亚北部和地中海沿岸地区。从2012年3月开始，叙利亚南部地区受到政府行动的直接影响。这改变了叙利亚国内局势。突然间，整个地区都不再适合人们居住和生活。在农村地区，村庄被炮弹炸得面目全非，叙利亚难民开始了他们的逃难之路。大多数流离失所的人们在考虑迁往更遥远的地方之前，会先选择向其邻居寻求庇护，然后到其他城镇和
313 村庄中避难。还有少数人选择出国，前往黎巴嫩、约旦和土耳其。更为少数的一些人则前往西方国家。

从春天开始，政府拼凑起来的军队甚至都找不出制式一致的服装，政府控制着国境内的交通主干线、支持政府的街区、政府权力机关所在地和军营，并以此为界线将国家分割开来加以控制。相比之下，相当一部分叙利亚人口生活在所谓的叙利亚“解放区”（mint-aqa al-muharrara）。除大城市和交通枢纽地区外，其他所有地区都无法进行军事戒备和管制。政府似乎陷入节节后退的境地。在叙利亚东部的边境地区，政府人员纷纷离开，伊拉克、叙利亚和土耳其之间的边境通道变得畅通无阻。而在上述“解放区”内部，新成立的委员会改组为拥有更大特权的协调委员会，在紧急需要的情况下

热情地组织起了地区内部的市政服务。以上这些情况共同预示着叙利亚即将面对的未来。

春天快结束的时候，政府开始使用新的武器对付反政府势力，主要是投入使用了武装直升机。在这种情形下，全国都生活在对安全形势的担忧之中。如果政府情报机构不能实现其对“解放区”的控制，政府空军就会通过军事行动向其发起进攻。7月中旬，叙利亚的两个大都市发生了争夺城市控制权的暴力冲突。每个被反抗力量占领的街区都举行了人民发起的庆祝活动。但是到了夏末，武器装备仍然非常简陋的反政府武装却无法取得什么进展。另一方面，叙利亚政府军开始将其从战机到弹道导弹的全部武装力量都投入国内政治冲突之中。

随着2012年冬天的到来，当代叙利亚的历史似乎就要结束了。有两个主要现象反映了这种情况。考虑到现存的政治势力，叙利亚现在处于两股政治势力相互冲突对峙的时期，其中一股支持阿萨德政府，另一股则是阿萨德政府的反对派，反对派的共同点是要求巴沙尔·阿萨德下台，但他们并未形成一套统一的国家政治方案。反 314
对派势力内部看起来也是四分五裂的状态。最重要的是，战争的逻辑对他们产生了一系列影响。为了武装自身，就一定需要资金和物资装备。反对派和叙利亚政府都开始向其外国伙伴寻求支持。从2013年开始，在叙利亚作战的不再是支持政府的叙利亚军队，而是由其外国盟友提供的新兵。外国的干涉和干预削弱了政府的权力及其控制国内局势的能力。其次，除了一些大城市以外，叙利亚大部分的土地和人口定居点都在战争中消失了，农村、中小城镇和市郊地区也都逐渐十室九空。叙利亚人开始了一段漫长的国内外流亡之旅。2013年，超过60%的居民离开了他们的家园。当整个国家被归结于最简单普通的“诉诸武力”的表达之时，当代叙利亚的缓慢建设就已经陷于崩溃之中。

从2013年开始，叙利亚内部和外部力量交错盘踞的局势愈演愈烈，各方势力都越来越依赖其外国盟友。一方面，政府设法建立了一个持久的联盟，以使其自身稳定下来。另一方面，以遏制叙利亚危机为主要斗争目标的“叙利亚之友”[1]，其内部存在的利益分歧，也助长了反对派各势力之间的对抗与冲突。武器和资金的缺乏，使人们对局势愈加敏感。对抗冲突中出现的极端暴行使得整个国家越来越激进。乱局之下，国家对边境地区管制的缺乏，也给了那些主要来自伊拉克的政治团体进入叙利亚的机会。

当库尔德武装开始以自己的身份进行战斗，当伊斯兰武装力量开始与“伊斯兰国”勾连时，叙利亚国内二元对立的局势变得更加复杂。这两个组织都呼吁在叙利亚发起“另一场革命”，不仅仅是为了推翻现政府，而且还要建立起“库尔德斯坦国”或者“伊斯兰国”这样新的国家秩序。他们也是叙利亚国家分裂势力的一部分。孤立的社区、被封锁的村庄和被包围的小城镇，共同构成了当今叙利亚的国家面貌。叙利亚形成了这样一个由几千块碎片组成的复杂局势，在每一块碎片中，四股势力都或多或少地试图在其中施展其影响力，大大小小的军事冲突成倍地增加，只为了多占领一个检查站、一个兵营、一条道路，等等。

315 叙利亚进入了国际人道主义援助时期。报告中提到的他们，不再是叙利亚普通居民、政府支持者和入伍志愿者，而是接受国际援

---

① 叙利亚之友是由联合国安理会以外定期召集有关叙利亚问题的国家和机构组成的国际外交团体。——译者注

助的人、国内流离失所的人和难民。就像非洲大湖地区的冲突一样，在灾难频发的情况下，正常的社会秩序被否定和推翻，同时伴随着对民众不断增加的紧急援助。处于武装冲突事件频发漩涡中的叙利亚，使外国舆论倍感疲惫，因为他们的期望并没有像预期的那样实现。此时的叙利亚土地上，仅凭军事检查站上的旗帜，就可以很快识别出每个检查站处于哪方势力的控制之下。2016—2017年，叙利亚冲突各方的俄罗斯、伊朗、美国和土耳其盟友们得出了一个共同结论：只有通过他们各方进行武装占领，才能“缓和冲突”。在经历了长达6年的冲突之后，叙利亚人仿佛进入了一个黑洞，在这个黑洞中，面对着这场加诸他们身上前所未有的大动乱，他们的存在也变得越来越模糊。

巴沙尔·阿萨德的总统任期在很多方面为叙利亚开创了一个新时代。这位叙利亚国家的改革者、现代化推进者，拯救了自己的政府。然而，在开启本世纪的这漫长的十年里，当代叙利亚也被重新塑造了。城市成为在城墙内长大的农村年轻一代的熔炉。在世纪之交长到20多岁的新生代年轻人们，为这个国家带来了由创新性和创造力构成的新视野。在政府的推动下，叙利亚在2011年出现了实现新的社会变革的巨大希望。此时人们喊出的政治口号，反映了他们对国家未来设想的变化。叙利亚人希望叙利亚成为一个捍卫国家最高利益、捍卫阿拉伯民族利益和勇于抵抗的国家。但是，由反政府抗议活动引发的武装冲突吞噬了这个国家，破坏了它的社会结构、权力构成、土地，甚至也许还破坏了人们的身份认同。21世纪初的叙利亚，正处于一个变幻莫测的十字路口之上。

结语　十字路口上的叙利亚

叙利亚的历史并没有因此而止步不前。2012年和2018年无疑是叙利亚历史进程中重要的里程碑，但绝不是叙利亚历史的完结。然而，在这两个年份之间，我们之前提及的叙利亚国家的变革即将初步完成。

当代叙利亚国家的建构，首先是人类对经历了不断变动的生存空间重新征服的过程。从现在的黎巴嫩到叙利亚南部，从阿拉伯半岛到幼发拉底河，人类经过了无数前所未有的迁移活动，重新开发和占有了这片土地，并赋予这片土地丰富而复杂的特征。这些迁移活动在整个19世纪充斥于叙利亚的土地，同时伴随着个人和社会经济活动的不断定居化的进程。叙利亚国内各地区也伴随着这些过程成形了。在这些地区之中，城市向其周围辐射，形成了一种特定的政治实践途径，甚至形成了某种特定的生活方式。这一历史背景构造出叙利亚在第一次世界大战后初次出现时的人文和社会景象。

在19世纪的最后几十年和20世纪头几年，围绕着共同身份、“叙利亚人”这个词所代表的意义，以及内部政治关系、协商模式和国家治理方式这些问题，叙利亚各方势力之间展开了激烈的博弈。1908年革命和第一次世界大战都加速了叙利亚内部政治意识的形成和发展。人们相互融合、被迫流离失所、探索共同身份，以及抵抗新占领者，都促使这个民族走向政治化，希望在战争结束后能够实现其宪政梦想。

然而，随着法国委任统治政府的出现，叙利亚成为一个由外国势力主导的国家。叙利亚开始面对一种前所未有的情况，作为昔日

318 的同盟国盟友，现在却发现自己坐在战败国一方的席位上，没有机会表达自己的政治意愿。试图控制叙利亚的法国人，遭到叙利亚人民无数次的反抗，这表明，对这片土地长久的殖民统治是不可能实现的。对叙利亚来说，法国委任统治时期是一个至关重要的时期，正是在这一时期，叙利亚形成了初步的国家行政管理框架。但最为重要的是，奥斯曼帝国和法国带来的共同影响，为叙利亚精英阶层提供了统治这个国家的新工具。叙利亚精英阶层自诩为国家和民族领袖，承担起了反帝国主义的民族责任，但他们并没有为叙利亚制定出必要的政治纲领。

实现国家独立后的叙利亚，有很多事情需要完成。其中主要涉及把逐渐开始互动，但仍各自分散的社会群体聚集在一起。新的国家领导人希望将叙利亚建设成为一个真正的主权国家，让国家中的每个成员都有属于自己的位置。这构成了叙利亚历史戏剧性的一个重要因素。由此，形成了两种关于叙利亚国家未来的看法。第一种看法是，在叙利亚实现自由和法治，构建开放的政治制度和资本主义经济制度，不过也将伴随着对社会边缘群体的无声暴力，以及对不遵守现代城市文明准则的社会群体的歧视。与之相对应的第二种看法，则是那些准备拿起武器，重新分配和恢复每个社会个体地位的人们所秉持的那种社会平等与正义的理想。

各社会团体之间的暴力交流形式，在独立后的叙利亚发布的命令中可以找到原因，那就是所有叙利亚人都必须马上、不做任何拖延地，在一个期待已久的主权国家中找到属于自己的位置。此外，各社会群体之间的冲突、土地危机和地区动荡局势进一步加重了独立后的国家的负担。这些构建国家共同体过程中遇到的困难，导致一系列政变、清洗和淘汰反复上演。随之而来的，是叙利亚形成了一种新的权力话语体系，政府当局与社会各组成部分之间也形成了新的政治对话模式。

哈菲兹·阿萨德的上台，给叙利亚人制造了他们一直所追求的国家稳定的幻象，为所有人带来了一定程度上的国家繁荣，并使一些人受到排挤。直到此时，叙利亚才重新开始在地区国际局势上发挥作用。事实上，在近40年的时间里，叙利亚开启了一场长期的政治斗争。一方面，这个随着局势变化而建立和发展起来的阿萨德 319
政府很快显示出，只有政府统治的维系才是重要的。为了维持国家生存，政府准备动用国家的所有武器以及所有力量。另一方面，许多反政府力量再次要求实现19世纪末形成的建立宪政国家的梦想，赋予每个人拥有应有的权利和过上有尊严的生活的希望。这些反政府力量每一次闯入叙利亚的社会公共领域，似乎都会与阿萨德政府爆发冲突。

从2011年开始，阿萨德政府和反政府的碰撞变得具有爆炸性。这一次，执政的政府进行了严厉的行动，破坏了之前为叙利亚缓慢打下的人力和社会经济基础。到了2012年冬天，大部分叙利亚人都在外出躲避战乱的路上。此外，国家的内战局势，使得各方势力都在为自己寻找战争武器，有的甚至不惜以出让国家主权为代价，民兵组织激增，国家失去了对边界的控制，一些支持不同国家的政治组织出现了，其中一些是库尔德人组织，另一些是“伊斯兰国”组织。

此时的叙利亚正处于十字路口之上。它的未来，主要围绕着一个对其生存至关重要且尤为复杂的问题而展开，虽然对这个处于一片废墟之中的国家来说，解决当前的内战局势已经是一个巨大的挑战了。但一旦内战被平息、伤口被治愈、断裂的社会结构被修复，不幸的叙利亚人民很可能会再次回到之前面临的两难的窘境之中：如何调和社会公正和自由、个人尊严和社会平等这两组社会理想的关系。从这个层面上来看，叙利亚的悲剧在当代世界是一个普遍现象，它揭示了当代世界的现代国家是如何诞生的，这些现代国家随着具有多重身份的不同人群的相遇而诞生，在这种政治形式中努力创造出一种良好的政府模式。然而，这些国家却也可以凭借其国家领导人拥有的前所未有的控制力，成为破坏任何形式的政治制度甚至是社会关系的国家。

注　释

前言

1. 关于音译的说明：现在使用中的名字是首选，因为它们出现在专有名词词典中。除此之外，长元音用长音符号标示，辅音用其对应物标示（例如，sad写为s），ayn用‘，hamza用’代替。

2. Henry Laurens, *La question de Palestine: 1799—1921,* t. I, Paris, Fayard, 1999. Dominique Chevallier, « Consciences syriennes et représentations cartographiques à la fin du xixe siècle et au début du xxe siècle », dans Thomas Philipp (éd.), *The Syrian Land in the xviiith and xixth Century : the common an the specific in the historical experience,* Stuttgart, F. Steiner, 1992.

3. 若有多种音译方式，我们将选择采用阿拉伯语原名进行翻译。

4. Sylvain Venayre, Pierre Singaravélou (dir.), *Histoire du monde au xixe siècle*, Paris, Fayard, 2017.

第一章

1. 如果Eyala和Pashalik这两个词的意思是对等的，那么我们更倾向于用Pashalik来表示1860年以前奥斯曼帝国的地方行政组织。

2. Constantin François de QChassebœuf (1757-1820, comte de Volney), *Voyage en Syrie et en Égypte, pendant les années 1783, 1784 et 1785, ... par M. C.-F. Volney,* tome premier, Paris, Volland Desenne, 1787.

3. Brigitte Marino, *Le Faubourg du Mîdân à Damas à l’époque ottomane : espace urbain, société et habitat (1742-1830),* Damas, Institut français de Damas, 1997.

4. Dick Douwes, *The Ottomans in Syria: a history of justice and oppression,* Londres, I.B. Tauris, 2000.

5. Faruk Tabak, *The Waning of the Mediterranean, 1550-1870: a geohistorical approach,* Baltimore, JHUP, 2010; André Raymond, « Les grandes villes arabes à l’époque ot-

tomane », in *La Ville arabe, Alep, à l'époque ottomane: (xvie -xviiie siècles),* Beyrouth, Presses de l'Ifpo, 2014 ; Dominique Chevallier, *La Société du mont Liban à l'époque de la révolution industrielle en Europe,* Paris, Geuthner, 1971 ; Norman Lewis, *Nomads and Settlers in Syria and Jordan, 1800-1980,* Cambridge, Cambridge University Press, 2009.

6. Constantin François de Chassebœuf, *op. cit.*, 262.

7. 为清楚起见，将使用当时的名称来称呼这些地方。

8. Faruk Tabak, *The Waning of the Mediterranean, op. cit.*

9. Note du consul de France, 3 février 1816 CCC Alep, tome XXVII (La Courneuve).

10. 有关他的背景介绍，请见下文。

11. Thomas Philipp, *Acre: the rise and fall of a Palestinian city, 1730-1831,* New York, Columbia University Press, 2001.

12. Henry Laurens, *Orientales,* Paris, CNRS Éditions, 2004, 19-20.

13. 关于被遗弃村庄的详细研究，可详见 Edward Robinson 和 E. Smith 的作品，即 *Biblical Researches in Palestine, Mount Sinai and Arabia Petraea. A journal of travels in the year* 1838, Londres, John Murray, 1841, 3 vol。

14. 正如 Philip Khoury 让我们做的那样，我们必须系统地将这些部落现象历史化。Philip Khoury et Joseph Kostiner, *Tribes and State Formation in the Middle East*, Berkeley, University of California Press, 1990.

15. Nâîf bin mutlaq al-Sanbidih al-ja'afarî al-shamarî, *Qabîla Shamar fî kitâba al-'arab wa-l-mustashriqîn,* Beyrouth, Dâr al-'arabiyya, li-l-mawûsûwât, 2013; Wasfî Zakarîyâ, *'Ashâ'ir al-Shâm: yabḥathu fî jughrâfîyat Bâdiyat al-Shâm wa-târîkhihâ wa-'umrânihâ wa-al-akhlâq wa-al-'âdât wa-al-sharâ'i' fî al-mujtama' al-badawî wa-ansâb al-'ashâ'ir al-mutabaddîyah wa-al-mutahaddirah wa-awṣâfihâ wa-akhbârihâ fî kull muhâfazah wa-qaḍâ',* Damas, Matba'at Dâr al-Hilâl, 1945.

16. Madawi Al Rasheed, *A History of Saudi Arabia,* Cambridge, Cambridge University Press, 2002.

17. Richard Bayly Winder, *Saudi Arabia in the Nineteenth Century*, Londres, Macmillan St. Martin's Press, 1965 ; Madawi Al Rasheed, *Politics in an Arabian Oasis: the Rashidis of Saudi Arabia*, New York, I.B. Tauris, 1997.

18. Mîkhâ'îl Burayk et Ahmad Ghassân Sabânû, *Târîkh hawâdith al-Shâm wa-Lubnân, aw, Târîkh Mîkhâ'îl al-Dimashqî,* Beyrouth, Dâr Qutaybah, 1981.

19. Wasfî Zakarîyâ, *'Ashâ'ir al-Shâm: op. cit.* ; Muhammad Jamâl Barût, *Al-Takawwun al-târîkhî al-hadîth lil-Jazira al-sûriya. As'ila wa Ishkâliyya al-tahhawwul min al-badûna ila al-'umran al-hadari,* Doha, Arab Center for Research and Policy Studies, 2013, 57 s.

20. André Raymond, « Les grandes villes arabes à l'époque ottomane », *op. cit.*, p. 184-209 ; André Raymond, *Grandes villes arabes à l'époque ottomane,* Paris, Sindbad, 1985 ; Dominique Chevallier, *L'Espace social de la ville arabe,* Paris, G.-P. Maisonneuve et Larose, 1979. Sur l' image orientaliste, Jean Sauvaget, *Introduction à l'histoire de l'Ori-*

ent musulman. Corrections et supplément (juillet 1946) : éléments de bibliographie, Paris, Librairie d'Amérique et d'Orient Adrien-Maisonneuve, 1946.

21. André Raymond, *Grandes villes arabes à l'époque ottomane, op. cit.,* 61.

22. André Raymond, « Les grandes villes arabes à l'époque ottomane », *op. cit;* Dominique Chevallier, *L'Espace social..., op. cit.*

23. Brigitte Marino, *Le Faubourg du Mîdân à Damas à l'époque ottomane, op. cit.*

24. Bernard Heyberger, *Les Chrétiens du Proche-Orient au temps de la Réforme catholique (Syrie, Liban, Palestine, xviie -xviiie siècle),* Rome, École française de Rome, de Boccard, 1994 ; Dominique Iogna-Prat et Gilles Veinstein, *Histoires des hommes de Dieu dans l'islam et le christianisme,* Paris, Flammarion, 2003.

25. Abraham Marcus, *The Middle East in the Eve of Modernity: Aleppo in the Eighteenth Century,* New York, Columbia University Press, 1989.

26. Zouhair Ghazzal, *L'Économie politique de Damas durant le xixe siècle : structures traditionnelles et capitalisme,* Damas, Institut français de Damas, 1993 ; Jean-Paul Pascual, « Boutiques, ateliers et corps de métiers à Damas d'après un dénombrement effectué en 1827-1828 », in Brigitte Marino (dir.), *Études sur les villes du Proche-Orient xvie - xixe siècle. Hommage à André Raymond,* Beyrouth, Presses de l'Ifpo, 2013, 177-199.

27. André Raymond, *Grandes villes arabes à l'époque ottomane, op. cit.,* 96-98.

28. Charles L. Wilkins, *Forging Urban Solidarities: Ottoman Aleppo, 1640-1700,* Leyde Boston, Brill, 2010; 'Abd al-Karîm Râfiq, *The Province of Damascus, 1723-1783,* Beyrouth, Khayats, 1966.

29. Charles L. Wilkins, *Forging Urban Solidarities, op. cit.*

30. *Ibid.*

31. Lettre du consul de France, 6 novembre 1822, tome III, CCC Lattaquié (1817-1822).

32. Mîkhâ'îl Burayk et Ahmad Ghassân Sabânû, *Târîkh hawâdith al-Shâm wa-Lubnân, aw, Târîkh Mîkhâ'îl al-Dimashqî, op. cit.*

33. Herbert Luther Bodman, *Political Factions in Aleppo, 1760-1826, op. cit.*

34. Dépêche du consul de France, 6 septembre 1812, tome XXV, CCC Alep (La Courneuve).

35. Norman Lewis, *op. cit.*

36. Voir les volumes XXIII à XXIX, CCC Alep (La Courneuve) ; Mîkhâ'îl Burayk et Ahmad Ghassân Sabânû, *Târîkh hawâdith al-Shâm wa-Lubnân, aw, Târîkh Mîkhâ'îl al-Dimashqî, op. cit.*

37. Martha Mundy et Richard Saumarez Smith, *Governing Property, Making the Modern State: law administration and production in Ottoman Syria,* Londres, I.B. Tauris, 2007; Norman Lewis, *Nomads and Settlers in Syria and Jordan, 1800-1980, op. cit.;* Faruk Tabak, *The Waning of the Mediterranean, 1550-1870, op. cit.*

38. Martha Mundy et Richard Saumarez Smith, *Governing Property, Making the Modern State, op. cit.;* Zouhair Ghazzal, *The Grammars of Adjudication: The economics of judicial decisions making in fin-de-siècle Ottoman Damascus and Beirut,* Damas, Presses de l' Ifpo, 2007.

39. Leon Goldsmith, *Cycle of Fear: Syria's Alawites in War and Peace,* Oxford, Oxford University Press, 2015. Voir les dépêches du consul de France, tome I et II, CCC Lattaquié (La Courneuve).

40. Fath Allâh ibn Antûn al-Sâ' iġ et Joseph Chelhod, *Le Désert et la gloire: les Mémoires d'un agent syrien de Napoléon,* Paris, Gallimard, 1991.

41. Thomas Philipp, *Acre, op. cit.*

42. James A. Reilly, *A Small Town in Syria: Ottoman Hama in the eighteenth and nineteenth centuries,* Oxford, New York, P. Lang, 2002.

43. Brigitte Marino, « Le Hawran et la Bekaa, deux régions céréalières du Bilâd al-Shâm au xviiie siècle », dans Afifi M., Chih R., Marino B., Michel N. et Tamdogan I. (éd.), *Sociétés rurales ottomanes,* Le Caire, Institut français d' archéologie orientale, 2005, 179-196.

44. Norbert Elias, *La Société des individus,* Paris, Folio, 1991.

45. Bruce Masters, *The Origins of Western Economic Dominance in the Middle East : Mercantilism and Islamic reform in Aleppo 1600-1750,* New York, New York University Press, 1988.

46. Daniel Panzac, *La Marine ottomane : de l'apogée à la chute de l'Empire, 1572-1923,* Paris, CNRS Éditions, 2012.

47. Dépêche du consul de France, 1er octobre 1822, tome III, CCC Lattaquié (La Courneuve).

48. 该部分的历史叙述主要源自以下文献资料：Kâmil ibn Husayn Ghazzî, Mahmûd Fâkhûrî, et Shawqî Sha'ath, *Kitâb Nahr al-dhahab fî târîkh Halab,* Alep, Dâr al-Qalam al-'Arabî, 1991 ; Muhammad Jamâl Bârût, *Al-Takawwun, op. cit.;* Ibrâhîm ibn Hannâ 'Awrâ, *Târîkh wilâyât Sulaymân Bâshâ al-'Âdil, 1804-1819,* Bayrût, Dâr Lahad Khâtir, 1989, 478 , Al-Sabûmî, Târîkh Hama, s.n.; Herbert Luther Bodman, *Political Factions in Aleppo, 1760-1826, op. cit.,* Dick Douwes, *The Ottomans in Syria, op. cit.;* Norman Lewis, *Nomads and Settlers in Syria and Jordan, 1800-1980, op. cit.,* Abraham Marcus, *The Middle East on the Eve of Modernity, op. cit.;* Thomas Philipp, *Acre, op. cit*。

49. Herberts Luther Bodman, *Political Factions, op. cit.*

50. Mîkhâ'îl Burayk et Ahmad Ghassân Sabânû, *Târîkh hawâdith al-Shâm wa-Lubnân, aw, Târîkh Mîkhâ'îl al-Dimashqî, op. cit.,* 61.

51. Brigitte Marino, *Le Faubourg du Mîdân à Damas à l'époque ottomane, op. cit.*

52. Amîr Haydar Ahmad al-Shihâbî, Asad Rustum, et Fu'âd Afrâm Bustânî, *Lubnân fî 'ahd al-umarâ' al-Shihâbîyîn: wa-huwa al-juz' al-thânî wa-al-thâlith min Kitạb al-Ghurar*

al-hisân fî akhbâr abnâ' al-zamân, Beyrouth, al-Jâmi'ah al-Lubnânîyah, 1969.

53. Herbert Luther Bodman, *Political Factions in Aleppo, 1760-1826, op. cit.,* 38-40.

54. Ibrâhîm ibn Hannâ 'Awrâ, *Târîkh wilâyât Sulaymân Bâshâ al-'Âdil, 1804-1819, op. cit.*

55. Abraham Marcus, *The Middle East on the Eve of Modernity, op. cit.,* 93.

56. Dick Douwes, *The Ottomans in Syria, op. cit.,* 103.

57. Cf. *infra* 58-60.

58. Thomas Philipp, *The Syrian Land in the 18th and 19th Century: the common and the specific in the historical experience,* Stuttgart, F. Steiner, 1992.

第二章

1. Dernièrement, Nashuwân al-Attâssî, *Tattawur al-Mujtama' al-sûrî 1831-2011,* Beyrouth, Atlas, 2015.

2. George Antonius, *The Arab Awakening: the story of the Arab National Movement,* Londres, Pickle Partners Publishing, 2015.

3. Georges Corm, *Le Proche-Orient éclaté : de Suez à l'invasion du Liban, 1956-1982,* Paris, La Découverte/Maspero, 1983, 16.

4. Sur l'intervention, Fred Haley Lawson, *The Social Origins of Egyptian Expansionism during the Muhammad Âli Period,* New York, Columbia University Press, 1992 ; Findî Abû Fakhr, *Intifâḍât al-Shâm 'alá maẓâlim Muhammad 'Alî Bâshâ, 1831-1840,* Damas, Dâr al-Yanâbî', 2004 ; Latîfah Muhammad Sâlim, *Al-Hukm al-Misrî fî al-Shâm, 1831-1841,* Le Caire, Dâr al-Kitâb al-Jâmi'î, 1983; Antun Rustum et B. Qar'ali (dir.), *Hurûb Ibrâhîm Bâshâ al-Misrî fî Sûriyâ wa-al-Anâḍûl,* Le Caire, al-Matba'ah al-Sûrîyah, 1927.

5. Yann Bouyrat, *Devoir d'intervenir ? L'intervention « humanitaire » de la France au Liban, 1860,* Paris, Vendémiaire, 2013 ; Ḍaww A. (dir.), *Hawâdith 1860 fî Lubnân wa-Dimashq: Lajnat Bayrût al -Dawlîyah: al-mahâḍir al-kâmilah, 1860-1862,* Beyrouth, Mukhtarât, 1996, 2 vol. ; Leila Tarazi Fawaz, *An Occasion for War: civil conflict in Lebanon and Damascus in 1860,* Berkeley, University of California Press, 1994 ; Philip Khoury, *Urban Notables and Arab Nationalism: the politics of Damascus 1860-1920,* Londres, Cambridge University Press, 1983.

6. Henry Laurens, *Les Crises d'Orient*, Paris, Fayard, 2017.

7. 奥斯曼帝国历史学家的做法是，将自己从这一问题中抽离了出来，请详见Tassos Anastassiatis, Nathalie Clayer, « Beyond the Incomplete or Failed Modernization Paradigm », dans Tassos Anastassiatis, Nathalie Clayer (éd.), *Society, Politics and State-formation in Southeastern Europe during the 19th Century,* Athènes, Historical Archives, 2011。

8. Henry Laurens, *Orientales*, Paris, CNRS Éditions, 2004.

9. Asad Rustum et Subhî Nâyif Abû Shaqrâ, *Al-Maḥfûẓât al-Malakîyah al-Miṣrîyah,*

Beyrouth, American Press, 1940.

10. 这部分的历史叙述采用了历史学家Khaled Fahmy提出的分析方法：Khaled Fahmy, *Mehmed Ali: from Ottoman Governor to Ruler of Egypt,* Londres, Oneworld Publications, 2012. Sur l' expédition de Napoléon Bonaparte, Henry Laurens, *L'Expédition d'Égypte, 1798-1801,* Paris, Armand Colin, 1995。

11. Odile Moreau, *Réformes militaires ottomanes. 19e-20e siècles : nouvelles approches,* Paris, Maisonneuve & Larose, 2007.

12. Jean Batou, « L'Égypte de Muhammad-'Ali. Pouvoir politique et développement économique, 1805-1848 », *Annales. Économies, Sociétés, Civilisations,* 1991, vol. 46, no 2, 401-428.

13. Stanford J. Shaw et Ezel Kural Shaw, *History of the Ottoman Empire and Modern Turkey,* Cambridge, Cambridge University Press, 1976.

14. Henry Laurens, *Les Crises d'Orient, op. cit.*

15. *Ibid.*

16. Hervé Mazurel, Alain Boureau, Michel Desgranges, et Pierre Vidal-Naquet, *Vertiges de la guerre : Byron, les philhellènes et le mirage grec,* 1re éd., Paris, Les Belles Lettres, 2013.

17. Henry Laurens, *La Question de Palestine: 1799-1921,* tome I, Paris, Fayard, 1999.

18. Muhammed H. Kutluoğlu, *The Egyptian Question (1831-1841): the expansionist policy of Mehmed Ali Paşa in Syria and Asia Minor and the reaction of the Sublime Porte,* İstanbul, Eren, 1998, p. 57 ; Sulayman Abu Izz al-Din, *Ibrahim Pacha fi Suriya, op. cit.*, 48-51.

19. 详见 Majhûl, *Mudhakkarât târikhiyyat 'an hamlat îbrâhîm bâshâ 'alâ sûriyâ,* Damas, Dâr qatiyya ; Halâ Sulaymân, *Athar al-hamla al-misriyya 'alâ bilâd al-shâm,* Tripoli, All-mu'ssassa al-haditha li-l-kitâb, 2001。

20. Voir dépêche du consul de France du 31 juillet 1830, Alexandrie, reprise dans CCC Alep et Muhammed H. Kutluoğlu, *The Egyptian Question..., op. cit.*

21. 许多留存至今的文献资料使我们有可能进一步理清当时的一系列军事进展。Latîfah Muhammad Sâlim, *al-Hukm al-Misrî fî al-Shâm, 1831-1841, op. cit.;* Virginia Aksan, *Ottoman Wars, 1700-1870: an empire besieged,* Harlow, Routledge, 2007, 368-370.

22. Khâlid Banî Hânî, *Târîkh dimashq wa ulamawuhâ khilâl al-hukm al-misrî,* Damas, Safhât li-l-dirasât wa-l-nashar, 2007, p.113 et s.

23. Khaled Fahmy, *Mehmed Ali, op. cit.*; Muhammed H. Kutluoğlu, *The Egyptian Question, op. cit.*

24. George Antonius, *op. cit.*

25. Fred Haley Lawson, *The Social Origins of Egyptian Expansionism during the Muhammad Âli Period, op. cit.*

26. Khaled Fahmy, *Mehmed Ali, op. cit.*

27. Khâlid Banî Hânî, *Târîkh dimashq,* 149 et s.

28. Amîr Haydar Amad al-Shihâbî, Asad Rustum, et Fu'âd Afrâm Bustânî, *Lubnân fî 'ahd al-umarâ 'al-Shihâbîyîn, op. cit.*; Amal Bashshûr, *Sûriyâ wa-Lubnân fî 'aṣr al-iṣlâḥ al-'Uthmânî: ḥiqbat al-tanẓîmât min sanat 1840 li-1880*, Tripoli, al-Mua'ssasah al-Ḥadîthah lil-Kitâb, 2006.

29. Antûn Rustum et B. Qar'alî (dir.), *Hurûb Ibrâhîm Bâshâ al-Misrî fî Sûriyâ wa-al-Anâḍûl, op. cit.*

30. Norman Lewis, *Nomads and Settlers in Syria and Jordan, 1800-1980, op. cit.* et Latîfah Muhammad Sâlim, *al-Hukm al-Misrî fî al-Shâm, 1831-1841, op. cit.*

31. 这使得英国驻阿勒颇领事出现了许多离题的地缘政治问题，想了解易卜拉欣帕夏是否想征服和接管伊拉克，请查阅领事保存下来的文献FO 195/99 (Kew Gardens).x。

32. Khâlid Banî Hânî, *Târîkh dimashq,* 95, voir tome I CCC Damas (La Courneuve).

33. Khâlid Banî Hânî, *Târîkh dimashq,* 155-159.

34. Findî Abû Fakhr, *Intifâḍât al-Shâm 'alá maẓâlim Muḥammad 'Alî Bâshâ, 1831-1840,* Damas, Dâr al-Yanâbî', 2004. Sur le cercle de justice, Elizabeth Thompson, *Justice interrupted: the struggle for constitutional government in the Middle East*, Cambridge, Harvard University Press, 2013.

35. Henry Laurens, *La Question de Palestine,* tome I.

36. 由此，来自大马士革的一系列领事和商业信函也由此被留存了下来。

37. Jean Sauvaget, *Alep, essai sur le développement d'une grande ville syrienne, des origines au milieu du xixe siècle,* Paris, P. Geuthner, 1941, 205.

38. "少数族裔"一词直到1919年才出现，在此，我们用该词来指代非穆斯林：Benjamin Thomas White, *The Emergence of Minorities in the Middle East: the politics of community in French Mandate Syria,* Édimbourg, Edinburgh University Press, 2011。

39. Vanessa Guéno, *Homs durant les dernières décennies ottomanes: les relations ville-campagne à travers les archives locales,* Aix-Marseille I, 2008, chapitre 4.

40. Elizabeth Thompson, « Ottoman Political Reform in the Provinces: The Damascus Advisory Council in 1844-45 », *International Journal of Middle East Studies,* août 1993, vol. 25, no 3, 457-475.

41. Linda Schatkowski-Schilcher, *Families in politics: Damascene factions and estates of the 18th and 19th centuries,* Stuttgart, F. Steiner, 1985, 54-55.

42. 尽管非穆斯林信徒的议会代表们很快就终止了他们在城市议会中的职务；Zouhair Ghazzal, *L'Économie politique de Damas durant le xixe siècle, op. cit.,* 53。

43. Amîr Ḥaydar Aḥmad al-Shihâbî, Asad Rustum, et Fu'âd Afrâm Bustânî, *Lubnân fî 'ahd al-umarâ' al-Shihâbîyîn, op. cit.*

44. Findî Abû Fakhr, *Intifâdât al-Shâm 'alá mazâlim Muhammad 'Alî Bâshâ, 1831-1840, op. cit.*

45. Dépêches dans F078/272-Kew Garden (Londres) et Kais Firro, *A History of the*

Druzes, Leyde, New York, E.J. Brill, 1992, 72-73.

46. Voir les dépêches dans FO 195/93.

47. Khâlid Banî Hânî, *Târîkh dimashq, op. cit.*

48. Ceasar E. Farah, *Politics of Interventionism in Ottoman Lebanon, 1830-1861,* Oxford, I.B. Tauris, 2000, 76 et s.

49. Voir les dépêches dans FO 195/99.

50. Stanford J. Shaw et Ezel Kural Shaw, *History of the Ottoman Empire and Modern Turkey, op. cit.*; Kemal H. Karpat, *Studies on Ottoman social and political history: selected articles and essays,* Leyde, Pays-Bas, Boston, Brill, 2002.

51. 详见 Zouhair Ghazzal, *L'Économie politique de Damas durant le xixe siècle, op. cit.;* Linda Schatkowski-Schilcher, *Families in Politics, op. cit.;* Moshe Ma'oz, *Ottoman reform in Syria and Palestine, 1840-1861: the impact of the Tanzimat on politics and society,* Oxford, Londres, Clarendon, 1968, p. 39, tomes II et III CCC Damas, tome XXX CCC Alep (La Courneuve), FO 195/222 (Kew Gardens) ; Mikhâ'îl Mishâqah, Mulḥam Khalîl 'Abdû, et Andrâwus Ḥannâ Shakhâshîrî, *Kitâb mashhad al-'iyân bi-ḥawâdith Sûriyâ wa-Lubnân,* Le Caire, s.n., 1908。

52. 关于德鲁兹人的专题研究，可详见以下作品： Cyril Roussel, *Les Druzes de Syrie: territoire et mobilité,* Beyrouth, Presses de l'Ifpo, 2011 ; Norman Lewis, *Nomads and Settlers in Syria and Jordan, 1800-1980, op. cit.,* Thomas Philipp, *The Syrian Land in the 18th and 19th Century, op. cit*。

53. Faruk Tabak, *The Waning of the Mediterranean, 1550-1870, op. cit.*

54. Dépêches dans tome II, CCC Damas (La Courneuve).

55. John S. Guest, *The Euphrates Expedition,* New York, K. Paul International, 1992.

56. Rabah Naffakh, *Les Beggara du Zor: changements techno-économiques et sociaux,* thèse de 3e cycle, faculté des lettres, Paris, France, 1964.

57. Muḥammad Jamāl Bâghût, *al-Takawwun al-tārīkhī al-ḥadīth lil-Jazīrah al-Sūrīyah, op. cit.,* Muhammad Jamâl Bâghût, « La renaissance de la Jéziré ottomane, Deir ez-Zor, de la désertion à la renaissance », dans Jean-Claude David et Thierry Boissière, *Alep et ses territoires: fabrique et politique d'une ville, 1868-2011,* Beyrouth, Damas, Presses de l'Ifpo, 2014.

58. Moshe Ma'oz, *Ottoman Reform in Syria and Palestine, 1840-1861: the impact of the Tanzimat on politics and society, op. cit.,* 41.

59. Bruce Masters, « The 1850 Events in Aleppo: An Aftershock of Syria's Incorporation into the Capitalist World System », *International Journal of Middle East Studies,* 1990, vol. 22, no 1, 3-20.

60. Feras Krimsti, « The 1850 Uprising in Aleppo. Reconsidering the Explanatory Power of Sectarian Argumentations », Ulrik Freitag, Nelida Fuccaro (éd.), *Urban Violence in the Middle East. Changing Cityscapes in the Transition from Empire to Nation State,* New

York, Berghahn, 2015, 150-152.

61. Michel Foucault, *Surveiller et punir. Naissance de la prison, Paris,* Gallimard, 199

62. Moshe Ma'oz, *Ottoman Reform in Syria and Palestine, 1840-1861: the impact of the Tanzimat on politics and society, op. cit.,* 124.

63. Roger Owen, *The Middle East in the World Economy: 1800-1914,* Londres, I.B. Tauris, 1993; Charles Issawi, *The Economic History of the Middle East. 1800-1914. A book of readings,* Chicago, University of Chicago Press, 1966.

64. Dominique Chevallier, *La Société du mont Liban à l'époque de la révolution industrielle en Europe, op. cit.*

65. Tome IV, CCC Damas (La Courneuve).

66. Vanessa Guéno, *Homs durant les dernières décennies ottomanes, op. cit.*

67. Roger Owen, *The Middle East in the World Economy, op. cit.;* Dominique Chevallier, *La Société du mont Liban à l'époque de la révolution industrielle en Europe, op. cit.*

68. Vanessa Guéno : *Homs durant les dernières décennies ottomanes, op. cit.;* Martha Mundy et Richard Saumarez Smith, *Governing Property, making the Modern State, op. cit.*

69. Peter Sluglett, « Municipalities in the late ottoman empire », dans Peter Sluglett et Stephan Weber (dir.), *Syria and Bilad al-Sham under Ottoman rule: essays in honour of Abdul Karim Rafeq,* Leyde, Brill, 2010, 558.

70. Henry Laurens, *La Question de Palestine, tome I, op. cit.*

71. Voir dépêches tome IV CCC Damas (La Courneuve).

72. A. Daww (dir.), *Hawâdith 1860 fī Lubnân wa-Dimashq, op. cit.;* Mikhā'īl Mishāqah, Mulḥam Khalīl 'Abdū, et Andrāwus Ḥannā Shakhāshīrī, *Kitāb mashhad al-'iyān bi-ḥawādith Sūriyā wa-Lubnān, op. cit.* ; Leila Tarazi Fawaz, *An Occasion for War, op. cit.* ; Dima de Clerck, Carla Eddé, Naila Kaidbey, Souad Slim, *et al., 1860, histoires et mémoires d'un conflit,* Beyrouth/Damas, Institut français du Proche-Orient, 2015. Ussama Makdisi, *The Culture of Sectarianism. Community, history, and violence in Nineteenth-Century Ottoman Lebanon,* Berkeley, University of California Press, 2000.

73. Leila Tarazi Fawaz, *An Occasion for War: civil conflict in Lebanon and Damascus in 1860,* Berkeley, University of California Press, 1994.

74. Leila Tarazi Fawaz, *An Occasion for War, op. cit.*

75. Dima de Clerck (dir.), *1860, histoires et mémoires, op. cit.*

76. *Ibid.*

第三章

1. Albert Hourani, « Ottoman Reforms and the Politics of Notables », dans Albert Hourani, Philip Shukry Khoury, et Mary Christina Wilson, *The Modern Middle East: a reader,* Berkeley, University of California Press, 1993 ; Philip Shukry Khoury, *Urban Notables and Arab Nationalism, op. cit.*

2. On entendra par « provinces syriennes », les wilâyât de Syrie, d'Alep et de Deir es-Zor. De manière plus générale, le sens de province devient celui d' une unité administrative.

3. 这个表达出现在Michael Mann的作品中：« Instant Communication : the impact of the telegraph in Ottoman Syria », Thomas Philipp et Birgit Schäbler, *The Syrian Land: processes of integration and fragmentation: Bilâd Al-Shâm from the 18th to the 20th Century,* Stuttgart, Franz Steiner Verlag, 1998.

4. Palmira Johnson Brummett, *Mapping the Ottomans: sovereignty, territory, and identity in the early modern Mediterranean,* New York, Cambridge University Press, 2015.

5. Voir entre autres Philip Shukry Khoury, *Urban Notables and Arab Nationalism, op. cit.*; Thomas Philipp et Birgit Schäbler, *The Syrian Land, op. cit.*; Muḥammad Jamāl Bārūt, *al-Takawwun al-tārīkhī al-ḥadīth lil-Jazīrah al-Sūrīyah, op. cit.*

6. Matthieu Rey, *Le Parlementarisme en Irak et en Syrie entre 1946 et 1963 : un temps de pluralisme au Moyen-Orient,* thèse de doctorat, école doctorale de l' École des hautes études en sciences sociales, France, 2013.

7. Kais Ezzerelli, Maher Sharif, *Al-sîr al-dhâtiya fî bilâd al-shâm,* Damas, Dâr al-Mada, 2008.

8. Ami Ayalon, *The Arabic Print Revolution: cultural production and mass readership, 1800-1914,* Cambridge, Cambridge University Press, 2016

9. Henry Laurens, *La Question de Palestine,* tome I, *op. cit.*

10. Jean Hannoyer, *Campagnes et pouvoir en Syrie: essai d'histoire socio-économique sur la région de Deir ez-Zor,* thèse 3e cycle, École des hautes études en sciences sociales, Paris, France, 1982.

11. Jean-Claude David et Thierry Boissière, *Alep et ses territoires, op. cit.*

12. Jürgen Osterhammel, *The Transformation of the World: a global history of the Nineteenth Century,* Princeton Oxford, Princeton University Press, 2015.

13. Leila Fawaz, « The Beirut-Damascus Road: connecting the Syrian Coast to the Interior in the 19th century » dans Thomas Philipp, *The Syrian Land in the 18th and 19th Century, op. cit.,* 39.

14. 以的黎波里和赛达为代价; James A. Reilly, *The Ottoman Cities of Lebanon: historical legacy and identity in the Modern Middle East,* Londres New York, I.B. Tauris, 2016。

15. François Lantz, *Chemins de fer et perception de l'espace dans les provinces arabes de l'Empire ottoman, 1890-1914,* Paris, 2005.

16. Notes dans les cartons CPC 865 (Turquie) (La Courneuve).

17. Linda Schilcher, « Railways in Political Economy of Southern Syria, 1890-1925 », dans Thomas Philipp et Birgit Schäbler, *The Syrian Land, op. cit.,* 99 et s.

18. 类似的情况也出现在关于阿勒颇的历史记述中，可详见CCC Alep, tomes XXXVII, XXXVIII et XXXIX (La Courneuve) ; Eugene L. Rogan, *Frontiers of the State in the*

late Ottoman Empire: Transjordan, 1850-1921, Cambridge, Cambridge University Press, 1999。

19. Albert Hourani, 《Ottoman Reforms and the Politics of Notables》, dans Albert Hourani, Philip Shukry Khoury et Mary Christina Wilson, *The Modern Middle East, op. cit.*, 87.

20. Frederick Cooper et Jane Burbank, *Empires. De la Chine ancienne à nos jours,* Paris, Payot, 2011.

21. Philip Khoury, *Urban Notables and Arab Nationalism, op. cit.*

22. Hannah Arendt et Martine Leiris, *Les Origines du totalitarisme, II: L' Impérialisme,* Paris, Seuil, 1997.

23. Dominique Chevallier, *La Société du mont Liban à l'époque de la révolution industrielle en Europe, op. cit.;* Charles Issawi, *The Economic History of the Middle East, op. cit.*

24. Charles Issawi, *The Economic History of the Middle East, op. cit.*, 271.

25. Jean-Luc Arnaud, « La population de Damas à la fin de la période ottomane, Summary », *Annales de démographie historique,* no 101-1, 2001, 177-207.

26. Peter Sluglett, « Municipalities », art. cit.; Vanessa Guéno, *Homs durant les dernières décennies ottomanes, op. cit.*; Klat Paul, « Musha Holdings and Land Fragmentation in Syria », Beyrouth, MEEP, 1957; Roger Owen, Paul Burton, *New Perspectives on Property and Land in the Middle East*, Cambridge, Harvard University Press, 2000.

27. Philip Shukry Khoury, *Urban Notables and Arab Nationalism, op. cit.*

28. Paul Veyne, *Le Pain et le cirque*, Paris, Seuil, 1995.

29. Jean-Philippe Genet, *L'État moderne: Genèse. Bilans et perspectives,* Paris, Éditions du CNRS, 1990.

30. François Georgeon, *Abdülhamid II: le sultan calife (1876-1909),* Paris, Fayard, 2003.

31. Robert Devereux, *The First Ottoman Constitutional Period: a study of the Midhat Constitution and Parliament,* Baltimore, Johns Hopkins Press, 1963.

32. François Georgeon, *Abdülhamid II, op. cit.*

33. Christoph Herzog, Malek Sharif (dir.), *The First Ottoman Experiment in Democracy,* Würzburg, Ergon Verlag, 2010.

34. M.H. Yavuz et Sluglett P. (dir.), *War and Diplomacy: the Russo-Turkish War of 1877-1878 and the Treaty of Berlin,* Salt Lake City, University of Utah Press, 2011.

35. Dépêches CCC Damas, tome V et VI, CCC Alep, tome XXXV (La Courneuve) ; ibid.

36. 详见carte 2。

37. Reşat Kasaba, *A Moveable Empire: Ottoman nomads, migrants, and refugees,* Seattle, University of Washington Press, 2009.

38. Najib E. Saliba, « The Achievements of Midhat Pasha as Governor of the Province

of Syria, 1878-1880 », *International Journal of Middle East Studies,* 1978, vol. 9, no 3, 307-323.

39. Leila Hudson, *Transforming Damascus: space and modernity in an islamic city,* Londres, I.B. Tauris, 2008.

40. Till Grallert, « To Whom Belong the Streets? », *Bulletin d'études orientales,* 1er décembre 2012, no 61, 327-359.

41. Albert Habib Hourani, *Arabic Thought in the Liberal Age, 1798-1939,* Cambridge, Cambridge University Press, 1983.

42. Adel Beshara, *The Origins of Syrian Nationhood: histories, pioneers and identity,* Londres New York, Routledge, 2011 ; Rashid Ismail Khalidi et Lisa Anderson (dir.), *The Origins of Arab Nationalism,* New York, Columbia University Press, 1991 ; Israel Gershoni, *Rethinking Nationalism in the Arab Middle East,* New York, Columbia University Press, 1997.

43. Mahmûd Muhammad, 'Imârât, *al-a'mâl al-kâmila li'Abd al-Rahmân al-Kawâkibî,* Beyrouth, 1975.

44. Thomas Philipp, *The Syrians in Egypt,* 1725-1975, Stuttgart, Franz Steiner Verlag, 1985.

45. Gilles Veinstein, « La question du califat ottoman », dans Pierre Jean Luizard, *Le Choc colonial, op. cit.*

46. François Georgeon, *Abdülhamid II, op. cit.*

47. A.C.S. Peacock et Annabel Teh Gallop, *From Anatolia to Aceh: Ottomans, Turks, and Southeast Asia,* Oxford, Oxford University Press, 2015.

48. Voir tome XXXV CCC Alep (La Courneuve).

49. François Georgeon, Nicolas Vatin, Gilles Veinstein et Elisabetta Borromeo, *Dictionnaire de l'Empire ottoman*, Paris, Fayard, 2015.

50. 详见 Chemins de fer, dans François Georgeon, Nicolas Vatin, Gilles Veinstein et Elisabetta Borromeo, *Dictionnaire de l'Empire ottoman,* Paris, Fayard, 2015。

51. Dépêches dans les tomes VII et surtout VIII CCC Damas (La Courneuve).

52. L. Schatkowski Schilcher, « The Hauran Conflicts of the 1860s: a chapter in the rural history of modern Syria », *International Journal of Middle East Studies,* 1981, vol. 13, no 2, 159-179.

53. David Dean Commins, *Islamic Reform: politics and social change in late Ottoman Syria,* Oxford, Oxford University Press, 1990

54. Albert Habib Hourani, *Arabic Thought in the Liberal Age, 1798-1939, op. cit.*

55. Itzchak Weismann, *Taste of Modernity: sufism, salafiyya, and arabism in late Ottoman Damascus,* Boston/Leyde/Cologne, Brill, 2001 ; David Dean Commins, *Islamic Reform, op. cit.*

56. Vincent Lemire, *Jérusalem 1900 : la Ville sainte à l'âge des possibles,* Paris, Ar-

mand Colin, 2013.

57. Jean-Luc Arnaud, *Damas, urbanisme et architecture 1860-1925,* Paris, Acte Sud-Sindbad, 2006.

58. Fakhrî Bârûdî, *Awrâq wa-mudhakkirât Fakhrî al-Bârûdî, 1887-1966 : khamsûn 'âman min hayât al-watan,* Dimashq, Wizârat al-Thaqâfah fî al-Jumhûrîyah al-'Arabîyah al-Sûrîyah, 1999, Khâlid 'Aẓm, *Mudhakkirât,* Beyrouth, Dâr lil nashr, 2003, tome I, 15.

59. Eugene Rogan, 《The Political Significance of an Ottoman Education: Maktad Anbar Revisited》 dans Thomas Philipp et Christoph Schumann, *From the Syrian land to the States of Syria and Lebanon,* Würzburg/Beyrouth, Ergon Verlag in Kommission, 2004.

60. Correspondances politiques et commerciales, cartons 865-866-867, Turquie; CCC Alep, tome XXXVIII.

61. Henry Laurens, *La Question de Palestine,* tome I, *op. cit.*

第四章

1. 关于这场震荡了奥斯曼帝国的运动引起的反应，详见：François Georgeon, L'Ivresse de la liberté。*La révolution de 1908 dans l'Empire ottoman,* Louvain, Peteers, 2012。

2. Leyla Dakhli, *Une génération d'intellectuels arabes : Syrie et Liban, 1908-1940,* Paris, Karthala IISMM, 2009.

3. 关于对1908年革命的记述，可详见档案文献：18 A 25 (Nantes), FO 195/2272 (Kew Gardens) ; Fakhrî Bârûdî, *Awrâq wa-mudhakkirât Fakhrî al-Bârûdî, 1887-1966, op. cit.,* 75-77 ; Fâris al-Khurî, *Awrāq Fāris al-Khūrī,* Damas, Ṭalās, 1989, 2 vol. ; Keith David Watenpaugh, *Being Modern in the Middle East: revolution, nationalism, colonialism, and the Arab middle class,* Princeton, Princeton University Press, 2006; 'Alî Sultân, *Târîkh Sûrîyah,* Damas, Dâr Talâs, 1987 ; et Nashwân al-Attâssî, *op. cit.*, 100 et s。

4. 此处不对“统一与进步委员会”进行详述，若有兴趣，可参见下列文献：Şerif Mardin, *The Genesis of Young Ottoman Thought: a study in the modernization of Turkish political ideas,* Syracuse (N.Y.), Syracuse University Press, 2000 ; M. Şükrü Hanioğlu, *Preparation for a Revolution: the Young Turks, 1902-1908,* Oxford, Oxford University Press, 2001 ; M. Naim Turfan, *Rise of the Young Turks: politics, the military and Ottoman collapse,* Londres New York, I.B. Tauris, 2000。

5. Fakhrî Bârûdî, *Awrâq wa-mudhakkirât Fakhrî al-Bârûdî, 1887-1966, op. cit.*

6. 在对贾兹拉地区的的全面研究中，他只突出了地方权力机构内部的变化：Muḥammad Jamâl Bârût, *al-Takawwun al-târîkhî al-ḥadîth lil-Jazîrah al-Sûrîyah, op. cit*。

7. 'Ismat Burhân al-Dîn 'Abd al-Qâdir, *Dawr al-Nûwâb al-'Arab fî Majlis al-Mab'ûthân al-'Uthmânî, 1908-1914* M, Beyrouth, al-Dâr al-'Arabîyah lil-Mawsû'ât, 2006.

8. Jûzîf Ilyâs, *Tatawwur al-Sihâfah al-Sûrîyah fî mi'at 'âm (1865-1965),* Beyrouth, Dâr al-Niḍâl, 1982 ; Ami Ayalon, *The Press in the Arab Middle East: a history,* Oxford, Oxford

University Press, 1995.

9. Note du 14 août 1908, dans carton 18 A 25 (Nantes).

10. Note du consul britannique, 11 octobre 1908, FO 195/2272 (Kew Gardens).

11. *Khâlid al- 'Azm Mudhakkirât, op. cit.*

12. Elizabeth Thompson, *Justice interrupted, op. cit.*; Anne-Laure Dupont, « Réforme et révolution dans la pensée arabe après 1908 », dans François Georgeon (dir.), *« L'Ivresse de la liberté »: la révolution de 1908 dans l'Empire ottoman, op. cit.*

13. Fâris Khûrî, *Awrâq Fâris al-Khûrî, op. cit.,* 196, poème sur la guerre russo-japonaise.

14. Note du 25 novembre 1908, dans carton 18 A 25 (Nantes).

15. Fâris Khûrî, *Awrâq Fâris al-Khûrî, op. cit.*

16. 'Alî Sultân, *Târîkh Sûrîya, op. cit.,* 80.

17. Muhammad Kurd 'Alî, *Al-Mudhakkirât,* 1948 ; *Al-Muqtadas,* 1912.

18. Voir notes dans FO 195/2272.

19. 'Ismat Burhân al-Dîn 'Abd al-Qâdir, *Dawr al-Nûwâb al - 'Arab fî Majlis al-Mab'ûthân al-'Uthmânî, 1908-1914 M, op. cit.*

20. Henry Laurens, *La Question de Palestine,* tome I, *op. cit.*

21. Patrick Seale, *La Lutte pour l'indépendance arabe : Riad El-Solh et la naissance du Moyen-Orient moderne,* Paris, Fayard, 2010.

22. 'Alî Sultân, *Târîkh Sûrîya, op. cit.*

23. Notes et dépêches consulaires, CCC Damas, volume CXIII et CXIV (La Courneuve); Kais Firro, *A History of the Druzes, op. cit.* ; J. Mascle et Jûrj Kûsá, *Jabal al-Durûz: dirâsa târîkhîya,* Damas, Dâr al-Farqad, 2006 ; Brigit Schaebler « State(s) Power and Druzes: Integration and Struggle for Social Control 1838-1949 », dans Thomas Philipp et Birgit Schäbler, *The Syrian Land, op. cit.*

24. Note du consul, tome CXI, Damas (La Courneuve).

25. Hasan Kayali, *Arabs and Young Turks: Ottomanism, Arabism, and Islamism in the Ottoman Empire, 1908-1918,* Berkeley, University of California Press, 1997.

26. Keith David Watenpaugh, *Being Modern in the Middle East, op. cit.,* dépêches dans 18 A 02 (Nantes).

27. 'Ismat Burhân al-Dîn 'Abd al-Qâdir, *Dawr al-Nûwâb al - 'Arab fî Majlis al-Mab'ûthân al-'Uthmânî, 1908-1914 M, op. cit.*

28. Vincent Cloarec, *La France et la question de Syrie: 1914-1918,* Paris, CNRS Éditions, 2002, 35.

29. Notes et dépêches, tome CXIII, CPC Damas (La Courneuve).

30. Hasan Kayali, « Elections and the Electoral Process in the Ottoman Empire, 1876-1919 », *International Journal of Middle East Studies,* 1995, vol. 27, n° 3, 273.

31. Leyla Dakhli, *Une génération d'intellectuels arabes : Syrie et Liban, 1908-1940,*

Paris, Karthala/IISMM, 2009 ; Vincent Cloarec, *La France et la question de Syrie, op. cit.*

32. Jean Hannoyer, *Campagnes et pouvoir en Syrie, op. cit.;* Muhammad Jamâl Bârût, *al-Takawwun al-târîkhî al-hadîth lil-Jazîrah al-Sûrîyah, op. cit.*

33. Christopher Clark (trad. Marie-Anne de Béru), *Les Somnambules : été 1914 : comment l'Europe a marché vers la guerre,* Paris, Flammarion, 2015.

34. Vincent Cloarec et Henry Laurens, *La France et la question de Syrie, op. cit.* ; sur l' empire dans la guerre, Eugene L. Rogan, *The Fall of the Ottomans: the Great War in the Middle East, 1914-1920,* Londres, Allen Lane, 2015.

35. Notes de juillet à septembre dans 18 PO/A carton 53 (Nantes).

36. Najwa Al-Qattan, « Safarbarlik: Ottoman Syria and the Great War », dans Thomas Philipp et Christoph Schumann, *From the Syrian Land to the States of Syria and Lebanon, op. cit.*

37. Eugene L. Rogan, *The Fall of the Ottomans, op. cit.*

38. Jean Hannoyer, *Campagnes et pouvoir en Syrie, op. cit.*

39. Voir les notes dans FO 383/91 (Kew Gardens).

40. Eugene L. Rogan, *The Fall of the Ottomans, op. cit.*

41. 可于下列文献中查阅关于战争和他个人的详细记载：M. Talha Çiçek, *War and State Formation in Syria: Cemal Pasha's Governorate During World War I, 1914-1917,* Londres, Routledge, 2014. La légende noire se retrouve chez 'Alî Sultân, *Târîkh Sûrîya, op. cit.;* George Antonius, *The Arab Awakening, op. cit*。

42. Note du 5 janvier 1915 dans 1915 A 01 (Vincennes) pour les fortifications et tranchées. Pour les préparatifs contre Suez, les notes sont dispersées dans 1915 A 01 à 1915 A 02 (Vincennes).

43. Note du 8 février 1915, 1915 A 02 (Vincennes).

44. Albert Thomazi, *La Guerre navale dans la Méditerranée,* Paris, Payot, 1929.

45. Eliezer Tauber, *The Formation of Modern Syria and Iraq,* Ilford (GB) Portland (Or.), F. Cass, 1995.

46. Fâris al-Khurî revient en détail analysant les trois vagues d' arrestations et de condamnations : Fâris Khûrî, *Awrâq Fâris al-Khûrî, op. cit.*

47. Patrick Seale, *La Lutte pour l'indépendance arabe, op. cit.*; Eliezer Tauber, *The Formation of Modern Syria and Iraq, op. cit.*

48. M. Talha Çiçek, *War and State Formation in Syria, op. cit.*

49. Elizabeth Thompson, *Colonial Citizens: republican rights, paternal privilege, and gender in French Syria and Lebanon,* New York, Columbia University Press, 2000.

50. Johann Strauss, « The Disintegration of Ottoman Rule in the Syrian Provinces as Viewed by German Observers », dans Thomas Philipp et Birgit Schäbler, *The Syrian Land, op. cit.*

51. Hasan Kayyâlî, « Suriya fî harb al-'alamiyya al-ûlâ wa al-tahâlûf al-almânî al-

uthmânî. Itlâla naqdiyya ‘ala-l-târîkh », dans Mujmûma’al-mu’alifîn, *Mi’a ‘am ‘ala l-harb al-’alamiyya al-ûlâ. Muqârabât arabiyya,* vol. II, Doha, Arab Center for Research and Policy Studies, 2016, 440-441.

52. 现在，土耳其方面有大量的相关文献资料，具体可见：Annette Becker, Hamit Bozarslan, Vincent Duclert, Raymond H Kévorkian, Gaïdz Minassian, Claire Mouradian, Mikaël Nichanian, et Yves Ternon, *Le Génocide des Arméniens. Un siècle de recherche 1915-2015,* Paris, Armand Colin, 2015 ; Hamit Bozarslan, Vincent Duclert, et Raymond H. Kévorkian, *Comprendre le génocide des Arméniens. 1915 à nos jours,* Paris, Tallandier, 2015; Yves Ternon, *Les Arméniens, histoire d’un génocide,* Paris, Seuil, 1977。

53. Yves Ternon, *Les Arméniens, histoire d’un génocide, op. cit.* 在其他来源的消息记载中，提到有数万人死于此次事件之中。

54. Voir les notes 1916 A 01 à 1916 A 09 (Vincennes).

55. 详细请查阅贾菲特图书馆保存的文献，可以从两个视角来观察此次战争：Visions of Islamic Unity: A Comparison of Djemal Pasha’s al-Sharq and Sharîf Husayn’s al-Qibla Periodicals, *Der Islam Welt* 54, 3-4, 2014。

56. John D. Grainger, *The Battle for Syria, 1918-1920,* Woodbridge, Boydell Press, 2013.

57. James L. Gelvin, *Divided Loyalties: nationalism and mass politics in Syria at the close of Empire,* Berkeley, University of California Press, 1998.

58. Ali A. Allawi, *Faisal I of Iraq,* New Haven, Yale University Press, 2014.

59. Voir notes contenues dans 1918 A 09 à 1918 A 12 (Vincennes) ; Malcolm B. Russell, *The First Modern Arab State: Syria under Faysal, 1918-1920,* Minneapolis, Bibliotheca Islamica, 1985.

60. Muhammad Jamâl Bârût, *al-Takawwun al-târîkhî al-hadîth lil-Jazîra al-Sûrîya, op. cit.,* 111.

61. Elizabeth Thompson, *Justice interrupted, op. cit.;* James L. Gelvin, *Divided Loyalties, op. cit.*

62. James L. Gelvin, *Divided Loyalties, op. cit.*

63. Eliezer Tauber, *The Formation of Modern Syria and Iraq,* Ilford (GB) Portland (Or.), F. Cass, 1995.

64. 详细请查阅贾菲特图书馆保存的相关数据。

65. ‘Abd al-Rahmân Shahbandar, *Mudhakkirât ‘Abd al-Rahmân al-Shahbandar,* 1967.

66. Elizabeth Thompson, *Justice interrupted, op. cit.*

67. 关于议会的运作，三位议员之间的争论以及他们的自传性描述，详见：Mâzin Yûssif Sabbâgh, *Al-Mu’atamar al-sûrî-barlamân al-istiqlâl (bilâd al-Shâm) sûriya-falestîn-al-ûrdun-lubnân 7/6/1919-25/7/1920,* Damas, Dâr al-Sharq, 2011 et Mârî Almâẓ Šahrastân, *Al-mu’tamar al-sûrî al-’alî 1919-1920,* Beyrouth, Dâr Amwâj, 2000。

68. Philip S. Khoury, *Syria and the French Mandate : the politics of Arab nationalism,*

1920-1945, Princeton, Princeton University Press, 1987 ; ‘Abd al-Raḥmān Shahbandar et Da‘d Ḥakīm, *Rasā'il ‘Abd al-Raḥmān al-Shahbandar, 1879-1940 : tārīkh ummah fī ḥayāt rajul,* Damas Wizārat al-Thaqāfah fī al-Jumhūrīyah al-‘Arabīyah al-Sūrīyah, 2002.

69. Vahé Tachjian, *La France en Cilicie et en Haute-Mésopotamie. Aux confins de la Turquie, de la Syrie et de l'Irak,* Paris, Karthala, 2004.

70. 此即为叙利亚北部地区起义的序幕, Fâ'iz Qusra, *al-Thawra al-'arabiyya fî-l-shamâl al-sûrî,* Damas, Manshûrât al-hay'a al-'ama al-sûriyya li-l-kitâb, 2007。

71. Nadine Picaudou, « La tradition constitutionnelle arabe : un héritage méconnu », *Égypte/Monde arabe,* 31 décembre 2005, no 2, 17-36.

72. Mârî Almâẓ Ŝahrastân, *Al-mu'tamar al-sûrî al-'alî 1919-1920,* Beyrouth, Dar Amwaj, 2000.

第五章

1. Nadine Méouchy (dir.), *France, Syrie et Liban 1918-1946 : les ambiguïtés et les dynamiques de la relation mandataire,* Damas, Presses de l'Ifpo, 2013.

2. Stephen Hemsley Longrigg, *Syria and Lebanon under French mandate,* Oxford, Oxford University Press, 1958 ; Albert Habib Hourani, *Syria and Lebanon: a political essay,* Beyrouth, Librairie du Liban, Lebanon bookshop, 1968.

3. Edmond Rabbath, *L'Évolution politique de la Syrie sous mandat,* Paris, M. Rivière, 1928; Georges Catroux, *Deux missions en Moyen-Orient: 1919-1922,* Paris, Plon, 1958.

4. Nadine Méouchy, Peter Sluglett, Gérard D. Khoury, et Geoffrey Schad, *The British and French Mandates in Comparative Perspectives,* Leyde Boston, Brill, 2004.

5. Philip S. Khoury, *Syria and the French Mandate: the politics of Arab nationalism, 1920-1945,* Princeton, Princeton University Press, 1987.

6. Jacques Weulersse, *Le Pays des Alaouites,* Paris, Impr. de Arrault, 1940 ; Jacques Weulersse, *Paysans de Syrie et du Proche-Orient,* Paris, Gallimard, Le Paysan et la Terre, 1946; Albert de Boucheman, *Matériel de la vie bédouine : recueilli dans le désert de Syrie (tribu des Arabes Sba‘a),* Damas, Institut français de Damas, 1935.

7. Nadine Méouchy, Peter Sluglett, *The British and French Mandates in Comparative Perspectives, op. cit.,* et *The Routledge Handbook of the History of the Middle East Mandates,* Londres, Routledge, 2015.

8. 莱拉·达赫利对这一时期相关的新闻文章和回忆录进行了详尽的调查研究：*Une génération d'intellectuels arabes: Syrie et Liban, 1908-1940,* Paris, Karthala/IISMM, 2009。

9. Gérard D. Khoury, *Une tutelle coloniale: le mandat français en Syrie et au Liban. Écrits politiques de Robert de Caix,* Paris, Belin, 2006.

10. “少数派”这个词是当时创造的，指的是成员人数较少的信仰团体。详见 Benjamin White, *The Emergence of the Minorities in the Middle East: The Politics of Com-*

munity in French Mandate Syria, Édimbourg, Edinburgh University Press, 2011。

11. Voir sur les découpages et négociations, CPCOM 50, carton 298 à 305 (La Courneuve) et 1SL/1/V/1550 (Nantes) retraçant l'historique de cette frontière.

12. Jean-David Mizrahi, *Genèse de l'État mandataire : service des renseignements et bandes armées en Syrie et au Liban dans les années 1920,* Paris, Publications de la Sorbonne, 2003.

13. Notes dans 1SL/1/V/506 et 1SL/1/V/546 (Nantes).

14. Shadi Jame, *Le Régime de la nationalité en droit syrien et en droit français : étude de droit comparé entre domination coloniale et droit international contemporain,* Nantes, 2010.

15. Entretien auprès d'habitants de Jarablus, Gaziantep, avril 2017.

16. Christian Velud, *Une expérience d'administration régionale en Syrie durant le mandat français : conquête, colonisation et mise en valeur de la Ğazîra : 1920-1936,* Lyon-II, 1991.

17. Voir les notes contenues dans 1SL/1/V/1505 à 1SL/1/V/1508.

18. Tawfîq Suwaydî, *Mudhakkirâtî: nisf qarn min târîkh al-'Irâq wa-al-qaḍîyah al-'Arabîyah,* Londres, Dâr al-Hikmah, 1999.

19. Jean Hannoyer, *Campagnes et pouvoir en Syrie: essai d'histoire socio-économique sur la région de Deir -ez-Zor,* thèse 3e cycle, École des hautes études en sciences sociales, Paris, France, 1982.

20. Sur la délimitation de la frontière sud, 1SL/1/V/440 (Nantes).

21. Note du 23 février 1924 dans 1SL/1/V/950 (Nantes).

22. Jean-David Mizrahi, *Genèse de l'État mandataire, op. cit.*

23. Nadine Méouchy, « From the Great War to the Syrian Armed Resistance Movement (1919-1921): the military and the Mujahidin in action », in H. Liebau, K. Bromber, K. Lange, D. Hamzah and R. Ahuja, *The World in World Wars. Experiences, perceptions and perspectives from Africa and Asia,* Brill, Leyde/Boston, 2010.

24. 'Abd al-Rahmân Shahbandar, *Thawrat Sûriya al-kubrá,* Damas, Dâr al-Jazira, 1955.

25. 关于第一批政治流亡者们的研究，可查阅：Nadine Méouchy, « Les nationalistes arabes de la première génération en Syrie (1918-1928): une génération méconnue », *Bulletin d'études orientales,* 1995, vol. 47, 109-128。

26. *Ibid.*

27. Jean-David Mizrahi, *Genèse de l'État mandataire, op. cit.,* 101.

28. 详见 *L'Asie française, 1920-1932*。

29. Pierre Fournié, *L'Administration française au Levant (1918-1930),* École des chartes, Paris, 1986, et Elizabeth Thompson, *Colonial Citizens: republican rights, paternal privilege, and gender in French Syria and Lebanon,* New York, Columbia University Press, 2000, 115. Les archives de ces services administratifs font des kilomètres de rayonnage.

30. Patrick Seale, *La Lutte pour l'indépendance arabe, op. cit.*

31. Alice Poulleau, *À Damas sous les bombes : journal d' une Française pendant la révolte syrienne (1924-1926),* Paris, Karthala, 2012.

32. 上尉在这些改革举措中发挥的作用也是有待商榷的，因为它免除了法国委任当局的责任；关于此次起义的研究，详见 Lenka Bokova, *La Révolution syrienne contre le mandat français (1925-1927),* Paris, Karthala, 1988 ; Michael Provence, *The Great Syrian Revolt and the Rise of Arab Nationalism,* Austin, University of Texas Press, 2005 ; J. Mascle et Jûrj Kûsá, *Jabal al-Durûz, op. cit*。

33. Daniel Neep, *Occupying Syria under the French Mandate: insurgency, space and state formation,* Cambridge, Cambridge University Press, 2012.

34. Notes dans 1SL/1/V/950 (Nantes) ; Muḥammad Raḍwān Atāsī, *Hāshim al-Atāsī: ḥayātuhu wa-'aṣruh, 1873-1960,* Damas, Muḥammad Raḍwān al-Atāsī, 2005.

35. 'Abd al-Rahmân Shahbandar et Da'd Hakîm, *Rasâ'il 'Abd al-Rahmân al-Shahbandar, 1879-1940: târîkh ummah fî hayât rajul,* Damas, Wizârat al-Thaqâfa fî al-Jumhûrîya al-'Arabîya al-Sûrîya, 2002.

36. Khâlida Ablâl Al-Jabbûrî, *Al-Ab`âd al-siyâsiyya li-l-hukm al-hâshimî 1941-1958,* Damas, al-Nada, 2012.

37. Notes dans 1SL/1/V/948 et 1SL/1/V/398 (Nantes).

38. Philip S. Khoury, *Syria and the French Mandate, op. cit.,* 340.

39. Notes dans 1SL/1/V/955 (Nantes).

40. Muhammad Jamâl Bârût, *al-Takawwun al-târîkhî al-hadîth lil-Jazîrah al-Sûrîyah, op. cit.*

41. Waṣfî Zakarîyâ, *'Ashâ'ir al-Shâm, op. cit.;* Albert de Boucheman, *Matériel de la vie bédouine, op. cit.*

42. *The Routledge Handbook of the History of the Middle East Mandates, op. cit.*

43. Fâris Khûrî, *Awrâq Fâris al-Khûrî, op. cit.;* Luṭfî Haffâr et Salmá al-Haffâr Kuzbarî, *Luṭfî al-Haffâr, 1885-1968: mudhakkarâtuh, hayâtuh, wa-'asruh,* Londres, Riyâḍ al-Rayyis lil-Kutub wa-al-Nashr, 1997.

44. Khâlid al-'Azm, *Mudhakkirât, op. cit.;* Muhammad Amîn Sayyid, Mudhakkirât, Alep, sn, 1994.

45. Frank Peter, *Les Entrepreneurs de Damas. Nation, impérialisme et industrialisation,* Paris, L'Harmattan, 2010.

46. Edmond Chiliac, *Le Bilan économique du mandat français en Syrie et au Liban (1920-1946),* Paris, Édition Espace Publication, 2007.

47. 'Abd Allâh Hannâ, *Al-Fallâhûn wa-mullâk al-arḍ fî Sûrîyat al-qarn al-'ishrîn: dirâsah tajma'u bayna al-târîkh al-shafahî wa-al-târîkh al-maktûb,* Beyrouth, Dâr al-Ṭalî'ah lil-Ṭibâ'ah wa-al-Nashr, 2003.

48. Thierry Boissière, *Le Jardinier et le citadin : ethnologie d'un espace agricole ur-*

bain dans la vallée de l'Oronte en Syrie, Damas, Institut français du Proche-Orient, 2005.

49. Frank Peter, *Les Entrepreneurs, op. cit.,* 146-147.

50. Notes dans 1SL/1/V/956 (Nantes).

51. Nadine Méouchy, « Les mobilisations urbaines et rurales à l'époque mandataire. Remarques préliminaires », dans Nadine Méouchy, Peter Sluglett (dir.), *France, Syrie et Liban 1918-1946, op. cit.*

52. Salma Mardam Bey, *La Syrie et la France : bilan d'une équivoque, 1939-1945,* Paris, L'Harmattan, 1994 ; Philip S. Khoury, *Syria and the French Mandate, op. cit.*

53. Michel Gilquin, *D'Antioche au Hatay : l'histoire oubliée du Sandjak d'Alexandrette. Nationalisme turc contre nationalisme arabe, la France arbitre ?,* Paris, L'Harmattan, 2000 ; Dalal Arsuzî-Elamir, *Arabischer Nationalismus in Syrien: Zakî al-Arsûzî und die arabisch-nationale Bewegung an der Peripherie Alexandretta / Antakya, 1930 - 1938,* Lit, Münster, 2003 ; Keith D. Watenpaugh, « "Creating Phantoms" : Zaki al-Arsuzî, the Alexandretta Crisis, and the Formation of Modern Arab Nationalism in Syria », *International Journal of Middle East Studies,* août 1996, vol. 28, n° 3, 363-389; Lucien Bitterlin, *Alexandrette, le 《Munich》 de l'Orient ou Quand la France capitulait,* Paris, J. Picollec, 1999.

54. Philip S. Khoury, *Syria and the French Mandate, op. cit.;* Michel Gilquin, *D'Antioche au Hatay, op. cit.*

55. Dalal Arsuzi-Elamir, *Arabischer Nationalismus in Syrien, op. cit.;* Robert W. Oslon, *The Ba'th and Syria, 1947 to 1982: the evolution of ideology, party, and state, from the French mandate to the era of Hafiz al-Asad,* Princeton, Kingston Press, 1982. Nabil M. Kaylani, « The Rise of the Syrian Ba'th, 1940-1958: Political Success, Party Failure », *International Journal of Middle East Studies,* 1972, vol. 3, n° 1, 3-23.

56. Nicola Migliorino, *(Re)constructing Armenia in Lebanon and Syria: ethno-cultural diversity and the state in the aftermath of a refugee crisis,* New York, Berghahn Books, 2011.

57. Notes dans 1SL/1/V/1550 (Nantes).

58. Jordi Tejel Gorgas, *Le Mouvement kurde de Turquie en exil : continuités et discontinuités du nationalisme kurde sous le mandat français en Syrie et au Liban, 1925-1946,* Bern, P. Lang, 2007.

59. 关于巴勒斯坦起义问题的相关研究，请详见：Ghassan al Khazen, *La Grande Révolte arabe de 1936 en Palestine,* Beyrouth, Dar an-Nahar, 2005。

60. Khayrîyah Qâsimîyah, *Al-Ra'îl al-'Arabî al-awwal: hayât wa-awrâq Nabîh wa-'Âdil al-'Azmah,* Londres, Riyâḍ al-Rayyis, 1991.

61. Tareq Y. Ismael et Jacqueline S. Ismael, *The Communist Movement in Syria and Lebanon,* Gainesville, University Press of Florida, 1998.

62. Voir les cartons 1SL/1/V/1056 à 1SL/1/V/1058.

63. Antun Beshara (dir.), *Antun Sa'adeh: the man, his thought: An anthology,* Reading, UK, Ithaca Press, 2007.

64. Thomas Pierret, *Baas et Islam en Syrie : la dynastie Assad face aux oulémas,* Paris, Presses universitaires de France, 2011, et ʻAdnân Saʻad al-Dîn, *Al-Ikhwân al-Muslimûn fî Sûriya, Mudhakkirât wa dhikrayât, min qabl al-taʼsîs ilâ ʻâm 1954,* Le Caire, Dâr al-Madbûlî, 2006.

65. Voir entre autres Keith Watenpaugh, « Steel shirts, white badges and the last qabaday: fascism, urban violence and civic identity in Aleppo under French rule », *France, Syrie et Liban (1918-1946). Les ambiguïtés et les dynamiques de la relation mandataire,* Damas, Institut français dʼétudes arabes de Damas, 2002, 325-347

66. Francis R. Nicosia, *Nazi Germany and the Arab World,* New York, Cambridge University Press, 2014.

67. Henry Laurens, « Moyen-Orient », dans Alya Aglan, Robert Frank, *La Guerre Monde, I, 1937-1947,* Paris, Folio Histoire, 2015.

68. Note dans carton 290, Syrie-Liban, Afrique Levant 1944-1952 (La Courneuve).

69. Hélène Faisant de Champchesnel-Grandemange, *La Gendarmerie au Levant pendant la Seconde Guerre mondiale,* Lille, France, Atelier national de reproduction des thèses, 2009.

70. Voir notes contenues dans le carton 1SL/1/V/47 (Nantes).

71. Voir notes contenues dans le carton 1SL/1/V/3 (Nantes).

72. Notes dans FO 371/400066 (Kew Gardens) ; Martin W. Wilmington, *The Middle East Supply Centre,* Albany, State University of New York Press, 1971.

73. Voir les notes contenues dans le carton 290 B, Syrie-Liban 1944-1952, Afrique-Levant (La Courneuve).

74. 关于此次起义的记述比较零散,具体可详见以下文献：1SL/1/V/3 ; 1SL/1/V/107 (Nantes) le second touchant aux villes de la Syrie du Nord et la zone de Deir ez-Zor。

第六章

1. Shukrī Qūwatlī, *Shukrī al-Qūwatlī yukhāṭibu ummatah,* Damas, s.n., 1970.

2. Matthieu Rey, *Le Parlementarisme en Irak et en Syrie entre 1946 et 1963..., op. cit.*

3. Wâlid Muʻalim, *Sûriyâ 1918-1958, al-tahdîwa al-muwâjaha,* Damas, Matbaʻa ʻakra Damas, 1985 ; Patrick Seale, *The Struggle for Syria: a study of post-war Arab politics 1945-1958,* Oxford, Oxford University Press, 1965.

4. Akram Hûrânî, *Mudhakkirât Akram al-Hûrânî,* Le Caire, Maktabat Madbûlî, 2000, 4 volumes; ʻAdnân Saʻad al-Dîn, *Al-Ikhwân al-muslimûn fî sûriya. Mudhakkirât wadhikrayât* (5 vol.), Le Caire, Maktabat Madbûlî, 2006.

5. Caroline Donati, *Lʼ Exception syrienne : entre modernisation et résistance,* Paris, La Découverte, 2009.

6. Samir A. Makdisi, « Syria: Rate of Economic Growth and Fixed Capital Formation 1936-1968 », *Middle East Journal,* 1971, vol. 25, n° 2, 157-179 ; Doreen Warriner, *Land Re-*

form and Development in the Middle East: a study of Egypt, Syria, and Iraq, Londres, Royal Institute of International Affairs, 1957.

7. ʻAbd Allāh Ḥannā, *Al-Fallāḥūn wa-mullāk al-arḍ fī Sūrīyat al-qarn al-ʻishrīn: dirāsah tajmaʻu bayna al-tārīkh al-shafahī wa-al-tārīkh al-maktūb,* Beyrouth, Dār al-Ṭalīʻah lil-Ṭibāʻah wa-al-Nashr, 2003.

8. Majlis al-Nuwwâb, *al-Mudhakkirât al-niyâbiyya,* 1948.

9. Joshua Landis, *Nationalism and the Politics of Za'ama: the collapse of Republican Syria, 1945-1949,* PhD Princeton, 1997.

10. Khâlid al-ʻAzm, Mudhakkirâtî, vol. I, *op. cit.*

11. Akram Hûrânî, *Mudhakkirât Akram al-Hûrânî, op. cit.,* 504-511; Jûrj Jabbûr (1993), *Al-fikr al-siyâssî al-mu`âsir fî sûriya,* Beyrouth, Rayyes el-Rayes, 94; ʻAwda Qasiyyas, *Min târîkh al-haraka al-`ummâliyya wa al-niqâbiyya al-sûriyya sanawât al-harb al-ʻâlamiyya al-thâniyya wa bidâyya sanawât al-istiqlâl 1939-1948,* Damas, Dâr al-`ilm, 2006, 119-152. Voir aussi la couverture de presse par le *Alif Ba'*.

12. Youssef Chaitani, *Post-colonial Syria and Lebanon: the decline of Arab nationalism and the triumph of the state,* Londres, I.B. Tauris, 2007.

13. Télégramme dans le dossier S0969002 (Nations unies, New York).

14. Boîte 1, série 3246A (Maryland) et carton 293, Syrie-Liban 1944-1958 (La Courneuve).

15. Khayrīyah Qāsimīyah, *Al-Raʻīl al-ʻArabī al-awwal, op. cit.*

16. Lettre n° 45, papiers ʻAdel al-ʻAzmeh, Qism al-Khâss (Damas).

17. 详细情况可查阅当时的出版物：*Alif Ba', al-Qabâs,* ou encore *al-Baath* dans lequel les éditoriaux s'opposent de façon virulente à ce changement. Sur le scrutin, notes dans le carton 293, Syrie-Liban 1944-1952, Afrique-Levant (La Courneuve), FO371; voir aussi Khâlid ʻAẓm, *Mudhakkirât, op. cit.;* Copeland, *The Game of Nations: the amorality of power politics,* Londres, Weidenfeld & Nicolson, 1969, 272 p.; ʻAbd al-Salâm ʻUjaylî, *Dhikrayât ayyâm al-siyâsah,* Beyrouth, Riyâḍ al-Rayyis lil-Kutub wa-al-Nashr, 2000。

18. Jalâl al-Sayyid, *Hizb al-Baʻath* (Parti de la Renaissance), Beyrouth, Dar nahâr lil-nashar, 1973; Sâmî al-Jundî al-Ba`ath (La Renaissance), Beyrouth, Dâr al-nahâr lil-nashar, 1969; Robert W. Oslon, *The Ba'th and Syria, 1947 to 1982, op. cit.*; Pierre Guingamp, *Hafez el Assad et le parti Baath en Syrie,* Paris/Montréal, L'Harmattan, 1996; Kamel Abu Jaber, *The Arab Baʻth Socialist Party: history, ideology, and organization,* Syracuse, Syracuse University Press, 1966 ; John F. Devlin, *The Baʻth Party: a history from its origins to 1966,* Stanford, California, Hoover Institution Press, 1976; ʻAbd Allâh Fikrî Khânî, *Jihâd Shukrî al-Qûwatlî fî sabîl al-istiqlâl wa-al-wahdah: wa-maʻahâ mahâḍir jalasât al-wahdah maʻa Miṣr,* Beyrouth, Dâr al-Nafâ'is, 2003.

19. Michel Aflaq, *Fî sabîl al-Baʻth,* Damas, s.n., 1959.

20. Patrick Seale, *The Struggle for Syria, op. cit.*

21. Muhammad Ma'rûf Dawâlîb, *Mudhakkirât al-Duktûr Ma'rûf al-Dawâlîbî,* Riyad, Maktabat al-'Ubaykân, 2005 ; Fred Lawson, « Liberal Champion of Pan-Arabism, Syria's Second Hizb al-Sha'b », dans Christoph Schumann, *Nationalism and Liberal Thought in the Arab East, Ideology and Practice,* Londres, Routledge, 2010.

22. Adnân Sa 'ad al-Dîn, *Ikhwân, op. cit.*, vol. I.

23. Voir les numéros d'*al-Barâda* pour les mois de février et mars 1947.

24. 'Abd al-Salâm 'Ujaylî, *Dhikrayât ayyâm al-siyâsah, op. cit.;* « Situation électorale », 30 juin 1947, Alep, carton 293, Syrie-Liban 1944-1952(La Courneuve); 'Abd al-Latîf al-Yûnis (1992), 220.

25. Numéros de septembre 1947 dans *al-Baath.*

26. *Al-Ayyâm,* 10 juillet 1947.

27. « Élections législatives », 20 juillet 1947, Damas, Syrie-Liban 1944-1952(La Courneuve); Minutes, British Embassy, 26 juin 1947 FO 371/62125; « Monthly Review, June 1947 », Damas, boîte 17, série 3248A (Maryland).

28. Papiers 'Adil al-'Azmih (Damas) et boîte 16, séries 3248A (Maryland).

29. Benny Morris, *1948: a history of the first Arab-Israeli war,* New Haven, Yale University Press, 2008 ; Henry Laurens, *La Question de Palestine,* tome III, Paris, Fayard, 2007.

30. Benny Morris, *1948: a history of the first Arab-Israeli war, op. cit.;* Henry Laurens, *La Question de Palestine,* tome III, *op. cit.*

31. Document n° 31, papiers « ministère de la Défense », qism al-'âm (Damas).

32. Voir documents dans les papiers de 'Adîl al-Azmih, qism al-khâss (Damas) et « situation intérieure », 4 décembre 1948, Syrie-Liban 1944-1958 (La Courneuve).

33. Khâlid 'Aẓm, *Mudhakkirât, op. cit.*

34. Voir les notes dans le carton 293, Syrie-Liban 1944-1952 (La Courneuve) ; FO 371/98; boîte 20 série 3248A (Washington D.C.) ; Muhammad Ma'rûf, *Ayyâm 'ishtuhâ, 1949-1969: al-inqilâbât al-'askarîyah wa-asrâruhâ fî Sûrîya,* Beyrouth, Riyâḍ al-Rayyis lil-Kutub wa-al-Nashr, 2003 ; Nadhîr Fanṣah, *Ayyâm Husnî al-Za'îm: 137 yawman hazzat Sûriyâ,* Al-Ṭab'ah 1., Bayrût, Dâr al-Âfâq al-Jadîdah, 1982.

35. Sayyid 'Abd al-'Âl, *Al-Inqilâbât al-'askarîyah fî Sûriyâ, 1949-1954* M, Le Caire, Maktabat Madbûlî, 2007.

36. Avi Shlaim, « Husni Za'im and the Plan to Resettle Palestinian Refugees in Syria », *Journal of Palestine Studies,* 1986, vol. 15, n° 4, 68-80.

37. *Mudhakkirat Majlis al-Ta'sîsî* (Damas), 1950.

38. Sayyid 'Abd al-'Âl, *Al-Inqilâbât al-'askarîyah, op. cit.*

39. « Taqrîr », 7 septembre 1950, Bagdad, 311 / 2652 (Bagdad).

40. Majlis al-Ta'sîsî, *Mudhakkirât niyâbiyya,* 1950; « Déclaration de M. Doualibi », 13 avril 1950, Liban-Syrie, 1944-1952 (La Courneuve).

41. Télégrammes dans S 0168001 (Nations unies, New York).

42. *Al-Baath*, 7 juillet 1950.

43. Patrick Seale, *The Struggle for Syria, op. cit.*

44. Jalâl al-Sayyid, *Hizb al-Ba 'ath ', op. cit.;* Akram Hûrânî, *Mudhakkirât Akram al-Hûrânî, op. cit.*

45. Ibid. ; Elizabeth Thompson, *Justice interrupted, op. cit.*

46. Voir FO 371 / 98913, FO 98841; carton 294 (Syrie-Liban 1944-1952) (La Courneuve).

47. Hânî Khayyir, *Adîb al-Shîshaklî: ṣâhib al-inqilâb al-thâlith fî Sûrîyâ: al-bidâyah wa-al-nihâyah,* Damas, Hânî al-Khayyir, 1994.

48. Matthieu Rey, « How Did the Middle East Meet the West? The International United Nations Agencies' Surveys in the 1950s », *Middle Eastern Studies,* vol. 49, n° 3, 2013, 477-493.

49. M. Babelli, *La Constitution syrienne de 1953,* Université de Paris.

50. Selon les propos de Ujaylî, rapportés par Elizabeth Picard (Paris, octobre 2013).

51. Voir les pochettes FO 371 / 111138 à 111144 ; carton 521, Syrie 1953-1958 (La Courneuve) ; Manṣûr Aṭrash, *Al-Jîl al-mudân: sîrah dhâtîyah, min awrâq Manṣûr Sulṭân al-Aṭrash,* Beyrouth, Riyâḍ al-Rayyis lil-Kutub wa-al-Nashr, 2008.

52. Document n° 1, carton 80, papiers Fakhrî al-Bârûdî, Qism al-Khâss (Damas).

53. Dernièrement Kevin W. Martin, *Syria's Democratic Years: citizens, experts, and media in the 1950's,* Bloomington, Indiana University Press, 2015.

54. Matthieu Rey, « Le moment électoral de 1954 en Irak et en Syrie », *MaghrebMachrek,* n° 213, 99-116.

55. Majlis al-niyâbî, *Mudhakkirât al-niyâbiyya,* 1955, 1956 et 1957.

56. John F. Devlin, *The Ba'th Party, op. cit.*

57. Voir les numéros *al-Baath* de mars 1954 puis celui de février 1955.

58. Muṣṭafâ Sibâ'i, *Ishtirâkîyat al-Islâm,* Damas, Maṭbu'a Jâmi'at Damashaq, 1959.

59. Notes dans le carton 522, Syrie 1953-1958 (La Courneuve).

60. Khâlid 'Aẓm, *Mudhakkirât, op. cit.*

61. Malcolm H. Kerr, *The Arab Cold War, 1958-1964: a study of ideology in politics,* Oxford, Oxford University Press, 1965.

62. « La semaine de l'Algérie », 13 avril 1956, carton 522, Syrie 1953-1958 (La Courneuve).

63. David W. Lesch, « Militaires et politique étrangère en Syrie (1946-1970) », *Vingtième siècle. Revue d'histoire,* 20 octobre 2014, n° 124, 73-86; Robert G. Rabil, *Syria, the United States, and the war on terror in the Middle East,* Westport, Conn., Praeger Security International, 2006; Salim Yaqub, *Containing Arab Nationalism: the Eisenhower doctrine and the Middle East,* Chapel Hill, University of North Carolina Press, 2004.

64. Muhammad Ma'rûf, *Ayyâm 'ishtuhâ, 1949-1969, op. cit.*

65. 关于苏伊士运河危机的总体研究，可详见：Keith Kyle, *Suez,* New York, St. Martin's Press, 1991 ; Roger Louis, Roger Owen (dir.), *Suez 1956: the crisis and its consequences,* Oxford/New York, Clarendon Press/Oxford University Press, 1989。

66. Fawzî Shu'aybî, *Shâhid min al-mukhâbarât al-sûriyya, 1955-1968,* Beyrouth, Riad al-Rayyes, 2008.

67. *Alif Ba'*, 16 janvier 1957; *Al-Barâda,* les numéros entre le 7 et le 18 janvier 1957; *al-Baath,* 18 janvier 1957; « note sur la situation intérieure », 7 février 1957, carton 523, Syrie 1953-1958 (La Courneuve).

68. Voir les notes contenues dans les cartons 522, 525, 526 Syrie 1953-1958 (La Courneuve), boîtes 30 série 3248A (Washington D.C.) ; Salim Yaqub, *Containing Arab Nationalism, op. cit.;* Henry Laurens, *La Question de Palestine,* tome III, *op. cit.;* Rashid Khalidi, *Sowing Crisis: The Cold War and American dominance in the Middle East by Rashid Khalidi,* Beacon Press, 2011; David W. Lesch, *Syria and the United States: Eisenhower's Cold War in the Middle East,* Boulder, Westview Press, 1992.

69. Roger Louis, Roger Owen (dir.), *A Revolutionary Year: the Middle East in 1958,* New York/Washington, D.C., I.B. Tauris Publishers/Woodrow Wilson Center Press, 2002.

70. Yâsir Khazâ'ilah, *Târîkh al-azmah al-siyâsîyah fî Lubnân, 1957-1958: dirâsah muhakkamah,* Ammân, Dâr al-Khalîj, 2007; Irene L. Gendzier, *Notes from the Minefield: United States intervention in Lebanon and the Middle East, 1945-1958,* New York, Columbia University Press, 1997.

71. 1958年9月的法律规定，非灌溉土地的面积为300公顷，灌溉土地为80公顷。具体详见：《Réforme agraire》, 30 septembre 1958, carton 613, République arabe unie 1960-1965 (La Courneuve)。

72. Patrick Seale, *Asad of Syria: the struggle for the Middle East,* Berkeley, University of California Press, 1989.

73. Akram Hûrânî, *Mudhakkirât Akram al-Hûrânî, op. cit.,* 2751 et s.; « Notes sur les élections en RAU », 19 juillet 1959, Beyrouth, carton 612, République arabe unie 1958-1965 (La Courneuve).

74. 关于« 阿联 »分裂过程的研究，详见：'Abd al-Karîm Zahr al-Dîn, *Mudhakaratî 'an fatra al-infisâl fî sûriya mâ bayn 28 aylûl 1961 wa 8 âdhâr 1963,* Beyrouth, Dâr al-Ittihâd, 1968, 68 et s. ; « Developments in Syria », 29 septembre 1961, Damas, boîte 37, série 3248A (Maryland) ; notes sur la politique intérieure et le coup d'État, dans carton 1038, Syrie 1960-1965 (La Courneuve)。

75. Hanna Batatu, *Syria's Peasantry, the Descendants of its Lesser Rural Notables, and their Politics,* Princeton, Princeton University Press, 1999.

76. Note de situation intérieure, 1er décembre 1961, Syrie 1960-1965 (La Courneuve).

77. Majlis al-niyâbî, *Mudhakkirât niyâbiyya,* 1962.

78. Bashîr al-'Azmih, *Jîl al-hazîma bayn al-wahda wa al-infisâl: mudhakkarât,* Lon-

dres, Riyad-Rayyes, 1991.

79. ʻAbd al-Karîm Zahr al-dîn, *Mudhakarratî `an fatra al-infisâl fî sûriya mâ bayn 28 aylûl 1961 wa 8 âdhâr 1963,* Beyrouth, Dâr al-Ittihâd, 1968, 190 et s.

80. *Al-Jamahîr* et brochure privée contenue au Qism al-Khass (Damas).

81. Entretien à Istanbul avec des représentants des Frères musulmans militant dans les années 1960 (Istanbul, 5 mai 2017) et notes de février 1963, boîte 4084 (Washington D.C.).

第七章

1. Hanna Batatu, *The Egyptian, Syrian, and Iraqi Revolutions: some observations on their underlying causes and social character,* Washington, D. C., Georgetown University, 1984 ; Hanna Batatu, *Syria's Peasantry, the Descendants of its Lesser Rural Notables, and their Politics*, Princeton, Princeton University Press, 1999 ; Édouard Saab, *La Syrie ou la Révolution dans la rancœur,* Paris, Julliard, 1968.

2. Ulrike Freitag, « In Search of "Historical Correctness" : The Ba' th Party in Syria », *Middle Eastern Studies,* 1999, vol. 35, nº 1, 1-16.

3. Voir les notes dans les cartons 2685 et 4084 (Maryland), cartons 1870 et 1873 (La Courneuve) ; Munîf Razzâz, *Al-Tajribah al-murrah,* Damas, 1967 ; Mustafa Tlâss, *Marâ Hayâtî*, Damas, Dâr al-Tlâss, 2007 ; Muhammad Ibrâhîm ʻAlî, *Hayâtî wa-al-iʻdâm, op. cit ;* Patrick Seale, *Asad of Syria: the struggle for the Middle East,* Berkeley, University of California Press, 1989 ; Itamar Rabinovich, *Syria under the Ba'th, 1963-66: the army-party symbiosis,* Jérusalem, Israel Universities Press, 1972 ; Raymond Aloysius Hinnebusch, *Syria: revolution from above,* Londres, Routledge, 2001 ; Raymond A. Hinnebusch, *Authoritarian Power and State Formation in Ba'thist Syria: army, party, and peasant,* Boulder (Colo.), Westview Press, 1990 ; Nikolaos Van Dam, *The Struggle for Power in Syria: politics and society under Asad and the Ba'th Party,* Londres, I.B. Tauris, 1996.

4. Muhammad Ibrâhîm ʻAlî, *Hayâtî wa-al-iʻdâm, op. cit.*

5. Patrick Seale, *Asad of Syria, op. cit.*

6. Voir les notes au jour le jour dans les cartons 4084 et 4085 (Washington D.C.).

7. Entre autres, Muhammad Hasanayn Haykal, *The Cairo Documents: the inside story of Nasser and his relationship with world leaders, rebels, and statesmen,* New York, Doubleday, 1973.

8. Notes contenues dans la boîte XXX (Maryland). Voir aussi FCO XXX et carton XXX (La Courneuve).

9. 大多数关于叙利亚政党史的历史叙述都以复兴党为叙事重点，然后按章节分析其他政党，这是一种欠妥的做法，因为此时叙利亚政党组织的流动性很强。相关研究请详见：John F. Devlin, *The Baʻth Party: a history from its origins to 1966,* Stanford, Hoover Institution Press, 1976 ; Ilyâs Farah, *Arab Revolutionary Thought in the Face of Current Challenges,* s.l., Arab Ba'th Socialist Party, 1978. Robert W. Oslon, *The Ba'th and*

Syria, 1947 to 1982, op. cit.; Kamel Abu Jaber, *The Arab Ba'th Socialist Party: history, ideology, and organization,* Syracuse, Syracuse University Press, 1966。

10. Munîf Razzâz, *al-Tajribah al-murrah, op. cit.*

11. 'Adnân Sa'ad al-Dîn, *Al-Ikhwân, op. cit.,* entretien avec des proches des Frères musulmans et activistes (Istanbul, septembre 2014) ; Raphaël Lefèvre, *Ashes of Hama: The Muslim Brotherhood in Syria,* Oxford, Oxford University Press, 2013.

12. Akram Hûrânî, *Mudhakkirât Akram al-Hûrânî, op. cit.;* 'Adnân Sa'ad al-Dîn, *Al-Ikhwân, op. cit.*

13. 关于此项改革的具体细节,请查阅 cartons 4084, 4085 (Washington D.C.)。

14. Voir notes dans le carton 1040 Syrie (1960-1965) (La Courneuve).

15. 'Abdallah Hanna,« Towards a social interpretation of the events of Hama in 1982 », dans Gérard D. Khoury, Nadine Méouchy, Henry Laurens, et Peter Sluglett, *États et sociétés de l'Orient arabe en quête d'avenir : 1945-2005. Actes de la Semaine internationale d'études sur le Moyen-Orient arabe,* MMSH, Aix-en-Provence, juin 2005, Paris, Geuthner, 2006.

16. 此部分是根据当时穆斯林兄弟会参与活动人员的口述内容 (entretien Amman avril 2015 ; Istanbul avril 2017)。

17. Notes sur les assemblées locales, présentes dans les cartons 1874 et 1875 (Syrie 1966-1970) (La Courneuve) et quelques remarques dans la boîte 4086 (Washington D.C.).

18. Entretien Gaziantep avril 2017.

19. *Al-Ba'ath,* 17 avril 1965.

20. Édouarda Saab, *La Syrie ou la Révolution dans la rancœur, op. cit.*

21. 此处已知的有关区分灌溉地和非灌溉地的土地分类法的细节问题，请详见：Al-qazzaz, « Army Officers and Land Reform in Egypt, Iraq, and Syria », *Sociological Bulletin, 1971,* vol. 20, no 2, 159-177; Rony Gabbay, *Communism and Agrarian Reform in Iraq,* Londres, Croom Helm, 1978; « Agrarian Land Reform in Syria », *The American Journal of Economics and Sociology,* 1970, vol. 29, no 3, 276-276; Myriam Ababsa, « La recomposition des allégeances tribales dans le Moyen-Euphrate syrien (1958-2007) », *Études rurales,* 7 avril 2010, no 184, 65-78 ; Bichara Khader, « Propriété agricole et réforme agraire en Syrie », *Civilisations,* 1975, vol. 25, 1/2, 62-83。

22. Entretiens auprès d'habitants venant du nord de la Syrie (Gaziantep, 27 avril1er mai 2017) et Raymond A. Hinnebusch, « Local Politics in Syria: organization and mobilization in four village cases », *Middle East Journal,* 1976, vol. 30, no 1, 1-24.

23. Archive et *al-Baath*.

24. Sur le coup d'État voir les notes diplomatiques américaines dans les boîtes 2686, 2687, 4056 (Washington D.C.) et note dans le carton 1872 (Syrie 1966-1968) (La Courneuve) ; Munîf from old catalog Razzâz, *al-Tajribah al-murrah, op. cit.* John F. Devlin, *The Ba'th Party, op. cit.*; Kamel Abu Jaber, *The Arab Ba'th Socialist Party: history, ideology,*

and organization, Syracuse University Press, 1966; Mustafa Tlâss, *Marâ wa hayyâtî,* volume III.

25. Voir notes contenues dans les boîtes 2511 et 2687 (Washington D.C.) et cartons 1873 et 1873 (Syrie 1966-1970) (La Courneuve).

26. Voir les numéros de la revue militaire *Al-Jundî ou Jaysh al-Sha'ab* (Congress Library).

27. Voir les notes 188OP47 (Damas) (Nantes).

28. Henry Laurens, *La Question de Palestine,* tome III, Fayard, 2007.

29. Henry Laurens, *La Question de Palestine,* tome III, Fayard, 2007 ; Patrick Seale, *Asad of Syria, op. cit.;* Hanna Batatu, *Syria's Peasantry, the Decendants of its Lesser Rural Notables, and their Politics, op. cit.*; Umar F. Abd-Allah, *The Islamic Struggle in Syria, op. cit.*

30. Voir les numéros de Jaysh al-Sha'ab pour les années 1967-1968.

31. Notes contenues dans le carton 1873, Syrie 1966-1971 (La Courneuve) ; Patrick Seale, *Asad of Syria, op. cit.,* 102 et s.

第八章

1. Patrick Seale, *Asad of Syria, op. cit.,* 102 et s.

2. Raymond A. Hinnebusch, *Authoritarian Power and State Formation in Ba'thist Syria, op. cit.*; Raymond Aloysius Hinnebusch, *Syria, op. cit.*; Hanna Batatu, *Syria's Peasantry, the Descendants of its Lesser Rural Notables, and their Politics, op. cit.*; Efraim Karsh, *Soviet Policy Towards Syria since 1970,* New York, St. Martin's Press, 1991 ; Galia Golan, *The Soviet Union and Syria since the Yom Kippur War,* Jérusalem, Hebrew University of Jerusalem, Soviet and East European Research Centre, 1977 ; Alasdair Drysdale et Raymond A. Hinnebusch, *Syria and the Middle East Peace Process,* New York, Council on Foreign Relations Press, 1991.

3. 在米歇尔·修拉于1985年5月22日被绑架并去世后，他的文章被收集在*L'État de barbarie*一书中。详见：*L'État de barbarie*, Paris, Le Seuil, 1989。

4. 根据世界银行提供的数据。

5. Hanna Batatu, *Syria's Peasantry, the Descendants of its Lesser Rural Notables, and their Politics, op. cit.*

6. Daniel Le Gac, *La Syrie du général Assad,* Bruxelles, Éditions Complexe, 1991.

7. Lucien Bitterlin, *Hafez El-Assad : le parcours d'un combattant,* Paris, Éditions du Jaguar, 1986 ; Patrick Seale, *Asad of Syria, op. cit.*

8. Voir les cartons 13, 14 et 15, 188OP (Damas) (Nantes).

9. Voir, entre autres, Raymond A. Hinnebusch, *Authoritarian power and state formation in Ba'thist Syria, op. cit.*

10. Notes sur le parti Baath, non datées, carton 15, 188PO (Nantes).

11. Voir *al-Baath* 1971.

12. 此部分内容源自与叙利亚沿海和边境地区的居民的访谈。详见：Fabrice Balanche, *La région alaouite et le pouvoir syrien,* Éditions Karthala, Paris, 2006。

13. Hâshim 'Uthmân, *Târîkh sûriya al-hadîth 'adh Hâfiz al-Assad,* Beyrouth, Riyad al-Rayyes, 2014, 103.

14. Henry Laurens, *La Question de Palestine,* tome IV : *Le Rameau d'olivier et le fusil du combattant,* Paris, Fayard, 2011.

15. Notes dans 1776INVA40 (La Courneuve).

16. Mouna Liliane Samman, « Le recensement syrien de 1981 », *Population,* 1983, vol. 38, n° 1, 184-188.

17. Myriam Ababsa, *Raqqa, territoires et pratiques sociales d'une ville syrienne,* Presses de l'Ifpo, 2010 ; Jean Hannoyer, *Campagnes et pouvoir en Syrie, op. cit.*

18. Mohamed Al-Dbiyat M., *Hama et Homs en Syrie centrale, concurrence urbaine et développement régional,* Damas, Ifpo, 1995.

19. Hâshim 'Uthmân, *op. cit.*, 118-120.

20. Anne-Marie Bianquis, *La Réforme agraire dans la Ghouta de Damas,* Institut français de Damas, Damas, 1989 ; Thierry Boissière, *Le Jardinier et le citadin, op. cit.*

21. Hazem Beblawi et Giacomo Luciani, *The Rentier State,* Londres, Routledge, 1987.

22. Matthieu Auzanneau, *Or noir. La grande histoire du pétrole,* Paris, La Découverte, 2016.

23. Hanna Batatu, « Some Observations on the Social Roots of Syria's Ruling, Military Group and the Causes for Its Dominance », *Middle East Journal*, 1981, vol. 35, no 3, 331-344 ; Elizabeth Picard, « Ouverture économique et renforcement militaire en Syrie », *Oriente moderno,* 1979, vol. 59, 7/12, 663-676; Albert Hourani, Philip Khoury, et Mary Christina Wilson, *The Modern Middle East: a reader,* Berkeley, University of California Press, 1993.

24. Volker Perthes, *The Political Economy of Syria under Asad,* New York, I.B. Tauris, 1997.

25. Adnân Sa'ad al-Dîn, *op. cit.*

26. Voir les cartons 18AP47 (Damas) (Nantes) ; voir les très nombreux dossiers de la série FCO93 Kew Gardens (Londres) entre autres et 1776INVA63 (La Courneuve).

27. Entretien Richard Murphy (New York, novembre 2014).

28. Samîr 'Abduh, *Hafiz al-Assad yahkum sûriyâ,* Beyrouth, Bîr Sâb, 2011, 53-54; Raymond A. Hinnebusch, *Authoritarian Power and State Formation in Ba'thist Syria, op. cit.*

28. Olivier Carré et Michel Seurat, *Les Frères musulmans: Égypte et Syrie(1928- 1982),* Paris, Julliard, 1983 ; Raphaël Lefèvre, *Ashes of Hama, op. cit.*

30. 该部分叙述源自对前穆兄会成员的访谈：Amman, septembre 2014。

31. Adeed Dawisha, *Syria and the Lebanese Crisis,* Londres, Macmillan Press Ltd,

1980; Ghassan Tuéni, *Une Guerre pour les autres,* Paris, J.-C. Lattès, 1985 ; Samir Kassir, *La Guerre du Liban. De la dissension nationale au conflit régional (1975-1982),* Karthala Cermoc, Paris Beyrouth, 1994 ; Elizabeth Picard, *Liban, État de discorde : des fondations aux guerres fratricides,* Paris, Flammarion, 1988.

32. Umar F. ʻAbd-Allah, *The Islamic Struggle in Syria, op. cit.*; notes dans 1776INVA39 et 1776INVA40 (La Courneuve).

33. Elizabeth Picard, *Liban-Syrie, intimes étrangers. Un siècle d'interactions socio-politiques,* Arles, Actes Sud, 2016.

34. 该部分描述源自对前穆兄会社会活动分子的访谈内容(Istanbul, avril 2017)。

35. Voir notes et éphémérides dans les cartons 1776INVA35 et 1776INVA40 (La Courneuve).

36. Voir notes, entre autres, du 12 avril 1978, 1776INVA39 (La Courneuve).

37. Mustafa Tlâss, *Marâ Hayâtî,* volume 4, Eberhard Kienle, *Ba'th v. Ba'th: the conflict between Syria and Iraq, 1968-1989,* Londres, I.B. Tauris, 1990.

38. 本节的叙述是根据多部回忆录、书籍和解密档案编写的，为了不使阅读量过大，特将相关文献目录收集于此: Les cartons 1776INVA35, 1776INVA36, 1776INVA39 et 1776INVA40 (La Courneuve); Hâshim ʻUthman, *op. cit.*; Mustafa Tlâss, *Marâ wa Hayyâtî,* volume 4; *Al-Baath* entre 1979-1982; *Tishrîn* 1979-1982; Jam'iyat al-Ikhwân al-Muslimin (dir.), *Hamâ, ma'sât al-ʻaṣr,* s.l., al-Tahalluf al-Waṭanî li-Ṭahrîr Sûrîyah, 1983; *Majzarat Hamâh: al-qiṣṣah al-haqîqîyah bi-al-asmâ' wa-al-waqâ'iʻ wa-al-arqâm wa-al-ṣuwar li-akbar majzarah fî al-ʻaṣr al-hadîth,* Le Caire Dâr al-Iʻtiṣâm, 1984; *Ashes of Hama, op. cit*。

39. Voir les longues explications de Mustafâ Tlâss autour des causes et des responsabilités : Mustafa Tlâss, *Marâ Hayâtî,* volume 4.

40. ʻAbd allah Hanâ, *Towards, op. cit.*

41. Henry Laurens, *La Question de Palestine,* tome IV, *op. cit.*

42. Voir cartons 1 et 3, 0052 SUP (La Courneuve), Mustafâ Tlâss, s, vol. 4, 345 et s.

43. Note du 19 novembre 1987, dans le carton 0052 SUP 03.

第九章

1. Hâshim ʻUthman, *op. cit.*

2. Lisa Wedeen, *Ambiguities of Domination: politics, rhetoric, and symbols in contemporary Syria,* Chicago, University of Chicago Press, 1999.

3. Henry Laurens, *L'Orient arabe à l'heure américaine : de la guerre du Golfe à la guerre d'Irak,* Paris, A. Colin, 2005.

4. S.U. Larsen (dir.), *The Challenges of Theories on Democracy: elaborations over new trends in transitology,* Boulder, New York, Social Science Monographs, 2000 ; G.A. O'Donnell, P.C. Schmitter, et L. Whitehead (dir.), *Transitions from Authoritarian Rule. Com-*

parative Perspectives, Baltimore, Johns Hopkins University Press, 1986 ; Ghassan Salamé (dir.), *Démocraties sans démocrates : politiques d'ouverture dans le monde arabe et islamique,* Paris, Fayard, 1994.

5. Voir, principalement, Fârûq Shar', *Al-Riwâya al-mafqûda,* Beyrouth, al-Markaz al-'Arabî lil-Abhâth wa-Dirâsat al-Siyâsât, 2015 ; Bouthaina Shaaban, *'Ashrat a'wâm ma'a Hâfiẓ al-Asad, 1990-2000,* Beyrouth, Markaz Dirâsât al-Wahda al-'Arabîya, 2015 ; Mustafa Tlâss, Damas, Dâr al-Tlâss, 2007, volume 5.

6. Lisa Wedeen, *Ambiguities of Domination, op. cit.*

7. « Situation intérieure », Damas, 9 février 1985, carton 1 dans la série 0052 SUP (La Courneuve).

8. Entretiens avec Wladimir Glasman (Paris, décembre 2013).

9. Hâshim 'Uthman, *op. cit.,* 255-257.

10. 此部分内容源自2012年6月期间对叙利亚社会活动家们的采访，他们试图统计和总结出革命前叙利亚各地对阿萨德政府的支持情况。

11. 源自2013年12月在巴黎与弗拉基米尔·格拉斯曼的访谈内容。

12. 详见第一章相关内容的叙述。

13. Voir carton 3, 0052 SUP (La Courneuve).

14. Eberhard Kienle (dir.), *Contemporary Syria: liberalization between cold war and cold peace,* New York, St. Martin's Press, 1994.

15. Muhammad Jamâl Bârût, *Al-'Aqd al-akhîr fî târîkh Sûriyah: jadalîyat al-jumûd wa-al-iṣlâh,* Doha' al-Markaz al-'Arabî lil-Abhâth wa-Dirâsat al-Siyâsât, 2012.

16. Fabrice Balanche, *La Région alaouite et le pouvoir syrien, op. cit.*

17. Anne-Marie Bianquis et Mohamed Al-Dbiyat, « La population syrienne: un tournant démographique? », *Méditerranée,* 1995, vol. 81, no 1, 81-90 ; Onn Winckler, *Demographic Developments and Population Policies in Ba'thist Syria,* Brighton, Sussex Academic Press, 1998.

18. Voir les notes contenues dans cartons 1, 3 et 4, 189OP (La Courneuve).

19. Note dans le carton 3, 00SUP 52 (La Courneuve).

20. Muhammad Jamâl Bârût, *al-'Aqd al-akhîr fî târîkh Sûriyah, op. cit.*

21. Eberhard Kienle, *Contemporary Syria, op. cit.* 18 et s.

22. Joseph Bahout, *Les Entrepreneurs syriens: économie, affaires et politique,* Beyrouth, CERMOC, 1994.

23. Voir notes dans 0052 SUP 03.

24. Thomas Pierret, *Baas et Islam en Syrie, op. cit.*

25. Myriam Ababsa, *Raqqa, territoires et pratiques sociales d'une ville syrienne, op. cit.;* Roman-Oliver Foy, *Habitants et territoires dans un grand périmètre irrigué en Syrie. De la création à la liquidation d'une ferme d'État (Établissement Al-Assad - Projet de l'Euphrate-1971-2010),* Paris I, 2014.

26. Note dans le carton 1, 189OP, Syrie 1990-1994 (La Courneuve).

27. Efraim Karsh, *Soviet Policy Towards Syria Since 1970, op. cit.*

28. Bouthaina Shaaban, *'Ashrat a'wâm ma'a Hâfiẓ al-Asad, 1990-2000, op. cit.* ; Fârûq Shar', *al-Riwâyah al-mafqûdah, op. cit.*

29. James A. Baker III, *The Politics of Diplomacy,* New York, Putnam Adult, 1995.

30. 在亨利·劳伦斯看来，叙利亚对该问题的参与是一个通过内部行为者和外部利益的相互作用而迫使其频繁干预与影响的问题，而不是皮埃尔·让·路易兹强调的那种教派和族群之间的内部对立的问题。具体可详见：H. Laurens, *La Question de Palestine: 1799-1921,* tome I, reproduit en fac-similé, Paris, Fayard, 1999; Pierre-Jean Luizard, *La Question irakienne,* Paris, 2002。

31. 源自2012年6月与霍姆斯商业区居民的访谈内容。

32. Hâshim 'Uthmân, *op. cit.*

33. Éphéméride 1992, carton 189 01.

34. 源自2009—2013年在叙利亚进行的长期实地考察中采访的各种民间社会人士的口述。

35. Carton 1, 189OP (La Courneuve).

36. Carton 3, OP189.

37. Manon Nour Tanous, *Assad, Chirac, et les autres,* Paris, Puf, 2017.

38. Pierre-Jean Luizard, *La Question irakienne,* Paris, Fayard, 2002.

39. Marwa Daoudy, *Le Partage des eaux entre la Syrie, l'Irak et la Turquie : négociation, sécurité et asymétrie des pouvoirs,* Paris, CNRS Éditions, 2005.

40. Henry Laurens, *La Question de Palestine,* tome V *: La Paix impossible,* Paris, Fayard, 2015.

第十章

1. Steven Heydemann et Rachel Bouyssou, « D'Assad à Assad. La politique syrienne n'est pas un théâtre d'ombres », *Critique internationale,* 2000, nº 9, 36-43; Frédéric Charillon, « Maroc, Jordanie, Syrie: Les héritiers », *Études,* 2002, tome 397, nº 12, 587-597; Joshua Stacher, « Reinterpreting Authoritarian Power: Syria's hereditary Succession », *Middle East Journal,* 2011, vol. 65, nº 2, 197-212.

2. Henry Laurens, *L'Orient arabe à l'heure américaine, op. cit.*

3. Manon Nour Tannous, *op. cit.*

4. Mustafa Tlâss, *Marâ Hayâtî,* Dâr al-Tlâss.

5. 2012年12月在巴黎对弗拉基米尔·格拉斯曼进行的访谈。Souhaïl Belhadj, *La Syrie de Bashar al-Asad : anatomie d'un régime autoritaire,* Paris, Belin, 2013。

6. Burhan Ghalioun, « Un printemps de Damas », *Confluences (Méditerranée),* 44, 2002.

7. 本段内容基于2011年9月和2012年6月在大马士革，主要是阿勒颇和拉塔基亚进行的采访活动，采访对象年龄在20—35岁之间。

8. Entretiens et observations en Syrie (2009-2010) ; David W. Lesch, *The New Lion of Damascus: Bashar al-Asad and Modern Syria by David W. Lesch,* New Haven, Yale University Press, 2004 ; Caroline Donati, *L 'Exception syrienne, op. cit.*

9. Eyal Zisser, *Commanding Syria: Bashar al-Asad and the first years in power,* Londres, I.B. Tauris, 2007.

10. 源自2012年6月在大马士革对杰贝勒地区德鲁兹居民的访谈内容。

11. Toby Dodge, *Iraq. From War to a New Authoritarianism,* Londres, Routledge, 2013.

12. 源自2012年12月在巴黎对不愿透露姓名的法国外交官的采访内容。

13. Loulouwa Al-Rachid et Édouard Méténier, « À propos de la violence "irakienne" . Quelques éléments de réflexion sur un lieu commun, Abstract », *A contrario,* 13 octobre 2008, vol. 5, no 1, 114-133.

14. David W. Lesch, *The New Lion of Damascus, op. cit.*

15. Matthieu Rey, « 2003: A Turning Point in the Formation of the Syrian youth », dans Marc Ayyash, Ratiba Hadj Moussa (dir.), *Protests and Generations: legacies and emergences in the Middle East, North Africa and the Mediterranean,* Leyde, Boston, Brill, 2017.

16. International Crisis Group, « Failed responsibility: Iraqi refugees in Syria, Jordan and Lebanon », *Middle-East Report,* n° 77, 10 juillet 2008 ; Mohamed Kamel Doraï, « Le rôle de la Syrie dans l' accueil des réfugiés irakiens depuis 2003 : espace de transit, espace d' installation », *Méditerranée. Revue géographique des pays méditerranéens / Journal of Mediterranean Geography,* 31 décembre 2009, n° 113, 139-146.

17. Jordi Tejel Gorgas, *Syria 's Kurds: history, politics and society,* Londres/New York, Routledge, 2009.

18. Sur la crise et ses suites, https://d2071andvip0wj.cloudfront.net/39-syria-after lebanon-lebanon-after-syria.pdf (consulté le 2 décembre 2016) ; Manon Nour Tannous, *op. cit.*; Rola El-Husseini, *Pax syriana: elite politics in postwar Lebanon,* Syracuse, Syracuse University Press, 2012 ; Ohannes Geukjian, *Lebanon after the Syrian withdrawal: external intervention, power-sharing and political instability,* Londres/New York, Routledge, Taylor & Francis Group, 2017 ; Taku Osoegawa, *Syria and Lebanon: international relations and diplomacy in the Middle East,* Londres, I.B. Tauris, 2013.

19. Samir Kassir, « La lutte pour la démocratie en Syrie et l' indépendance au Liban », *Confluences (Méditerranée),* 44, 2002-2003, 83-95.

20. 本节叙述基于对保存在贝鲁特的弗拉迪米尔·格拉斯曼档案的查阅，该部分档案包含了All Syria公司制作的派遣函相关信件。

21. Sylvia Chiffoleau, « La Syrie au quotidien : cultures et pratiques du changement. Présentation », *Revue des mondes musulmans et de la Méditerranée,* 31 décembre 2006, no 115-116 ; *La Syrie au présent : reflets d 'une société,* Arles, Sindbad/Actes Sud, 2007.

22. Muhammad Jamâl Bârût, *Al-'Aqd al-akhîr fî târîkh Sûriyah: jadalîyat al-jumûd wa-*

al-iSlâh, Doha, al-Markaz al-'Arabî lil-Abhâth wa-Dirâsat al-Siyâsât, 2012.

23. Bassam Haddad, *Business networks in Syria : the political economy of authoritarian resilience,* Stanford, Stanford University Press, 2012.

24. Leïla Vignal, « La "nouvelle consommation" et les transformations des paysages urbains à la lumière de l'ouverture économique : l'exemple de Damas », *Revue des mondes musulmans et de la Méditerranée,* 31 décembre 2006, n° 115-116.

25. Reprenant les observations sur l'urbain développées dans Asef Bayat et L. Herrera (dir.), *Being Young and Muslim: new cultural politics in the global south and north,* Oxford, Oxford University Press, 2010.

26. Andrew Tabler, *In the Lion's Den: an eyewitness account of Washington's battle with Syria,* Chicago, Ill., Lawrence Hill Books, 2011; plus généralement, Laura Ruiz de Elvira Carrascal, *Associations de bienfaisance et ingénieries politiques dans la Syrie de Bachar -al-Assad : émergence d'une société civile autonome et retrait de l'État?,* Paris, EHESS, 2013.

27. Observation dans la bâdiya (mars 2010 ; avril 2012).

28. 源自2014年4月在华盛顿与美国谈判代表弗雷德里克·霍夫（Frederic Hof）的访谈内容。

29. « Interview with Bashar al-Assad », *Wall Street Journal,* 31 janvier 2011.

30. 除了作者的观察和2011年3月至2013年1月在叙利亚进行的采访活动，以及2014年4月和10月在约旦、黎巴嫩和土耳其的采访活动外，当时的证人和记者们提供的大量文献也使我们能够了解这些政治运动的现场。最近的运动是ERC Wafaw计划的中期任务的结果。关于这些作品的相关内容，请详见：Jonathan Littell, *Carnets de Homs : 16 janvier-2 février 2012,* Paris, Gallimard, 2012 ; Sofia Amara, *Infiltrée dans l'enfer syrien : du printemps de Damas à l'État islamique,* Paris, Stock, 2014。

31. 革命的时间被固定在相关的季节和事件上，而非日期上。

32. Jonathan Littell, *Carnets de Homs, op. cit.*

术语表

阿达卜（adab）：既定的伊斯兰礼仪——“有教养、举止优雅、有公德、彬彬有礼、端庄得体、慈悲为怀”。

阿迦（agha）：奥斯曼帝国民事或军事官员头衔名，我们可以通过其名字来区分他是宫廷官员还是地方城市官员。

阿拉维派（alaouite）：伊斯兰教内部的一支少数教派。该教派出现于公元9世纪，主要围绕穆罕默德·本·努赛尔·纳米里·阿布德（Muham-mad Ibn Nusayr al-Namîri al-’Abdi）宣传的教义内容形成，其教义主要为阿里、穆罕默德、萨尔曼三位一体的宗教观念，即“理”“名”“门”的三位一体观念。该教派以秘密教义为基础，在许多方面与伊斯兰教逊尼派均不同。

阿斯卡尔（askar）：士兵。

贝伊（bey）：奥斯曼帝国属地以及中亚、南亚地区伊斯兰教人士的一种头衔，有“总督”“老爷”等意思。在奥斯曼帝国时期，该词先是对贵族或旁系王子的尊称，次于汗或帕夏，后来泛指各省区的执政者，曾广泛使用于伊斯兰国家。

卡迪（cadi）：奥斯曼帝国中央派往地方负责司法管理的法官。

达夫塔尔德（defterdar）：财政部门的长官，主要负责奥斯曼帝国的财政事务，负责核实帝国各地人口信息、税收收入情况，以及这些财政信息的汇总。

德鲁兹派（deruze）：为伊斯兰教的一个分支，该教派主要体现在其信徒所遵循的神秘宗教仪式上，信奉灵魂转世和迁移等教义。根据其教义规定，信徒一旦加入德鲁兹派，即被免于遵守伊斯兰教法中规定的戒律的义务。

艾芬迪（efendi）：一个尊称的头衔，相当于汉语中的“先生”或是“师傅”。

埃米尔（émil）：阿拉伯国家的贵族头衔。

法塔特（al-Fatat）：或译阿拉伯青年协会，是奥斯曼帝国的一个地下阿拉伯民族主义组织。其目标是获得独立并统一当时处于奥斯曼帝国统治下的各个阿拉伯领土。它在叙利亚等地区找到了追随者。该组织与奥斯曼帝国的改革运动保持着联系。

法基赫（fiqh）：阿拉伯语的音译，意为伊斯兰教教法学，是对伊斯兰教法内容的延伸和解释。

大维齐尔（grand vizil）：维齐尔指的是高级的行政顾问及大臣，他们为穆斯林君主如哈里发及苏丹服务，而大维奇尔为苏丹以下最高级的大臣，相当于宰相的职务，拥有绝对的代理权，可以召集所有维奇尔，原则上只有苏丹才能解除大维奇尔的权力。

哈加纳（haganah）：英属巴勒斯坦托管地时期依舒夫成立的准军事组织，该组织成立于奥斯曼帝国分裂时期，在20世纪初的巴以冲突中逐渐得到发展壮大，后成为以色列国防军的核心力量。

伊斯玛仪派（ismaélien）：伊斯兰教什叶派的一个分支，伊斯玛仪派不同于什叶派的十二伊玛目派，后者相信在最后一个伊玛目消失之前会有第十二个伊玛目继承伊玛目的位置。伊斯玛仪派又被称为七伊玛目派。

库瓦（khuwwa）：阿拉伯地区各游牧部落以“兄弟会”的名义对其治下的人民征收的税。

库塔布（Kuttâb）：阿拉伯语音译，是伊斯兰世界的一种教育机构，主要教授古兰经等伊斯兰教相关知识。

利瓦（Liwa）：奥斯曼帝国的省级之下的一个行政单位。

马穆鲁克（mamelouk）：公元9世纪至16世纪之间服务于阿拉伯哈里发和阿尤布王朝苏丹的奴隶兵。随着哈里发的式微和阿尤布王朝的解体，他们逐渐成为强大的军事统治集团，13世纪在埃及建立了自己的王朝，包括巴赫里王朝与布尔吉王朝，统治埃及近三百年之久。

玛穆拉（ma’mura）：叙利亚东部适合农业灌溉和开发的地区。

马龙派（maronite）：黎巴嫩及叙利亚希腊正教中较为接近罗马公教的一支基督教派，因其创立者为圣·马龙（Saint Maron），故称其为马龙派。

马瓦里（mawalî）：阿拉伯语词汇，最初指获释的异族奴隶，至倭马亚王朝，指非阿拉伯血统的穆斯林、自由奴隶或自由民的称谓。

穆安津（muezzin）：意译为宣礼员或唤礼员，伊斯兰教负责在清真寺的宣礼塔上宣礼的专人，不属于神职人员。

穆塔萨利姆（mutasallim）：奥斯曼帝国时期负责管理地方行政事务 的行政官员，是奥斯曼帝国省总督之下的二级地方行政长官。

穆塔萨利法特（mutasarrifiyya）：奥斯曼帝国时期二级行政区划。

纳希亚（nahia）：次于维拉亚、利瓦或桑贾克的地方行政单位。

乌玛（oumma）：本意为民族，引申为社群。理论上所有跨国界的穆斯林都是拥有共同历史的乌玛成员，而非西方人的民族意义的同一民族。现代泛伊斯兰主义者所说的乌玛，正是指“穆斯林共同体”。

凯玛卡姆（qa’imaqam）：奥斯曼帝国时期的官职，相当于苏丹在地方一级的代表。19世纪现代化改革后，成为奥斯曼军队中的军衔，相当于中校。

拉亚（re’ayya）：奥斯曼土耳其帝国的“臣民”。

桑贾克（sandjak）：同利瓦一级的地方行政单位。

塞拉斯克（serasker）：奥斯曼帝国负责指挥军队的维齐尔的头衔，获得此头衔的维齐尔将承担奥斯曼帝国军队总司令和帝国战争部长的职能。

赛弗伯利克（seferbelik）：来自土耳其语，字面意思为“动员”，是奥斯曼帝国晚期在1913年第二次巴尔干战争和1914—1918年第一次世界大战期间进行的战争动员行动。

舒拉（shûrâ）：阿拉伯语音译，意为“协商”，伊斯兰教法、政治概念，即通过“协商”决定国家大事。原为古代阿拉伯部落会议议事习惯，后为伊斯兰教所沿用。20世纪70年代后，随着伊斯兰复兴运动的勃兴，各国的原教旨主义派别、组织开始要求国家实践这一政治理论原则。

瓦克夫（waqf）：阿拉伯语意为“宗教财产”，是伊斯兰教法下不可剥夺的慈善捐赠土地，包括国家和穆斯林捐献给清真寺的土地与其他财产，具有免税性质，始于早期哈里发统治时期，盛行于各伊斯兰国家。

瓦塔尼因（wataniyyin）：近现代中东地区阿拉伯民族主义者的政治运动，又名“爱国者运动”，致力于在巴勒斯坦地区各派之间实现政治和解。

依舒夫（yishuv）：又译为以述、伊休夫，字面意思为屯垦区、乡镇、居住区，在以色列建国前，“依舒夫”是巴勒斯坦犹太人社区的名称。这个名词现在使用较少，指的是以色列建国前就世居此地的犹太人。

扎阿玛（za’ama）：军事权贵集团。

大事年表

1775年：阿勒颇起义。

1786年：阿兹姆家族不再永久拥有大马士革总督头衔。

1798年：拿破仑·波拿巴入侵埃及。

1804年：艾哈迈德·查萨尔帕夏（“屠夫”艾哈迈德）去世。

1805年：穆罕默德·阿里成为奥斯曼帝国埃及总督。

1818年：在埃及的干预下，第一沙特王国灭亡。

1820年：阿勒颇地震，阿勒颇的大部分地区被摧毁。

1821年：希腊起义爆发。

1826年：马哈茂德二世摧毁禁卫军军团。

1830年：大马士革起义。在欧洲各大国的干预下，希腊成功获得独立。

1831年：穆罕默德·阿里之子易卜拉欣帕夏入侵并征服了叙利亚各省，他要将叙利亚组建成一个维拉亚。

1839年：奥斯曼帝国颁布《御园敕令》，为帝国官员提供了保护。

1840年：在面对众多的内部叛乱和欧洲的军事干预后，易卜拉欣帕夏被迫从叙利亚各省撤出。

1850年：阿勒颇暴动。

1855年：奥斯曼帝国在代尔祖尔和拉卡建立军事堡垒。

1858年：新的土地法起草。

1860年：大马士革屠杀事件。

1864—1867年：奥斯曼帝国进行行政区划重组，对叙利亚各省进行了新的行政区域划分。

1876年：第一部奥斯曼宪法制定。阿卜杜勒·哈米德二世成为奥斯曼帝国苏丹。

1878年：俄土战争和帝国议会解散。

1880年：大马士革“标语牌事件”，奥斯曼帝国改革者的代表米德哈特帕夏成为大马士革总督。

1896年：德鲁兹人起义。

1908年：青年土耳其人革命。新的议会选举。大马士革至麦加的铁路修建工程完成。

1912年：君士坦丁堡举行奥斯曼帝国议会新一轮选举。

1913年：恩维尔、贾马尔和塔拉特帕夏发动政变。

1914年：奥斯曼帝国加入同盟国集团，参加第一次世界大战。贾马尔帕夏成为叙利亚地区的军事长官。

1915年：奥斯曼帝国军队在苏伊士运河战败。亚美尼亚人被屠杀和驱逐。

1916年：大马士革和贝鲁特的大规模绞刑。在麦加的谢里夫侯赛因的领导下，阿拉伯起义爆发。康邦和格雷代表英法双方关于中东地区战后重建目标的协定。

1917年：英国向巴勒斯坦地区进军。《贝尔福宣言》。

1918年：侯赛因的儿子费萨尔率领军队进入大马士革，然后进入阿勒颇。阿拉伯叙利亚王国成立。

1919年：叙利亚北部地区爆发起义。

1920年：圣雷莫会议承认法国和英国对中东地区的委任统治。麦塞隆战役战败，阿拉伯叙利亚王国覆灭。

1925年：德鲁兹起义爆发，并蔓延到法国委任统治下的整个叙利亚。

1928年：叙利亚建立起宪法指导下的议会制度。

1932年：第一次立法选举进行，组成国民议会。

1936年：叙利亚主要城市举行罢工。再次举行新的议会选举。法国和叙利亚签订《法叙条约》，叙利亚获得独立。但条约并没有得到法国议会的批准。

1939年：宪法暂停执行。亚历山大勒塔被割让给土耳其。第二次世界大战开始。

1941年：维希法国与自由法国在叙利亚的战争。法国控制了叙利亚，并承诺世界大战一结束就宣布叙利亚获得独立。

1943年：叙利亚宪法恢复实行，重新组织议会选举。

1945年：叙利亚人反对法国委任统治秩序而发动起义。法国人宣布撤离叙利亚。

1946年：叙利亚共和国总统舒克里·库瓦特利庆祝国家实现独立。苏莱曼·穆尔希德在大马士革被绞死。

1947年：共和国议会选举。苏尔坦·阿特拉斯领导下的德鲁兹人叛乱。舒克里·库瓦特利再次当选为叙利亚共和国总统。

1948年：第一次中东战争。这次失败引发了大马士革大规模的游行示威活动。

1949年：三次政变打乱了叙利亚议会制度的正常运作。

1950年：朝鲜战争爆发。

1951年：阿迪布·希沙克里领导的第四次政变，建立军事独裁政府。

1953年：新宪法颁布，阿迪布·希沙克里成为叙利亚共和国总统。

1954年：德鲁兹人叛乱。第五次政变发生，阿迪布·希沙克里流亡国外。叙利亚共和国组织进行第一次自由的议会选举。

1955年：伊拉克、土耳其和伊朗三国通过签署《巴格达条约》，建立军事联盟。舒克里·库瓦特利再次当选为叙利亚共和国总统。

1956年：埃及宣布苏伊士运河国有化。第二次中东战争。

1957年：涉及美国、叙利亚、土耳其和苏联的“叙利亚危机”。

1958年：“阿拉伯联合共和国”成立。巴格达爆发的伊拉克革命推翻了伊拉克哈希姆家族君主制。美国海军陆战队在贝鲁特登陆，英国将皇家空军部署在安曼。

1960年：阿拉伯联合共和国议会举行选举，复兴党在选举中失利。

1961年：阿拉伯联合共和国北部省份脱离“阿联”，再次成为叙利亚共和国。

1963年：齐亚德·哈里里发起政变，将国家权力交给第一届复兴党政府。

1964年：哈马暴动。

1966年：1966年政变。萨拉赫·贾迪德和哈菲兹·阿萨德掌权。

1967年：第三次中东战争，被称为“六日战争”。叙利亚失去戈兰高地。在“喀土穆大会”上，阿拉伯石油国家承诺为阿以战争前线国家提供资金支持。

1970年：哈菲兹·阿萨德掌权，在叙利亚发起“纠正运动”。

1973年：哈马爆发抗议政府的运动。第四次中东战争。第一次石油危机。

1974—1976年：叙利亚和以色列之间签署脱离战争状态的协议。

1976年：叙利亚军队进驻陷入内战数月的黎巴嫩。

1979年：伊拉克和叙利亚试图实现联合。伊朗伊斯兰革命。阿勒颇炮兵军事学院遇袭。

1982年：哈马暴动。

1984年：里法特·阿萨德试图夺取国家权力时的“兄弟之战”。

1985年：哈菲兹·阿萨德第三次连任叙利亚总统。

1991年：海湾战争。

1993年：巴勒斯坦和以色列签署《奥斯陆协议》，成立巴勒斯坦当局，负责管理巴勒斯坦一方的土地。

1994年：哈菲兹·阿萨德的儿子巴塞尔·阿萨德去世。

1998年：叙利亚-土耳其危机。

2000年：巴沙尔·阿萨德成为叙利亚总统。一些社会上的沙龙试图批判叙利亚当局政府。德鲁兹人的抗议活动。

2003年：美国入侵伊拉克。

2004年：库尔德人的反政府活动被叙政府当局压制。

2005年：叙利亚在国际压力下从黎巴嫩撤军。

2011年：叙利亚内战。

参考文献

档案

Plusieurs fonds d'archives ont été explorés. aux archives de damas, déposés au Qism al-Khas (section privée), les papiers « Watha'iq muta- nawi'a (documents divers) » ; « Naqd dawlî (Critique internationale) » ; « Qadiyâ' al-filastîn (l'affaire de Palestine) » ; « safahât 'arabiyya (Pages arabes) » ; « al-hizb al-watanî (Parti national) » ; « hizb al-'ahd (Parti de la promesse) » ; « hizb al-sha'ab (Parti du peuple) » ; « al-hizb al-qawmî al-'arabî (Parti national arabe) » ; « al-kutla al-wataniyya (Bloc national) » ; « ittifâq bayn misra wa sûriya (accord entre l'Égypte et la syrie) » ; « Nazîh al-'azm » ; « shafîq rikâbî, » ; « sa'îd 'Uda » ; « sâbri Badawî » ; « shâ'ir Muhammad Harb » ; « sultân atrash » ; « Hasan Hakîm » ; « ahmad al Hablî al-'alân » ; « Fakhrî al-Bârûdî » ; « Nabîh al-'azmih » ; « 'adil al-'azmih » ; « Nabîh al-azmih ».

au Qism al-dawla (section d'État) ce sont les séries Wizâra al-dâkhilyya (ministère de l'intérieur) ; amn al-'âmm, taqarir sharhiyya (sûreté générale, rapports mensuels) ; amn al-'âmm, malaf mahliya (sûreté générale, dossier local) ; taqârîr idâriyya (rapports administratifs) ; Jam'iyyât wa Nawâdî (associations et clubs) ; ihsâ' al-nufûs wa al-jinsiyya (recensement et nationali- té) ; Qadâyâ wa hawâdith dâkhiliyya (affaires et événements intérieurs) ; Qadiyâ' al-kurd (affaires kurdes) ; Qadiyâ't suriya al-kubra (affaire de la Grande syrie) ; Qarrarât wa marâsîm (décisions et décrets) ; idrâbât (Grèves) ; Niqâbât (syn- dicats) ; Hudûd (Frontières) ; Naft (Pétrole) ; Mu'tamar al-muhâfizîn (Confé- rence des gouverneurs) ; intikhâbât (Élections) ; Wizâra al-mâliyya (Ministère des Finances) ; Marâsîm jumhûrriyya (décrets républicains) ; Wizâra al-zirâ'a (Ministère de l'agriculture) ; Wizâra al-difâ' (Ministère de la défense) ; Wizâra al-khârijiyya (Ministère des affaires étrangères) ; Qadâyâ wa bayânât (affaires et bulletins) ; al-majlis al-niyâbî (Chambre des députés) ; Qawânîn (lois) ; Marâ- sîm al-jumhûriyya (décrets de la république) ; Man'a al-suhuf (interdiction de journaux) ; al-idhâ`a al sûriyya (radio syrienne) ; Wizâra al-iqtisâd (Ministère de l'Économie).

À la bibliothèque du Parlement syrien, les débats parlementaires sont conser- vés sous la forme de 35 volumes de 1946 à 1962, intitulés al-mudhakkirât al-niyâbiyya (mémoire parlementaire)*. De même, les journaux officiels de la République syrienne (Jarîda rasmiyya al jumhûrriyya al-suriya) de 1946 à nos jours ont fait l'objet de sondages significatifs.

Aux archives à la Maktaba wa-l-dâr al wathâ'iq al-wataniyya à Bagdad, les séries 311 et 3311 fournissent les documents de la Cour royale et du ministère de l'Intérieur, pour la période monarchique (1932-1958).

Aux Archives diplomatiques françaises de La Courneuve, les Correspon- dances consulaires et commerciales (CCC), les Correspondances politiques et commerciales (CPC) concernant Alep, Damascus, Lattaquié, Constantinople et Turquie et les séries « Liban-Syrie, 1944-1952 », « Syrie 1953-1958 », « Ré- publique arabe unie 1958-1965 », « Syrie 1960-1965 », « Syrie 1966-1969 »,

« Syrie 1970-1972 », « Syrie 1973-1982 » et « Syrie 1983-1989 » ont été inté- gralement dépouillées. À cela s'ajoutent des sondages dans les séries concernant URSS, Irak, Arabie saoudite, Égypte et Liban pour la période.

Aux Archives de Nantes, ce sont les documents consulaires de Damas et d'Alep (18PO) qui ont éclairé le xixe siècle, puis l'ensemble volumineux des papiers mandataires référencés sous les cotes 1SL/1/V/ XXX. De même les do- cuments rapatriés des consulats de Damas et d'Alep ont fait l'objet d'un examen pour la période postérieure à 1946.

Au Service historique des armées, à Vincennes, les fonds concernent la marine chargée de la surveillance des côtes levantines pendant la Première Guerre mondiale. Aux Archives de Kew Gardens à Londres, les séries FCO 17, Foreign Office, Eastern Department and Successors Registered ; FCO 93, Foreign and Com- monwealth Office : Near East and North Africa Department : Registered Files (NF Series) FO 141, Foreign Office and Foreign and Commonwealth Office : Embassy and Consulates, Egypt, General Correspondence ; FO 195, Foreign Office : Embassy and Consulates, Turkey (formerly Ottoman Empire) : General Correspondence ; Série FO 370, Foreign Office, Library and the Research Depart- ment, General Correspondence from 1906 ; Série FO 371, Foreign Office, Poli- tical Departments, General Correspondence from 1906-1966 ; FO 552, Foreign Office, Confidential Print United Arab Republic (Egypt-Syria) 1958- 1960 ; FO 922, Middle East Center Supply, Registered Files ont fait l'objet de sondages.

Aux Archives américaines, ce sont les Série 1030, U.S. Mission to the United Nations, General Record, 1946-1965 ; Série 3247, Syria, U.S. Embassy Damas- cus, General Record, Série 3248B, Syria, U.S. Embassy Damascus, Classified General Record, 1946-1962, Série 3254, US Information Agency, US Informa- tion Service, Damascus, 1954-1957.

Aux Archives de l'ONU à New York enfin, ce sont les séries du Depart- ment of Economic Affairs S 0917 0004, S 0969 0002 ; United Nations Office of the Under-secretary-General for special Political affairs ; records, 1945- 1974. s 0168 0001, et s 0168 0002, s-0370-0025 ; s-0370-0027s 0455 0001, s 0991 0008.

新闻报刊

À la Maktaba al-assad

al-Anwâr(1945-1946); *al-Inqilâb* (1949) ; *al-Abnâ' al-sûriyya* (1952-1953) ; *Alif bâ'*, (1946-1957); *al-Insha'* (1948-1958); *al-Ayyâm* (1946-1962); *al-Abtâl* (1956-1958) ; *Bayân sûriya* (1954); *Balâgh* (1954); *al-Balad* (1945-1948 ; 1950-1951) ; *al-Ba'ath* (1946-1963); *al-Baradâ* (1945-1963) ; *al-Binâ'*(1952-1953) ; *al-Binâ' al-Jadîd* (1954) ; *al-Dahâ'* (1947-1948); *al-Hawâdîth*(1954-1955) ; *al-Hadâra*(1954-1955) ; *al-Jabal*(1955-1956) ; *al-Jazîra* (1947); *al-Jarîda*(1947); *al-Jîl al-jadîd*(1951-1952) ; *al-Kifâh*(1946-1958) ; *al-Manâr* (1948); *al-Manâr al-jadîd*(1950-1954) ; *al-Mukhtar*(1954-1958) ; *Nidâ' al-watan*(1955-1956); *al-Nidâl*(1946-1952); *al-Qabas*(1946-1958); *al-Sana'*(1955) ; *al-Sha'ab*(1949; 1954-1955); *al-Sirakhat*(1954-1957); *Sawt Sûriya*(1954-1955); *al-'Umal*(1953); *al-Zamâm*(1952-1954).

À la Jaafet library (Beyrouth)

Al-'Asîma(1918-1920) ; *Al-Baath*(1947-2010); *Al-Islâm*(1915-1917).

À la Bibliothèque nationale de France

Al-Muqdatas(1908-1914).

著作与文章

Myriam ABABSA, *Raqqa, territoires et pratiques sociales d'une ville syrienne,* Press-es de l'ifpo, 2010.

—, « la recomposition des allégeances tribales dans le Moyen-euphrate sy- rien (1958-2007) », *Études rurales*, nº 184, 7 avril 2010, p. 65-78.

sayyid 'ABD AL-'ÂL, *Al-Inqilâbât al-'askarîya fî Sûriyâ, 1949-1954 M,* (les coups d' etat en syrie) le Caire, Maktabat Madbûlî, 2007.

Umar F. 'ABD-'ÂL, *The Islamic Struggle in Syria,* Berkeley, Mizan Press, 1982.

'Ismat Burhân al-Dîn 'ABD AL-QÂDIR, *Dawr al-Nûwâb al-'Arab fî Majlis al-Mab'ûthân al-'Uthmânî, 1908-1914 M*(le rôle des députés arabes dans l'assem- blée ottomane des représentants), Beyrouth, al-dâr al-'arabîya lil-Mawsû'ât, 2006.

Faleh ABDU-JABER, *The Shi'ite Movement in Iraq,* londres, saqi, 2003.

Faleh ABDU-JABER, shi Hosham d_{owad} (dir.) *Tribes and Ethnicity in the Middle East*, londres, saqi, 2003.

Samîr 'ABDUH, *Hâfiz al-Asad yahkumu Sûriyâ, 1970-2000* (Hafez al-assad gouverne la syrie), Beyrouth, Bîsân lil-Nashr wa-al-tawzî' wa-al-i'lâm, 2011.

Rifa'at 'Ali ABOU-EL-HAJ, *Formation of the Modern State: The Ottoman Empire Sixteenth to Eighteenth Centuries,* 2nd revised edition, syracuse, N.y., syracuse University Press, 2005.

Findî ABÛ FAKHR ABÛ FAKHR, *Intifâdât al-Shâm 'alá mazâlim Muhammad 'Alî Bâshâ, 1831-1840* (les insurrections au levant sous l' oppression de Mu - hammad ' alî Bâshâ), damas, dâr al-yanâbî', 2004.

sulaymân ABÛ, *Ibrâhîm Bâshâ fî Sûriyâ* (ibrâhîm Bâshâ en sy-rie), le Caire, dâr al-shurûq, 2009.

Kamel ABU JABER, *The Arab Ba'th Socialist Party: history, ideology, and organization, syracuse,* syracuse University Press, 1966.

Tewfik ACLIMANDOS, « Nasser, amer et leur armée, Nasser, amer and their army », *Vingtième siècle. Revue d'histoire,* n° 124, 2014, p. 57-72.

Fawâd AL-'ADIL, *Qissa sûriya bayn al-inqilâb wa al-inqilâb. Taqnîyn li-l-fatra mâ bayn 1942-1962* (Histoire syrienne entre un coup d'État et un coup d'État, loi de l'époque entre 1942 et 1962), damas, dâr al-yinâbî', 2001.

Michel AFLQ, *Fî sabîl al-Ba'th*(dans le sens du Baath), damas, s.n., 1959. Mohammed shafi a_{GwaNi}, *Communism in the Arab East,* Bombay, asia Publishing House, 1969.

Virginia ASKAN, *Ottoman Wars, 1700-1870: an empire besieged,* Harlow, Grande-Bretagne, routledge, 2007.

Maurice ALBORD, *L'Armée française et les États du Levant 1936-1946,* Paris, Éditions CNrs, 2000.

Muhammad ibrâhîm '$a_{Lî}$, *Hayâtî wa-al-i'dâm*(Ma vie et l'exécution), damas, M.i. al-'alî, 2000, 3 vol.

Ali A. ALLAWI, *Faisal I of Iraq,* New Haven, yale University Press, 2014.

Roger ALLEN, *Modern Arabic Litterature,* New york, Ungar, 1987.

Sofia AMARA, *Infiltrée dans l' enfer syrien : du printemps de Damas à l' État islamique,* Paris, stock, 2014.

Benedict ADERSON, *L'Imaginaire national, réflexions sur l'origine et l'essor du nationalisme*, Paris, la découverte, 1996.

Irvine ADERSON, *Aramco, the United States and Saudi Arabia, a Study of the Dynamics of Foreign Oil Policy,* Princeton, Princeton University Press, 1981.

Philip ADERSON, « "summer Madness": the Crisis in syria, august-october 1957 », *British Journal of Middle Eastern Studies*, vol. 22, 1/2, 1995, p. 21-42.

Julie D'ANDURAIN, « la Méditerranée orientale durant la Grande Guerre, nou- vel enjeu entre la France et la Grande-Bretagne », *Cahiers de la Méditerranée*, n° 81, 2010, p. 25-44.

Michele Penner ANGRIST (éd.), *Party Building in the Modern Middle East,* seattle, University of Washington Press, 2006.

George ANTONIUS, *The Arab Awakening: the story of the Arab National Mo- vement,* londres, Pickle Partners Publishing, 2015.

Richard ANTOUN, illiya Harik (dir.), *Rural Politics and Social Change in the Middle*

East, Bloomington, indiana University Press, 1972.

Richard ANTOUN, donald Quataert (éd.), *Syria: society, culture, and polity,* albany, N. y., state University of New york Press, 1991.

Jean-luc ARNAUD, *Damas : urbanisme et architecture, 1860-1925*, Paris, sindbad, 2006.

–, « la population de damas à la fin de la période ottomane, summary », *Annales de démographie historique*, n° 101, 2001-1, p. 177-207.

Hannah ARENDT et Martine L_{eiris}, *Les Origines du totalitarisme II,* Paris, Éd. du seuil, 1997.

Amîr 'Adîl ARSLAN, *Mudhakkirât al-âmîr 'Adil Arslân* (Mémoires de l'émir 'adil arslân), Beyrouth, dâr al-taqaddumiyya li-l-nashar (Maison progressiste de l'édition), 1984, 4 vol.

Amîr 'Adîl ARSLAN, *Dhikrayât al-âmîr 'Adil Arslân 'an Husnî al-Za'îm, râ'îdu al-inqilâbât al-'askarîya fî sûriya* (souvenirs de l'émir 'adil arslân à propos de Husnî al-Za'îm, pionnier des coups d'État en syrie), Beyrouth, dâr al-kitâb al-jadîd, 1963.

Dalal ARSUZI-ELAMIR, *Arabischer Nationalismus in Syrien : Zakî al-Arsûzî und die arabisch-nationale Bewegung an der Peripherie Alexandretta / Antakya, 1930-1938,* lit, Münster, 2003.

'Îsá ARSUZI-ELAMIR et Munîr $k_{hûrî}$, *Târîkh Hims min aqdam adwârihâ ilá al-ân, aw, târîkh arba'at âlâf sanah wa-nayyif, min sanat 2300 QM ilá sanat 1940 M*(l'histoire de Homs de ses anciens rôles à nos jours, ou histoire de quatre mille ans et quelques de 2300 aC à 1940) Homs, Matrânîyat Hims al-Urdhûdhuksîyah, 1977, 2 vol.

Edmund ASFOUR, *Syria: Development and Monetary Policy,* Harvard, Harvard Middle eastern Monography, 1955.

Muhammad Shâkir AS'ID, *Al-barlamân al-sûrî fî tatawwurihi al-târîkhî*(le Parlement syrien dans son développement historique), damas, 2008.

Hafez ASSAD, *Khutab wa-kalimât wa-tasrîhât al-Sayyîd al-Ra'îs Hâfiz al-Asad* (discours, mots et déclarations de Monsieur le président Hafez al-assad), damas, dâr al-Ba'th, 1982.

Mustafá Abd al-Rahmân Mâzin '$A_{ssÂF}$, *Al-Fikr al-siyâsî fî Sûrîyah fî zill al-intidâb al-Faransî, 1920-1946*(l'idée politique en syrie pendant l'oppres- sion du mandat français, 1920-1946) amman, dâr Zayd al-Kîlânî lil-Nashr wa-al-tawzî', 2005.

Muhammad Radwân ATÂSSÎ, *Al-Mujtama'a al-Sûrî 1840-2011* (la société syrienne, 1840-2011), Beyrouth, 2013.

—, *Hâshim al-Atâsî: hayâtuhu wa-'asruh, 1873-1960* (Hâshim al-atâssî : sa vie et son époque 1873-1960), damas, Muhammad radwân al-atâsî, 2005.

Mansûr ATRASH et Rîm Mansûr ATRASH, *Al-Jîl al-mudân: sîrah dhâtîyah, min awrâq Mansûr Sultân al-Atrash* (la génération culpabilisée : l'autobiographie de Mansûr sultân al-atrash à partir de ses papiers), Beyrouth, riyâd al-rayyis lil-Kutub wa-al-Nashr, 2008.

Antoine AUDO, *Zakî al-Arsouzi, un Arabe face à la modernité,* Beyrouth, dar el-Machreq, 1988.

Matthieu AUZANNEAU, *Or noir : la grande histoire du pétrole*, Paris, la découverte, 2016.

Ibrâhîm ibn Hannâ 'AWRÂ, *Târîkh wilâyat Sulaymân Bâshâ al-'Âdil, 1804- 1819* (l' histoire du gouvernorat de sulaymân Bâshâ al-'adil), Beyrouth, dâr lahad Khâtir, 1989.

Ami AYALON, *The Arabic Print Revolution: cultural production and mass rea- dership, 1800-1914*, New york, Cambridge University Press, 2016.

—, *The Press in the Arab Middle East: a history,* New york, oxford Univer- sity Press, 1995.

Marc AYMES, *Un grand progrès, sur le papier : histoire provinciale des ré- formes ottomanes à Chypre au xixe siècle,* louvain, Walpole, Ma, Peeters, 2010.

Nazih N. M. AYUBI, *Over-stating the Arab State: politics and society in the Middle East,* londres/New york, i.B. tauris, 1995.

Mark Muhannad AYYASH et Ratiba HADJ-MOUSSA (dir.), *Protests and Genera - tions: legacies and emergences in the Middle East, North Africa and the Medi- terranean,* leyde/Boston, Brill, 2017.

Khâlid AL - 'AZM, *Mudhakkirât Khâlid al - ' Azm* (Mémoires de Khâlid al - ' azm), Beyrouth, daman, dâr al-mutahida lilnashar, 2003, 3 vol.

Bashîr AL - 'AZMIH, *Jîl al-hazîma bayn al-wahda wa al-infisâl: mudhakkirât* (la génération de la défaite entre l' Union et la sécession, Mémoires), londres, riyad-rayyes, 1991.

Abdo BAAKLINI, Guilain d$_{eNœux}$ et robert s$_{PriNGBorG}$, *Legislative Politics in the Arab World: the resurgence of democratic institutions,* Boulder, londres, lynne rienner publ., 1999.

Marc BABELLI, *La Constitution syrienne de 1953,* thèse, université de Paris, 1953.

Bertrand BADIE, *L'État importé : essai sur l'occidentalisation de l'ordre poli- tique,* Paris, Fayard, 1992.

—, « l'analyse des partis politiques en monde musulman. la crise des para- digmes universels », dans Georges LAVAU et yves MÉNY (dir.), *Idéologies, par- tis politiques, et groupes sociaux,* Paris, Presse de la Fondation nationale des sciences politiques, 1989.

Gabriel BAER, *Fellah and Townsman in the Middle East: studies in social his-tory,* londres, Frank Cass, 1982.

Joseph BAHOUT, *Les Entrepreneurs syriens : économie, affaires et politique,* Beyrouth, CerMoC, 1994.

Fabrice BALANCHE, « Clientélisme, communautarisme et fragmentation territo- riale en syrie », *A contrario*, nº 2-11, 2009, p. 122-150.

—, « Les municipalités dans la syrie baathiste : déconcentration administra- tive et contrôle politique », *Revue Tiers Monde*, nº 1-193, 2008, p. 169-187.

—, *La Région alaouite et le pouvoir syrien,* Paris, Éd. Karthala, 2006.

Khâlid ahmad Muflih BANÎ HÂNÎ, *Târîkh Dimashq wa-'ulamâ'uhâ khilâla al-hukm al-Misrî 1246-1256 H/1831-1840 M* (l'histoire de damas et de ses ou-lémas pendant le gouvernement égyptien 1246-1256 H / 1831-1840 M), damas, safahât lil-dirâsât wa-al-Nashr, 2007.

James A. BAKER iii, *The Politics of Diplomacy,* New york, Putnam adult, 1995.

Muhsin AL-BARÂZÎ, *Mudhakkirât Muhsin al-Barâzî 1947-1949* (Mémoires de Muhsin al-Barâzî, 1947-1949), Beyrouth, al-rawâd lil-nashar al-tawzî', 1994.

Richard J. BARNET, *Intervention and Revolution: the United States in the Third World,* New york, World Pub. Co, 1968.

Michael N. BARNETT, *Dialogues in Arab Politics: negotiations in regional or-der,* New york, Columbia University Press, 1998.

James BARR, *A Line in the Sand: the Anglo-French Struggle for the Middle East, 1914-1948,* New york, W.W. Norton & Co, 2012.

Roby BARRETT, *The Greater Middle East and the Cold war: US Foreign Policy under Eisenhower and Kennedy,* londres/New york, i.B. tauris, 2007.

Yaacov BAR-SIMAN-TOV, *Linkage Politics in the Middle East: Syria between domestic and external conflict, 1961-1970,* Boulder, Colo., Westview Press, 1983.

Fakhrî BÂRÛDÎ, *Awrâq wa-mudhakkirât Fakhrî al-Bârûdî, 1887-1966: khamsûn 'âman min hayât al-waTan*(Papiers et Mémoires de Fakhrî al-Bârûdî 1887-1966, cinquante ans dans la vie de la nation), damas, Wizârat al-thaqâfah fî al-Jumhûrîyah al-'arabîyah al-sûrîyah, 1999.

Muhammad Jamâl BÂRÛT, *Al-Takawwun al-târîkhî al-hadîth lil-Jazîrah al-Sûrîyah: as'ilah wa-ishkâlîyât al-tahawwul min al-Badwanah ilá al-'umrân al-hadarî* (Histoire contemporaine de la Jazira syrienne: défi de la transition urbaine pour des communautés nomades), Beyrouth, al-Markaz al-'arabî lil-abhâth wa-dirâsat al-siyâsât, 2013.

—, *Al-'Aqd al-akhîr fî târîkh Sûriyah: jadalîyat al-jumûd wa-al-islâh* (la dernière décennie dans l'histoire syrienne : dilemme entre le gel et la réforme), doha, al-Markaz al-'arabî lil-abhâth wa-dirâsat al-siyâsât, 2012.

—, *Al-âzhâb wa al-harakât wa al-jamâ'ât al-islâmiyya* (les partis, les mouve- ments et les groupes islamistes), damas, Markaz al-`arabî lil-dirâsât al-istratijîya, 2000.

Muhammad Jamâl BÂRÛTetshamsal-DÎNKÎLÂNÎ(dir.), *Sûrîyahbayna 'ahdayn: qadâyâ al-marhalah al-intiqâlîyah: bayânât wa-wathâ'iq, hiwârât wa-sijâlât, maqâlât* (la syrie entre deux époques: les affaires de la période transitoire, déclarations et documents, débats et discussions, articles), amman, dâr sindbâd lil-Nashr, 2003.

Amal BASHSHÛR, *Sûriyâ wa-Lubnân fî 'asr al-islâh al-'Uthmânî: hiqbat al-tanzîmât min sanat 1840 li-1880* (la syrie et le liban à l'époque des réformes ottomanes et des tanzimat 1840-1880), tripoli, al-Mua'ssasah al-Hadîthah lil-Kitâb, 2006.

Hanna BATATU, *Syria's Peasantry, the Descendants of its Lesser Rural No- tables, and their Politics,* Princeton, Princeton University Press, 1999.

—, *The Egyptian, Syrian, and Iraqi Revolutions: some observations on their underlying causes and social character,* Washington, d.C., Georgetown Univer- sity, 1984.

—, « Some observations on the social roots of syria's ruling, Military Group and the Causes for its dominance », *Middle East Journal*, vol. 35, n° 3, 1981, p. 331-344.

Jean BATOU, « L'Égypte de Muhammad-'ali. Pouvoir politique et dévelop-pement économique, 1805-1848 », *Annales. Économies, sociétés, civilisations,* vol. 46, n° 2, 1991, p. 401-428.

Assef BAYAT et linda Herrera (éd.), *Being Young and Muslim: new cultural politics in the global South and North,* New york/oxford, oxford University Press, 2010.

Hazem BEBLAWI et Giacomo lu$_{\text{CiaNi}}$ (éd.), *The Rentier State,* londres/New york, routledge, 1987.

Annette BECKER, Hamit B$_{\text{ozarsLaN}}$ et Vincent d$_{\text{uCLert}}$(dir.), *Le Génocide des Arméniens : un siècle de recherche 1915-2015,* Paris, armand Colin, 2015.

Eliezer BEERI, *Army Officers in Arab Politics and Society,* New york, Praeger, 1970.

Souhaïl BELHADJ, *La Syrie de Bashar al-Asad : anatomie d'un régime autori-taire,* Paris, Belin, 2013.

Philip Wilkes BELL, *The Sterling Area in the Postwar Period, Internal Mechanism & Cohesion, 1946-1952,* oxford, Clarendon, 1956.

Sarah BEN NÉFISSA et Alâ' Al-dîn AraFat (dir.), *Vote et démocratie dans l' Égypte contemporaine,* Paris, Karthala/ird, 2005.

Sarah BEN NÉFISSA (dir.), *Pouvoirs et associations dans le monde arabe,* Paris, CNrs Éditions, 2002.

Sarah BEN NÉFISSA, Nabil ABDAL-FATTAH, Sari HANAFI, Carlos MILANI (dir.), *ONG et gouvernance dans le monde arabe,* Paris, Karthala, 2004.

Nathalie BERNARD-MAUGIRON, Jean-Noël Ferrié, (dir.), *Les Architectures constitutionnelles des régimes politiques arabes, de l'autoritarisme à la démo-cratisation,* le Caire, CedeJ, Égypte, Monde arabe, no 2, 2005.

Jacques BERQUE, dominique CHEVALLIER(dir.), *Les Arabes par leurs archives (xvie-xxe siècles)*, Paris, Édition CNRS, 1976.

Adel BESHARA, *The Origins of Syrian Nationhood: histories, pioneers and identity,* londres/New york, routledge, 2011.

—(éd.), *Antun Sa'adeh: the man, his thought: an anthology,* reading, UK, ithaca Press, 2007.

Arthur BEYLERIAN (dir.), *Les Grandes Puissances, l'Empire ottoman et les Arméniens dans les archives françaises (1914-1918),* Paris, université de Paris-I Panthéon-sorbonne, 1983.

Anne-Marie BIANQUIS, *La Réforme agraire dans la Ghouta de Damas,* damas, institut français de damas, 1989.

—et Mohamed AL-DBIYAT, « la population syrienne : un tournant démogra- phique ? », *Méditerranée*, vol. 81, no 1, 1995, p. 81-90.

Lucien BITTERLIN, *Alexandrette, le « Munich » de l'Orient ou Quand la France capitulait,* Paris, J. Picollec, 1999.

—, *Hafez El-Assad : le parcours d'un combattant,* Paris, les Éditions du Jaguar, 1986.

Hasan Amîn AL-BI'AYNÎ, *SulTân Bâshâ al-ATrash wa-al-thawrah al-Sûrîyah al-kubrá* (sultân Pasha al-atrash et la grande révolution syrienne), londres, Mu'assasat al-turâth al-druzî, 2008.

Stephen BLACKWELL, *British Military Intervention and the Struggle for Jordan, King Hussein, Nasser and the Middle East Crisis, 1955-1958,* New york, rout-ledge, 2009.

Herbert Luther BODMAN, *Political Factions in Aleppo, 1760-1826,* Chapel Hill, the University of North Carolina Press, 1963.

Thierry BOISSIÈRE, *Le jardinier et le citadin : ethnologie d'un espace agricole urbain dans la vallée de l'Oronte en Syrie,* damas, institut français du Proche- orient, 2005.

Lenka BOKOVA, *La Révolution syrienne contre le mandat français (1925- 1927),* Paris, Karthala, 1988.

André BONNÉ, *The Economic Development of the Middle East, a Outline of Planned Reconstruction,* londres, Kegan, 1946.

Albert de BOUCHEMAN, *Matériel de la vie bédouine : recueilli dans le désert de Syrie (tribu des Arabes Sba'a)*, damas, institut français de damas, 1935.

Pierre BOURDIEU, *Sur l'État, cours au Collège de France 1989-1992,* Paris, raison d' agir, le seuil, 2012.

Yann BOUYRAT, *Devoir d'intervenir ? : L'intervention « humanitaire » de la France au Liban, 1860,* Paris, Vendémiaire, 2013.

Hamit BOZARSLAN, « Principaux partis, organisations et courants politiques », *Hors collection,* 2016, p. 563-568.

—, *Histoire de la Turquie, de l'Empire à nos jours,* Paris, tallandier, 2013.

—, « Armée et politique en Turquie (1908-1980), Politics and the Army in Turkey (1908-1980) », *Vingtième siècle. Revue d'histoire*, n° 124, 2014, p. 87-98.

—, *Le Conflit kurde, le brasier oublié du Moyen-Orient,* Paris, autrement, 2009.

—, *La Question kurde. États et minorités au Moyen-Orient,* Paris, Presses de sciences Po, 1997.

Anna BOZZO et Pierre-Jean luizard (dir.), *Les Sociétés civiles dans le monde musulman,* Paris, la découverte, 2011.

Kenneth BROWN (dir.), *État, ville et mouvements sociaux au Maghreb et au Moyen Orient / Urban crisis and social movements in the Middle East,* actes du colloque CNRS-ESRC Paris, 23-28 mai 1986, Paris, L'Harmattan, 1989.

Jason BROWNLEE, « Hereditary Succession in Modern Autocracies », *World Politics*, vol. 59, n° 4, 2007, p. 595-628.

Palmira Johnson BRUMMETT, *Mapping the Ottomans: sovereignty, territory, and identity in the early modern Mediterranean,* New york, Cambridge Univer- sity Press, 2015.

Marwan BUHEIRY, *Intellectual Life in the Arab East, 1890-1939,* Beyrouth, american University of Beirut, 1981.

Mîkhâ'îl BURAYK et ahmad Ghassân SABÂNÛ, *Târîkh hawâdith al-Shâm wa-Lubnân, aw, Târîkh Mîkhâ'îl al-Dimashqî* (Histoire des événements de da- mas et du liban ou l'Histoire de Mikha'il al-dimashqi), Beyrouth, dâr Qutay- bah, 1981.

François BURGAT et Bruno PAOLI (dir.), *Pas de printemps pour la Syrie : les clés pour comprendre les acteurs et les défis de la crise (2011-2013)*, Paris, la découverte, 2013.

Olivier CARRÉ, *Le Nationalisme arabe,* Paris, Fayard, 1993.

—et Michel SEURAT, *Les Frères musulmans : Égypte et Syrie*(1928-1982), Paris, Gallimard/Julliard, 1983.

Hélène CARRÈRE D'ENCAUSSE, *La Politique soviétique au Moyen-Orient. 1955-1975,* Paris, FNsP, 1975.

Georges CATROUX, *Deux missions en Moyen-Orient : 1919-1922,* Paris, Plon, 1958.

Anne-Lucie CHAIGNE-OUDIN, *La France dans les jeux d'influences en Syrie et au Liban,* Paris, l'Harmattan, 2009.

Youssef CHAITANI, *Post-Colonial Syria and Lebanon: the decline of Arab nationalism and the triumph of the State,* New york, i.B. tauris, 2007.

Frédéric CHARILLON, « Maroc, Jordanie, syrie : les héritiers », *Études*, t. 397, no 12, 2002, p. 587-597.

Michel CHEVALIER, *Religion saint-simonienne. Système de la Méditerranée,* s. l., 1832.

Dominique CHEVALLIER, *Villes et travail en Syrie, du XIXe au XXe siècle,* Paris, G.-P. Maisonneuve et larose, 1982.

—, *L'Espace social de la ville arabe,* Paris, G.-P. Maisonneuve et larose, 1979.

—, *La Société du mont Liban à l'époque de la révolution industrielle en Europe,* Paris, Geuthner, 1971.

Edmond CHIDIAC, *Le Bilan économique du mandat français en Syrie et au Liban (1920-1946)*, Paris, Éditions espace Publication, 2007.

Sylvia CHIFFOLEAU (dir.), « la syrie au quotidien : cultures et pratiques du changement. Présentation », *Revue des mondes musulmans et de la Méditerra-née,* nº 115-116, 31 décembre 2006.

Yussef CHOUEIRI (éd.), *A Companion to the History of the Middle East,* Chichester, Wiley-Blackwell, 2005.

Mohammad talha ÇIÇEK, *War and State Formation in Syria: Cemal Pasha's Governorate During World War I, 1914-1917,* New york, routledge, 2014.

Christopher CLARK (trad. Marie-Anne DE BÉRU), *Les Somnambules. Été 1914 : comment l'Europe a marché vers la guerre,* Paris, Flammarion, 2015.

Dima DE CLERCK, Carla EDDÉ, Naila KAIDBEY et Souad s_{Lim} (dir.), *1860, histoires et mémoires d'un conflit,* Beyrouth/damas, institut français du Proche-orient, 2015.

Vincent CLOAREC, *La France et la question de Syrie : 1914-1918,* Paris, CNrs éditions, 2002.

David COMMINS (éd.), *Historical Dictionary of Syria,* toronto/oxford, the scarecrow Press, 2004.

—, *Islamic Reform: politics and social change in late Ottoman Syria,* New york, oxford University Press, 1990.

Frederick COOPER et Jane BURBANK, *Empires. De la Chine ancienne à nos jours,* Paris, Payot, 2011.

Miles COPELAND, *The Game of Nations: the amorality of power politics,* londres, Weidenfeld & Nicolson, 1969.

Georges CORM, *L'Europe et l'Orient : de la balkanisation à la libanisation. Histoire d' une modernité inaccomplie,* alger, Éditions Bouchène, 1990.

—, *Géopolitique du conflit libanais : étude historique et sociologique,* Paris, la découverte, 1986.

—, *Le Proche-Orient éclaté : de Suez à l' invasion du Liban, 1956-1982,* Paris, la découverte/Maspero, 1983.

Kazem DAGHESTANI, *Étude sociologique sur la famille musulmane contempo-raine en Syrie,* Paris, ernest leroux, 1932.

Leyla DAKHLI, *Une génération d' intellectuels arabes : Syrie et Liban, 1908-1940,* Paris, Karthala/iisMM, 2009.

Marwa DAOUDY, *Le Partage des eaux entre la Syrie, l' Irak et la Turquie : négociation, sécurité et asymétrie des pouvoirs,* Paris, CNrs éditions, 2005.

Jean-Claude DAVID et Dhierry BOISSIÈRE (dir.), *Alep et ses territoires : fa- brique et politique d'une ville, 1868-2011,* Beyrouth damas, Presses de l'Ifpo, 2014.

Uri DAVIS (éd.), *Citizenship and the State. A Comparative Study of Citizen- ship Legislation in Israel, Jordan, Palestine, Syria and Lebanon,* londres, ithaca Press, 1996.

Muhammad Ma'rûf DAWÂLÎBÎ, *Mudhakkirât al-Duktûr Ma'rûf al-Dawâlîbî* (Mémoires du docteur Ma'rûf al-dawâlîbî), riyad, Maktabat al-'Ubaykân, 2005.

Adeed DAWISHA, *Arab Nationalism in Twentieth Century: from triumph to despair,* Princeton/oxford, Princeton University Press, 2003.

—, *Syria and the Lebanese Crisis,* londres, Macmillan Press ltd, 1980.

—et William ZARTMAN (dir.), *Beyond Coercition: the durability of the Arab state,* londres, New york, Croom Helm, 1988.

Antwân DAWW (dir.), *Hawâdith 1860 fî Lubnân wa-Dimashq: Lajnat Bayrût al-Dawlîyah: al-mahâdir al-kâmilah, 1860-1862* (les événements de 1860 au liban et à damas, le conseil international de Beyrouth, les séances complètes, 1860-1862), Beyrouth, Mukhtarât, 1996.

Mohamed AL-DBIYAT, *Homs et Hama en Syrie centrale, concurrence urbaine et développement régional,* damas, iFead, 1995.

Randi Carolyn DEGUILHEM-SCHOEM, *History of waqf and case studies from Damascus in late Ottoman and French mandatory times,* New york, 1986.

Robert DEVEREUX, *The first Ottoman Constitutional Period: a study of the Midhat Constitution and Parliament,* Baltimore, Johns Hopkins Press, 1963.

Hélène DESMET-GRÉGOIRE (dir.), *Contributions au thème du ou des cafés dans les sociétés du Proche-Orient,* aix-en-Provence, ireMaM, 1992.

John F. DEVLIN, *The Ba'th Party: A history from its origins to 1966,* stanford, Calif., Hoover institution Press, 1976.

Toby DODGE, *Iraq. From War to a New Authoritarianism,* Londres, Rout-ledge, 2013.

Caroline DONATI, *L'Exception syrienne : entre modernisation et résistance,* Paris, La Découverte, 2009.

Mohamed Kamel DORAÏ, « le rôle de la Syrie dans l'accueil des réfugiés irakiens depuis 2003 : espace de transit, espace d'installation », *Méditerranée. Revue géographique des pays méditerranéens / Journal of Mediterranean Geography,* nº 113, 31 décembre 2009, p. 139-146.

Dick DOUWES, *The Ottomans in Syria: a history of justice and oppression,* londres, i. B. tauris Publishers, 2000.

Philippe DROZ-VINCENT, « Fonctionnement, perpétuation et perspectives des régimes syrien et jordanien », *Proche-Orient,* 2014, p. 297-305.

—, « Les mutations des sociétés et leurs conséquences politiques », *Proche-Orient,* 2014, p. 75-109.

—, « Quel avenir pour l'autoritarisme dans le monde arabe ? abstract », *Re-vue française de science politique,* vol. 54, no 6, 2004, p. 945-979.

—, *Moyen-Orient : pouvoirs autoritaires, sociétés bloquées,* Paris, PUF, 2004.

Baudouin DUPRET *et alii, La Syrie au présent : reflets d'une société,* Arles, Sindbad/ Actes Sud, 2007.

Alasdair DRYSDALE et Raymond A. HINNEBUSCH, *Syria and the Middle East Peace Process,* New york, Council on Foreign relations Press, 1991.

Alasdair DRYSDALE, « Syrian Armed Forces in National Politics: the Role of the Geographic and ethnic Periphery », *in* Roman KOLKOWICZ et Andrzej KOR-BONSKI (dir.), londres, 1982, p. 52-76.

Carlaeddé, *Beyrouth: naissanced'unecapitale, 1918-1924,* aix-en-Provence, sindbad/actes sud, 2009.

Norbert ELIAS, *La Société des individus,* Paris, Fayard, 1991.

Galal EZZ EL DIN, *Le Système unicaméral : son application en Égypte, en Syrie et dans la République arabe unie,* Genève, Droz, 1963.

Khaled FAHMY, *Mehmed Ali : from Ottoman governor to ruler of Egypt,* londres, oneworld Publications, 2012.

—, *All the Pasha's Men: Mehmed Ali, his army and the making of modern Egypt,* le Caire, the American University in Cairo Press, 2010.

Hélène FAISANT DE CHAMPCHESNEL-GRANDEMANGE, *La Gendarmerie au Levant pendant la Seconde Guerre mondiale,* lille, France, atelier national de reproduction des thèses, 2009.

Bashîr FANSA, *Al-Nakbât wa al-mughâmarât, târîkh mâ âhmaluhu min âsrâr al-inqilâbât al- 'askariyya al-sûriyya 1949-1958* (les défaites et les aventures, histoire que je conserve des secrets des coups d'État en syrie, 1949-1958), damas, dâr y`arab, 1966.

Nadhîr FANSAH, *Ayyâm Husnî al-Za'îm: 137 yawman hazzat Sûriyâ* (les jours de Husnî al-Za'îm, 137 jours qui ont ébranlé la syrie), Beyrouth, dâr al-Âfâq al-Jadîdah, 1982.

Ceasar E. FARAH, *Politics of Interventionism in Ottoman Lebanon, 1830- 1861*, oxford, i.B. tauris, 2000.

Ilyâs FARAH, *Arab Revolutionary Thought in the Face of Current Challenges,* s.l., arab Ba'th socialist Party, 1978.

Muhammad AL-FARHÂNÎ, *Fâris al-Khûrî wa âyyâm la tansâ* (Fâris al-Khûrî et les jours que l'on n'oublie pas), Beyrouth, Dâr al-ghad, 1965.

Muhammad FARZAT, *Al-haya al-hizbiyâ fî sûriyâ, al-dirâsat al-târîkhîyya li-nushû' al-âhzâb wa tatawwûrahâ* (la vie partisane en syrie, étude de la fon- dation et des évolutions des partis politiques), damas, dar al rawâd, 1955.

Leila Tarazi FAWAZ, *An Occasion for War: civil conflict in Lebanon and Da- mascus in 1860,* Berkeley, University of California Press, 1994.

Louise FAWCETT, *International Relations of the Middle East,* Oxford, OUP oxford, 2016.

Robert Alan FERNEA, *Shaykh and Effendi: changing patterns of authority among the El Shabana of Southern Iraq,* Cambridge, Mass., Harvard University Press, 1970.

Aydney FISHER (dir.), *The Military in the Middle East, Problems in Society and Gov-*

ernment, Colombus, Ohio State University Press, 1963.

—, *Social Forces in the Middle East,* ithaca/New york, Cornell University Press, 1955.

—, *Evolution in the Middle East, Reform, Revolt and Change,* Washington, Middle east institute, 1953.

Jean-Pierre FILIU, *Le Miroir de Damas, notre histoire,* Paris, la découverte, 2016.

—, *Le Nouveau Moyen-Orient : les peuples à l'heure de la révolution sy- rienne,* Paris, Fayard, 2013.

Kais FIRRO, *A History of the Druzes,* Leyde/New york, e.J. Brill, 1992.

Edward Peter FITZGERALD, « France's Middle Eastern ambitions, the Sykes-Picot Negotiations, and the oil Fields of Mosul, 1915-1918 », *The Jour-nal of Modern History,* vol. 66, no 4, 1994, p. 697-725.

Michel FOUCAULT, *Surveiller et punir : naissance de la prison,* Paris, Galli- mard, 1993.

Pierre FOURNIÉ, *L'Administration française au Levant (1918-1930),* Paris, École des chartes, 1986.

Roman-oliver FOY, *Habitants et territoires dans un grand périmètre irri- gué en Syrie. De la création à la liquidation d'une ferme d'État (Établissement Al-Assad-Projet de l' Euphrate-1971-2010).*

Ulrike FREITAG, « in search of "Historical Correctness": the Ba'th Party in syria », *Middle Eastern Studies,* vol. 35, n° 1, 1999, p. 1-16.

Ulrike FREITAG et Nelida FUCCARO (éd.), *Urban Violence in the Middle East. Changing Cityscapes in the Transition from Empire to Nation State,* New york, Berghahn, 2015.

Rony GABBAY, *Communism and Agrarian Reform in Iraq,* londres, Croom Helm, 1978.

James l. GELVIN, *Divided Loyalties: nationalism and mass politics in Syria at the close of Empire,* Berkeley, University of California Press, 1998.

Irene l. GENDZIER, *Notes from the Minefield: United States intervention in Lebanon and the Middle East, 1945-1958,* New york, Columbia University Press, 1997.

Jean-Philippe GENET, *L'État moderne : genèse. Bilans et perspectives,* Paris, Éd. du CNrs, 1990.

François GEORGEON (dir.), *« L'Ivresse de la liberté » : la révolution de 1908 dans l' Empire ottoman,* leuven, Peeters, 2012.

—, *Abdülhamid II : le sultan calife (1876-1909),* Paris, Fayard, 2003.

—, Nicolas VATIN, Gilles VEINSTEIN et elisabetta B$_{orromeo}$, *Dictionnaire de l'Empire ottoman,* Paris, Fayard, 2015.

Israel GERSHONI, *Rethinking Nationalism in the Arab Middle East,* New York, Co- lumbia University Press, 1997.

Ohannes GEUKJIAN, *Lebanon after the Syrian Withdrawal: external interven- tion, power-sharing and political instability,* Londres, Routledge, 2017.

Zouhair GHAZZAL, *L'Économie politique de Damas durant le xixe siècle : structures traditionnelles et capitalisme*, damas, institut français d'études arabes de damas, 1993.

—, *The Grammars of Adjudication: the economics of judicial decisions making in fin-de-siècle Ottoman Damascus and Beirut,* damas, Presses de l'ifpo, 2007.

Kâmil ibn Husayn GHAZZÎ, *Kitâb Nahr al-dhahab fî târîkh Halab* (le livre du fleuve d'or dans l'histoire d'alep), alep, dâr al-Qalam al-'arabî, 1991, 3 vol.

Michel GILQUIN, *D'Antioche au Hatay : l'histoire oubliéedu Sandjakd'Alexan- drette. Nationalisme turc contre nationalisme arabe, la France arbitre?,* Paris/ Montréal, L'Harmattan, 2000.

Rami GINAT, *Syria and the Doctrine of Neutralism. From independence to dependence,* Brighton, sussex academic Press, 2005.

Eyal GINIO et Professor elie PODEH (éd.), *The Ottoman Middle East: studies in honor of Amnon Cohen,* Bilingual, leyde, Brill, 2013.

Fatma Müge GÖÇEK, *Social Constructions of Nationalism in the Middle East,* New york, state University of New york Press, 2002.

Galia GOLAN, *The Soviet Union and Syria since the Yom Kippur War,* Jérusa- lem, Hebrew University of Jerusalem, 1977.

Leon GOLDSMITH, *Cycle of Fear: Syria's Alawites in War and Peace,* oxford University Press, 2015.

John d. GRAINGER, *The Battle for Syria, 1918-1920,* Woodbridge, Boydell Press, 2013.

Till GRALLERT, « to Whom Belong the streets ? », *Bulletin d'études orien-tales*, n° 61, 2012, p. 327-359.

Max GROSS, *Ottoman Rule in the Province of Damascus, 1860-1909,* Phd Université de Georgetown, 1979.

Vanessa GUÉNO, *Homs durant les dernières décennies ottomanes : les rela- tions ville-campagne à travers les archives locales,* aix-Marseille-i, 2008.

—, Didier GUIGNARD, (éd.), *Les Acteurs des transformations foncières autour de la Méditerranée au XIXe siècle,* aix-en-Provence, Karthala & MMsH, 2013.

John s. GUEST, *The Euphrates Expedition,* londres New york, K. Paul inter-national, 1992.

Pierre GUINGAMP, *Hafez el Assad et le parti Baath en Syrie,* Paris/Montréal, L'Harmattan, 1996.

Bassam HADDAD, *Business Networks in Syria: the political economy of autho- ritarian resilience, stanford,* stanford University Press, 2012.

Ghasân Muhammad rashâd HADÂD, *Awrâq Shâmîya min târîkh sûriya al-mu'âsir*

1946-1966(documents levantins de l' histoire syrienne contempo - raine, 1946-1966), le Caire, Maktaba Madbûlî, 2007.

LutfîhAFFÂR et salmáal-Haffâr KUZBARÎ, *Lutfî al-Haffâr, 1885-1968: mudhakkarâtuh, hayâtuh, wa - 'asruh* (lutfî al-Haffâr 1885-1966 : ses Mémoires, sa vie et son époque), londres, riyâd al-rayyis lil-Kutub wa-al-Nashr, 1997.

Sâmî HAJÂ'A, *Awrâq min daftar al-watan, 1946-1961* (Pages du cahier de la Nation, 1946-1961), damas, dâr al-tlâs, 2000.

Hasan AL-HÂKIM, *Mudhakkirâtî, safhât min târîkh sûriya al-hadîth 1920-1958*(Mes Mémoires, pages de l'histoire de la syrie moderne, 1920-1958), Bey- routh, dâr al-Kitâb al-Jadîd, 1966, deux volumes.

M. Şükrü HANIOĞLU, *Preparation for a Revolution: the Young Turks, 1902-1908*, New york, oxford University Press, 2001.

'Abd Allâh HANNÂ, *Al-Fallâhûn wa-mullâk al-ard fî Sûrîyat al-qarn al - 'ishrîn: dirâsah tajma'u bayna al-târîkh al-shafahî wa-al-târîkh al-maktûb* (les paysans et les propriétaires de la terre en syrie au xxe siècle : études réunies d' histoires écrite et orale), Beyrouth, dâr al-talî'ah lil-tibâ'ah wa-al-Nashr, 2003.

—, *Al-'Âmmah wa-al-intifâdât al-fallâhîyah, 1850-1918: fî Jabal Hûrân,* (le peuple et les insurrections paysannes 1850-1918 dans la Montagne du Hau- ran), damas, al-ahâlî lil-tibâ'ah wa-al-Nashr wa-al-tawzî', 1990.

—, *Al-Harakah al-'ummâlîyah fî Sûrîyah wa-Lubnân, 1900-1945* (le mou- vement ouvrier en syrie et au liban 1900-1945), damas, dâr dimashq, 1973.

Jean HANNOYER, *Campagnes et pouvoir en Syrie : essai d ' histoire socio - économique sur la région de Deir ez-Zor,* thèse 3e cycle, École des hautes études en sciences sociales, Paris, France, 1982.

'Uthmân HÂSHIM, *al - âhzâb al-siyâsiyya fî sûriya al-sirriyya wa al-' alâniyya,* (Les partis politiques secrets et publics en syrie), Beyrouth, riad al-rayyes, 2001.

—, *Târîkh Sûriya al-mu'asîr* (l'histoire contemporaine de la syrie) Beyrouth, al-rayyes, 2013.

Amîr HAYDAR AHMAD AL-SHIHÂBÎ, Asad Rustum et Fu'âd Afrâm BUSTÂNÎ, *Lubnân fî 'ahd al-umarâ' al-Shihâbîyîn*(le liban dans l'ère des émirs shehab), Beyrouth, al-Jâmi'ah al-Lubnânîyah, 1969.

Rustum HAYDAR, *Mudhakkirât Rustum Haydar* (Mémoire de rustum Haydar), Beyrouth, al-dâr al-'arabîyah lil-Mawsû'ât, 1988.

Muhammad Hasanayn HAYKAL, *The Cairo Documents: the inside sto-ry of Nasser and his relationship with World leaders, rebels, and statesmen,* New york, doubleday, 1973.

Guy HERMET, richard ROSE et Alain ROUQUIÉ(dir.), *Elections without Choice,* New york, Wiley, 1978.

Christoph HERZOG, Malek SHARIF(dir.), *The First Ottoman Experiment in Democra-*

cy, Würzburg, ergon Verlag, 2010.

Bernard HEYBERGER, « les chrétiens du Proche-orient au temps de la ré - forme catholique : syrie, liban, Palestine, xviie-xviiie siècles », École française de rome, diff. de Boccard, rome Paris, 1994.

Steven HEYDEMANN, *Autoritarism in Syria, Institution and Social Conflict, 1946-1970,* londres, Cornell University Press, 1999.

—, *War, Institutions, and Social Changes,* Berkeley, California University Press, 2000.

—et Rachel BOUYSSOU, « la question de la démocratie dans les travaux sur le monde arabe », *Critique internationale,* 2002, n° 17, p. 54-62.

—, « d'assad à assad. la politique syrienne n'est pas un théâtre d'ombres », *Critique internationale,* n° 9, 2000, p. 36-43.

Steven HEYDEMANN et reinoud LEENDERS, *Middle East Authoritarianisms: governance, contestation, and regime resilience in Syria and Iran,* stanford, stanford University Press, 2013.

Raymond a. HINNEBUSCH, « Party activists in syria and egypt: Political Participation in authoritarian Modernizing states », *International Political Science Review / Revue internationale de science politique,* vol. 4, no 1, 1983, p. 84-93.

—, « Syria Under the Ba'th: state Formation in a Fragmented society », *Arab Studies Quarterly,* vol. 4, n° 3, 1982, p. 177-199.

—, « Local Politics in syria: organization and Mobilization in Four Village Cases », *Middle East Journal,* vol. 30, n° 1, 1976, p. 1-24.

—, *Peasant and Bureaucracy in Ba'thist Syria, a Political Economy of Rural Development,* Boulder, Westview Press, 1999.

—, *Authoritarian Power and State Formation in Ba'thist Syria: army, party, and peasant,* Boulder (Colo.), Westview press, 1990.

—, Tina ZINTL, Christa SALAMANDRA et leif STENBERG (dir.), *Syria from Reform to Revolt,* New york, syracuse University Press, 2015.

—, *Syria: Revolution from above,* londres, routledge, 2001.

HIZB AL-BA'TH AL-'ARABÎ AL-ISHTIRÂKÎ (Le parti arabe socialiste Ba'ath (syria) (dir.), *Nidâl al-Ba'th* (le combat du Baath), damas, s.n., 1963.

—, SÛRÎ, *Krâyn wa-Sûrîyah: wa-hiya al-nashrah al-ûlá min al-nasharât allatî yusdiruhâ Hizb al-Sha'b al-Sûrî* (Crane et la syrie : premier des bulletins émis par le Parti du peuple syrien), le Caire, Hizb al-sha'b al-sûrî, 1927.

Antoine hokaYem et Marie Claude Bittar (dir.), *L'Empire ottoman, les Arabes et les grandes puissances, 1914-1920,* Beyrouth, Éditions universitaires du liban, 1981.

Juliette hoNvauLt, *L'Émir 'Adil Arslan (1888-1954), de l'ottomanisme à l'arabisme : action politique et représentation de soi,* Paris, iNalCo, 2002.

Derek hoPwood, *Syria, 1945-1986. Politics and Society,* londres, Unwin, Hyman, 1988.

Albert Habib houraNi, *Arabic Thought in the Liberal Age, 1798-1939,* Cam- bridge, Cambridge University Press, 1983.

—, *Syria and Lebanon: a political essay,* Beyrouth, librairie du liban leba- non bookshop, 1968.

—, Philip shukry khourY et Mary Christina wiLsoN, *The Modern Middle East: a reader,* Berkeley, University of California Press, 1993.

Harry Nicholas howard, *The King-Crane Commission: an American inquiry in the Middle East,* Beyrouth, Khayat, 1963.

Leila hudsoN, *Transforming Damascus: space and modernity in an islamic city,* i.B. tauris, 2008.

F. robert huNter, *Egypt under the Khedives, 1805-1879: from household government to modern bureaucracy,* Pittsburgh, University of Pittsburgh Press, 1984.

Rola eL-husseiNi, *Pax syriana: elite politics in postwar Lebanon,* syracuse, syracuse University Press, 2012.

Akram hawrÂNî, *Mudhakkirât Akram al-Hûrânî* (Mémoires d'akram al-Hawrânî), le Caire, Maktabat Madbûlî, 2000, 4 vol.

Jacob Hurewitz (éd.) *Middle East Politics: the military dimension,* Boulder, Colo., Westview Press, 1982.

Jûzîf iLYÂs, *Tatawwur al-sihâfah al-Sûrîyah fî mi'at 'âm (1865-1965),* (Évolutions de la presse syrienne pendant cent ans 1865-1965), Beyrouth, dâr al-Nidâl, 1982.

Muhammad AL-IMADI, *Tatawwurât fikra al-tanmiya fî sûriya* (Évolutions de l'idée de développement en syrie), damas, dar al-tlass, 2003.

Muhammad Fârûq IMÂM, *Al-Hayâh al-siyâsîyah fî Sûrîyah: [al-intidâb al-Faransî]* (la vie politique en syrie [le mandat français]), al-amman dâr al-i'lâm, 2011.

Dominique IOGNA-PRAT et Gilles veiNsteiN, *Histoires des hommes de Dieu dans l' islam et le christianisme,* Paris, Flammarion, 2003.

Michael IONIDES, *Divide and Lose, the Arab Revolt 1955-1958,* londres, Geoffrey Bles, 1960.

Tareq y. ISMAEL et Jacqueline s. ismaeL, *The Communist Movement in Syria and Lebanon,* Gainesville, University Press of Florida, 1998.

Charles Philippe ISSAWI, *The Economic History of the Middle East: 1800-1914 a Book of Readings,* Chicago, University of Chicago Press, 1966.

Jûrj JABÛR, *Al-fikr al-siyâssî al-mu'âsir fî sûriya* (l'idée politique contempo- raine en syrie), Beyrouth, rayyes el-rayes, 1993.

Khâlida ablâl aL-JÂBBurî, *Al-Ab`âd al-siyâsiyya li-l-hukm al-hâshimî 1941-1958*(les orientations politiques du pouvoir hachémite, 1941-1958), damas, al-Naya, 2012.

Shadi JAME, *Le Régime de la nationalité en droit syrien et en droit français : étude de droit comparé entre domination coloniale et droit international contem-porain,* Nantes,

2010.

JAM'ÎYAT AL-IKHWÂN AL-MUSLIMÎN (La confrérie des Frères musulmans syrie) (dir.), *Hamâh, ma'sât al-'asr*(Hama : la tragédie de l'époque), s.l., al-tahalluf al-Watanî li-tahrîr sûrîyah, 1983.

James P. JANKOWSKI, *Nasser's Egypt, Arab Nationalism, and the United Arab Republic,* Boulder, Colo, lynne rienner Publishers, 2001.

James P. JANKOWSKI et I. GershoNi, *Rethinking Nationalism in the Arab Middle East,* New york, Columbia University Press, 1997.

Michael JOHNSON, *Class and Clients in Beirut: the sunni muslim community and the Lebanese State, 1840-1985,* Chicago, ithaca Press, 1986.

Rafeq Abdul KARIM, « City and Countryside in ottoman syria », dans *The Middle Eastern Culture Centre, The Proceedings of International Conference on Urbanism in Islam,* vol. iii, tokyo, research Project « Urbanism in islam, a comparative study » and the Middle eastern Culture Center in Japan, 1989.

Kemal H. KARPAT, *Studies on Ottoman Social and Political History: selected articles and essays,* leyde, Boston, Brill, 2002.

—(dir.), *Political and Social Thought in the Contemporary Middle East,* New york, Praeger, 1982.

—et Robert W. ZENS (dir.), *Ottoman Borderlands: issues, personalities, and political changes,* Madison, University of Wisconsin, 2003.

efraim karsh, *Soviet Policy towards Syria since 1970,* New york, st. Martin's Press, 1991.

Reşat kasaBa, *A Moveable Empire: Ottoman nomads, migrants, and refu-gees,* seattle, University of Washington Press, 2009.

Samir KASSIR, *La Guerre du Liban : de la dissension nationale au conflit régional (1975-1982),* Paris, Karthala, 1994.

Hasan KAYALI, « elections and the electoral Process in the ottoman empire, 1876-1919 », *International Journal of Middle East Studies,* vol. 27, n° 3, 1995,p. 265-286.

—, *Arabs and Young Turks: Ottomanism, Arabism, and Islamism in the Otto- man Empire, 1908-1918,* Berkeley, University of California Press, 1997.

Nabil M. KAYLANI, « the rise of the syrian Ba'th, 1940-1958: Political suc- cess, Party Failure », *International Journal of Middle East Studies,* vol. iii, n° 1, 1972, p. 3-23.

Nazâr KAYYÂLÎ, *Dirasâ fî târîkh sûriyâ al-siyâsî al-mu`âsir 1920-1950* (Étude sur l' histoire politique de la syrie contemporaine, 1920-1950), damas, dâr tlas, 1997.

Farhad KAZEMI, John Waterbury (dir.), *Peasants and Politics in the Modern Middle East,* Miami, Florida international University Press, 1991.

Mordechai KEDAR, *Asad in Search of Legitimacy: message and rhetoric in the Syrian Press under Hâfiz and Bashâr,* Brighton/Portland, sussex academic Press, 2005.

Ellie KEDOURIE, *Arabic Political Memoirs and Other Studies,* londres, Frank Cass, 1974.

—, *Politics in the Middle East,* oxford, oxford University Press, 1992.

Malcolm H. KERR, *The Arab Cold War, 1958-1964 ; a study of ideology in politics,* Londres, New York, Oxford University Press, 1965.

Bichara KHADER, « Propriété agricole et réforme agraire en syrie », *Civilisa- tions,* 1975, vol. 25, 1/2, p. 62-83.

Ghassân KHÂLIDÎ, *Al-Hizb al-qawmî wa-qadîyat al-Mâlikî: haqîqah am itti-hâm* (le Parti national et l'affaire Malkî : vérité et accusation), Beyrouth, dâr wa-Maktabat al-turâth al-Adabî, 1999.

Rashid KhaLidi, *Sowing Crisis: the Cold War and American Dominance in the Middle East,* Boston, Beacon Press, 1887.

—et Lisa ANDERSON, *The origins of Arab Nationalism,* New york, Columbia University Press, 1991.

Rashid KHALIDI, *British Policy towards Syria & Palestine 1906-1914, a Study of the Antecedents of the Hussein-the McMahon Correspondence, the Sykes-Picot Agreement, the Balfour Declaration,* londres, oxford, ithaca Press, 1980.

Tarif KHALIDI (éd.), *Land Tenure and Social Transformation in the Middle East,* Beyrouth, american University of Beirut Press, 1984.

'Abd Allâh FIKRÎKHÂNÎ, *Sûrîyah bayna al-dîmuqrâTîyah wa-al-hukm al-fardî: 'ashr sanawât fî al-Amânah al - 'Âmmah li-Ri'âsat al-Jumhûrîyah, 1948-1958*(syrie entre la démocratie et le gouvernement individuel : dix années dans la sûreté générale de la république, 1948-1958), Beyrouth, dâr al-Nafâ'is, 2004.

—, *Jihâd Shukrî al-Qûwatlî fî sabîl al-istiqlâl wa-al-wahdah: wa-ma'ahâ ma- hâdir jalasât al-wahdah ma'a Misr* (le combat shukrî al-Quwwatlî pour l'indé- pendance et de l' unité et les comptes rendus des séances de l'unité égyptienne), Beyrouth, dâr al-Nafâ'is, 2003.

Hânî KHAYYIR, *Akram al-Hûrânî bayna al-tanaqqulât al-siyâsîyah wa-al-inqilâbât al-'askarîyah* (akram al-Hawrânî entre implications politiques et coups militaires), damas, tawzî' Maktabat al-sharq al-Jadîd, 1996.

—, *Adîb al-Shîshaklî: sâhib al-inqilâb al-thâlith fî Sûrîyâ: al-bidâyah wa-al-nihâyah* (adîb al-shîshaklî : le responsable du troisième coup d'État en syrie du début à la fin), damas, Hânî al-Khayyir, 1994.

Yâsir khazÂ'iLah, *Târîkh al-azmah al-siyâsîyah fî Lubnân, 1957-1958: dirâ- sah muhakkamah*(l'histoire de la crise politique au liban 1957-1958 : études), amman, dâr al-Khalîj, 2007.

Ghassan EL-KHAZEN, *La Grande Révolte arabe de 1936 en Palestine,* Bey-routh, dar an-Nahar, 2005.

Gérard D. KHOURY, *Une tutelle coloniale : le mandat français en Syrie et au Liban, écrits politiques de Robert de Caix,* Paris, Belin, 2006.

—, Nadine MÉOUCHY, Henry laureNs, et Peter sLuGLett, *États et sociétés de l'Orient arabe en quête d'avenir : 1945-2005. Actes de la Semaine internatio-nale d'études sur le Moyen-Orient arabe, MMSH, Aix-en-Provence, juin 2005,* Paris, Geuthner, 2006.

Philip S. KHOURY, *Syria and the French mandate: the politics of Arab natio-nalism, 1920-1945,* Princeton, Princeton University Press, 1987.

—, *Urban Notables and Arab Nationalism: the politics of Damascus 1860-1920,* londres New york/Melbourne, Cambridge University Press, 1983.

—et Joseph KOSTINER, *Tribes and State Formation in the Middle East,* Berkley, University of California Press, 1990.

Fâris KHÛRÎ, *Awrâq Fâris al-Khûrî* (Papiers Fâris al-Khûrî), damas, talâs, 1989.

Eberhard KIENLE, *Ba'th v. Ba'th: the conflict between Syria and Iraq, 1968-1989,* i.B. tauris, londres, 1990.

—, « Entre jama'a et classe. le pouvoir politique en syrie contemporaine », *Revue du monde musulman et de la Méditerranée,* 1991, vol. 59, n° 1, p. 211- 239.

—(éd.), *Contemporary Syria: liberalization between Cold War and Cold Peace,* londres/New york, British academic Press in association with the Centre of Near and Middle eastern studies, school of oriental and african stu- dies, University of london distributed by st. Martin's Press, 1994.

Paul W. t. KINGSTON, *Britain and the Politics of Modernization in the Middle East, 1945-1958,* Cambridge, Cambridge University Press, 1996.

Abrâhâm KÛBILYÂN, *Thawrat al-Halabîyîn 'alá al-wâlî Khûrshîd bâshâ al - 'Uthmânî, 1819-1820: yawmîyât Abrâhâm Kûbilyân*(révolution alépine contre Khûrshîd Pasha l'ottoman 1819-1820), alep, Manshûrât Mutrânîyat al-araman al-Kâthûlîk bi-Halab, 2008.

Muhammad KURD 'ALÎ, *Al-Mudhakkirât* (les mémoires), damas, 1948.

Muhammed H. KUTLUOĞLU, *The Egyptian Question, 1831-1841: the expan-sionist policy of Mehmed Ali Paşa in Syria and Asia Minor and the reaction of the Sublime Porte*, istanbul, eren, 1998.

Keith KYLE, *Suez*, New york, st. Martin's Press, 1991.

François LANTZ, *Chemins de fer et perception de l'espace dans les provinces arabes de l'Empire ottoman, 1890-1914,* Paris, France, 2005.

Walter LARQUEUR, *The Struggle for the Middle East, the Soviet Union and the Middle East, 1958-1968,* londres, routledge, Paul Kegan, 1969.

—, *Communism and Nationalism in Middle East,* londres, routledge, 1956.

S. U. LARSEN (dir.), *The Challenges of Theories on Democracy: elaborations over new trends in transitology,* Boulder/New york, social science Monographs, distributed by

Columbia University Press, 2000.

Henry LAURENS, *Les Crises d'Orient,* Paris, Fayard, 2017.

—, *La Question de Palestine,* Fayard, tome i : 1799-1922. *L' Invention de la Terre sainte,* 1999 ; tome ii : 1922-1947. *Une mission sacrée de civilisa-tion*, 2002 ; tome iii : 1947-1967. *L'Accomplissement des prophéties,* 2007 ; tome iV : 1967-1982. *Le Rameau de l' olivier et le fusil du combattant,* 2008 ; tome V : 1982-2001. *La Paix impossible*, 2015.

—, *L'Empire et ses ennemis. La question impériale dans l'histoire,* Paris, le seuil, 2009.

—, *L'Orient arabe à l'heure américaine : de la guerre du Golfe à la guerre d'Irak,* seconde édition, Paris, a. Colin, 2005.

—, *Orientales,* Paris, CNrs Éditions, 2004.

—, *L'Expédition d'Égypte, 1798-1801*, Paris, armand Colin, 1995.

—et Matthieu REY, « l'avènement des régimes militaires au Moyen-orient, the Birth of Military regimes in the Middle east: reinterpreting the "age of revolutions" », *Vingtième siècle. Revue d'histoire*, n° 124, 2014, p. 47-55.

Fred Haley LawsoN, *The Social Origins of Egyptian Expansionism During the Muhammad Åli Period,* New york, Columbia University Press, 1992.

Raphaël LEFÈVRE, *Ashes of Hama: the Muslim Brotherhood in Syria,* oxford/ New york, oxford University Press, 2013.

Daniel LE GAC, *La Syrie du général Assad,* Bruxelles, Éd. Complexe, 1991. reinoud LeeNders et steven heYdemaNN, « Popular Mobilization in syria:

Opportunity and threat, and the social Networks of the early risers », *Mediter-ranean Politics,* vol. 17, n° 2, 2012, p. 139-159.

Vincent Lemire, *Jérusalem 1900 : la ville sainte à l'âge des possibles,* Paris, a. Colin, 2013.

François LENORMANT, *Histoire des massacres de Syrie en 1860,* Paris, l. Hachette, 1861.

David W. LESCH, *The New Lion of Damascus: Bashar al-Asad and modern Syria by David W. Lesch,* New Haven, yale University Press, 2005.

— , « Militaires et politique étrangère en syrie (1946-1970), Foreign Policy and the Military in syria (1946-1970): From independence to dictatorship », *Vingtième siècle. Revue d'histoire*, n° 124, 2014, p. 73-86.

Bernard LEWIS, *Le Langage politique de l'islam,* Paris, NrF, 1989.

Norman LEWIS, *Nomads and Settlers in Syria and Jordan, 1800-1980,* rééd., Cambridge, Cambridge University Press, 2009.

H. LIEBAU, K. BROMBER, K. LaNGe, d. hamzah and r. ahuJa, *The World in World Wars. Experiences, perceptions and perspectives from Africa and Asia,* Brill, leyde-Boston, 2010.

Jonathan LITTELL, *Carnets de Homs : 16 janvier-2 février 2012,* Paris, Galli- mard,

2012.

Stephen Hemsley LONGRIGG, *Syria and Lebanon under French mandate,* londres, New york, oxford University Press, 1958.

Élisabeth LONGUENESSE, *Professions et sociétés au Proche-Orient, déclin des élites, crise des classes moyennes*, rennes, Presses universitaires de rennes, 2007.

William roger LOUIS, *The British Empire in the Middle East, 1945-1951: Arab nationalism, the United States, and Postwar Imperialism,* oxford/New york, Clarendon Press/oxford University Press, 1984.

—et Roger OweN (dir.), *A Revolutionary Year: the Middle East in 1958,* londres/New york/Washington, d.C., i.B. tauris Publishers/Woodrow Wilson Center Press, 2002.

— (dir.), *Suez 1956: the crisis and its consequences,* Oxford / New York, Clarendon Press/Oxford University Press, 1989.

Patrick LOUVIER, « Une opération humanitaire ratée ? l'expédition de syrie de 1860-1861, vue par les militaires et les marins français », *A Scuttled Huma- nitarian Operation? The Syrian Expedition of 1860-1861, as seen by French soldiers and marines,* vol. 122, n° 4, 2008, p. 307-325.

Giacomo LUCIANI, *The Arab State,* University of California Press, 1990.

Pierre-Jean LUIZARD, *La Question irakienne,* Paris, Fayard, 2002.

—(dir.), *Le Choc colonial et l'islam : les politiques religieuses des puis- sances coloniales en terre d'islam,* Paris, La Découverte, 2006.

Bruce MADDY-WEITZAM, *The Crystallization of the Arab System, 1945-1955,* Syracuse, Syracuse University Press, 1993.

Tawfîq MADÎNÎ, Faysal DARRÂJ, Muhammad Jamâl BÂRÛT (dir.), Al-*Ahzâb wa-al-harakât al-Shuyû'îya wa-al-Mârkisîya al - 'Arabîya,* (Les partis politiques et mouvements communistes marxistes arabes), Damas, al-Markaz al-'Arabî lil-Dirâsât al-Istirâtîjîya.

Samir a. MAKDISI, « Syria: Rate of Economic Growth and Fixed Capital For-mation 1936-1968 », *Middle East Journal*, vol. 25, n° 2, 1971, p. 157-179.

Ussama MAKDISI, *The Culture of Sectarianism. Community, history, and violence in nineteenth-century Ottoman Lebanon,* Berkeley, University of Cali fornia Press, 2000.

Muhammad AL-MAKKÎ ibn al-Sayyid iBN aL-khÂNQÂhet 'Umar Najîb 'umar, *Târîkh Hims: yawmîyât* (l'histoire quotidienne de Homs), damas, al-Ma'had al-'ilmî al-Faransî lil-dirâsât al-'arabîyah bi-dimashq, 1987.

Philip MANSEL, *Aleppo: The Rise and Fall of Syria's Great Merchant City*, i.B. tauris, 2016.

Moshe MA'OZ(dir.), *Studies on Palestine during the Ottoman Period,* Jérusa - lem, Magnes Press, 1975.

—, *Ottoman Reform in Syria and Palestine, 1840-1861: the impact of the tanzimat on politics and society*, londres, Clarendon P., 1968.

—, J. GiNat et onn wiNCkLer (dir.), *Modern Syria: from Ottoman rule to pivotal role in the Middle East,* Brighton, sussex academic Press, 1999.

— et A. YaNiv (dir.), *Syria under Assad: domestic constraints and regional risks,* New york, st. Martin's Press, 1986.

Muhammad MA'RÛF, *Ayyâm 'ishtuhâ, 1949-1969 : al-inqilâbât al-'askarîyah wa-asrâruhâ fî Sûrîyah* (les jours que j'ai vécus, 1949-1969 : les coups d'État mi- litaires et leurs ères en syrie), Beyrouth, riyâd al-rayyis lil-Kutub wa-al-Nashr, 2003.

Majzarat Hamâh: al-qissah al-haqîqîyah bi-al-asmâ' wa-al-waqâ'i' wa-al-arqâm wa-al-suwar li-akbar majzarah fî al-'asr al-hadîth, le Caire, dâr al-i'tisâm, 1984.

Abraham MARCUS, *The Middle East on the Eve of Modernity: Aleppo in the eighteenth century,* New york, Columbia University Press, 1989.

Salma MARDAM BEY, *La Syrie et la France : bilan d'une équivoque, 1939-1945*, Paris, l'Harmattan, 1994.

Şerif MARDIN, *The Genesis of Young Ottoman Thought: a study in the moder- nization of Turkish political ideas*, syracuse, syracuse University Press, 2000.

Brigitte MARINO, *Le Faubourg du Mîdân à Damas à l'époque ottomane : es- pace urbain, société et habitat (1742-1830)*, damas, institut français de damas, 1997.

J. MASCLE et Jûrj kûsá, *Jabal al-Durûz: dirâsah târîkhîyah* (la Montagne druze : études historiques), damas, dâr al-Farqad, 2006.

Bruce MASTERS, *The Origins of Western Economic Dominance in the Middle East: mercantilism and the islamic economy in Aleppo, 1600-1750,* New york, New york University Press, 1988.

—, « Power and society in aleppo in the 18th and 19th centuries », *Revue du monde musulman et de la Méditerranée*, vol. 62, n° 1, 1991, p. 151-158.

—, « the 1850 Events in Aleppo: An Aftershock of Syria's Incorporation into the Capitalist World System », *International Journal of Middle East Studies*, vol. 22, n° 1, 1990, p. 3-20.

—, *The Arabs in the Ottoman Empire 1516-1918,* Cambridge, Cambridge University Press.

Kevin W. MARTIN, *Syria's Democratic Years: citizens, experts, and media in the 1950s*, Bloomington, indiana University Press, 2015.

Fu'âd MATAR, *Sûrîyah al-maghlûb 'alá amrihâ: qirâ'ah fî ahlâm al-ab « Hâfiz al-Sûrî - al-Lubnânî - al-'Irâqî - al-Amîrkûsûfiyâtî » wa-kawâbîs al-ibn « Bashs- hâr al-Lubnânî - al-Rûsî - al-Sînî - al-FilasTînû'îrânî »* (La Syrie impuissante, lecture dans les rêves du père Hafiz le Syrien, libanais, l'irakien, l'Américano- soviétique et les cauchemars du fils Bashar, le Libanais, le russe, le Chinois, le Palestino-Iranien), Beyrouth, al-dâr al-'arabîyah lil-'Ulûm Nâshirûn, 2013.

Hervé MAZUREL, alain Boureau, Michel desGraNGes et Pierre vidaL-NaQuet, *Vertig-*

es de la guerre : Byron, les philhellènes et le mirage grec, 1re éd., Paris, les Belles lettres, 2013.

Nadine MÉOUCHY, « les nationalistes arabes de la première génération en syrie (1918-1928) : une génération méconnue », *Bulletin d'études orientales*, 1995, vol. 47, p. 109-128.

Nadine MÉOUCHY, Peter sLuGLett (dir.), *France, Syrie et Liban 1918-1946 : les ambiguïtés et les dynamiques de la relation mandataire*, damas, Presses de l'ifpo, 2013.

Nadine MÉOUCHY, Peter sLuGLett, Gérard d. khourY, et Geoffrey sChad (éd.), *The British and French Mandates in Comparative Perspectives,* leyde Boston, Brill, 2004.

Margaret Lee MERIWETHER, *The Kin who Count: family and society in Ottoman Aleppo, 1770-1840,* Austin tex, University of Texas Press, 1999.

Michalis N. MICHAEL, Anastassios ANASTASSIADIS et Chantal VERDEIL, *Religious Communities and Modern Statehood: the Ottoman and post-Ottoman world at the age of nationalism and colonialism,* Berlin, Klaus schwarz, 2015.

Taline ter MINASSIAN, *Colporteurs du Komintern. L'Union soviétique et les minorités au Moyen-Orient,* Paris, Presse de Sciences Po, 1997.

Nicola MIGLIORINO, *(Re)constructing Armenia in Lebanon and Syria: ethno-cultural diversity and the State in the aftermath of a refugee crisis,* New york, Berghahn Books, 2011.

Mikhâ'îl MISHÂQAH, Mulham Khalîl 'aBdû et andrâwus Hannâ shakhÂs- hîrî, *Kitâb mashhad al-'aiyân bi-hawâdith Sûriyâ wa-Lubnân* (témoignage des notables dans les événements de syrie et du liban), le Caire 1908.

Nataša MIŠKOVIĆ, Harald FISCHER-TINÉET Nada Boškovska LeimGru-Ber (dir.), *The Non-Aligned Movement and the Cold War: Delhi, Bandung, Bel- grade,* londres, New york, routledge, 2014.

Jean-david MIZRAHI, *Genèse de l'État mandataire : service des renseigne-ments et bandes armées en Syrie et au Liban dans les années 1920*, Paris, Publi-cations de la sorbonne, 2003.

Odile MOREAU, *L'Empire ottoman à l'âge des réformes, les hommes et les idées du « nouvel ordre » militaire 1826-1914,* Paris, Maisonneuve et Larose, 2007.

Benny MORRIS, *1948: a history of the first Arab-Israeli war,* New Haven, londres, yale University Press, 2008.

Sami MOUBAYED, *Damascus Between Democracy and Dictatorship,* lanham, University Press of america, 2000.

Walîd AL-MU 'ALLIM, *Sûriyâ 1918-1958, al-tahdî wa al-muwâjaha* (syrie, 1918-1958, défis et vagues), Damas, Matba`a `akra dimashq, 1985.

Manâr Mahrûs Husayn MUHAMMAD et 'abd al-Mun'im ibrâhîm al-dusûqî JumaY'î, *Al-Dawr al-Misrî fî al-sirâ' 'alá Sûriyâ 1946-1958,* (le rôle égyptien dans la lute pour la syrie, 1946-1958) le Caire, al-Majlis al-a'lá lil-thaqâfah, 2017.

Malik MUFTI, *Sovereign creations, pan-arabism and political order in Syria and Iraq*, ithaca, Cornell University Press, 1996.

Martha MUNDY et richard saumarez SMITH, *Governing Property, Making the Modern State: law administration and production in Ottoman Syria,* Londres, i.B. Tauris, 2007.

Rabah NAFFAKH, « Les Beggara du Zor : changements techno-économiques et sociaux », thèse 3e cycle, Paris, faculté des lettres, 1964.

Rabî' NAKHLAH, *Târîkh Wilâyat Halab, 1889-1902*(Histoire du gouvernorat d'alep), Beyrouth, Maktabah al-sharqîyah, 2017.

Qâsim Muhammad Ahmad NawÂsirah, *Al-Mawqifal-BarîTânîwa-al-Faransî min al-hukm al-Misrî li-bilâd al-Shâm, 1247-1257 H/1831-1841 M* (la situa- tion britannique et française entre le gouvernement égyptien et le levant 1247-1257/1831-1841), damas, al-Ma'had al-Faransî lil-sharq al-adná, 2008.

Daniel NEEP, *Occupying Syria Under the French Mandate: insurgency, space and State formation,* Cambridge, Cambridge University Press, 2012.

Francis r. NICOSIA, *Nazi Germany and the Arab World,* Cambridge, Cambridge University Press, 2014.

G.A. O'DONNELL, P.C. SCHMITTER, et l. whitehead (dir.), *Transitions from Authoritarian Rule. Comparative Perspectives,* Baltimore, Johns Hopkins Uni- versity Press, 1986.

Robert W. OSLON, *The Ba'th and Syria, 1947 to 1982: the evolution of ideo- logy, party, and State, from the French mandate to the era of Hafiz al-Asad,* Princeton, Kingston Press, 1982.

Taku OSOEGAWA, *Syria and Lebanon: international relations and diplomacy in the Middle East,* Londres, i.B. Tauris, 2013.

Jürgen OSTERHAMMEL, *The Transformation of the World: a global history of the Nineteenth Century,* Princeton/Oxford, Princeton University Press, 2015.

Roger OWEN, *The Middle East in the World Economy: 1800-1914,* Londres New York, i.B. tauris, 1993.

— et Paul BURTON, *New Perspectives on Property and Land in the Middle East,* Boston, Harvard University Press, 2000.

Roger OWEN, *State, Power and Politics in the Making of the Modern Middle East,* 3rd ed., New York, Routledge, 2004.

Claude PALAZZOLI, *La Syrie : le rêve et la rupture,* Paris, le sycomore, 1977.

Daniel PANZAC, *La Marine ottomane : de l'apogée à la chute de l'Empire, 1572-1923*, Paris, CNRS Éditions, 2012.

—, *Les Échanges maritimes dans l'Empire ottoman au xviiie siècle,* s.l., 1985.

Klat PAUL, *Musha Holdings and Land Fragmentation in Syria,* Beyrouth, MeeP, 1957.

A. C. S. PEACOCK et Annabel Teh GALLOP, *From Anatolia to Aceh: Ottomans,*

Turks, and Southeast Asia, oxford, oxford University Press, 2015.

Amos PERLMUTTER, « From obscurity to rule: the syrian army and the Ba'th Party », *The Western Political Quarterly,* 1969, vol. 22, n° 4, p. 827-845.

Volker PERTHES, *Syria Under Bashar al-Asad: modernisation and the limits of change*, oxford, oxford University Press for the international institute for strategic studies, 2004.

—, *The Political Economy of Syria under Asad*, londres/New york, i.B. tauris, 1997.

Franck PETER, *Les Entrepreneurs de Damas. Nation, impérialisme et indus-trialisation,* Paris, l'Harmattan, 2010.

Tabitha PETRAN, *Syria*, Londres, Ernest Benn Ltd, 1972.

Thomas PHILIPP, *Acre: the rise and fall of a Palestinian city, 1730-1831,* New York, Columbia University Press, 2001.

—, *The Syrian Land in the 18th and 19th Century: the common an the specific in the historical experience,* stuttgart, F. steiner, 1992.

Thomas PHILIPP et Birgit sChäBLer, *The Syrian Land: processes of integra- tion and fragmentation: Bilâd Al-Shâm from the 18th to the 20th Century,* Franz steiner Verlag, 1998.

Thomas PHILIPP et Christoph sChumaNN, *From the Syrian Land to the States of Syria and Lebanon,* Würzburg, Beyrouthe, Ergon Verlag in Kommission, 2004.

Thomas PHILIPP, *The Syrians in Egypt, 1725-1975,* Stuttgart, Franz Steiner Verlag, 1985.

Walid PHARES, *Syria, the United States and the War on Terror in the Middle East,* New york, Praeger Publishers, 2006.

Elizabeth PICARD, *Liban-Syrie, intimes étrangers : un siècle d'interactions sociopolitiques,* Arles, Actes Sud, 2016.

—, « Syrie : la coalition autoritaire fait de la résistance », *Politique étrangère,* vol. 70, n° 4, 2005, p. 757-768.

—, « Une sociologie historique du Za'im libanais », dans Charles ChatouNi, *Histoires, sociétés et pouvoirs au Proche et Moyen-Orient*, Paris, Geuthner, 2001.

—, *Liban, État de discorde : des fondations aux guerres fratricides,* Paris, Flammarion, 1988.

—, « Ouverture économique et renforcement militaire en syrie », *Oriente moderno,* vol. 59, 7/12, 1979, p. 663-676.

Thomas PIERRET, *Baas et Islam en Syrie : la dynastie Assad face aux Oulé-mas,* Presses universitaires de France, Paris, 2011.

Elie PODEH, *The Decline of Arab Unity: the rise and fall of the United Arab Republic,* Brighton, UK etc., sussex academic Press, 1999.

—, *The Quest for Hegemony in the Arab World: the struggle over the Bagdad Pact,* leyde ; New york, Brill, 1995.

Alice POULLEAU, *À Damas sous les bombes : journal d'une Française pen- dant la révolte syrienne (1924-1926)*, Paris l'Harmattan, 2012.

Michael PROVENCE, *The Great Syrian Revolt and the Rise of Arab Nationalism,* Austin, University of Texas Press, 2005.

Khayrîyah QÂSIMÎYAH, *Al-Ra'îl al-'Arabî al-awwal: hayât wa-awrâq Nabîh wa-'Âdil al-'Azmah* (la première génération arabe : vies et papiers de Nabîh et de 'adîl al-azmeh), Londres, riyâd al-rayyis, 1991.

'Awda QASIYYAS, *Min târîkh al-haraka al-'ummâliyya wa al-niqâbiyya al-sûriyya sanawât al-harb al-'âlamiyya al-thâniyya wa bidâyya sanawât al-istiqlâl 1939-1948* (de l'histoire du mouvement ouvrier et syndical syrien, les années de la seconde Guerre mondiale et le début des années de l'indépendance, 1939-1948), damas, dâr al-`ilm, 2006.

Ayad AL-QAZZAZ, « army officers and land reforms in egypt, iraq and syria », *Sociological Bulletin*, 1971, vol. 20, nº 2, p. 159-177.

Donald QUATAERT, *Ottoman Manufacturing in the Age of the Industrial Revo-lution*, Cambridge, Cambridge University Press, 1993.

Shukrî QÛWATLÎ, *Shukrî al-Qûwatlî yukhâtibu ummatah* (shukrî al-Quwwatli parle à la nation), damas, s.n., 1970.

Edmond RABBATH et al-amîr Šakîb ARSLÂN, *L'Évolution politique de la Syrie sous mandat*, Paris, M. Rivière, 1928.

Robert G. RABIL, *Syria, the United States, and the War on Terror in the Middle East*, Westport, Conn., Praeger Security International, 2006.

Itamar RABINOVICH, *Syria under the Ba'th, 1963-66 : the army-party symbio- sis,* Jérusalem, Israel Universities Press, 1972.

Loulouwa AL-RACHID et Édouard MÉTÉNIER, « À propos de la violence "ira- kienne". Quelques éléments de réflexion sur un lieu commun, abstract », *A contrario*, 13 octobre 2008, vol. 5, nº 1, p. 114-133.

'Abd al-Karîm RÂFIQ, *The Province of Damascus, 1723-1783*, Beyrouth, Khayats, 1966.

Pedro RAMET, *The Soviet-Syrian Relationship since 1955: a troubled alliance,* Boulder, Westview Press, 1990.

Madawi AL RASHEED, *A History of Saudi Arabia,* Cambridge, Cambridge University Press, 2002.

—, *Politics in an Arabian Oasis: the Rashidis of Saudi Arabia,* New york, i.B. Tauris, 1997.

Andrew RATHMELL, *Secret War in the Middle East: the covert struggle for Syria, 1949-1961,* Londres, Tauris Academic Studies, 1995.

André RAYMOND, « les grandes villes arabes à l'époque ottomane », *in La Ville arabe, Alep, à l'époque ottomane:(xviᵉ-xviiiᵉ siècles),* Beyrouth, Presses de L'ifpo, 2014, p.

184-209.

—, *Grandes villes arabes à l'époque ottomane*, Paris, sindbad, 1985.

— (dir.), *La Syrie d'aujourd'hui*, Paris, Éditions du Centre national de la re- cherche scientifique, 1980.

RAYNAUD et MARTINET, *Les Bédouins de la mouvance de Damas*, Beyrouth, imprimerie du Bureau topographique de l'A.F.L., 1922.

Abd al-RAZZÂQ MUNÎF, *Al-Tajribah al-murrah* (l'expérience amère), Damas, s. n., 1967.

James A. REILLY, *The Ottoman Cities of Lebanon: historical legacy and iden- tity in the modern Middle East,* londres New York, i.B. Tauris, 2016.

—, *A Small Town in Syria: Ottoman Hama in the Eighteenth and Nineteenth Centuries*, Oxford/New York, P. Lang, 2002.

Matthieu REY, « How did the Middle east Meet the West ? the internatio-nal United Nations agencies' surveys in the 1950s », *Middle Eastern Studies*, vol. 49, nº 3, 2013, p. 477-493.

—, « Le moment électoral de 1954 en Irak et en Syrie », *Maghreb-Machrek*, nº 213, p. 99-116.

—, « Le parlementarisme en Irak et en Syrie entre 1946 et 1963 : un temps de pluralisme au Moyen-Orient » thèse de doctorat, école doctorale de l'École des hautes études en sciences sociales, France, 2013.

Ruth RODED, « Urban Elite Families of Syria », dans Gabriel Warburg et Gad GLiBar, *Studies in Islamic Society: contributions in memory of Gabriel Baer*, Haifa, Haifa University Press, 1984.

Eugene L. ROGAN, *The Fall of the Ottomans: the Great War in the Middle East, 1914-1920*, londres, allen lane, 2015.

—, *Frontiers of the state in the Late Ottoman Empire: Transjordan, 1850- 1921*, Cambridge, New York/Melbourne [etc.], Cambridge University Press, 1999.

— et EUROPEAN SCIENCE FOUNDATION (dir.), *Outside in: on the margins of the modern Middle East*, londres, New york, i.B. Tauris, 2002.

Cyril ROUSSEL, *Les Druzes de Syrie : territoire et mobilité*, Beyrouth, Presses de l'ifpo, 2011.

Laura RUIZ DE ELVIRA CARRASCAL, *Associations de bienfaisance et ingénie - ries politiques dans la Syrie de Bachar- al-Assad : émergence d'une société civile autonome et retrait de l'État ?,* Paris, EHess, 2013.

'Âyid ibn Khazzâm RÛQÎ, *Hurûb Muhammad 'Alî fî al-Shâm : wa-atharuhâ fî shibh al-Jazîrah al-'Arabîyah: 1247-1255 H/1831-1836 M*(les guerres de Muhammad 'alî au levant et leur influence sur la péninsule arabe 1247-1255/1831-1836), la Mecque, al-Mamlaka al - 'arabîya al-sa'ûdîya, Wizârat al-ta'lîm al - 'Âlî Markaz Buhûth al-dirâsât al-islâmîya

Makka al-Mukkaramah, 1994.

Malcolm B. RUSSELL, *The First Modern Arab State: Syria under Faysal, 1918-1920,* Minneapolis, Bibliotheca Islamica, 1985.

Asad RUSTUM et subhî Nâyif ABÛ SHAQRÂ, *Al-Mahfûzât al-Malakîyah al-Misrîyah* (les manuscrits royaux égyptiens), Beyrouth, American Press, 1940.

Asad RUSTUM et Bûlus QAR'ALÎ (dir.), *Hurûb Ibrâhîm Bâshâ al-Misrî fî Sûriyâ wa-al-Anâdûl*(les guerres d'ibrahim Pasha l'egyptien en syrie et anatolie), le Caire, al-Matba'ah al-sûrîyah, 1927.

Adnân SA'AD AL-DÎN, *Al-Ikhwân al-muslimûn fî sûriya. Mudhakkirât wa dhikrayât* (les Frères musulmans en Syrie. Mémoires et souvenirs) (5 vol.), le Caire, Maktabat Madbûlî, 2006.

Édouard saaB, *La Syrie ou la Révolution dans la rancœur,* Paris, Le Seuil, 1968.

Ahmad Ghassân SABÂNÛ (dir.), *Mudhakkirât târîkhîya 'an hamlat Ibrâhîm Bâshâ 'alá Sûriyâ* (les Mémoires historiques sur la campagne d'ibrahim Pasha sur la syrie), Damas, Dâr Qutaybah, 1980.

Fath Allâh ibn Antûn al-SÂ'IĠ et Joseph CheLhod, *Le Désert et la gloire : les Mémoires d'un agent syrien de Napoléon,* Paris, Gallimard, 1991.

Ghassan SALAME (dir.), *Démocraties sans démocrates : politiques d'ouver- ture dans le monde arabe et islamique,* Paris, Fayard, 1994.

Najib e. SALIBA, « the achievements of Midhat Pasha as Governor of the Province of syria, 1878-1880 », *International Journal of Middle East Studies*, vol. 9, n° 3, 1978, p. 307-323.

Latîfah Muhammad SÂLIM, *Al-Hukm al-Misrî fî al-Shâm, 1831-1841*, (le gou- vernement égyptien au levant, 1831-1841), le Caire, dâr al-Kitâb al-Jâmi'î, 1983.

Mouna Liliane SAMMAN, « le recensement syrien de 1981 », *Population*, vol. 38, n° 1, 1983, p. 184-188.

Mutî' SAMMÂN, *Watan wa-'askar: qabla an tudfana al-haqîqa fî al-turâb: mudhakkirât 28 Aylûl 1961-8 Âdhâr 1963* (la nation et les militaires : avant que la vérité ne soit enterrée dans la poussière, mémoire du 28 septembre 1961- 8 mars 1963), Beyrouth, Baysân lil-tawzî' wa-al-Nashr, 1995.

Adham SAOULI, *The Arab State: dilemmas of late formation,* londres/ New york, routledge, 2012.

Jean SAUVAGET, *Alep, essai sur le développement d'une grande ville syrienne, des origines au milieu du xixe siècle*, Paris, P. Geuthner, 1941.

Jalâl AL-SAYYID, *Hizb al-Ba'ath* (Parti de la renaissance), Beyrouth, dar nahâr lil-nashar, 1973.

Linda SCHATKOWSKI-SCHILCHER, *Families in politics: Damascene factions and estates of the 18th and 19th centuries,* Stuttgart, F. Steiner, 1985.

—, « The Hauran Conflicts of the 1860s: a Chapter in the rural History of Modern syria », *International Journal of Middle East Studies,* vol. 13, nº 2, 1981, p. 159-179.

—, « Dhe Famine of 1915-1918 in Greater syria », dans John sPaGNoLo, *Problems of Modern Middle East in Historical Perspectives, essays in honour of Albert Hourani,* reading, Garnet & ithaca Press, 1996.

Christoph SCHUMANN (éd.), *Nationalism and Liberal Thought in the Arab East: ideologies and practices,* londres, soas/routledge, 2010.

James SCOTT, *The Moral Economy of the Peasant: rebellion and subsistence in Southeast Asia,* New Haven, yale University Press, 1976.

Patrick SEALE, *The struggle for Syria: a study of post-war Arab politics 1945-1958,* londres New york, oxford University Press, 1965.

—, *La Lutte pour l'indépendance arabe : Riad El-Solh et la naissance du Moyen-Orient moderne,* Paris, Fayard, 2010.

—, *Asad of Syria: the struggle for the Middle East,* Berkeley, University of California Press, 1989.

Michel SEURAT, *L'État de barbarie*, Paris, le seuil, 2012.

Bouthaina SHAABAN, *'Ashrat a'wâm ma'a Hâfiz al-Asad, 1990-2000* (dix années avec Hafez al-assad, 1990-2000), Beyrouth, Markaz dirâsât al-Wahdah al-'arabîyah, 2015.

'Abd al-Rahmân SHAHBANDAR, *Mudhakkirât 'Abd al-Rahmân al-Shahbandar* (Mémoires de 'abd al-rahmân al-shahbandar), Damas, s.n., 1967.

—, *Thawrat Sûriyah al-kubrá* (la grande revolution de syrie), Damas, s.n., 1940.

—, *Rasâ'il 'Abd al-Rahmân al-Shahbandar, 1879-1940: târîkh ummah fî hayât rajul* (les lettres d'abd al-rahmân, 1879-1940 : histoire de la nation dans la vie d'un homme), damas, Wizârat al-thaqâfah fî al-Jumhûrîyah al-'arabîyah al-sûrîyah, 2002.

Zuhayr SHALAQ, *Min awrâq al-intidâb: târîkh mâ ahmalahu al-târîkh* (des papiers du mandat : l'histoire de ce qu'a négligé l'histoire), Beyrouth, lubnân, dâr al-Nafâ'is, 1989.

Aryeh SHALEV, *The Israel-Syria Armistice Regime 1949-1955,* Boulder, Westview Press, 1994.

Fârûq SHAR', *Al-Riwâyah al-mafqûdah* (le roman perdu), Beyrouth, al-Markaz al-'arabî lil-abhâth wa-dirâsat al-siyâsât, 2015.

Mahir, AL-SHÂRIF, Qays ezzerLi (dir.), *Al-Sîra al-dhâtiyya fî bilâd al-shâm* (l'autobiographie au levant), Damas, dâr al-Mada, 2009.

Akram SHAKRA, *Land Reforme in Syria,* Phd, Université de l'oklahoma, 1996.

Stanford J. SHAW et ezel Kural shaw, *History of the Ottoman Empire and Modern Turkey,* Cambridge/New york, Cambridge University Press, 1976.

Avi SHLAIM, « Husni Za'im and the Plan to resettle Palestinian refugees in syria », *Journal of Palestine Studies*, vol. 15, nº 4, 1986, p. 68-80.

William i. SHORROCK, *French Imperialism in the Middle East: the failure of policy in Syria and Lebanon, 1900-1914*, Madison, University of Wisconsin Press, 1976.

Fawzî SHU‘AÎBI, *Shâhid min al-mukhâbarât al-sûriyya, 1955-1968* (Un témoin des services de renseignement syriens, 1955-1968), Beyrouth, riad al-rayyes, 2008.

Mustafâ SIBÂ‘I, *Ishtirâkîyat al-Islâm*(le socialisme islamique), damas, Matbu‘ah Jâmi‘at damashaq, 1959.

Daniel SILVERFARB, *The Twilight of British Ascendancy in the Middle East: a Case Study of Iraq, 1941-1950*, New York, st. Martin's Press, 1994.

Peter SLUGLETT et Stefan WEBER (dir.), *Syria and Bilad al-Sham under Ottoman Rule: essays in honour of Abdul Karim Rafeq*, leyde, Brill, 2010.

Robert SPRINGBORG, « Baathism in practice: agriculture, politics, and political culture in syria and iraq », *Middle Eastern Studies*, vol. 17, 2006, p. 191-209.

Joshua STACHER, « reinterpreting authoritarian Power: syria's hereditary succession », *Middle East Journal*, vol. 65, nº 2, 2011, p. 197-212.

Nakeema Damali STEFFLBAUER, *An Analysis of Syro-Lebanese Informal Trade: 1943-1993*, Phd, Harvard, 1999.

‘Alî SULTÂN, *Târîkh Sûrîyah* (l'histoire de la syrie), Damas, dâr talâs, 1987.

Halâ SULAYMÂN, *Athar al-hamlah al-Misrîyah ‘alá bilâd al-Shâm, 1831-1840: Wilâyat Tarâbulus namûdhajan* (influences de la campagne égyptienne sur le pays du levant, 1831-1840, le gouvernorat de tripoli), Tripoli, al-Mu'assasah al-Hadîthah lil-Kitâb, 2001.

Yâsîn SUWAYD (dir.), *Faransâ wa-al-Mawârinah wa-Lubnân: taqârîr wa-murâsalât al-hamlah al-‘askarîyah al-Faransîyah ‘alá Sûrîyâ, 1860-1861*, (Corps expéditionnaire de syrie : rapports et correspondance, 1860-1861), Beyrouth, Sharikat al-Matbû‘ât lil-Tawzî‘ wa-al-Nashr, 1992.

John Robert SWANSON, *Soviet and Local Communist Perception of Syrian and Lebanese politics 1944-1964*, University of Wisconsin, 1969.

Tawfîq AL-SUWAYDÎ, *Mudhakkirâtî: nisf qarn min târîkh al-‘Irâq wa-al-qadîyah al-‘Arabîyah*, Al- (Mes Mémoires : la moitié du siècle de l'his- toire d'irak et des affaires arabes), Londres, Dâr al-Hikmah, 1999.

République Syrienne (dir.), *Population Census in Syrian Arab Republic, 1970*, Damas, Syrian Arab republic, Office of the Prime Minister, Central Bureau of Statistics, 1970.

République Syrienne (dir.), *Jaysh al-sha‘b*, damas, Maktaba al-assad.

Faruk TABAK, *The Waning of the Mediterranean, 1550-1870: A geohistorical approach*, Baltimore, JHUP, 2010.

Andrew TABLER, *In the Lion's Den: an eyewitness account of Washington's battle with Syria*, Chicago, ill., lawrence Hill Books, 2011.

Vahé TACHJIAN, *La France en Cilicie et en Haute-Mésopotamie. Aux confins de la Turquie, de la Syrie et de l'Irak*, Paris, Karthala, 2004.

Eliezer TAUBER, *The Formation of Modern Syria and Iraq,* ilford (GB) Port- land (or.), F. Cass, 1995.

Jordi TEJEL GORGAS, *Syria's Kurds: history, politics and society,* Londres/ New york, routledge, 2009.

—, *Le Mouvement kurde de Turquie en exil : continuités et discontinuités du nationalisme kurde sous le mandat français en Syrie et au Liban, 1925-1946*, Bruxelles, P. Lang, 2007.

Jean-Pierre THIECK, *Passion d'Orient,* Paris, Éd. Karthala, 1992.

Albert thomazi, *La Guerre navale dans la Méditerranée,* Paris, Payot, 1929.

Elizabeth THOMPSON, *Justice Interrupted: the struggle for constitutional government in the Middle East*, Cambridge, Harvard University Press, 2013.

—, *Colonial Citizens: republican rights, paternal privilege, and gender in French Syria and Lebanon*, New York, Columbia University Press, 2000.

—, « Ottoman Political Reform in the Provinces: the Damascus advisory council in 1844-45 », *International Journal of Middle East Studies*, vol. 25, n° 3, 1993, p. 457-475.

Mustafá TLÂS et ahmad SAWWÂN, *Hâfiz al-Asad: madrasah qawmîyah khâ-lidah* (Hafez al-assad : leçon de nationalisme éternelle), Beyrouth, al-Dhâkirah lil-Nashr wa-al-Tibâ'ah wa-al-Tawzî', 2002.

Mustafá TLÂS, *Mi'rât hayyâtî*(le miroir de sa vie), Damas, Dar al-Tlass, 2007, 15 vol.

Gordon TORREY, *Syrian Politics and the Military, 1945-1958*, Columbus, Ohio State University Press, 1964.

Ghassan TUÉNI, *Une guerre pour les autres*, Paris, J.-C. Lattès, 1985.

M. Naim TURFAN, *Rise of the Young Turks: politics, the military and Ottoman collapse*, londres/New York, i.B. Tauris, 2000.

'Abd al-Salâm 'UJAYLÎ, *Dhikrayât ayyâm al-siyâsah* (souvenirs des jours politiques), Beyrouth, Riyâd al-Rayyis lil-Kutub wa-al-Nashr, 2000.

Stéphane VALTER, *La Construction nationale syrienne : légitimation de la nature communautaire du pouvoir par le discours historique,* Paris, CNRS Éditions, 2002.

Nikolaos VAN DAM, *The Struggle for Power in Syria: politics and society under Asad and the Ba'th Party*, Londres/New York, I.B. Tauris, 1996.

Michael VANDUSEN, *Intra and Inter-Generational Conflict in the Syrian Army*, Phd Johns Hopkins University, 1971.

—, « Political integration and regionalism in syria », *Middle East Journal*, 26-2, 1972, p. 123-136.

Christian VELUD, *Une expérience d'administration régionale en Syrie durant le mandat français : conquête, colonisation et mise en valeur de la Ǧazîra : 1920-1936,* Lyon-ii, 1991.

Paul VEYNE, *Le Pain et le cirque : sociologie historique d'un pluralisme poli-tique*, Paris, Le Seuil, 1985.

Leïla VIGNAL, « La "nouvelle consommation" et les transformations des paysages urbains à la lumière de l'ouverture économique : l'exemple de Damas », *Revue des mondes musulmans et de la Méditerranée*, nº 115-116, 2006.

Constantin François de Chassebœuf, comte de VOLNEY, *Voyage en Syrie et en Égypte, pendant les années 1783, 1784 et 1785. T. 1 / ... par M. C.-F. Volney...*, Paris, Volland ; Desenne, 1787.

Doreen WarriNer, *Land Reform and Development in the Middle East: a stu - dy of Egypt, Syria, and Iraq,* londres/New york, rOyal Institute of International Affairs, 1957.

Keith D. WATENPAUGH, « Steel shirts, white badges and the last qabaday: Fascism, urban violence and civic identity in Aleppo under French rule », *France, Syrie et Liban (1918-1946). Les ambiguïtés et les dynamiques de la relation man-dataire*, Damas, institut français d'etudes Arabes de Damas, 2002, p. 325-347.

—, « Creating Phantoms": Zaki al-Arsuzi, the Alexandretta Crisis, and the Formation of Modern arab Nationalism in Syria », *International Journal of Middle East Studies*, vol. 28, nº 3, 1996, p. 363-389.

—, *Being Modern in the Middle East: revolution, nationalism, colonialism and the Arab middle class*, Princeton, Princeton University Press.

Lisa WEDEEN, *Ambiguities of Domination: politics, rhetoric, and symbols in contemporary Syria*, Chicago, University of Chicago Press, 1999.

Itzchak WEISMANN, *Taste of Modernity: sufism, salafiyya, and arabism in late Ottoman Damascus*, Boston leyde/Cologne, Brill, 2001.

Odd WESTAD, *The Global Cold War: third world interventions and the making of our times*, Cambridge, New york, Cambridge University Press, 2011.

Jacques WEULERSSE, *Paysans de Syrie et du Proche-Orient*, Gallimard, le Paysan et la terre, 1946.

—, *Le Pays des Alaouites, thèse principale... présentée à la faculté des lettres de l'université de Paris*, Impr. de Arrault, 1940.

Charles L. WILKINS, *Forging Urban Solidarities: Ottoman Aleppo, 1640-1700*, Leyde/Boston, Brill, 2010.

Martin W. WILMINGTON, *The Middle East Supply Centre*, albany, State University of New York Press, 1971.

Onn WINCKLER, *Demographic Developments and Population Policies in Ba'thist Syria*, Portland, or., Sussex Academic Press, 1998.

Richard Bayly WINDER, *Saudi Arabia in the Nineteenth Century*, Londres/ New York, Macmillan/st. Martin's Press, 1965. AL-YÛNIS

Hassan YAHIA, *Les Relations économiques et administratives entre l'Empire ottoman et ses provinces syriennes, Bilad Ash Sham, de 1804 à 1864* ANRT, Lille 3, 1987.

Salim YAQUB, *Containing Arab Nationalism: the Eisenhower doctrine and the Middle East*, Chapel Hill, University of North Carolina Press, 2004.

M. Hakan YAVUZ et Feroz AHMAD (dir.), *War and Collapse: World War I and the Ottoman State*, salt lake City, the University of Utah Press, 2016.

M. Hakan Yavuz et Peter SLUGLETT (dir.), *War and Diplomacy: the Russo-Turkish War of 1877-1878 and the Treaty of Berlin*, Salt lake City, University of Utah Press, 2011.

'Abd al-latîf AL-YÛNIS, *Mudhakkirât duktûr 'Abd al-Latîf al-Yûnis*(Mé- moires du docteur 'abd al-latîf al-yûnis), Damas, 1992.

Fruma ZACHS, « Transformations of a Memory of Tyranny in syria: From Jamal Pasha to 'Id al-shuhada', 1914-2000 », *Middle Eastern Studies*, vol. 48, n° 1, 2012, p. 73-88.

'Abd al-Karîm ZAHÎR-AL-DINE, *Mudhakarratî `an fatra al-infisâl fî sûriya mâ bayn 28 aylûl 1961 wa 8 âdhâr 1963* (Mes Mémoires sur la période de la séces- sion en syrie, entre le 28 septembre 1961 et le 8 mars 1963), Beyrouth, dâr al-ittihâd, 1968.

Wasfî ZAKARÎYÂ, *'Ashâ'ir al-Shâm* (les tribus du levant), Damas, Matba'at dâr al-Hilâl, 1945.

Suhayl ZAKKÂR, *Bilâd al-Shâm fî al-qarn al-tâsi' 'ashar: riwâyât târîkhîyah mu'âsirah li-hawâdith 'âm 1860 M wa-muqaddimâtuhâ fî Sûrîyah wa-Lubnân*, (Le Levant au xixe siècle: histoires contemporaines sur les événements de 1860 et leur introduction à la Syrie et au Liban), Damas, Dâr Hassân, 1982.

Taysîr Khalîl Muhammad ZAWÂHIRAH, *Târîkh al-hayâh al-ijtimâ'îyah fî liwâ' Dimashq min 1840 M-1864 M/1255 H-1282 H* (Histoire de la vie sociale dans la province de damas, 1840-1862), Karak, Jâmi'at Mu'tah, 'imâdat al-Bahth al-'ilmî wa-al-dirâsât al-'Ulyâ, 1995.

Eyal ZISER, *Asad's legacy: Syria in transition, Londres*, C. Hurst, 2001.

—, *Commanding Syria: Bashar al-Asad and the first years in power,* Londres New York, I.B. Tauris, 2007.

Radwân ZIYÂDAH, *Power and Policy in Syria: intelligence services, foreign relations and democracy in the modern Middle East*, rev. pbk. ed., Londres/ New York, I.B. Tauris, 2013.

The Routledge Handbook of the History of the Middle East Mandates, Routledge, 2015.

索 引

致 谢

本书是在多重遭遇和相对独特的时代背景下诞生的，其研究和写作在2014—2017年期间进行，当时，叙利亚正经历着一场无法估量的悲剧。这些充斥着极端痛苦和残酷的事件，也揭示了曾一度被历史掩盖的东西，即在叙利亚地区寻求集体共同未来的人类群体的分裂和不确定性，以及一个在最致命武器的冲突中试图重塑自我的民族所具备的非凡的智慧和创造力。这些时刻也提醒我们，外部势力及其政治角色在一个国家内部占据的分量，以及他们的行动对一个国家的影响……

对历史学家来说，历史事件在他心中燃起的激情，使得他不断去质疑和批判自己对过往历史的想法和分析，以尽量不让自己对过往历史怀有偏见，他将以一种特定的动机去重温历史。他必须以自己的视角回顾过去，在作品中复原那些在人类社会演进过程中曾经发挥过作用的社会动力和逻辑，揭示人类历史转折点和那些有意义的历史片段，并通过对历史事件的疑问和见解，具体说明是什么使得历史发展出现这些可能性，以及其所遵循的发展道路是什么。

历史研究这份工作并不容易。当悲剧发生，数十万人被夺去了生命，多种附带损害伤害了更多的人，数百万人在逃难的路上……

本书还假设，2017年并不是叙利亚历史不可避免的尽头，它是选择和非选择的结果，是巧合和决定的成果，是叙利亚2100万居民和一系列外部角色的情感、行动、希望、恐惧、暴力、担忧、流亡、热情、犹豫等一系列复杂情感影响下的结果。同时，叙利亚的这段历史也不应被解读为当前危机局势的源头。

关于叙利亚的这场危机，有些人称之为战争，有些人称之为内战，有些人称之为革命，有些人仍称之为“安拉的审判”，这是一个无法否认的极度痛苦的时刻，因为原有的一切都被残酷而迅速地挑战和推翻。因此，本书所期望的，在于试图复原叙利亚人类社区
394 和国家权力机构这两者的演进轨迹，以及二者之间的相互交叉，正是这些历史演进的轨迹赋予当代叙利亚特有的身份和诸多复杂性，也使那些有机会、有幸了解和生活在叙利亚的人们对叙利亚怀有一种非同寻常的情感。

当然，如果没有从大马士革到代尔祖尔，从拉塔基亚到德拉，与那些不知名的或知名的叙利亚人不停地进行谈话，我肯定无法对叙利亚过去的历史进行研究，在此，向他们对我的热情接待表示敬意。无论他们现在是生是死，是失踪，或是散落在流亡的路上，是淹死在地中海中，还是栖身在不知何处的难民营中，抑或是仍旧生活在一片废墟的叙利亚城市中，他们的所有遭遇，都已被记载在本书的历史叙述中。

还有三个人促成了本书的出版。我非常遗憾不能与他们分享本书，聆听他们启发性的见解和意见。克劳德·杜兰（Claude Durand）先生代表的法亚尔出版社（Editions Fayard）信任我，让我在完成博士学业的同时能够展开这项研究工作。弗拉基米尔·格拉斯曼（Wladimir Glassman）先生不仅是我的朋友，也是一位非常优秀的叙

利亚问题研究专家，我经常一有机会就与他交流叙利亚问题，即使在疾病摧毁他最后的精力时也是如此。彼得·斯鲁格莱特（Peter Sluglett）先生在我前往新加坡中东问题研究所时热情接待了我，多亏了他，我才在那里初步展开了叙利亚历史研究的工作。在此，本人衷心地向他们表示感谢。

本书是在亨利·劳伦斯（Henry Laurens）先生的不懈支持下完成的，他除了在法兰西学院为我提供了一个职位外，还在无数次的讨论过程中不断向我分享他渊博的学识。哈米特·博扎斯兰（Hamit Bozarslan）先生多年来也一直在鼓励和指导我的研究工作。弗朗索瓦·布尔加特（François Burgat）先生为我打开了法国近东地区研究所的大门，然后又给予我参与ERC Wafaw项目的机会，这对本书的创作都是非常重要的助益。

另外，在本书的写作过程中，我也汲取了许多历史学家、社会分析学者和教授们作品中的学术成果。米里亚姆·阿巴萨，法布里斯·阿巴德、阿里·阿塔西、约瑟夫·巴胡特、卢迪文·班蒂尼、菲利普·布尔莫、米里亚姆·卡图斯、伊萨姆·切哈达、巴巴拉·库图洛、卡迈勒·多莱、哈拉法·塔赫、热拉尔丁·查特拉尔、保尔·法姆·蒂埃里、哈立德·法赫米、让-皮埃尔·菲留、文森特·盖瑟、凡妮莎·格诺、彼得哈林、史蒂文·海德曼、迈克尔·哈德森、哈娜·贾伯、文森特·勒米尔、克里斯蒂安·英格劳、罗曼·克拉科夫斯基、弗雷德·劳森、伊丽莎白·朗格内斯、法鲁克·马丹-贝伊、伊尔凡·马斯里、纳丁·穆奇、丹尼尔·尼普、伊丽莎白·皮卡尔德、玛丽卡·拉哈尔、尤金·罗根、吉哈内·斯菲尔阿马尔·苏美尔、马赫·谢里夫、劳拉·鲁伊斯·埃尔维拉·德·卡拉斯卡尔、曼侬·努尔·坦怒斯、乔迪·特耶尔、伊丽莎白·汤普森、马西米利亚诺·特伦丁、查尔斯·特里普、克里斯托弗·瓦林、莱拉·维尼亚尔、马克斯·韦斯、彼得·韦恩、萨米·祖贝达，感谢他们的作品中关于叙利亚以及当代历史细致敏锐的研究，给了我不少启发。

如果没有罗宾·博蒙特（Robin Beaumont）、瓦内萨·盖诺（Vanessa Guéno）、阿梅利·德拉斯·赫拉斯（Amélie de las Héras）、克里斯蒂安·英格劳（Christian Ingrao）、鲁道夫·凯勒（Rodolphe Keller）和宝琳·拉贝（Pauline Labey）的努力，如果不是他们仔细地阅读我的初稿，努力纠正研究过程中的不完善之处，并为我指明新的文献资料，本书的创作将会大打折扣。

最后，也是最重要的几句话要送给我的亲友，他们的友谊和感情使我能够完成本书的写作。其中，我忠实的朋友乔治特·埃尔热（Georgette Elgey），她不仅信任我，还在我完成博士学位时推动并督促我开始本书的写作。我最感谢的是我的家人，他们一直都在我的身边。还有查伊玛·哈萨博（Chaymaa Hassabo），她除了帮助我做了本书的重读、校对工作，还在本书的写作过程中不断地支持和鼓励我。

希望本书对叙利亚历史的解读，能对叙利亚将来的国家重建有所助益。